本研究得到教育部哲学社会科学研究重大课题攻关项目、中国历史研究院"兰台青年学者计划"项目、广东外语外贸大学后期资助项目资助

近代中国"国民外交"的渊源流变

曾荣 著

人民出版社

代序：华洋变形的不同世界

桑　兵

　　"世界""国际""全球"这样的概念，今日几乎成了从官方到民间的口头禅，国人大都耳熟能详。可是，如果真的放到世界和国际的范围内考察，则不难发现，中国人许多习以为常的概念用法，与各国有别，于情理不合，于实事有异。例如世界史的划分，放眼世界各国，或者根本没有所谓世界史，只有欧洲史、美国史或西洋史等国别或区域史，或是虽有世界史而包括连同本国在内的世界上所有国家，且往往以本国为世界史的中心。唯独中国，世界史是除了中国之外其他各国的历史。难怪20世纪80年代中国的世界史家有人呼吁重写世界史，不仅要放入中国，而且要以中国的眼光来撰写。

　　不过，这样的形态，背后有着很深的历史渊源，即近代以来"天朝"或"中华"与外部世界关系的升降浮沉。在中国与世界的观念架构之下，二者显然分属不同的范畴。无论"夷夏大防""中体西用"还是"用夷变夏"，可以说，在中国人的精神深处，世界其实是一个并不包括自我的他者的时空。只不过由原来以为属于野的化外，逐渐变成呈现另一套从形式到内涵均截然不同的文的世界。在天下的架构中，这个化外的世界本来应该由中华的文来教化,可是随着彼此的接触日益增多扩大,却似乎显示出代表着比中华程度更高的文化,反而成为中国仿效的楷模。近代以来中国人越来越意识到,只有为他者的文所化,才能避免落入野的境地,以至于亡国灭种。这样的转变,绝非传统的礼失求诸野,简直就是文野之判的乾坤颠倒。

相当吊诡的是,开始被动地被拖入世界体系的时段不必论,即使在后来积极主动争取进入世界的进程中,中国人似乎也没有真的准备成为他者的一部分,反而将自身置于与世界对等的地位。原来自外于世界的中国,通过逐渐进入世界体系,确定本国在其中的排序,并试图争取更好的位置。与此同时,作为参照系的世界仍然只有工具性价值,获得独立生存和发展的条件,目的还是在于取得与世界对等的权力及资格。本来是进入世界之林的旅途,达到的却是与世界平起平坐的终点。凡此种种现象,今日随处可见,透过世界之窗看到的都是外国,锦绣中华与世界之窗并列,昭示着两个不同的世界情景。让世界就在你面前的世博会,某种程度也意味着世界其实就是外国的同义语。而中国馆的位置及形制,又可见中华为天下中心的潜意识。在国人的观念中,究竟如何安放世界,以及如何看待中国与世界的关系,大有探究的余地。中国与世界的说法,立意或许是想显示其具有世界眼光,然而问题意识的内核却是纯粹的中国观念。所以看似很世界,其实很中国。或者说是在世界的外壳下表达了中国的意识。

由此看来,中国人观念里的世界并没有固定不变的时空界限,而是常常暗中发生挪移转换。因缘佛教而来的"世界",虽然包含无穷无尽的迁流与方位(大体相当于所谓宇宙),一般民众的感觉还是区分彼此,对于他们而言,世界就是精神的彼岸。况且,近代以来的世界或国际,事实上存在与泰西、西洋、万国的渊源演化关系。近代先驱者开眼看世界，目光所及，主要就是欧美列强。在相当长的时期内，甚至于时下多数人心目中的世界和国际，还是依稀可见泰西的影子。在他们看来，与国际接轨，瞄准世界前沿，都是以发达国家为准的。否则，不仅不值得考虑，甚至能否算作世界和国际，本身也成为问题。在一体进化系列排位处于中国后面的部分，只是作为防止的警训值得借鉴。就此而论，中国与世界，其实不过是华洋两分的变形。而洋的一边，即使包括东洋、南洋、小西洋和大西洋，仍然不能覆盖整个世界，华洋之间，存在不少灰色地带。在价值取向上，更是以西洋以及西洋化的东洋为准的。

这样的认识是近代以来受社会进化论影响的结果，传输给中国人这一套观念的主要是东邻日本。在那样的时代，连统计学的重要功能也旨在告诉人们自己国家的整体及分支的各个领域在世界的排序，以起到警醒国民的作用。在追赶先进，以免国墟人奴的思维架构下，同一个世界显然被分成了层次不同的三个部分。这与后来三个世界的说法颇有渊源。要想跨越其间的界限，诚非易事。这样的隔阂，至今依然存在。明治维新的日本，在那一时代是少有的追赶先进成功的事例。

既然所有国家都存在于同一个世界体系之中，并且以所谓发达国家为取法楷模，世界其实只有一个，所有的思维行为应该一律。而这样的观念，实在是另一个世界自我认识的放大，即欧洲中心观的体现。如今位于东亚的日本被算入西方发达国家的阵营，虽然满足了一些日本人士脱亚入欧的愿望，但多少显得有些怪异，其表明欧洲中心控制数百年来人类思维的情形，已经到了何等严重的程度。欧洲尤其是德国的基督教一元化观念，在相关学者重构思想学说体系时留下深刻印记。将全世界所有国家安放在统一的世界体系之中，是这种一元化思维的典型表现。而能够被装进同一系统，自然需要统一的思维和行为准则。原来多元化的规则样式，便要用一致的标准加以裁量。而能够用于统一标准的，理所当然地就是位居整个系统前列的泰西列强。随着帝国主义时代的演进，欧洲人的思维方式乃至行为准则似乎越来越具有"普世价值"。

可是，欧洲人发明的那些东西，有许多原来并不一定有为世界各国人民共享的远大抱负，大都因缘解决本国，至多只是欧洲范围内不同国家的问题。显例之一，所谓国际法，开始显然没有将世界所有国家考虑在列，也并非根据各自不同的社会历史文化，综合融汇，制定出放之四海而皆准的法则。和许多现行观念一样，后来被称作国际法的那一套，发明者自己也没有命名。来华传教士译为"万国公法"，有意无意间便是要宣示其"普世价值"，后来遂在东亚变成国际公法。清人面对列强，始则以中华礼仪为准则，结果非但抵挡不住强权，而且连礼仪之邦的面子也要拱手让人，于是转而努力学习运用并且试图严格遵守国际法，可是在外交实践中仍然处处碰壁。弱国无外交的说法，充分显示强权还是国际法的重要支点。

在进化论的一元框架之下，中国人不断以"以他为我"的标准，追摹仿效。凡是人有我无的，都要移植；凡是人无我有的，都要革除；凡是形同实异的，都要改变。大到典章制度、知识系统，小到语言文字，乃至饮食结构，无一不以名为世界实则泰西为标准，大有非将中国人种彻底改造不足为功之势。凡持守成态度者，多被扣上守旧甚至顽固的帽子。挟洋自重似乎成了学习先进的同义词，同时也是进入世界的唯一通道。而在千辛万苦的努力之后，往往感到原来孜孜以求的正当性不免有几分削足适履之嫌。所以为的别人的好是否真好暂不必论，至少还有橘逾淮为枳的危险。时至今日，在全球化、与国际接轨、瞄准世界前沿等等观念主导下误入歧途的情形依然比比皆是，待到幡然梦醒之时，只能慨叹既知今日何必当初。

诸如此类的观念，今人好从定义加以把握，往往不能反映蕴含于其中的复杂历史纠结。有研究显示，东亚各国在进入世界体系之际，往往参酌国际法而力图使得如何解读应用有利于己方，尤其是在一系列条约谈判过程中，充满着观念的争拗和利益的角逐。条约文本所隐藏的历史发生和演化的复杂进程，不是仅仅在现行的语言系统寻找对应概念所能够准确理解的，相反，认识历史本事的渊源流变，才能把握隐含于文本定义中的言人人殊和变幻莫测。

所谓国民外交，正是世界一体化进程中出现的新事物。此一题目，近年来已有学人写过专门论著，可惜不无望文生义之嫌。想当然地将国民与外交相组合，再按照这样看似理解实则设定的框架，将各种非政府官方而涉及外交的资料史事组装进其中。史事的发生及其演化已经被后设的观念所取代曲解。其实，并非所有与外交有关的民的言行都属于国民外交，甚至国民外交的渊源也不一定当然地具有正面意义。国民外交在历史上是帝国主义的产物，随着跨国公司的全球性扩张，不同国家之间的关系，超出其正式代表的政府层面，扩大到国民及其各种形式的组织之间，并且在国与国的关系中扮演越来越重要的角色。

在发达国家已经落伍甚至趋向反动的东西，到了后发展国家可能成为进步的动力。近代中国的国民外交，是在社会由四民转向国民的进程中发生，国民意识的自觉，使得人们开始摆脱臣民的束缚，以国家的主人自认。既然国家本来就不仅仅属于政府，而是全体国民，再加上清政府对外交涉着着失败，丧权辱国，于是在国民眼中其日益失去代表国家的资格。可是国民一时间无力推翻清政府，又不愿忍受列强的霸道，不甘心将利权拱手让人，于是以国民代表国家的名义撇开清政府，直接与外国交涉。这种和文明排外紧密联系的行为，在清季成为国民排斥清政府和抵拒强权的重要形式，民国以后则逐渐演化为政府外交的后援和补充。与此同时，列强各国的国民外交也开始发生变化，其中一部分与后进国家的国民外交产生积极联系。

清理相关的观念和本事，并非仅仅为了认识历史，因为历史仍然对现实乃至未来有制约作用。更为重要的是，人类的思维与行为，如果长时期以单一的文化为取向，不能让各种文化相互兼容，甚至以趋同化来消磨其他文化物种，与生物界的单一化同样，都将是灾难性的。人类不可能也不应该永远以一种文化占据主导、统治和垄断地位，如果中国文化应该而且可能更多地对世界作出更大的贡献，那么中国人对于自身和世界的解读，就不仅关系自己的过去，而且影响人类的未来。尽管跨文化传通往往就是误解，但影响世界毕竟还有良莠之别。以中国之大，对世界发挥越来越大的作用不过是时间早晚的事，至于发挥怎样的作用，还有待国人的努力。如果强势未必建立在优异的基础上，则影响世界不一定都是积极正面的，甚至可能导致以劣币驱逐良币。

世界虽然是真实的存在，各人心中的世界却往往只是不同的点，与各自所在的那一点一样，都不过是世界的一个具体位置，落实到哪一处，与各人的阅历见识密切关联。而许多号称瞄准世界者实际接驳的轨，又往往是欧美关于中国的部分，在那个世界里，这其实是边缘而非中心。近代以来，这很容易导致将进入世界变成挟洋自重以自娱自乐的游戏，或是追逐已成明日黄花的幻象，前者不过是自我陶醉的凭借，后者更是误入歧途的开端，一旦实现便会感到极度失落。尽管"世界"约定俗成地被用作"World"的译名，严格说来，并不能彼此完全对应，不少国家的世界地图，中心位置也是因国而异的。迄今为止，一般美国人对中国的认识，显然较一般中国人对美国的认识少得多，这究竟意味着中国还不为世界所重视，还是美国人的世界眼光太狭隘？当美国人失去世界霸主地位之时，其世界意识大概会显著增强。只有欧美以外更多的国家走上发达之路，包括中国在内的所有国度真正成为世界的一分子，而且所有人的世界观都覆盖整个世界，世界也不再是洋的变形，才能真正成为所有人的世界。也就是说，世界变成平的，地球才会是圆的。

2021 年 8 月

目　录

绪　论

一、选题缘起

在近代中国内忧外患的时局下，国民积极参与外交斗争，"国民外交"一词即是在这种历史背景下出现的。诚然，在历史学中，一个词汇的具体内涵往往依时、因境而产生流变。近代"国民外交"一词亦是如此，在复杂多变的历史背景下，其内涵和表现形式也必然会随着时间的流逝和时局的发展表现出不同的历史面貌。

近代中国内忧外患的时局造成国人强烈的屈辱感；中华民族强大的民族精神激起国人不甘于沉沦的自觉心。这样，从 20 世纪初期开始，一场由中等社会发动和引导、以广大下层民众为核心力量的国民参与外交运动出现了。与以往的排外运动不同的是，时人在参与对外交涉时，不仅意识到自己乃"一国之民"，应当具有国家观念和权利意识等国民思想，而且认识到自己所参与的运动是一场"外交"斗争。然而，中国"国民外交"的出现并非是"国民"与"外交"两者的简单相加，而是有着深刻的国内外历史动因。其中，日本有贺长雄对"国民外交"理论的阐述，引起中国留日学生以及戊戌后流亡日本的梁启超等人的注意。

他们在接受这一理论的同时还将其引入内忧外患日益深重的中国。

国人热衷于"国民外交"的原因不一而足，但却有一个不容忽视的前提，即在各国列强的不断逼迫下，当时的中国已经面临着十分严峻的瓜分危险；与此同时，清政府在对外交涉中的妥协退让，更是激起国人参与外交的强烈愿望。如果说拒俄运动期间的中国国民参与外交行动造就适宜"国民外交"移植的土壤，那么日本国民外交思想之种子一遇到这种土壤，便立刻生根发芽，国民外交思想则从此逐渐深入国人的脑际。于是，自1903年底起，在中国知识阶层和趋新人士的引导下，无论是拒俄运动、拒法运动，抑或是抵制美货运动、抵制日货运动等，国人已经自觉地将"国民外交"运用到排外斗争，并且不断提出诸如"文明排外"、"立宪的国民之外交"等口号。

值得注意的是，在梳理国人参与外交的历史时发现，时人在对清政府外交政策的批评和抗议中，不断否定清政府外交的"主体"地位，强调"外交之本体实在国民"，并进而提出"舍国家的外交"而为"国民的外交"，以及"使政府的外交而为国民的外交"等口号。显然，时人所表达的"国民外交"观念与日本"国民外交"思想的内涵有着较大差异。查1937年上海中华书局出版的《外交大辞典》，发现其将"国民外交"定义为："国民外交（National Diplomacy, People's Diplomacy）以国民舆论或权能，监督并督促外交当局，使外交方针与国民意志一致，是谓之为国民外交。"① 可见，这一定义与清末国人所倡导的"国民外交"理念完全不同。那么，清末国人在接受日本"国民外交"理念后，为何赋予其与原来完全不同的思想内涵呢？其间又发生了哪些变动与调整？对这些问题的回答无疑有助于更好地理解清末国人参与外交时的思想状

---

① 外交学会编：《外交大辞典》，上海中华书局1937年版，第733页。

况，并进而厘清中国"国民外交"的渊源脉络。

进入民国，在国家和社会处于大变动的背景下，"国民外交"思想亦随着民主政治的萌发而产生新的动向，特别是伴随着政治民主化和外交民主化进程的不断推进，国人在参与外交斗争时，更加强调"民主"的作用和影响，这与西方国民外交理论的"民主的外交"（Democratic Diplomacy）或"民治的外交"（Democratic Control of Foreign Policy）等观念较为契合。然而，对比《外交大辞典》对"国民外交"的翻译（National Diplomacy 和 People's Diplomacy），发现两者有着明显的不同。诚然，在注意到这些差异的同时，理应去探索其中形成、变动与不断演进的历史过程。

与此同时，近代中国成立的政党大都提倡"国民外交"并将其明确写入党章或政纲。各政党成员往往具有议员或官方背景，由此开创中国近代政党以议员或官方身份主导国民外交的先河。政党、政治与国民外交的纠结，反映了国民借助政党（或政团）参与国家政治、外交事务要求的增强，折射出处于社会大变动背景下政党、政治与国民外交之间多元互动的历史面相。国人以政党（或政团）的身份发起国民外交，表达其对国家政治、外交的主张，制约和影响着政府的外交决策，这既与清末的国民外交截然不同，又与今天国民外交的定义有着较大差异。那么，民国初年国人是如何通过外交运动影响政府外交？国民外交与政府外交之间究竟经历了怎样一个复杂的转化过程？对于这些问题，目前仍缺乏整体而深入的研究。

需要指出的是，"国民外交"不仅是一个概念问题，在其生成、演变的过程中，还涉及大量的人物和历史事实，因此通过厘清中国"国民外交"的渊源脉络，进而揭示近代国人接受和移植外来思想观念时，如何以本国国情为基础，改造外来概念，调适自我观念，从而在思想和行动上，诠释并演绎出不同时期"国民外交"的具体含义，就成为研究的关键所在。就现实意义而言，该研究有助于把握民众心理、引导民众舆论、有效地发挥民众的力量，使其既保持对时局的敏感，积极地参与外交，又能从国家民族的根本利益出发，理性地参与外交。可以说，在当今复杂多变的国际形势下，能否妥善地引导和利用民众参与外交，亦是我国构建新型外交理念的重要课题之一。

二、前人研究

前人研究的终点是后人研究的起点，此乃治学的基本门径。基于此，梳理"国民外交"及其相关问题的先行研究显得尤为关键。

较早对近代"国民外交"的历史渊源及相关问题进行探讨的史学研究，从 19 世纪末的日本学界开始。1898 年日本有贺长雄在《近时外交史》一书中，从国际关系史和外交史的角度，论述近代日本由"君主外交"向"国民外交"转变的历史。有贺氏后来在他主持创办的《外交时报》上连续发表《外交秘密论》《国民外交と官僚外交》等文章，系统阐述日本的国民外交概念。据有贺氏研究，日本的国民外交是指以国民的精神为原动力的外交，而不是遵从一时的多数政论的外交。[1] 1903 年日本博文馆出版小野冢喜平次的《政治学大纲》。[2] 根据小野氏的研究，凡一个国家的对外政策必须以国民为中心，这主要表现在两个方面：一是对外政策的原动力是国民，二是对外政策的着眼点在于国民。

1915 年，英国政治学家亚瑟·鲍生贝（Arthur Ponsonby, M. P.）在其所著的《民主与外交——公众监督外交政策的呼吁》一书中，针对第一次世界大战中各大国秘密外交所带来的巨大灾难，要求实行公开

---

[1] ［日］有贺长雄：《近时外交史》，東京專門学校出版部 1898 年版。
[2] ［日］小野塚喜平次：《政治学大綱》，東京博文館 1903 年版。

的、民主的外交，并主张通过扩大国会参与外交的权力，实现"民治的外交"（Democratic Control of Foreign Policy）。① 随后，日本法学博士小寺谦吉翻译出版亚瑟·鲍生贝的上述著作，并将其改名为《国民的外交》。②1926 年，曾经追随有贺长雄研习国际法的日本法学专家信夫淳平，在其所著《外政监督与外交机关》一书中，较为全面地阐述"国民外交"与"政府外交"的二元关系，这不仅继承了有贺长雄的国民外交理论，而且进一步阐发这一学说。在该书中，信夫淳平将"国民外交"一词的英文定名为 National Diplomacy 和 People's Diplomacy，从而正式确立今后"国民外交"一词的英文名称。③1949 年，时在联合国教科文组织美国国家委员会任职（United States National Commission for UNESCO）的詹姆斯·马歇尔（James Marshall）提出 Citizen Diplomacy 一词，并且认为在当时推行国民外交对于促进世界和平具有重要意义。④

在国内，钱基博较早关注并涉足国民外交相关问题的研究。1919 年，时任江苏省无锡县图书馆馆长的钱基博撰写出版《国民外交常识》一书。该书从促进"国民外交教育"的目的出发，系统梳理欧美等国"国民外交"产生的时空背景，初步揭示"殖民主义扩张"、"帝国主义侵略"等近代欧美国家"国民外交"形成的历史动因。⑤1921 年胡愈之撰写《国民外交》一文，该文针对巴黎和会召开后中国"国民外交"运动不断高

---

① Arthur Ponsonby, M. P., *Democracy and Diplomacy: A Plea for Popular Control of Foreign Policy*, London Methuen & Co., 1915.

② ［日］小寺谦吉：《國民的外交》，東京廣文館 1921 年版。

③ ［日］信夫淳平：《外政監督と外交機关》，日本評論社 1926 年版，第 51 页。

④ James Marshall, International Affairs: Citizen Diplomacy, *The American Political Science Review*, Vol 43, No.1（Feb, 1949）:83–90.

⑤ 钱基博：《国民外交常识》，上海商务印书馆 1919 年版。

涨的状况，不但提出国民应当借助报刊舆论的力量，监督和督促政府外交，而且认为国民为政府外交后盾亦是"国民外交"的应有之意。① 无独有偶，1927 年陈立廷在《国民外交》一书中，也强调舆论对开展国民外交、监督政府外交的重要作用。② 留法学者陈耀东则在 1928 年出版的《国民外交常识》一书中，将国民外交区分为柔性的外交和刚性的外交，认为国民外交与政府外交名目虽异，但目的则同，皆以拥护国家主权为前提。③ 1930 年国际法学家周鲠生在《外交的民主化》一文中称：近代世界各国的外交，经历了从帝王外交（或宫廷外交），到政府外交（或官僚外交），再到国民外交三个阶段。而在国民外交阶段，伴随着现代政治的发展，尤其是"国会"在政府外交中监督作用的不断强化，使得"外交的民主化"成为国民外交的应有之义。④

上述研究，大多是时人对"国民外交"历史事实的描述，或是对自己亲身经历的国民外交运动的总结，这既对写作有着重要的启发意义，同时也是研究近代"国民外交"渊源流变的重要史料。

新中国成立后，国内学界的研究出现新的动向，即往往用一个后来预设的观念，对相关事实进行似是而非的解读。而从 20 世纪 50 年代到 80 年代，日本及欧美学者关于"国民外交"相关问题研究的论著较多。其中 1956 年美国学者亨利·斯顿（Henry M. Wriston）在其著作《民主进程中的外交》中提出，民主因素在政府制定外交政策时具有决定性作

---

① 罗罗：《国民外交》，《东方杂志》第 18 卷第 15 号，1921 年 8 月。
② 陈立廷：《国民外交》（公民教育小丛书第 7 种），青年协会书局 1927 年印行。
③ 陈耀东：《国民外交常识》，新月书店 1928 年版。
④ 周鲠生：《外交的民主化》，《国立武汉大学社会科学季刊》第 1 卷第 3 号，1930 年。该文是周鲠生于 1930 年 12 月 2 日在武汉大学政治学会的一篇演讲稿，后收入其于 1934 年出版的《国际公法之新发展》一书（参见周鲠生：《国际公法之新发展》，上海商务印书馆 1934 年版）。

用，其中作为公众政策要素之一的公众舆论（Public Opinion），成为影响政府外交职能的关键因素。①1963 年日本学者近藤春雄撰写发表的《おとぼけ国民外交》，从普及国际法知识和外交常识的角度，阐述"二战"前后国联在促进各国国民外交上的作用及意义。②1977 年，日本国际商科大学教授国弘正雄在《世界周报》（*World Affairs Weekly*）发表《定着する国民外交——時代を先取りする先見性を（世界の焦点）》，探讨日本国民外交与政府外交的互动关系。在该文中，他还将"国民外交"一词的英文重新界定为"Public Diplomacy"，这对后来人们使用"公众外交"一词具有一定影响。③1979 年日本学者笠原十九司撰写发表《ワシントン会議と国民外交運動——中国全国国民外交大会に関する研究ノート》，考察中国全国国民外交大会的成立及其活动，认为该团体所倡导的国民外交运动是 1919 年五四运动中民众运动和民族运动的发展和延续，反映国民政治觉悟的提高以及国人收回国权的强烈愿望。④

应当指出的是，这一时期中国台湾学者对"国民外交"的研究继续有所关注。其中，1970 年台北中华书局出版的《中国历代行人考》续编，对国民外交重新做了界定，作者黄宝实在该著中提出，国民外交是"国际间之非官式活动，而有助于两国（或两国以上，多边之国际关系）情愫之沟通与了解，从而增进或建立友好之关系，以达敦睦邦交之目的"⑤。

———————————

①　Henry M. Wriston, *Diplomacy in a Democracy*, New York: Harper and Brothers, 1956.

②　[日] 近藤春雄：《おとぼけ国民外交》，《国连月刊》第 42 号，1963 年 7 月。

③　[日] 国弘正雄：《定着する国民外交——時代を先取りする先見性を（世界の焦点）》，《世界週報》第 58 号，1977 年 9 月 27 日。

④　[日] 笠原十九司：《ワシントン会議と国民外交運動——中国全国国民外交大会に関する研究ノート》，《宇都宮大学教育学部紀要》第 29 号，1979 年 12 月。

⑤　黄宝实：《中国历代行人考》续编，台北中华书局 1970 年版，第 382 页。该书初编由台北中华书局于 1955 年出版，但笔者目前尚未得一见。

从 20 世纪 90 年代开始，国内外关于"国民外交"的研究趋向发生重大变化，即国外的相关研究不仅数量很少，而且大多关注欧美当代史的状况。[①] 与此相反，国内有关"国民外交"的专题研究大量涌现。从考察的对象和范围来看，国内相关研究主要包括以下几个方面：

第一，对"国民外交"一词的形成、内涵和外延等问题进行研究的论文有，贾中福 2004 年发表于《学术探索》的《清末民初的国民外交思想论析》，对近代国民外交思想产生的时代背景、内涵及历史意义进行探讨，提出国民外交的内涵有狭义和广义之分，狭义的国民外交是指国民为维护国家主权和利益而进行的对外交事务的参与活动，广义的国民外交则还包括国家间的民间交往活动。[②]2005 年，印少云在《学术论坛》发表《近代中国国民意识的生成与国民外交》，提出近代日益严重的民族危机催生中国国民意识，这是中国国民外交产生的前提；同时从拒俄运动到抵制美货运动，以及由民国初年的抵制"二十一条"运动到五四运动，这一系列的国民外交运动反过来又促进国民意识的巩固。[③]

特别值得一提的是，2008 年，周斌在《安徽史学》发表《清末民初"国民外交"一词的形成及其含义述论》，对近代中国"国民外交"一词的出现进行较深入的考察，认为近代中国"国民外交"一词的出现，既是中国人民在严重的民族危机下寻求自强独立的现实需要，同时在一

---

① 如美国学者克里斯托弗（Christopher W. Bishop）在 *Citizen Diplomacy* 一文中探讨了现代网络与国民外交的关系，认为"网络可能会使外交变得更为透明，但并不一定能使其更为民主"（参见 Christopher W. Bishopb, Citizen Diplomacy, *Foreign Policy*, No.135（Mar-Apr, 2003):92）。此类论著还有：Timo,Antero K., "National Diplomacy for Human Rights: A Study of US Exercise of Power in Indonesia, 1974–1979", *Human Rights Quarterly*, Vol.16, No.2（May, 1994):415–431。

② 贾中福：《清末民初的国民外交思想论析》，《学术探索》2004 年第 12 期。

③ 印少云：《近代中国国民意识的生成与国民外交》，《学术论坛》2005 年第 6 期。

定程度上也受到日本的影响，并称中国"国民外交"概念的内涵表现在三个方面：一是将人民主权思想应用于外交领域，含有视外交为国民的外交，政府应尊重民意办理外交的意思；二是指国民可通过国会参与外交，以舆论监督外交，将自己的意志反映贯彻于外交事务；三是通过国际民间交往增进友谊，进而改善邦交，促进世界和平。①

2002 年，顾莹惠在《论 20 世纪初的中国国民外交》一文中，提出20 世纪初期中国国民外交主要涉及三派力量，即以孙中山为代表的革命派，以流亡海外的康有为、梁启超为代表的改良派以及由实业家结成的商会力量，认为这三派的外交活动全面开启当时中国国民外交的局面。② 但对于这种将所有涉外事件都冠以"国民外交"名衔的做法，学界有争议，可以探讨的空间也很大。

第二，一些学者试图以近代中国的大历史框架为背景，探讨和揭示"国民外交"发展演化的历史脉络。2004 年 8 月，在复旦大学召开的"北洋时期的中国外交"国际学术讨论会上，廖敏淑以《清末到巴黎和会时期的国民外交》为题撰文指出：清末到巴黎和会时期，与五四以后乃至现代对于国民外交的定义各不相同，"国民外交"的定义依时流变的事实，应是毋庸置疑的。③ 显然，作者注意到"国民外交"的定义随着时代的变化而变化，问题的关键在于，这个所谓的"定义"是当时人的定

---

① 周斌：《清末民初"国民外交"一词的形成及其含义述论》，《安徽史学》2008 年第 5 期。该文后来作为一个独立章节，收入 2010 年出版的《舆论、运动与外交——20 世纪 20 年代民间外交研究》一书（参见周斌：《舆论、运动与外交——20 世纪 20 年代民间外交研究》，学苑出版社 2010 年版，第 1—19 页）。

② 顾莹惠：《论 20 世纪初的中国国民外交》，《武汉大学学报》（人文科学版）2002 年第 4 期。该文后经扩充，以《20 世纪中国国民外交论纲》为题，收入《东吴民间外交研究论丛》一书（参见顾莹惠：《20 世纪中国国民外交论纲》，《东吴民间外交研究论丛》第 1 辑，吉林人民出版社 2008 年版，第 1—22 页）。

③ 金光耀、王建朗主编：《北洋时期的中国外交》，复旦大学出版社 2006 年版，第 245—272 页。

义，还是后人对先前历史事实的界定？认识到这个问题并做出合理的解答，将会使研究有一个整体意义上的提升。

2004 年苏州大学的印少云撰写题为《北洋政府时期国民外交运动研究》的博士论文，以归纳总结的办法，探讨北洋政府时期国民外交运动发起的原因、发展过程及其特点，对国民外交运动中的商人、以学生为主的知识界人士、以工农为主的下层民众的价值取向进行分析，并以抵制"二十一条"的国民外交运动为个案，试图论证北洋政府时期的国民外交运动与近代中国外交民主化的内在联系。[①]2006 年，印少云又以《民初国民外交运动的对内转向分析》为题撰文指出，民国初期尤其是五四运动以后，国民外交运动常常以对外运动开始，而以对内反对北京政府而结束，其背后所蕴藏的政治斗争及党派之争，成为引发这一转向的根本原因。[②]

2008 年熊斌在《社会科学家》发表《北洋时期"国民外交"的困境及自我调适》，提出北洋时期国民为捍卫国家主权与利益，通过罢工排货、通电宣传、示威游行等方式，对内监督、对外加强宣传。随着国民参与外交的深入进行，国民在理论和实践上遭遇各种困境，而国民试图摆脱外交困境的过程，实际上是寻求合法性、独立性和效果最大化的过程。[③]2010 年贾中福所撰《20 世纪 20 年代前后的"国民外交"论析》一文表示，20 世纪 20 年代前后的国民外交主要表现为工商界、教育界和政界等的外交参与活动，其特点主要为：一是具有临时性，即因事而起的特点；二是其方式相对温和、目的过于理想化；三

---

① 印少云：《北洋政府时期国民外交运动研究》，苏州大学博士学位论文，2004 年。这篇博士论文后由作者于 2004 年交由吉林人民出版社出版发行（参见印少云：《清末民初的国民外交运动研究》，吉林人民出版社 2004 年版）。

② 印少云：《民初国民外交运动的对内转向分析》，《江汉论坛》2006 年第 11 期。

③ 熊斌：《北洋时期"国民外交"的困境及自我调适》，《社会科学家》2008 年第 4 期。

是国民外交的组织比较松散、组织性差。尽管由于国内外多重因素的制约,这一时期的国民外交对内政外交所产生的影响不能做过高估计,但却促进了中国近代民族民主意识的进一步增强。① 马建标撰文考察华盛顿会议期间的国民外交运动,认为这是一场复杂的民族运动,由于北京政府、广州政府、在野派系和精英团体都参与其中,南北各方有意识地运用民族主义于政治竞争,国民外交大会最终沦为政治斗争的工具。② 侯中军在探讨"国民外交运动的发展"时进一步指出,由于包括"国民外交大会"在内的国民外交团体均沦为政治斗争的工具,其活动是否属于国民外交运动的范畴应予以置疑,至多只能说是与国民外交有关的运动。③

第三,近年来,随着专题研究、个案研究之风的盛行,以近代中国的某一历史事件为中心,分析和探讨事件前后国民外交的具体历史面相的论著也不断出现。如 1998 年台湾中兴大学廖敏淑在其硕士论文《巴黎和会与中国外交》中,论述巴黎和会时期在野名流赴欧考察风潮,对外事务民间团体的成立,民间团体代表赴欧考察与宣传主张,新闻记者赴欧采访和会,以及因山东问题而引发的五四运动等,这些都是全国人民团结一致进行国民外交的表现。④ 2000 年台湾政治大学应俊豪撰写硕士论文《公众舆论与北洋外交——以巴黎和会山东问题为中心的研究》,该文从公众舆论与北洋政府的互动关系中,归纳出"内部战线"与"外

---

① 贾中福:《20 世纪 20 年代前后的"国民外交"论析》,《东岳论丛》2010 年第 8 期。
② 马建标:《民族主义旗号下的多方政争:华盛顿会议期间的国民外交运动》,《历史研究》2012 年第 5 期。
③ 侯中军:《企业、外交与近代化:近代中国的准条约》,中国社会科学出版社 2016 年版,第 276 页。
④ 廖敏淑:《巴黎和会与中国外交》,台湾中兴大学硕士学位论文,1998 年,未刊。此论文承台湾蓝清水先生代为复印。

部战线"两种模式,进而揭示国民外交背后"借外交事件以为内争之用"的复杂的政治因素。①

严昌洪 2001 年发表的《"国民"之发现——1903 年上海国民公会再认识》一文,分析 1903 年拒俄运动中上海"国民公会"成立的原因及经过,认为 1903 年"国民公会"的出现,反映了中国社会各阶层民众国家观念和国民意识的增强及当时社会结构的错动,揭示士与农、工、商诸阶层相结合,全国人民加强团结,一致对外的历史趋势;同时国人以国民身份参与排外斗争,这对近代中国"国民外交"思想的形成起到重要的推动作用。②桑兵于 2004 年发表在《近代史研究》的《拒俄运动与中等社会的自觉》一文,则对清末中等社会的形成做了专题研究。根据他的研究,在清末的革新与救亡运动中,知识阶层与民众一开始处于分离状态,其中戊戌与庚子尤为典型。而在 1901 年拒俄运动发端后,趋新人士有意识地动员下层民众,引导他们文明排外。但是,这一时期国人的文明排外观念仍不完整,尤其是缺少国民外交的思想核心。伴随着国内和东京学界风潮的兴起,"中等社会"出现并与下层民众逐渐在爱国与革新运动中连为一体后,上述现象得以根本改观。③2005 年,贾中福在《贵州社会科学》发表《近代国民外交视角下的 1905 年抵制美货运动》,提出近代国民外交以人民主权思想和近代国家观念为思想基础,1905 年的抵制美货运动第一次体现了国民外交的新理念,即人民主权思想和近代国家观念的

---

① 应俊豪:《公众舆论与北洋外交——以巴黎和会山东问题为中心的研究》,台湾政治大学硕士学位论文,2000 年。该文后于 2001 年由台湾政治大学历史系出版发行(参见应俊豪:《公众舆论与北洋外交——以巴黎和会山东问题为中心的研究》,台湾政治大学历史系 2001 年版)。

② 严昌洪:《"国民"之发现——1903 年上海国民公会再认识》,《近代史研究》2001 年第 5 期。

③ 桑兵:《拒俄运动与中等社会的自觉》,《近代史研究》2004 年第 4 期。

兴起。①

此外,一些学者还对民国初期的国民外交团体做了专题研究。2005年复旦大学郭秋香在其硕士论文《国民外交协会之始末——兼论五四时期的国民外交运动》中提出,国民外交协会是当时全国影响最大的一个国民外交组织,其成员由当时中国社会各界代表组成,但带有浓厚的研究系色彩;在巴黎和会前后,国民外交协会对拒签和约起到积极作用,并对五四爱国运动的发生产生重要影响。②2007年许冠亭在《"五四"前后国民外交协会活动述论》一文中,详细考察国民外交协会在五四前后发表通电、组织演讲、质询北洋政府外交官等活动,国民外交协会通过这些活动,深刻影响巴黎和会的进程、推动五四运动的发生,促使中国政府拒签《对德和约》,并最终确立其作为中国近代"第一个全国性的国民外交团体"的历史地位。③

综上所述,前人关于"国民外交"相关问题的研究,为认识"国民外交"的历史形态及其对近代中国外交、政治、社会等的影响提供了零星面相,亦为本研究提供了重要的借鉴和启迪。

三、问题意识、研究思路与使用材料

回顾学术前史可见,学界关于中国国民外交的研究大致有以下两种倾向:一是将"国民外交"拆成"国民"和"外交"两词,并借助工具

① 贾中福:《近代国民外交视角下的1905年抵制美货运动》,《贵州社会科学》2005年第4期。该文后被作者作为第一章收入《中美商人团体与近代国民外交(1905—1927)》一书,并且未做太多改动(参见贾中福:《中美商人团体与近代国民外交(1905—1927)》,中国社会科学出版社2008年版)。
② 郭秋香:《国民外交协会之始末——兼论五四时期的国民外交运动》,复旦大学硕士学位论文,2005年,未刊。
③ 许冠亭:《"五四"前后国民外交协会活动述论》,《江海学刊》2007年第4期。

书对其作词义上的界定,然后从"国民外交"的定义出发,对相关史实做似是而非、削足适履的对比,以判定该史实是否为"国民外交"。二是将清末到民国时期的"国民外交"简单地看成是前后一致、一以贯之的对象加以研究。

然而事实上,在"国民外交"进入中国的历史过程中,近代国人对此并非是简单地、一成不变地加以接受,而是因应于中国内忧外患的时局,对其进行适合中国国情的解释和改造。由于时空不同、国情各异,中西国民外交思想相比较而言,无论是内涵还是其外在表现都存在着很大的差异。与此同时,在近代中国内忧外患的时局下,"国民外交"一词的内涵和外延经历了一种层层叠加、不断演化的复杂过程。基于这些认识,所力图采取的研究方法为:

其一,研究近代中国国民外交的相关问题,不仅要弄清这一时期的"国民外交"的历史,更为重要的是,要力图展现出"国民外交"在大历史背景下的多元形态和历史走向,即要深入探究历史中的"国民外交",而不仅仅是撰写"国民外交"本身的历史。

其二,关于近代中国"国民外交"的渊源流变问题,往往需要从零星、分散的历史碎片中,努力探寻历史的本来面貌,因此要想勾勒出近代中国"国民外交"发展、演化的历史轮廓,不仅要在充分查阅和解读史料的基础上,尽量弄清这一时期各类涉外事件的来龙去脉,而且要注意各类事件前后左右的相关性,力图把握不同事件中,不同阶层国民参与外交背后的复杂原因。因此,在具体研究中必须将档案文献与报刊、文集、日记、回忆录等资料进行排比、参证,在充分掌握和挖掘史料的基础上,把握和贯通近代中国国民外交的渊源脉络和演变轨迹。

其三,"国民外交"的渊源流变的历史,具有一定的时序性,故必须严格按照时间发展的顺序,探索其发展、演化的内在逻辑,把握各类人物和历史事实之间的内在联系（即规律）。这就要求对各类事件、人物、史实等进行比较，通过大量、反复地比较才能看出问题。比较的目的，一是要发现"异同"，二是要找出"联系"。然而，各类"异同"和"联系"从表面上是看不到的，因此要在查找资料时，特别留意时人言论的千差万别，探索他们阐发这些言论的原因和目的。

其四，从近代纷繁复杂的历史事件中探究"国民外交"问题，在判断某个事件或活动是否是"国民外交"或是否具有"国民外交"属性时，往往离不开"自称"、"他指"和"后认"三种情况，而后人治史常常将后来的观念和判断强加于先前的历史，故能否准确地对此加以鉴别是研究成功与否的重要前提，这对研究者本身而言，既是一次自我提升的过程，也是一个巨大的挑战和考验。

其五，研究近代中国"国民外交"的渊源流变，关键是要注意近代中国国民在参与外交时说了什么？是怎样说的？为什么要这样说？以及考察他们做了什么？怎样做？以及为什么要这样做？这些在当时的报刊以及时人的日记、文集等材料中有大量记录，因此能否将近代中国众多事件中的国民外交因素——离析出来，并且将诸多国民外交团体分别进行细致深入的研究，将是决定研究能否深入的关键所在。

关于所使用的材料。由于研究对象的特殊性，所使用的材料，将针对不同的问题而分别有所侧重。大体而言，关于清末的研究，主干材料来自近代报刊，尤其是《外交报》、《中外日报》、《时报》、《新闻报》，天津《大公报》，以及由留日学生创办的《浙江潮》、《江苏》、《湖北学生界》、《云南》、《粤西》、《游学译编》、《政法学报》等。关于民国初期相关问题研究的材料，则主要来自文集、年谱、回忆录、史料集和报刊资料等多种史料。此外，因为所要研究的问题大多为涉外事件，其中涉及的国家有俄国（拒俄运动）、法国（拒法运动）、美国（抵制美货运动）、

英国 (江浙铁路风潮)、德国 (欧战问题)、日本 (二辰丸案、"二十一条"交涉等) 等，故各类外交档案或中外文献，成为分析和论述相关问题的必要材料。

总体而言，由于所关注的问题主要涉及普通民众，相应的，所用到的资料也大都来自非官方的报刊、文集、日记、书信、回忆录等，尤其是报刊中的时评或社论，往往反映国人对时事的直接看法，生动地反映了当时社会的方方面面，这有助于打通研究中的各个环节，使各类"碎片化"的历史得以连缀成篇，从而为研究提供全面、系统的支撑。诚然，近代史料浩如烟海，尽管已经在前人的基础上，所使用的新材料大大扩充，但要想在有限的时间内全面涉猎各类史料，恐非易事。好在学术研究本身是一个不断提升的过程，只要尽自己所能，使这一研究有所推进，便也释然了。

第一章
"国民外交"的渊源与生成

第一节 "国民外交"思想进入中国

从目前所见文献来看，近代"国民外交"一词在中国的出现大致可以追溯到 1903 年。它的出现一方面受到西方，尤其是日本"国民外交"理论的影响，同时还反映了在内忧外患的时局下，中国社会各阶层民众国家观念和国民意识的增强以及知识人士与下层民众相互结合，全体国民齐心协力、共同对外的历史趋势。

20 世纪前后，日本有贺长雄、小野冢喜平次、福泽谕吉、添田寿一等人对国民外交思想进行系统阐述，这引起中国留日学生以及戊戌后流亡日本的梁启超等人的注意，国人在接受这一理论的同时，还将其引入内忧外患日益深重的中国。随着 1901 年拒俄运动的发端，在梁启超等人国民思想的鼓动下，国人逐渐将国家观念和主权意识融入到排外运动之中。外来"国民外交"的输入与中国日益发展的国民参与外交意识相互激荡，从而对晚清中国国民的对外观念产生重要影响，并最终促使中国"国民外交"的出现。

中国"国民外交"的出现受到西方，尤其是日本方面的重要影响。

然而，近代国人对国民外交思想这一舶来品并非是简单地、一成不变地加以接受，而是因应于中国内忧外患的时局，对其进行适合中国国情的解释和改造。由于时空不同、国情各异，中西国民外交思想相比较而言，无论是内涵还是其外在表现都存在着很大的差异。这一现象具有重要的学术意义，却几乎为当今学界所忽略。那么，国民外交思想这一舶来品有何特点？近代国人对其又是如何接受和移植的呢？本节拟首先对此做一考察。

一、"国民外交"初入中国

现代"外交"一词的英文为 Diplomacy。在西方书籍中，最早使用外交一词的时间大约是 17 世纪末。1693 年莱布尼兹（Leibniz）刊行 *Codex Juris Gentium Diplomaticus* 一书，内有 Diplomaticus 一字，1726 年都蒙（Dumont）刊行 *Corps Universel Diplomatique du Droitdes Genus* 一书，内亦有 Diplomatique 一字。[①]"两书所用 Diplomaticus 与 Diplomatique 二字，实为外交语应用的开始，不过当时所指的意义，并非对外交涉，而系一种文书档案，盖是时宫廷外交，专依郑重的形式文书行，所有公文重曲，国际关系，甚至外交团，及条约等均视为外交。"[②] 尽管早在 17 世纪西方国家就出现有关"外交"的表述，但"国民外交"思想出现并输入中国却经历了一段较长的历史时期。[③]

---

① Satow, Ernest Mason. *A Guide to Diplomatic Practice*. London: Longmans, Green and Co. 1957, pp.2–3.

② 杨振先：《外交学原理》，上海商务印书馆 1936 年版，第 1 页。

③ 值得注意的是，早在 19 世纪，欧美国家就出现了有关 National Diplomacy 的表述。然而，查阅 1896 年的《美国对外关系文件》（*Papers Relating to the Foreign Relations of the United States*）发现，当时所用的 National Diplomacy 一词并非"国民外交"之意，而是指"国家外交"（Message of the President, December 7,1896, *Paper Relating to the Foreign Relations of the United States*, 1896, p.43）。事实上，从词汇的历史演变来看，欧美学者

1900 年 2 月 10 日，《清议报》刊登日本法学博士添田寿一撰写的《清国与世界安危》，文章虽未直接出现"国民外交"一词，但简要概括了欧洲国民外交出现的历史背景及其基本内涵。①3 月 11 日，在该报所刊载的《第十九世纪外交一览》中，日本有贺长雄将"国民主义"理念纳入其对"外交"的考察视野，强调"国民主义"思想对于 19 世纪欧洲各国外交的重要意义。有贺氏认为，1848 年拿破仑三世虽以"国民主义自任"，然"拿破仑虽唱国民主义，而已亦不能贯彻之，转而利用之者，俾士麦是也，先是国民主义，于维也纳公会，全权为普鲁士所握持，普国欲以此主义，

对"国民外交"一词的表述大致经历了以下过程：1915 年，英国政治学家亚瑟·鲍生贝（Arthur Ponsonby, M. P.）在其所著的 *Democracy and Diplomacy: A Plea for Popular Control of Foreign Policy*（London Methuen & Co., 1915. P Xiii, 198）一书中，提出"民治的外交"（Democratic Control of Foreign Policy）一说。同年，美国著名政论家沃尔特·李普曼（Walter Lippmann）在其著作 *Stakes of Diplomacy*（New York: Henry Holt and Company, 1915. P Vii, 235.）中提出"民主外交"（Democratic Diplomacy）一词。1916 年，美国政治学者林塞·罗杰斯（Lindsay Rogers）在 "Popular Control of Foreign Policy: A Review of Current Literatures"（*The Sewanee Review, vol. 24, no.4*（Oct. 1916）: 507–517）一文中，进而提出"公众的外交"（Popular Control of Foreign Policy）和"议会的外交"（Parliamentary Control of Foreign Affairs）。1921 年，日本法学博士小寺谦吉翻译出版了亚瑟·鲍生贝（Arthur Ponsonby, M. P.）的上述著作，并将其改名为《国民的外交》（*Democracy and Diplomacy*）（参见 [日] 小寺謙吉：《國民的外交》，東京廣文館 1921 年版）。同年，英国历史学家詹姆斯·勃莱士（James Bryce）在访美期间所作的演讲中，将"国民外交"一词表述为 Popular Control of Foreign Policy 和 Democratic Control of Foreign Policy。詹氏的演讲稿于 1922 年出版（*International Relations: Eight Lectures Delivered in the United States in August, 1921*, New York: Macmillan Company, 1922），1923 年钟建闳将其翻译后收入《国际关系论》（参见 [英] 勃莱士：《国际关系论》，钟建闳译，上海商务印书馆 1923 年版）一书，并由上海商务印书馆出版。此外，日本著名的国际法专家信夫淳平曾于 1905 年追随有贺长雄研习国际法和外交史，并在 1926 年出版的《外政监督と外交机关》一书中，将"国民外交"一词的英文定名为 National Diplomacy 和 People's Diplomacy（参见 [日] 信夫淳平：《外政監督と外交機関》，日本評論社 1926 年版）。而这与后人将"国民外交"一词的英文表述为 National Diplomacy，似有一定的联系。1949 年，时在联合国教科文组织美国国家委员会任职（United States National Commission for UNESCO）的詹姆斯·马歇尔（James Marshall）提出 Citizen Diplomacy 一说，从而对"国民外交"做出新的界定。

① [日] 添田寿一：《清国与世界之安危》，《清议报》第 35 册，1900 年 2 月 10 日。

统一德意志国民"。"国民主义"在欧洲各国交往中如此重要，以至人们将 19 世纪的欧洲称为"国民主义之时代"。① 而该报另一篇译自日本《外交时报》的文章亦称：世界各国外交大势，"皆避争战而赴平和交通，当决裂之际，曲我而利外国国民，外国亦自曲而利我国民，此皆以国民为主义者，故近日各文明国每持此以为外交宗旨，其利溥矣"②。显然，该文对西方"国民主义"与外交的重要联系做了进一步地阐发。

1900 年 12 月 6 日，《译书汇编》在日本东京创刊。作为中国留日学生所创办的最早的一份刊物，该刊"以编辑欧美法政名著为宗旨"，致力于向国人介绍欧美文化思想，被时人"推为留学界杂志之元祖"。③ 1901 年 8 月 28 日，该刊译载有贺长雄所著的《近时外交史》，文中有贺氏进一步阐述其对近代西方"国民主义"与"外交"关系的独到见解，称"所谓国民主义者，不藉外交之策划技能，不泥历史之君权旧制，一以国民固有之资性为准者也"④。面对复杂多变的国际形势，近代西方各国在对外交往中强调"国民主义"是有其合理性的，这一情况折射出"国民外交"的出现有着复杂的历史背景。

时隔近一年半，《浙江潮》于 1903 年 2 月 17 日在日本东京创刊。该刊由日本东京浙江同乡会创办，"编辑兼发行者有孙翼中、王嘉榘、蒋智由、蒋方震、马君武等人"⑤。同年 5 月 16 日，该刊一篇署名"筑髓"

---

① ［日］有贺长雄：《第十九世纪外交一览》，《清议报》第 39 册，1900 年 3 月 21 日。该文后来分别被中国《外交报》以及《经济丛编》转载（参见［日］有贺长雄：《十九世纪外交总论》，《外交报》第 30 期，1902 年 11 月 24 日；［日］有贺长雄：《十九世纪外交总论》，《经济丛编》第 22 册，1903 年 3 月 28 日）。

② 《论文明战争》（译《外交时报》），《清议报》第 38 册，1900 年 3 月 11 日。

③ 丁守和、符致兴：《译书汇编》，丁守和主编：《辛亥革命时期期刊介绍》第 1 集，人民出版社 1982 年版，第 55 页。

④ ［日］有贺长雄：《近时外交史》，《译书汇编》第 8 期，1901 年 8 月 28 日；［日］有賀長雄：《近時外交史》，東京專門學校出版部 1898 年版。

⑤ 丘权政：《浙江潮》，丁守和主编：《辛亥革命时期期刊介绍》第 1 集，第 269 页。

的文章，在论述欧美报刊舆论对外交的重要影响时称：近代欧美各国，
"或经济问题，或殖民政策，或帝国主义，皆国民为之原动力，故今日
之外交，国民总体之外交也"。尤其是近代报刊媒体日益发达，舆论对
欧美各国间的交往也必定产生影响，"于是外交之方针，不得不视民众
代言之趋向而决定"。而主持报刊业务的报馆，无疑成为左右舆论的重
要之处，故今日欧美各国外交官堪称"报馆者外交官也"[1]。显然，此处
所提到的国民为外交之"原动力"，以及今日之外交乃"国民总体之外
交"，实为"国民外交"思想的重要内容。

　　从上述简要考察中，似可以看出：19 世纪末 20 世纪初，中国时人
对西方国民外交思想，乃至整个西方社会的认知和了解，受到日本的重
要影响。事实上，从目前所见到的文献来看，"国民外交"一词最早在
中国的出现，确实是时人通过译介日本的文章而来。

　　1854 年，日本被迫打开闭关锁国的大门，随之而来的是日本国内
社会变动的加剧，日本国民参与政治和外交等的要求亦不断增加。在这
一历史背景下，为增强日本国民对世界各国的了解，以及提高国民参与
外交的能力，1898 年 2 月，日本有贺长雄主持创办《外交时报》。[2] 有
贺氏被时人誉为日本"外交史学之始祖"，而其创办的《外交时报》一
经发行便迅速对日本社会各界产生重要影响，并立即成为日本"外交
论坛"的中心，引起国际社会的广泛关注。[3] 是年 3 月，有贺长雄在

---

[1]　筑髓：《论欧美报章之势力及其组织》，《浙江潮》第 4 期，1903 年 5 月 16 日。该文后被《岭
　　东日报》转载（参见《论欧美报章之势力及其组织》，《岭东日报》1903 年 8 月 4 日。《论
　　欧美报章之势力及其组织》（续昨），《岭东日报》1903 年 8 月 5 日）。

[2]　［日］伊藤信哉：《20 世紀前半の日本の外交論壇と〈外交時報〉》，《松山大学論集》第
　　20 卷第 1 号，2008 年 4 月。

[3]　［日］信夫淳平：《有賀博士の七回忌に際して》，《國際法外交雜誌》第 20 卷第 6 号，
　　1921 年。

《外交时报》发表《外交秘密论》一文，提出日本正处在由官僚外交
（Diplomatie Bureaucratique）主义向国民外交（Diplomatie Nationale）主
义过渡的时代，指出"国民外交是指以国民的精神为原动力的外交，而
不是遵从一时的多数政论的外交"[①]。日本的"国民外交"概念由此正式
提出。

有意思的是，有贺氏的这篇文章引起中国《外交报》的注意。1903
年9月6日，该报以《论外交不可专主秘密》为标题对此文予以译载，
译文表示：

> 外交之术，以机巧胜，利害所系，慎密尚焉。若强当局者以遇
> 事谋诸国民，匪惟势所不能，抑亦理有不合。虽然有当密者，有不
> 当密者，不此之察，而一以秘密为主，则贻害莫大焉。请申论之。
>
> 一曰不能假国民以为外交之后助。此一失也，以其理言，则今
> 世之国民外交，与中古之君主外交，命意迥异。立宪之国，外交全
> 权，属诸君主，然非谓外交为君主私事，谓君主有代表国民指导外
> 交之权力耳。国民外交云者，为国家之本旨而谋之，假国家之能力
> 以达之。本旨何在？在使国民之懿德良能，发越于其外，能力何在？
> 在合国民之群策群力，萃聚于无形。国民之与外交，相须而不可相
> 离若此。
>
> 二曰不能导国民以审外交之大势。此又一失也，其在平时，不
> 先涵养国民，畀以洞晓外交之能力，则国民惝恍旁皇，莫知所适，
> 既难以无形之势力，援助外交，且恐在上者之取径与在下者之趋归，
> 各殊其轨，患尤甚焉。[②]

---

① [日] 有贺长雄：《外交秘密論》，《外交時報》第2号，明治三十一年3月，第36—37页。
② 《论外交不可专主秘密》（参译日本《外交时报》），《外交报》第55期，1903年9月6日。

此乃目前国内文献中所见到的最早论及"国民外交"一词的记录。虽然《外交报》所译载的这篇文章究竟引起时人多大的关注，现在已无法全面考察。但这一现象再次有力地证明：中国"国民外交"的出现的确受到日本的影响。[①] 事实上，就在该文介绍"国民外交"概念发其端倪后，中国各类报刊中不断涌现出"国民外交"的字眼。伴随着中国内忧外患局势的日益加剧，国人对国民外交思想的认识亦随着介绍的不断进行而得到深化。

时隔仅七天，江浙留日学生创办的《政法学报》刊载《中国外交之前途》，该文首先介绍欧美各国"国民外交"的基本状况，指出"国民外交"应当"以国民之精神为原动力，以国家之权利为目的物，列国外交之大势乃如是，列国外交之方针乃如是"。其次，阐述国人借鉴和实行"国民外交"的方法和途径，称"国民之舆论可为外交之后援，国民之程度可为外交之前提，而之国民感情精神意气，有利于外交者，亦有害于外交者，此当分别国民而定外交之方针者也"。此外，文章还大力鼓吹普及国民外交知识以及培养外交人才，认为欲挽救今日之中国，则必须从外交入手，为此首先"鼓吹吾国民使有政治上之能力，使知有权利，使知有法律，使知有教育，吾尤鼓吹吾国民，使知有外交，使有外交之知识，使精研外事，以备折冲樽俎之选"。总之，"吾今与国民言外交，吾先言养成外交人才之资格，继言外交上至急至要之问题"。[②]

紧接着上一期，《政法学报》刊登一篇署名"耐轩"的文章，着重介绍西方"国民外交"思想的基本内涵，同时强调培养普通国民的"国

---

① 从目前所见资料来看，《中外日报》和《鹭江报》分别对该文进行了转载（参见《论外交不可专主秘密》，《中外日报》1903 年 10 月 7 日；《论外交不可专主秘密》，《鹭江报》第 47 期，1903 年 10 月 20 日）。

② 泷川：《中国外交之前途》，《政法学报》第 3 期，1903 年 9 月 13 日。

民外交之智识"的重要性。该文宣称:"国民外交"之内涵,在于"各国外交政策皆以政府为代表,而以国民为后劲,其成败得失悉视其舆论之强弱以为断,政府一若不过奉行其意者,彼欧洲列国固视为成例矣"。而在日本,明治初年,福泽谕吉等人极力主张普及国民外交知识,认为"国民外交之智识"愈增进,则"国民愈知外交之不可一任政府,政府亦知外交之必当利用国民,互相为用。一若政府为之先导,而国民为之后备者"①。

不仅如此,继《外交报》出现"国民外交"一词后,时隔近两个月,有关"国民外交"的论述在留日浙江同乡会所创办的《浙江潮》中也出现了。1903年11月8日,身为该刊主编之一的孙翼中以"独头"为名发表《国际法上之新国家观》,文章在对十八世纪以来欧洲各国外交进行考察时,重点介绍了"国民外交"思想在欧洲出现的历史背景,称:"当十八世纪欧洲列国之外交,为君主外交。盖以国家为君主一己之私有物,凡割让土地,亦视为君主之赠与品,国民不得而干涉之"。而到了十九世纪,欧洲"各国人民不堪其痛苦,遂昌言国民外交。以国家非君主之私有,国政非君主之私事,君主苟褒代表国家之资格,国民得起而颠覆之、改造之,君主缔结之条约,亦得奸毁而消灭之"②。

1904年3月9日,由袁世凯主持创办的《北洋官报》以《对外政策概论》为题,对日本政治学者小野冢喜平次的《政治学大纲》一书予以选译和刊载。该文表示:"对外政策当为国家的"以及"对外政策当为国民的","国民的对外政策者,乃以达其国家之目的者也。夫对于他国而起各种之行动,当以全国国民为原动力,而非徒恃一二外交官左右之、进退之也"。国民立于"外交最终之地位,其监督总在国民,是

---

① 耐轩:《政法之友》,《政法学报》第4期,1903年10月15日。
② 独头:《国际法上之新国家观》,《浙江潮》第9期,1903年11月8日。

以有职之外交家务使国论一致,以为后援"。同时该文强调:"所谓国民者,指全部之民,非指一二部已也。"①《北洋官报》作为清末创办最早、最有影响的地方政府报纸,其上述言论在一定意义上表明,国民外交思想已引起清政府一些地方官员的关注和重视。

为进一步增强国人的国民意识,曾在日本东京创办《国民报》的戢元丞等人回到上海,筹划《大陆》杂志的创办事宜。据冯自由在《革命逸史》中记载:"戢元丞于国民报停刊后,辛丑(一九〇二年)在上海发刊大陆报月刊,仍延秦、杨、雷诸人担任笔政,鼓吹改革,排斥保皇,尤不遗余力,实为国民报之变相。"此处所称"秦、杨、雷"系指秦力山、杨廷栋、雷奋,他们都曾参加过东京《国民报》的编辑和出版工作。颇为凑巧的是,1905年10月8日,《大陆》亦刊登一篇题为《对外政策概论》的时论,对西方"国民外交"的含义做了较为细致的阐述,该文称述:

对外政策须为国民的。

对外政策,所以须为国民的者,厥有两义:其一在原动力,其二在着眼点。

(一)对外政策之原动力,在乎国民。苟欲达国家之目的,于一国内外,对于他国而为种种行动,不独止于所谓外交官,须以全国国民,为其原动力焉。使国民淡视外交,于外交举动,袖手傍观,是外交政策,基础已大薄弱,故当局者,不可无披沥生平胸襟,与国民共决外交上大方针之度量焉。一旦特定事件之发生于国际间也,当局者宜以自己之裁量,由敏捷果断及秘密而以解决重大问题,往

---

① 《对外政策概论》,《北洋官报》1904年3月9日。

往有之，当斯之时，当局者，自觉其责任，且出适当措置，则国民宜静俟无躁，勿掣其肘，然外交最终之监督，仍在乎国民，识者宜常以性理注目于外交，使国民舆论与对外方针，适相一致，又当局者，以强大之国论为后援，庶可期外交之成功。凡外交永远之胜败，实由于国家竞争力之消长，而国家竞争力之消长，则由于个人发达之程度，为经世家，必不可不铭之于心焉。

（二）对外政策之着眼点，亦在乎国民。夫既为国家之政策，则其着眼之点，不仅关元首或政府之利害，实大有关于国民。是于排斥专制思想之现代，不可不谓自明之理。夫既曰国民，既谓全体国民，非指一部国民而言也。申而言之，凡一阶级，一党派，其势力俱甚大，一切外交，皆取有利于己，是其免滥用势力，且有背于国家之正当政策矣。夫对外事件之解决，其结果有颇为重大者，一度失之，难于挽回。故如当局者或一部国民，利用外交问题，而以谋其特殊之利，是最当警戒者也。①

值得一提的是，查阅日本小野氏的《政治学大纲》第四章第二节，发现与以上引文的表述完全一致。从时间的先后上来判断，《大陆》所刊载的这篇时论应当译自《政治学大纲》，只是作者未做说明而已。②

此外，《外交报》继在第55期中首次提到"国民外交"一词之后，亦不断对西方"国民外交"的基本内涵进行深入探讨。1905年12月11日，该刊登出《论民气之关系于外交》一文，指出"积民而成国，国有外交，即国民与国民之交涉也。国民不能人人自立于外交之冲，于是有外交当

① 《对外政策概论》，《大陆》第16号，1905年10月8日。
② ［日］小野塚喜平次：《政治学大纲》，東京博文館1903年版，第160—163页。

局以代表之。代表者所权之利害，即国民之利害也。所执之政策，亦国民之政策也"①。1906 年 11 月 11 日，《外交报》发表题为《论国民当略知外交》的文章，认为欧美各国"外交有公法、私法之分，而皆以国际名之"，我国民对此皆茫然不知，故欲扭转我国外交被动局面，"非去外人之裁判权不可，欲去外人之裁判权，非更定法律不可，欲法律之众信而有效，非开国民外交之常识不可"②。1907 年 12 月 9 日，该刊一篇题为《论外交之机当伸民气》的文章则直接表示："今夫外交之主体何在乎？在国民而已。外交之目的何在乎？将以保民而已。立宪之国，民事而外，无所谓庶政也，保民而外，无所谓外交也。国之所以存者，以有民耳。"③

1907 年 10 月，为向国人宣传立宪思想，培养国民的宪政意识，蒋智由等人在日本东京创办《政论》。同年 11 月 15 日，蒋以"观云"为名在《政论》发表《国民的外交之时代》，该文勾勒西方各国"国民外交"出现的大致过程，称在西方实行宪政体制的国家，"凡外交无不以国民为其主宰之原动力"。我国已宣布预备立宪，则"今后之办外交，其着眼点不可不专视为政府的，而当视为国民的。既视为国民的，不可不以外交之问题，先求得国民之同意，而以国民为外交之后援"。值得注意的是，在该文末尾的附识中，蒋毫不讳饰地表示，其上述言论借鉴日本小野氏的《政治学大纲》，附识称："日本小野冢喜平次博士著《政治学大纲》，于其第四章之论外交也，有外交之政策当为国民的一节。可参

① 《论民气之关系于外交》，《外交报》第 130 期，1905 年 12 月 11 日。该文亦被《东方杂志》和《申报》全文转载（参见《论民气之关系于外交》，《东方杂志》第 1 期，1906 年 2 月 18 日；《论民气之关系于外交》，《申报》1906 年 1 月 11 日）。
② 《论国民当略知外交》，《外交报》第 160 期，1906 年 11 月 11 日。该文亦被《东方杂志》全文转载（参见《论国民当略知外交》，《东方杂志》第 13 期，1907 年 2 月 7 日）。
③ 《论外交之机当伸民气》，《外交报》第 196 期，1907 年 12 月 9 日。

观其言"①。

需要补充的是,1909 年 6 月,有贺长雄在《外交时报》发表《国民外交と官僚外交》一文时提出,"政府有实行反映民意的国民外交的义务"②。该文刊出后不久亦被中国《外交报》译载,至此,中国报刊舆论中诸如"行国民外交之主义"、政府外交须"恃国民之意志能力以为后盾"等文字已屡见不鲜③。

显然,从上述考察中可以发现,在国民外交进入中国的过程中,日本起到重要的媒介作用。日本的有贺长雄、小野冢喜平次、添田寿一等人对国民外交做了较为系统的总结和阐述,中国留日学生及梁启超等一大批流亡海外的知识人士对此进行了吸收和译介,从而使 20 世纪初期的中国社会大量涌现有关"国民外交"的论著。在当时中国内忧外患的时局下,国民外交的输入无疑会对中国国民参与外交的思想和行动产生重要的影响。

二、"国民外交"的本意及影响

研究和考察国民外交进入中国的历史,是为了更好地理解国人在接受这一理念后的思想状况及其表现,为此,有必要对外来"国民外交"的本意及其影响进行一番探讨。从上述对近代国人接触国民外交的历时

---

① 观云:《国民的外交之时代》,《政论》第 2 号,1907 年 11 月 15 日。该文后被天津《大公报》全文转载(参见《国民的外交之时代》,天津《大公报》1908 年 1 月 23 日)。另查,此处提到小野氏的《政治学大纲》"第四章之论外交也,有外交之政策当为国民的一节",实为该著第四章第二节(详见[日]小野塚喜平次:《政治学大纲》,东京博文馆 1903 年版,第 160—163 页)。

② [日]有贺长雄:《國民外交と官僚外交》,《外交時報》第 139 号,明治四十二年 6 月,第 70 页。

③ 《论国民外交与官僚外交之别》(译日本明治四十二年六月《外交时报》),《外交报》第 253 期,1909 年 9 月 9 日。

性考察中，可以发现以下几个值得注意的方面：

一是近代西方国家出于帝国主义殖民扩张的需要，往往"注意国民乐利之外交"，并形成以"乐利主义"为原则的外交观念。随着近代帝国主义国家海外贸易的不断发展，他们在向世界扩张的进程中不断开辟出许多殖民地。由于殖民地经济、宗教和文化等事务日益兴盛，许多事务帝国政府已无暇顾及，跨国公司、传教士以及各类从事殖民事业的团体便应运而生。早期，这些跨国公司、传教士或团体主要与殖民地人民在经济和宗教上往来。但伴随着列国"维持均势或维持现状"的努力"限于短促之时期，世事常变化无一刻之停留"而告失败后，各帝国主义国家为维护其殖民利益，在对外交往中更加注重国际政治的稳定和避免战争的发生等方面。因此，西方各国"谈外交政策者，莫不知一国之外交，非为君主一姓之安富尊荣计，当为国民之乐利计。而君主者，不过对于外国而代表国民之权利利益而已，遂以此为外交之原则焉"。①

在此背景下，西方"各国民生存竞争，不得不盛。各国民生存竞争愈盛，则其所需衣服饮食居处之物愈多，所需之物愈多，则殖产兴业制造贸易之事，不得不兴之俱进。于是乎列国相竞，所谓市场政策，不得不讲焉，所谓殖民政略，不得不务焉"。随着世界殖民政策的不断推行，帝国主义列强"扩其市场，增其殖民地，殆遍于全世界"。尤其是英国，其"外交之方，不问其何党派之人，常以殖产、贸易、制造、工业等之利益为重"，最终目的在于"增国民之利益"②。在世界殖民主义不断兴起的时代背景下，"国际上生存之法，惟在外交，外交善者，能使不适之国民，变为适者，能使劣败之国民，变为优胜"③。因此，到19世纪

---

① 钱基博：《国民外交常识》，上海商务印书馆1919年版，第15、44页。
② 《论英国外交》，《时务报》第19册，1897年3月3日。
③ 《对东政策》，《清议报》第14册，1899年5月10日。

中后期，西方帝国主义国家在与殖民地国家的交往中，始终以增进国民之"乐利"为目的，以"乐利主义"为原则的外交观念亦逐渐形成，此乃近代国民外交思想的重要特征之一。

二是近代西方国家在对外交往中形成以"国民主义"为中心的国家思想，在这一思想的影响下，帝国政府作为国家之代表，"对于外国而代表国民之权利利益"，国民对政府亦有认同感，并在对外交往中"国民为外交官之后盾"。关于近代西方国家"国民主义"的出现及其与"外交"的关系，1928 年上海世界书局出版的《外交 ABC》一书专门予以探讨，称：欧洲各国"各以国民的精神而分立。尤其是法国革命，发扬了民权和自由，帮助了国民的自觉的发达，从来战争、政治都是王侯将相的专有物，但自法国革命以来，人民的战争、人民的政治的感觉发生"，欧洲各国的状况亦由此改变。随着欧洲各国自由、民权运动风潮迭起，尤其是"德国的统一及意大利的统一，俾士麦和加服尔各以德人及意人的民族的自觉为基础，建立德意志帝国及意大利王国"[1]。在此背景下，以"国民主义"为中心的西方国家思想逐渐形成。

值得一提的是，1814 年至 1815 年间召开的维也纳会议，是欧洲列强旨在"重整欧洲国际纷纠之局"的外交会议。与会各国纷纷提出当今欧洲各国外交"不可不定一主义以为标准"，其时普鲁士宰相大力倡导："外交之政策不足恃，君权之历史不可据，当以国民固有之资性为标准。所谓国民之资性者，盖一国之民与他国民之所以异者，则其国民之历

---

[1]　常书林：《外交 ABC》，上海世界书局 1928 年版，第 61—64 页。日本政治学家加藤弘之在《十九世纪思想变迁论》中亦称："第十九世纪，变幻多端之时代也，而思想变迁，尤不一而足。盖时势既异，则种种思想亦不得不随之以异也，兹就波靡于欧洲者而述之，其最彰著者，一为'国家上思想'，即关系于国家者是也。一为'社会上思想'，关系于社会者是也。"（引自 [日] 加藤弘之：《十九世纪思想变迁论》，《清议报》第 52 册，1900 年 7 月 26 日）

史、习惯、言语及气禀之为之也。大抵国民之资性相同者团合为一国，而相异者则分离为二邦，此自然之趋势，非可以人力变易也。国之分疆及其对于外国之关系，当一以此为标准"。自此话一出，"于是国民主义之呼声乃于国际史上开一新纪元"。在以"国民主义"为中心的国家思想影响下，西方各国人民在对外交往中认识到，"欲制外交上全局之胜利，必须国论、政策定一，举国一致，国民为外交官之后盾"①。

三是日本明治政府仿效帝国主义殖民政策走向对外扩张的道路，明治天皇作为日本国家之代表，国民对其有高度的认同感，故日本"国民外交"形成的原因与历史背景，较欧美国家略同。日本自江户时代起，海外贸易的不断发展促使日本的官僚外交逐步向民众外交过渡。②明治维新以后，日本实现脱亚入欧，明治政府亦仿效西方帝国主义海外扩张途径，迅速走上对外殖民扩张的道路。甲午海战之后，日本将侵略重点放在近在咫尺的中国。对此，日本法学家添田寿一认为："清国之人口繁多，土地广大，贸易上之大新富源，而列强所垂涎注目之地也，则清国实为外交上之中心点。"由于日本"人口与工业逐年增加，而清国与我最相近，且民俗用品（民人之风俗所好用之物品）之嗜好与我相同，我所制作之品物无一不适彼之用，是则支那者乃我国之最大市场也"。"我国民不可徒甘在已国内互争小利，当与清国人合力经营各种事业、矿山、铁道、航海、制作、银行等，以扶植实益，于无事之时倘逢机会，则藉以伸张其利权。"③

① 钱基博：《国民外交常识》，上海商务印书馆1919年版，第43、44页。
② [日] 西村真次：《官僚外交与民众外交》，《國民の日本史》，早稻田大学出版部昭和六年，第220页。关于日本"民众外交"一词的出现，西村真次在《国民の日本史》中解释道："民众外交"建立于民众的实力与精神之上，它不是一朝一夕能够出现的，而是长期的力量积蓄的结果。它是伴随着日本海外贸易的发展，日本势力向境外的扩张运动而出现的。这一运动的推动者不是官方，而是民众，故称之为"民众外交"。
③ [日] 添田寿一：《清国与世界之安危》，《清议报》第35册，1900年2月10日。

显然，为谋取日本国民之"乐利"，明治政府对中国、朝鲜等国展开殖民侵略，此乃日本"国民外交"形成的重要背景。由于日本国民对其政府具有高度认同感，这使得日本"国民外交"出现的历史背景与西方国家略同。认识到日本"国民外交"产生的原因和历史背景，其重要意义不言而喻。

由是观之，近代西方国家自由、民族运动的蓬勃发展形成以"国民主义"为中心的国家思想，在海外的殖民扩张催生以"乐利主义"为原则的外交观念，在这一背景下近代西方国家的国民外交思想得以形成。日本明治政府实行帝国主义殖民政策走上对外扩张的道路，其"国民外交"形成的原因与历史背景，较欧美帝国主义国家略同。总之，通过对近代国民外交思想进入中国的历时性考察可以发现，国民外交思想这一舶来品的主要特点是：西方列强在与殖民地国家的交往中，往往"注意国民乐利之外交"；帝国政府作为国家之代表，"对于外国而代表国民之权利利益"，同时国民对政府亦有认同感，在对外交往中"国民为外交官之后盾"。①

应当指出的是，在"国民外交"思想输入中国的历史进程中，近代国人对此并非是简单地、一成不变地加以接受，而是因应于中国内忧外患的时局，对其进行适合中国国情的解释和改造。对此，1928年赴法研习外交的陈耀东在《国民外交常识》一书中指出：中国居于帝国主义殖民政策的被侵略者地位，而日本、欧美列强则充当侵略者的角色。"近代以来，列强向中国侵略，有积极消极之分"，然而"无论何种形式的外交政策"，"其为向中国侵略，则为共同之目标"，且"皆非有利于我国"。② 总之，由于时空不同、国情各异，中西国民外交思想相比较

---

① 钱基博：《国民外交常识》，上海商务印书馆1919年版，第15、43、44页。
② 陈耀东：《国民外交常识》，上海新月书店1928年版，第218、219页。

而言,无论是内涵还是其外在表现都存在着很大的差异,而造成这一现象的原因似乎不得不从事实层面上去寻找。

第二节 拒俄运动与中国"国民外交"的生成

时至清末,中国社会内忧外患的时局不断深化。在此背景下,国人开始对中国传统社会所未有的国民意识进行自我考量和反思。毋庸置疑,近代中国国民外交出现的重要前提是国民意识的自觉。而在拒俄运动[①] 期间,伴随着中国内忧外患的日益深重,国人的国家观念和国民意识亦不断增强。在这一历史背景下,国人对从日本引入的"国民外交"理论进行适合中国国情的解释和改造,从而促使中国"国民外交"的出现。由于既有研究对"国民外交"在中国出现的背景、原因和历史过程等语焉不详。[②] 本节则通过对1903年前后中国国民参与外交的历时性考察,试图重现中国"国民外交"出现的历史图景。

一、从"无国民之国"到国民思想的鼓动

查中国古籍,早在战国初年的《左传·昭公十三年》中,就有关

---

① 学界关于拒俄运动研究的论著,主要有:杨天石:《一九〇一至一九〇五年的拒俄运动》,《社会科学战线》1978年第4期;严昌洪:《"国民"之发现——1903年上海国民公会再认识》,《近代史研究》2001年第5期;桑兵:《拒俄运动与中等社会的自觉》,《近代史研究》2004年第4期;方平:《拒俄运动与清末上海"文明排外"的社会动员》,《历史教学问题》2009年第4期。

② 相关研究主要有:顾莹惠:《论20世纪初的中国国民外交》,《武汉大学学报》(人文科学版)2002年第7期;贾中福:《清末民初的国民外交思想论析》,《学术探索》2004年第12期;印少云:《近代中国国民意识的生成与国民外交》,《学术论坛》2005年第6期;廖敏淑:《清末到巴黎和会时期的国民外交》,载金光耀、王建朗主编:《北洋时期的中国外交》,复旦大学出版社2006年版,第245—272页;周斌:《清末民初"国民外交"一词的形成及其含义述论》,《安徽史学》2008年第5期。

于"国民"的记载，但古人所指称的"国民"与近代之义相去甚远。近代中国列强环伺、外患迭起的时局激起传统社会前所未有的国民意识。在此背景下，中国知识人士在吸取半个世纪以来救亡图存的经验教训之后，开始进一步探讨中国自身问题，并逐步把对中国社会客体的思考转向对社会主体的探索，把救国与国人是否具备国民意识紧密联系起来。[①]这一事实决定中国"国民外交"首先是由"国民"意识发展而来的。

戊戌变法失败后，徐勤跟随康有为逃到日本，随后担任日本横滨中国大同学校校长。[②]而早在1898年5月，在其撰写的《日本横滨中国大同学校学记》中，徐勤强调国民"合群"以救国的重要意义，称"夫人道自保，在乎合群，合大群为国，合小群为民，国不能保卫其大群，则民自谋保卫其小群"。[③]同年8月，身为康门弟子的陈继俨发表《伸民权即以尊国体说》，提出"中国之在今日也，时事日亟，人心惶骇，忧时之彦，于是为民权之说"，然而中国民权受专制影响达数千年之久，以致中国几成无国民之国，故"今中国积弊之深，非经一番丧乱，振起国民之精神，不能致国民心志之专一"[④]。这里陈继俨所强调的"民权"观念实为"国民"精神的重要内容之一。

诚然，当把近代国人与有关国民思想的讨论联系起来时，梁启超所撰写发表的有关国民思想的诸多论著是不容忽视的。1899年2月20日，梁启超在《清议报》上发表《爱国论》，痛陈国人无国民思想，以致中国"要害尽失，利权尽丧，全国命脉，朝不保夕"。推其原因，实由国民不知爱国所致，尤其是一直以来，"我之国民，以国为君相之国，其

---

① 梁景和：《清末国民意识与参政意识研究》，湖南教育出版社1999年版，第14页。
② 陈汉才：《康门弟子述略》，广东高等教育出版社1991年版，第21页。
③ 徐勤：《日本横滨中国大同学校学记》，《知新报》第52册，1898年5月11日。
④ 陈继俨：《伸民权即以尊国体说》，《知新报》第61册，1898年8月8日。

事其权其荣其耻,皆视为度外之事"。显然,国人"其不知爱国者,由不自知其为国也"。为此,梁启超对国与民的二元关系进行解释,称"不有民何有国,不有国何有民,民与国一而二,二而一者也。今我民不以国为己之国,人人不自有其国,斯国亡矣"①。而在《论近世国民竞争之大势及中国之前途》一文中,梁启超对"国民"一词做了进一步界定,并将"国民"与"国家"作为对立统一的概念加以阐发,指出:"中国人不知有国民也,数千年来通行之语,只有以国家二字并称者,未闻有以国民二字并称者。国家者何? 国民者何? ……谓国家、国民者,以国为人民公产之称也。国者积民而成,舍民之外,则无有国。以一国之民,治一国之事,定一国之法,谋一国之利,捍一国之患,其民不可得而侮,其国不可得而亡,是之谓国民"②。

在对国民无爱国思想的深刻反思中,时人还将视线扩散至全体国民,并且逐步把对中国社会客体的思考转向对社会主体的探索,把救国与国人是否具备国民意识紧密联系起来。他们注意到当时中国,"官不爱国,故役役于私,一切民生利痛弗恤。士不爱国,故冀幸科第以自娱,不务其远者大者。工商不爱国,故竞锥刀、较什伯、委寰宇之事于肉食,告以公家之难而不急。兵不爱国,故三战三北,望风讹溃,割地偿款之巨辱,瞠若无睹。游手小民不爱国,故不忍小忿,动雠外人为所藉口,百端媒索,贻君父忧"③。对此,麦孟华亦悲痛地表示,国民无爱国思想,以致"中国号称四万万人,乃至无一人能知国家之主义,无一人能任国民之公事"④。究其原因,实为缺乏国民意识之故也。显然,时

---

① 哀时客:《爱国论一》,《清议报》第 6 册,1899 年 2 月 20 日。
② 梁启超:《论近世国民竞争之大势及中国之前途》,《清议报》第 30 册,1899 年 10 月 15 日。
③ 《论爱国即所以自爱》,《知新报》第 89 册,1899 年 6 月 8 日。
④ 先忧子:《国民公议》,《清议报》第 48 册,1900 年 6 月 17 日。

人关于国家与国民之间关系的阐述，是对中国传统封建皇权的国家观的根本否定，反映了清末国民意识在少数先进知识分子中初步形成，同时也为促进普通民众国民意识的萌发和形成起到重要作用。

如上所述，清末外患频仍的现状激起中国传统社会前所未有的危机感，在此背景下，中国知识人士开始有意识地把救国与唤醒国人的国民意识联系起来，从而对权利、责任、独立、平等、自由、自尊、自信、自治、合群、尚武、公德等思想进行自我考量。

1900 年，东京留学界发起成立励志会，该会以"养成公德，以为国民之表率"为宗旨。[①] 同年 12 月 6 日，在励志会的协助下，留日学生创办《译书汇编》。为唤起国人的国家观念和权利意识，该刊自创办之日起，连续三期译载德国政治学家伯伦知理的名著《国法泛论》（后定名为《国家论》），对"主权"一词的内涵和外延做了充分的阐释，认为"主权有四要焉，独立不羁一也，尊严不可犯二也，至尊无上三也，独一无二四也。四者缺一，即失其为主权，是不可以不知也"，"主权之于国家，关系甚大，故言国家者，必首言主权"。同时，主权与国家、国民之间有着相互依存的关系，"夫有国民而后有国家，有国家而后有主权，故谓国民为主权根本之所在可也，直以国民为主权之所由生不可也"[②]。

此外，《译书汇编》还逐期刊载卢梭的《民约论》、孟德斯鸠的《万法公论》（刊载时以《万法精理》为标题）、伯盖司的《政治学》以及斯宾塞的《代议政论》等欧美法政名著，从而对近代国民所应该具有的政治能力和公德意识做了有力地宣传和倡导。对此时人称赞道："吾国青年思想之进步，收效至巨，不得不谓《译书汇编》实为之倡也。"[③]

---

① 《励志会章程》，《译书汇编》第 12 期，1903 年 3 月 13 日。

② ［德］伯伦知理：《国法泛论》，《译书汇编》第 3 期，1900 年 12 月 6 日。

③ 冯自由：《革命逸史》初集，中华书局 1981 年版，第 99 页。

　　为教育和启迪下层民众,中国知识人士还从语言文字等方面着手,进行自我审察和反思。1900年1月,陈子褒撰文指出"文言之祸亡中国",称"中国报纸多用文言,此报纸不广之大根由","今夫亡国之祸,文言其一端矣。中国五万万人之中试问能文言者几何?大约能文言者,五万份中之百份耳"①。由此他提出报纸宜改用白话文的建议,并认为应该以宣讲、读报、演说或戏曲等方式,向普通民众尤其是识字程度不高或不识字的民众宣扬新知,启迪和培养广大下层民众的国民意识。

　　固然,近代中国日益深重的民族危机是国民意识产生的客观背景。在内忧外患的时局下,中国知识界人士已经有意识地把救国与唤醒国人的国民意识紧密联系起来,并对权利、责任、自由、平等、独立、自治、合群、尚武等思想进行自我考量。然而,应该指出的是,无论是戊戌时期的革新风潮还是庚子年间的救亡运动,中国知识阶层与下层民众一直处于分离的状态。随着中国瓜分时局的日益紧迫,沙俄等国列强迫在眉睫的威胁激起中华民族前所未有的屈辱感。在以青年学生和趋新士绅为首的爱国人士发起声势浩大的拒俄运动之后,这种知识阶层与下层民众的分离状况才逐渐得以改观。

二、"国民"参与"外交"的尝试

　　查中国古籍,有关"外交"的记载早已有之。如墨子《修身篇》中有云:"近者不新,无务来远;亲戚不附,无务外交。"《国语》中载:"乃厚其外交而勉之以报其德。"又如《史记》中:"割其主之地以来外交"。古人所说的"外交"泛指与外人的交际,显然这与今天所讲的"国与国之间的相互交往"之义相去甚远。

---

① 陈荣衮:《论报章宜改用浅说》,《知新报》1900年1月11日,第111册。

　　清末列强环伺、外患频仍的现状激起国人强烈的危机感，庚子之后的瓜分危局更造成国人无比的屈辱感。在此背景下，中国知识阶层和趋新人士在探索挽救国家危亡道路的同时，开始对戊戌和庚子以来与下层民众的分离，及民众"排外"的盲目性等问题进行深刻的反思。①

　　戊戌变法失败后，麦孟华逃往日本，并在横滨协助梁启超创办《清议报》。1900年9月，正当义和团运动进行得如火如荼之时，麦孟华在该刊以《论中国民气之可用》为标题，对义和团的"野蛮"排外之举进行批评和总结，称"国家之危亡，固我国民之责也"，"义和团之起事也，其气亦不可谓不盛，然横挑外衅，适足以速召瓜分，盖民气固未必有益于人国也。曰无文明之思想者，则举动皆若野蛮，勇悍适以败国，而为天下之乱民。有文明之思想者，则举动皆循公法，坚劲足以立国，而为天下之义民。义和团之召乱，其害在于不审外情，谬倡排外，而非在其气之盛也"②。而在《排外平议》一文中，他根据对时局的观察，提出中国人虽言排外，但并不讲究排外之法，以致丧权失利。因此他认为："排外之道有二。野蛮人之排外也，排以腕力，文明人之排外也，排以心力。""以心力排外者，其待外人也礼貌有加，其善外交也，仪节不失，虽世仇夙怨之国，受其逼辱，举国所欲得而甘心者，其往来酬应，殷勤无以异于姻娅，且惟积怨怀仇之故，则弥师其政学，输其文明"③。麦孟华对文明排外的思考，在某种意义上反映了知识阶层对下层民众参与排外的关注和重视，而这正是中国知识人士有意识地发动和引导下层民众参与外交斗争的前奏和基础。

---

① 李育民指出，近代中国的民族主义是从"排外"中产生的。而借助"排外"理念，"排满"鼓荡了民族主义，这反映了中国社会所面临的现实矛盾，折射出近代民族主义成长的逻辑路程（参见李育民：《"排外"观念与近代民族主义的兴起》，《史林》2013年第1期）。
② 先忧子稿：《论中国民气之可用》，《清议报》第57册，1900年9月14日。
③ 伤心人稿：《排外平议》，《清议报》第68册，1901年1月1日。

1900 年 10 月，沙俄强迫清政府签订《奉天交地暂且章程》，借此将奉天置于其武力控制之下。①1901 年初，沙俄外交大臣拉姆斯道夫又向清政府提出书面约款十二条，声称沙俄有权驻兵中国东北"保护"铁路，有权出兵帮助清政府"剿抚"，有权革办中国官吏，且中国从此不能驻兵东北，不能运入武器，不能自行造路等。不仅如此，约款还进一步要求将中国的蒙古、新疆和华北划为沙俄的势力范围。通过这些条款，沙俄企图全面侵占我国东北的主权和利益。②消息一经传出，立即激起全国民众的强烈愤慨。是年 3 月 15 日，上海社会各界人士齐集张园，主张力拒俄约，挽救危局，就此拉开拒俄运动的序幕。

1901 年 3 月 15 日，上海"绅商假座张园，会议电争俄约"，到会者"共约二百余人"。③会上，汪康年当众呼吁："俄约一事，乃关系国家全局最要之事，亦关系我等一身最要之事也"，"我等同含血气，同具知识，必须竭我等心力，始足尽国民责任"④。蒋智由亦大声疾呼："国谓何矣？国民谓何矣？国者，一国自有一国之主权，国民者，人人各有国家之一分，而当尽其责任。"⑤显然，集会中时人已初步认识到自己乃中国的"国民"，应当参与到拒俄的"外交"斗争，并当讲求对外之法。

值得一提的是，1901 年 2 月下旬，汪康年曾向时任日本东亚同文会上海支部部长的井手三郎递交一封信函，内附由其撰写的《整理政法纲要》，并嘱托井手氏将信函内容转告犬养毅、大隈重信、山县有朋、

---

① 《奉天交地暂且章程》（光绪二十六年九月十七日），王铁崖编：《中外旧约章汇编》第 1 册，生活·读书·新知三联书店 1982 年版，第 978、979 页。

② 《俄提督复增祺商改交还东三省条款照会附条款》（光绪二十六年十二月十二日），王彦威辑：《清季外交史料》第 145 卷，书目文献出版社 1987 年版，第 17—33 页。

③ 《记张园会议电争俄约事》，《中外日报》1901 年 3 月 16 日。

④ 《汪君康年演说》，《中外日报》1901 年 3 月 17 日。

⑤ 《蒋君智由演说》，《中外日报》1901 年 3 月 18 日。

近卫笃麿、伊藤博文、佐佐友房和柴四郎等人。在信函中汪康年批评："奉天将军增祺，不谙交涉，……妄异以全权名目，与俄人立约九条，于敝国外交之道极有关碍"，故请求日本政府出面援助。而在《整理政法纲要》中，汪还对清政府外交提出详细的改革方案，并拟定"劝令民间绅士讲求外交之法"等建议，表现出对普通国民参与外交的重视。[①] 井手氏收到信函后不久便闻知张园集会的消息，在回信中他对之大加称赞："张园大会为补救国会之要点，敬佩！敬佩！无此举，则真四万万人无一有脑气者矣。"[②] 而在 3 月 15 日张园集会当天，汪康年等人还致电日本东亚同文会会长近卫笃麿，请其"协助挽救"。[③] 作为一名在学界和政界有着重要影响力的"在野"人士，汪康年以普通"国民"的身份发起直接的"外交"行动，颇为引人注目。

3 月 24 日，上海爱国人士闻知沙俄将逼迫清政府于当月 25、26 两日在俄约上签押的消息，再次集会张园。此次集会，"到者约近千人"，"同人次第演说者凡十余起"，不但规模较上次更大，而且表现出"国民"有意识地参与"外交"的倾向。其特点主要有：

其一，与会者初步认识到身为"国民"当负起挽救国家危亡之责。

---

① 《井手三郎日记》，1901 年 2 月 22 日；《近卫笃麿日记》（四），1901 年 3 月 22 日，第 110—117 页；转引自廖梅：《汪康年：从民权论到文化保守主义》，上海古籍出版社 2001 年版，第 300—308 页。

② 上海市图书馆编：《汪康年师友书札》第 3 册，上海古籍出版社 1986 年版，第 3013、3014 页。查井手氏此封信函"辛丑二月廿一到"（1901 年 4 月 9 日），据此推算，井手氏写此信的时间，应当是在 3 月 15 日上海士绅张园集会之后，故信函中才会出现对集会的评论。

③ 《再志会议电阻俄约事》，《中外日报》1901 年 3 月 18 日。对于此事，日本国民同盟会所编的《国民同盟会史》亦有详细记载："时上海志士百九十九人，以三月十三日电告我同盟会近卫公爵曰：露清密约系东亚之存亡，不肖等极力抗争，切祈贵会侠助，挽回大局。同盟会即以公爵之名电复曰：防俄为今日急务，愿共致力，用保大局。"（参见日本国民同盟会编纂：《国民同盟会始末》，袁毓麟译，上海通志学社 1903 年版，第 38 页）。

孙宝瑄在会上痛陈列强瓜分之事，警告东三省利权"若允俄人，列国效尤，利益均沾，中国主权由是尽失"，呼吁国人"须知人人有国民之职分，不得视国家为身外之物"①。同时，集会制定明确的集议宗旨和集议办法，并将"主权"、"合群"等观念融入会议宗旨，称："凡系中国国民，皆当存保全中国国土之心，即皆当存保全中国主权之心"。"凡同志之士，务知中国受病之原，合心协力，团结一气，须有以御外侮而贞内力合群之起点，我同志务共励之。"②

其二，开始有意识地发动社会各阶层民众，尤其是下层民众的力量，并注意到"民心"可用、"民气"可贵。集会中，第一个上台演说的吴沃尧大力号召各界民众共同起来拒俄，称"今日集议诸君，大半皆外省人，非尽上海土著，其所以间关水陆而来者何故？大抵无论为仕、为商、为士、为民，均为创造事业以遗子孙起见"，刻下应当"速由我同志迳电俄国政府，告以民心向背"，并提出欲"合大众之热力以为拒力"，当"联一拒俄会以拒之"。③ 在与会的爱国人士中，薛锦琴女士的出现引起大家的热切关注，薛在演说中怒斥"居官者无爱国之心"，"在下之士民又如幼小之婴儿，不知国家于己有何关系"。俄约迫亟，"今日救急之法，当上下合为一心，以国家事为己身之事"④。此外，常熟清凉寺僧人黄宗仰身为"弃世绝欲之人"，亦参与集会并登台演说，怒斥沙俄侵略之野心，呼吁"我同种同胞团结不解、坚忍不拔之苦心为大可恃，今日之事即为后日申民气之起点"⑤。

---

① 孙宝瑄：《忘山庐日记》上册，上海古籍出版社1983年版，第316页。

② 《纪第二次绅商集议拒俄约事》，《中外日报》1901年3月25日。

③ 《吴君沃尧演说》，《中外日报》1901年3月26日。

④ 《薛女士锦琴演说》，《中外日报》1901年8月27日。

⑤ 沈潜、唐文权：《宗仰上人集》，华中师范大学出版社1999年版，第3页。《方外宗仰上人演说》，《中外日报》1901年4月1日。

　　其三，认为义和团"野蛮排外"不可取，批评清政府外交政策的丧权辱国，并进一步提出各界民众共同参与到文明抵拒俄约的外交斗争的主张。陈锦涛在演说中怒斥"刚毅、徐桐之流，顽固昏愦，不知外交为何事，乃欲尽逐外人，义和团之事由此遂起。社稷倾危，生灵涂炭，不知者以为由义和团致之，不知其远因实在二三年前朝廷之一意倚俄也"①。此次集会"我辈系筹中国存立之策，不欲以非理待外人，如去岁北方野蛮之事。至外人欲以非理凌中国，亦不肯受。一依文明所为，主持公理"②。

　　上海绅商集会的盛况以及与会人士的演说经过报刊舆论的宣传，立即引起社会各界的强烈反响，大家纷纷向报馆投递信函，为阻止沙俄对中国领土和主权的侵略出谋划策。1901 年 3 月 19 日，《中外日报》刊登一则署名为"借一庐主人"的来函，称："诸君子会议后，除电请各省督抚及全权大臣力与争持外，并电知各省绅商业董，凡属华民，互相禁约：自会议之日起，无论一物之微，不准与彼交易；一工之贱，不准受彼雇用。"③3 月 28 日，该报所刊载的另一则来函指出："与其官争于上，不如商争于下，似为得力。"商争之办法如何？"刻茶市始开，宜先从此下手，无论如何重价，不准出售与彼，有私自相交者公罚之。茶后则丝。盖此二业刻虽较昔稍疲，然尚可为制慑外人之具。"④

　　另外，还有人提出组织公众团体共谋抵拒的想法。4 月 5 日，《中外日报》一篇署名为"球外人来函"的文章称："所谓合群材群力者，非徒合群一隅以聚议也。先于上海立爱国总会，必当于内地各处设立分

---

① 《陈君锦涛演说》，《中外日报》1901 年 3 月 27 日。
② 《纪第二次绅商集议拒俄约事》，《中外日报》1901 年 3 月 25 日。
③ 《借一庐主人来书》，《中外日报》1901 年 3 月 19 日。
④ 《借一庐主人来函》，《中外日报》1901 年 3 月 28 日。

会，遴才以莅事，筹款以济用，一俟民心既固，民气既充，然后炼其忠勇之力，统以仁智之才"，以为拒俄之用。①5月7日，该报刊载苏州一位姓许的爱国人士的函件，进一步提出："日本有东亚同文会，以保全东亚为志，我中国亟宜创立一会，与东亚同文会同义。设一总会于上海，会长不必定，中国人凡有保全东亚之心，其才其识为众人所推服者，皆可推为会长。总会既设，再设分会于应设各地。"②可见，在俄约的逼迫下，时人提出由商人和下层民众团结一致、共同抵制俄约的办法，并意识到组建团体共同抵制的重要性，这在当时是难能可贵的。③

可见，在上海绅商集会与演说的带动下，加之中外报刊舆论的大力鼓动，全国各界民众士气不断高涨。在此背景下，1901年5月10日，流亡日本的戢元丞、秦力山、沈翔云等人适时创办《国民报》。该刊"以唤起国民之精神，讲求国民之义务"为号召，旨在使国人在国家危急存亡之时，"明我国民当任之责，振我同胞爱国之心"④。正如拒俄运动中不断高涨的民气促使《国民报》的诞生，该报的创办也将有助于各界民众国民意识的增强，并对中国社会心理产生深远的影响。

与此同时，在拒俄运动的推动下，中国知识人士亦通过报刊舆论对国民参与外交行动给予合理地引导。1902年1月4日，由张元济等人

---

① 《球外人来函》，《中外日报》1901年4月5日。
② 《苏州许君来函》，《中外日报》1901年5月7日。
③ 严昌洪先生在《"国民"之发现——1903年上海国民公会再认识》一文中提道："各界人士200余人于3月15日、24日两次集会张园，电争俄约，……但尚无人号召建立团体，仅有苏州许君致函《中外日报》，建议仿日本东亚同文会，建一团体，设总会于上海，设分会于应设各地。"（参见严昌洪：《"国民"之发现——1903年上海国民公会再认识》，《近代史研究》2004年第4期）这一论断有待商榷。据查，"苏州许君"的文章发表于5月7日，而在这之前的4月5日，《中外日报》一篇署名为"球外人来函"的文章即提出设立类似团体的想法，称："所谓合群材群力者，非徒合群一隅以聚议也。先于上海立爱国总会，必当于内地各处设立分会。"（参见《球外人来函》，《中外日报》1901年4月5日）
④ 《叙例》，《国民报》第1期，1901年5月10日。

主持的《外交报》在上海公开发行，该刊在外交上主张"文明排外"，并带有明显的爱国主义倾向。张元济在该刊的《叙例》中大力主张"文明排外"，认为："吾国言排外数十年，撤藩、割地、偿兵费、租界势力圈、主权尽失而转为世界诟病，皆排外之效。""吾闻日本政界有文明排外之论，是何言欤？"文明排外在于讲求外交之术，通察各国情势，以为外交应对之方。"要之，以保有主权，不受凌侮劫夺为界说，是故外交其表面，而排外其里面也。"为引导"国民"文明参与"外交"，该刊"举我国对外之事实与各国所以对我之现状、之隐情，暨其国立法行政之迹，凡足资借镜者，博访而广译之"，并呼吁"当世君子，诚欲审国势、诇外情，出文明之手段以尽排外之天责"①。作为近代中国第一份直接以"外交"命名的刊物，该刊的创办对于引导和推动中国"国民"参与"外交"有着重要的意义。②

值得一提的是，在《外交报》创刊十余天后，《中外日报》便对该报的影响力及其对时局的重要意义做了客观评述，称"各国于外交一事

---

① 《外交报叙例》，《外交报》第 1 期，1902 年 1 月 4 日。另据张树年先生考证，该文系《外交报》主要创办人之一的张元济亲自撰写（参见张树年主编：《张元济年谱》，商务印书馆 1991 年版，第 41 页）。

② 黄沫先生在《辛亥革命时期期刊介绍》第 3 集中亦称："《外交报》创刊于一九〇二年一月。"（参见黄沫：《外交报》，丁守和主编：《辛亥革命时期期刊介绍》第 3 集，人民出版社 1983 年版，第 5—42 页）然而，张人凤在《张元济》一书中却表示："1901 年，他（张元济）与蔡元培、赵从蕃、温宗尧诸人一起商议，集资筹办一份报纸，先取名《开先报》，取英语'前队、冲锋'之义，最终定名《外交报》（The Diplomatic Review）。"（参见张人凤：《智民之师：张元济》，山东画报出版社 2001 年版，第 43 页）同时，高平叔先生在《蔡元培全集》中亦称，《外交报》实由 1901 年所创办的《开先报》改名而来。"清光绪二十七年九月间，蔡元培与张元济等创办《开先报》，至十月二十二日（1901 年 12 月 2 日），改名《外交报》"，1901 年 11 月 10 日，蔡元培还亲自为该报撰写叙例，称其将"我国自治之节度，外交之政策，与外国所以对我之现状，之隐情，胪举而博译之，将以定言论之界，而树思想之的，为理论家邮传，而为实际家前驱"（参见高平叔：《蔡元培全集》第 1 卷，中华书局 1984 年版，第 137、138 页）。

无不以全力相注","日本有《外交时报》,朝野著述巨细咸载,他国有
所举措,本国得先事绸缪,以为之应,故虽处竞争最烈之场,而曾不少
损焉。以视我国徒尚缄密漫无备预者,为何如也?吾不能无望于外交报
已"。我国"今日之外交势几无可措手",亦几"无置足之地",俄约日亟,
全国上下当仿效西方国家官民共赴外交之成例,以强有力的外交行动抵
拒俄约。①

在《外交报》倡言文明排外之际,时人亦对庚子"野蛮排外"进行
深刻的反思。1902 年 2 月 22 日,梁启超以"中国之新民"为名在《新
民丛报》发文指出:"中国今当积弱之时,又值外人利用教会之际,而
国民又夙有仇教之性质,故自天津教案以迄义和团,数十年中,种种
外交上至艰极险之问题,起于民教相争者殆十七八焉。"野蛮排外只会
借外人以口实而导致丧权失利,故今后欲谋外交之成功,"但举一事必
计其有利无利有害无害,并且利害之轻重而权衡之"②。梁启超对野蛮
排外的尖锐批评引起了海内外舆论的注意,中外媒体纷纷对该文予以
转载。③

这一时期,知识人士还从政府与国民的相互关系出发,对清政府
丧权辱国的外交政策予以尖锐地批评,并对清政府是否可资依赖表示
质疑。1902 年 9 月 16 日,天津《大公报》载文指出:"东三省一纸密
约,几为俄人所有",国家危亡,今已达极点,"然则今之政府问以中外
交涉之故,皆茫然不知其窍要也,问以中西强弱之原,皆瞠目不能以实
理对也。动曰此国家大事,尔无知小民何得参预。然仆试问去吾百姓而

① 《读外交报书后》,《中外日报》1902 年 1 月 19 日。
② 中国之新民:《保教非所以尊孔论》,《新民丛报》第 2 号,1902 年 2 月 22 日。
③ 据查,《南洋七日报》和《经济丛编》分别对该文进行了全文转载(参见《保教非所以
尊孔论》,《南洋七日报》第 27 册,1902 年 4 月 13 日。《保教非所以尊孔论》,《经济丛编》
第 3 册,1902 年 4 月 22 日)。

求其所谓国者,国安在也?去吾国民之事而求其所谓国政者,国政又安在也?"①《新闻报》亦刊文表示:"中国办外交者,不明是非,不辨轻重,不识利害,而惟以外衅外交为循环之政策,外衅毕则额手称庆,怡然以嬉也,一外交案件结则额手称庆怡然以嬉也,……绝不问此衅之为祸若何,此案之为祸若何,而外衅外交循环无已时,亦即循环之祸无已时矣。"②对此,汪康年在其笔记中亦称:"今之诟外交官,动曰媚外,此语未圆足也。实则吾国关涉外交之人员,并未尝以此为事,且视为极可憎厌之事,遇有事,意绪纷乱,惟以推出为第一要着,至于不能,则惟有坐听外人分付而已。"③政府主持外交之官员如此不负责的态度,无怪乎中国一经与外人交涉便丧权辱国。

与此同时,在俄约逼迫、国难告急的危亡处境下,中国知识阶层和趋新人士对"主权"、"合群"、"尚武"和"公德"等进一步加以反思,如:

6月6日,《政艺通报》所刊载的一篇关于国家思想与国民资格的文章称:"白族人人皆有国家之思想,人人皆有可为国民之质格,而黄族则人人只有个人之思想,只有一家一乡一部人之思想,而无一人能有国家之思想,人人只有可为个人之资格,只有可为一家一乡一部人之资格,而无一人可为国民之资格也。"④

6月16日,《新闻报》亦载文就"主权"问题进行讨论。"盖一国必有主权,君者即奉行主权之人,断不使落于强邻大敌及宵小好人之手,又时时激励民气扶助个人之权,凡君主人民各尽其保护国家之责

---

① 《论政府与国民有密切之关系》,天津《大公报》1902年9月16日。

② 《论外交之祸》,《新闻报》1902年11月11日。

③ 汪康年:《汪穰卿笔记》,沈云龙主编:《近代中国史料丛刊》(41),台北文海出版社1969年版,第33页。

④ 《民族主义》,《政艺通报》第7号,1902年6月6日。

任,以组织国家之完美如是。"① 虽然"庚子义和团之后,政府与人民联络一气,谋脱异族之羁轭,非不力争国权,奈无组织国家之思想,不知发挥个人之主义,只为无意识之运动,无理义之竞斗,利既不成,害益加甚,徒以长外人之毒焰,寒将来之人心而已。"故今日欲争国权,当讲求外交、修明政治也。②

7月5日,天津《大公报》针对"合群"的言论:"国民之能合群与否,群学乌可不讲哉? 今日之中国有人四万万,族非不繁也,其通筹时务者亦间有人",今日俄约告急,更宜将中国四万万之人"遽欲合成巨群","自小群以成大群",以达"固结团体"、抵御外侮之目的,非但如此,"中国之复兴或在斯举"。③

8月18日,《外交报》关于"外交"与"主权"的议论:"自世界观念之国家变为民族观念,范围既日推日广,界线亦愈引愈近,于是外交政策,遂为维持国际之第一要着。外交政策之得失,纯视外交官之措施与计谋,其措施巧计谋深者,足以恢张主权,保护公益,调和国际于无形,否则已失之权不能挽回,固有之利日见挽夺,试观欧西诸国所以优胜,亚东诸国所以劣败,及欧亚国际分合静动之原因,盖莫不于外交系之,即莫不于外交官系之矣。"④

1902年康门弟子欧榘甲来到美国旧金山,担任《大同日报》的总编辑,别号"太平洋客"。是年底,日本横滨新民丛报社将他所撰写的文章汇总成册,并以《新广东》为题公开发行。在《新广东》中,欧榘甲大力倡导国人"自立",称国民若自立,则内治有方、外交得法,"内

---

① 《尊权篇上》,《新闻报》1902年6月13日。
② 《尊权篇下》,《新闻报》1902年6月16日。
③ 《天津青年会缘起》,天津《大公报》1902年7月5日。
④ 《论外交官与国际之关系》,《外交报》第20期,1902年8月18日。

治若有方，彼纵欲干涉而无辞；外交若得法，且可转干涉而为援助"①。同年底，杨度为《游学译编》撰序时称，国人无分贵贱，均为"中国之一国民，国民之积而成国家，则居今日而言救国，其必一国之国民，人人自励，人人自兢"，明国家"外交上之性质"，于列强侵略之事，"国民不可不猛勇奋进以图之"②。

　　1903 年 1 月 29 日，湖北留日学生在东京创办《湖北学生界》，该刊《叙论》称："吾国号称四万万人，外人动骂之曰无团体，曰老大帝国，曰支那人特性。吾恶其言，虽然吾不能不愧其言。同胞乎，今日之败征，非一二人之所酿，则转旋补救之方亦岂一手一足之烈。若士若农若工若商，同处覆巢之中，即同有保亡之责，知吾身与国有直接之关系也，则不得不爱国以爱吾身，知外人之协以谋我也，则不得不合群以图抵制。"今日"欲养成国民之资格，不可不浚国民之知识"，"中国之存亡关键在于今日，今日而欲存中国，即中国存矣。今日而欲亡中国，即中国亡矣"。同时，文章还提出士、农、工、商诸阶层相互团结，共同"养成国民之资格"，以挽危亡的口号。③3 月 13 日，《直说》杂志刊载《权利篇》，对权利的目的、作用和性质做了较为全面的阐释，并呼吁国人应当具有"国民权利思想"。④同年 8、9 月间，上海文明书局发行汪荣宝撰写的《新尔雅》，其在该书中就"国家"与"国民"的相互关系做了阐述，称"国家者，国民全体之集合体也（唯有一定之土地，若所集者为乌合之众，为偶然结合之众，则不得称为国家）"。值得注意的是，在当时的日本，德国学者的国家学说正"风靡一世"。⑤显然，在汪荣

---

①　欧榘甲：《新广东》，日本横滨新民丛报社 1902 年版，第 86、87 页。

②　杨度著，刘晴波主编：《杨度集》，湖南人民出版社 1986 年版，第 75、83 页。

③　《叙论》，《湖北学生界》第 1 期，1903 年 1 月 29 日。

④　《权利篇》，《直说》第 2 期，1903 年 3 月 13 日。

⑤　汪荣宝：《新尔雅》，上海文明书局 1903 年版，第 2、3 页。

宝就读于日本早稻田大学和庆应义塾期间，其国家思想和理论受到德国学者伯伦知理等人的影响。

应当指出的是，对近代国民思想进行较为全面的阐释，并在当时社会产生重要影响者，当数维新志士梁启超。自1902年起，梁氏在《新民丛报》以《新民说》为引题，发表《论公德》《论国家思想》《论权利思想》《论合群》《论义务思想》《论尚武》《论政治能力》等20余篇文章。①在这一系列论述当中，梁启超用了大量笔墨论述近代国民应当具有的公德意识、国家思想、自由、合群、义务、尚武精神和政治能力等方面的品质。而在《释新民之义》一文中，梁启超特别指出："新民云者，非欲吾民尽弃其旧以从人也，新之义有二，一曰淬厉其所本有而新之，二曰采补其所本无而新之，二者缺一，时乃无功。"并强调：积民而成国，"夫国民之资格，虽未必有以远优于此数者，而以今日列国并立弱肉强食优胜劣败之时代，苟缺此资格，则决无以自立于天壤"②。

由是观之，中国知识阶层和趋新士绅在参与拒俄运动的同时，亦对国人所应该具备的国民素质进行了激烈的讨论。通过这些讨论，时人已初步认识到欲挽救国家危亡，全体国民当"以政治的之团结，抵拒外敌，以显我国家之有能力"，如此方"不至为强有力所侵蚀"。③而要达到中国上下沟通、互相联结的目的，青年"学生介于上等社会、下等社会之中间，为过渡最不可少之人"。尤其是在拒俄运动中，"今日之学生即下等社会之指向针也，则对下等社会所负之责任重也"④。同时，各地绅士作为国民的一分子，也要担当起其应有的责任和义务。⑤然而，应当指

---

① 梁启超：《新民说》，《饮冰室合集》第4册，中华书局1989年版，第1—162页。
② 中国之新民：《释新民之义》，《新民丛报》第1号，1902年2月8日。
③ 《中国之改造》，《大陆》第3期，1903年2月7日。
④ 《学生之竞争》，《湖北学生界》第2期，1903年2月27日。
⑤ 《论绅士之义务及其责任》，《岭东日报》1903年4月4日。

出的是，此时国人的拒俄运动常常流于集会、演说和发电文等形式，所表现出来的文明排外观念并不完整，尤其是没有认识到抵拒俄约的外交行动实行主体并不在政府而是在国民。直到1903年4月沙俄撕毁《东三省交收条约》，拒不将其侵略军队从中国境内撤走，从而激发国人更为强烈的民族愤慨之后，这一状况才有所改观。

三、中国"国民外交"的出现

1902年4月8日，清政府与沙俄签订《东三省交收条约》。[①] 根据条约，1903年4月，沙俄应撤走在我国金州、牛庄等地的军队，然而俄方企图长期霸占东北，不但拒不撤兵，而且向清政府提出在东三省及内蒙古一带享有路政税权及其他领土主权等七项要求。[②] 消息传来，举国一片哗然。

1903年4月27日，上海绅商再次集会张园，与会者感愤于"我等中国国民，无参政权，无军国民之精神，无都市自由之组织"，遂纷纷谴责清政府外交政策的"错昧狂惑"，并称"政府即允此约，我国国民决不承认"[③]。集会还商议抵制俄约的具体办法，决定"电致各国外交部及我国外务部，申明国民不认俄约之由"[④]。尤值得一提的是："汪穰卿君（即汪康年）以俄索新约甚急，继开拒俄会于张园。是日之会费、电费，皆汪君苦心主持。"汪康年等人为援助拒俄而慷慨解囊，赢得社会舆论的广泛赞誉。对此《苏报》的社论称："自阻法会倡始，

---

① 《交收东三省条约》（光绪二十八年三月一日），载海关总署《中外旧约章大全》编纂委员会：《中外旧约章大全》第1分卷（1689—1902年）（下册），中国海关出版社2004年版，第1401—1406页。
② 柏森：《1903年沙俄侵占东三省文件辑录》，《近代史资料》总37号，第92—112页。
③ 《录某君张园拒俄演说文》，《中外日报》1903年4月29日。
④ 《对于俄约之国民运动》，《江苏》第2期，1903年5月27日。

而拒俄会继起，而国民爱国排外之感情势力陡增，然其排外之法，一皆出于文明之举动，毫无意识之行为。当议成演说，偶有因宗旨不合，相对驳诘，哄然走散之事，然同人皆侃侃责其粗暴，海上各报亦作论纠之，则足见我国士大夫文明之进步，又有非常之效果矣！"① 应当注意的是，在这篇社论中，时人已经有意识地将"排外"与"文明"一词相提并论，"文明"和"排外"两个词的结合并腾载于报章，无疑将有利于提高拒俄运动中"国民"参与"外交"的主动性和自觉性，其重要意义不言而喻。

此次集会还引起中外各界的广泛关注，各大媒体纷纷对会议盛况进行报道，并且刊载会议演讲稿以示国人。而通过新一轮的抵制俄约运动，中国知识阶层和趋新人士进一步觉察到团体力量的强大，在吸取前次拒俄经验教训的基础上，他们开始有意识地与各界民众进行结合，而这一结合的重要成果是"中国四民公会"的发起成立。

4月30日，即"中国四民公会"发起成立当天，"爱国、育才诸学社学生戎服齐队而来，务本、爱国诸女校学生亦皆入座"，加上各地绅商人士，与会总人数达一千二百余人。② 与会者中，既有来自工商界的人士，亦有知识界人士，既有保皇党人，也有革命党人，他们虽然来自不同的阶层，具有不同的政治背景，但都以中国"国民"相号召，"以保全中国国土国权为目的"，共结团体，一致对外。集会当天，《苏报》即刊载《中国四民总会处知启》称：俄事亟矣！"欲抵拒外祸，保固内权，亦非可望诸他人，其责任惟在我国民而已"，今日"非结合大群不足以御之，故同人坚欲立一固结公会"，此会"定名曰中国四民总会。凡中国人，不限定在上海者，各地方人皆可入会"。"既入此会之人，福则同

---

① 《海上热力史》，《苏报》1903年5月6日。
② 《张园集议》，《苏报》1903年5月1日。

享,祸则同受,同生同死,只期勿负国家,勿负国民。"①

值得一提的是,在集会伊始的演说中,蔡元培"首先登台,发表演说:'上海应设国民公会,以议论国事,如东三省、广西等重要问题。'"② 随后向与会众人分派会议章程,经众协商,一致同意"改四民总会为国民总会"③。这样,原本以发起成立"中国四民总会"为目的的集会,经过与会人士商议而定名为"中国国民公会","四民"与"国民",虽然只是名称的细微改变,但其意义却非同寻常。识者认为,国民公会的出现反映了中国社会各阶层民众国家观念和国民意识的增强及当时社会结构的错动,也反映了士与农、工、商诸阶层相结合,全国人民加强团结,一致对外的历史趋势。④ 从当时的情况来看,国民公会的出现主要有以下几个方面的意义:

首先,"国民"一词所指向的群体远远大于士、农、工、商的"四民"范畴,这有利于广泛吸纳和团结全国各界民众。对此,时人指出:"吾中国有最可悲之一事,则以士为四民之首,又不能自成一社会,而又与他社会离而绝之,若判天渊而不可合",故"四民"一词常为人所非议。⑤ 改"四民"为"国民",其所指的"区域甚广,则将来重大义务待办不尠,凡我国民,悉宜负此责任"⑥。

其次,以"国民公会"为组织将各界民众集合起来,共同参与到拒俄运动之中,这无疑有利于提高"国民"参与"外交"的积极性和自觉性。对此,《浙江潮》一篇署名为"筑髓"的文章表示:以往外交乃政府之事,

---

① 《中国四民总会处知启》,《苏报》1903 年 4 月 30 日。
② 高平叔:《蔡元培年谱长编》(上册),人民教育出版社 1996 年版,第 263 页。
③ 《译西报纪张园会议事》,《苏报》1903 年 5 月 8 日。
④ 严昌洪:《"国民"之发现——1903 年上海国民公会再认识》,《近代史研究》2004 年第 4 期。
⑤ 《四民公会》,《浙江潮》第 5 期,1903 年 6 月 15 日。
⑥ 《中国国民总会提议各案》,《苏报》1903 年 5 月 1 日。

国民无参与之资格,"今也不然,或经济问题,或殖民政策,或帝国主义,皆国民为之原动力,故今日之外交,国民总体之外交也"①。

最后,"国民公会"这一名称对于提高广大民众的国民意识以及造就一大批爱国人士具有重要意义。5月27日,天津《大公报》一篇题为《爱国心》的文章指出:"国者何? 民众团体之所由成也。爱国心者何? 思所以固结团体保持爱护之也。保持爱护者何? 不使异族侵害我之自由致失其权利也。"故在东三省告急的危急关头,凡具有爱国心的中国国民当挺身而出,捍卫国家权益。② 由此可见,"中国国民公会"的发起成立具有非同寻常的意义,无怪乎时人感叹道:"夫中国立国以来二千余年,其人民有爱国心者,自此次会议始。尚愿具此心者好自为之,以成真国民。"③

需要补充的是,4月30日,正值集会开得热火朝天之际,颇令与会人士震惊的是,大家"正欲举纠议员,提议办法,忽接在日本东京之中国留学生飞电"④,电称"俄祸日亟,已电北洋主战。留学生编义勇队赴敌,请协力"⑤。原来,中国留日学生从日本及海外媒体的报道中,较国内民众早先一步知道沙俄的侵略行径。随即,留日学生组织召开全体大会于东京锦辉馆。与会学生义愤填膺,遂决定成立一支拒俄义勇队,当场有一百三十余人签名入队,并准备立即开赴东北,以实际行动保卫国家领土与主权。⑥

---

① 筑髓:《论欧美报章之势力及其组织》,《浙江潮》第4期,1903年5月16日。

② 《爱国心》,天津《大公报》1903年5月27日。

③ 《译西报纪张园会议事》,《苏报》1903年5月8日。

④ 《张园集议》,《苏报》1903年5月1日。

⑤ 《致上海教育会爱国学社电文》,《江苏》1903年5月27日。

⑥ 当时,中国留学生拒俄的意志颇为坚定。如时为日本成城学校留学生的苏曼殊(当时易名为苏子谷)因参加"拒俄义勇队",于是年秋,"为其表兄林紫垣发现而断去经济供给,不得不弃学回国,准备投身正在兴起的民族民主革命高潮"。在回国临行之际,他作诗两首告别师友,称"国民孤愤英雄泪","易水萧萧人去也",表达了其身为国民,勇赴国难的坚强决心和英勇斗志(参见苏曼殊:《以诗并画久别汤国顿》,载马以君:《苏曼殊文集》上册,花城出版社1991年版,第3页)。

从四民公会的发起到国民公会的建立,以及留日学生义勇队的组织成立,围绕这一时期的拒俄运动,中国"国民"参与"外交"行动的自觉性和主动性进一步提升,并初步表现出"国民外交"的思想和特色。

其一,随着局势的日益严峻,如何处理中外关系逐渐占据重要地位,在此背景下,国人开始表露出直接进行对外交涉的倾向,并通过实际行动从外交的幕后逐渐走向台前。在张园集会所议定的《中国四民总会处知启》中,时人已深刻认识到:"瓜分之祸,不日而至。受此祸者非他人,我国民也。欲抵拒外祸,保固内权,亦非可望诸他人,其责任惟在我国民而已。"因此,"凡一切与中国有关之事,会中人皆当设法干涉之"。尤为重要的是,在四民总会的《简明办法》中,国人还提出"与各国政府直接交涉"的行动纲领。① 而在日本东京,中国留日学生感愤于以往"留学生遇重大问题,充类至尽,不过打个电报,发封空信,议论一大篇",而不肯流血牺牲的状况,遂决定组织拒俄义勇队,"情愿奋身前敌,万死不惧"。同时,为向各国表明中国国民抵拒俄国侵略的坚强决心,留日学生一面将签约入队的义勇队组织奔赴东北,同时还决定"遣人至欧美各国",以加强与各国人士的联络和交往。②

诚然,此时中国国民之所以产生直接参与外交斗争的强烈愿望,一方面是出于挽救国家危亡的高度责任心,同时亦是感愤于清政府丧权辱国的外交政策的缘故。1903 年 6 月 5 日,《大陆》一篇文章指出:"近因东三省之事,我国民之驻上海者大开议会,议拒俄国之要求,而各省皆有代表人,电致外部曰:全国国民不认此约。嗟乎!我国之外交家,皆不洞明时局,尔又好为密约,故外人即乘其弊以要之,故屡堕外人之术

---

① 《中国四民总会处知启》,《苏报》1903 年 4 月 30 日。
② 《军国民教育会之成立》,《江苏》第 2 期,1903 年 5 月 27 日。

而不悟，兹又传闻俄使与某大臣密议矣。"①此处所指的"传闻"，即俄驻华公使璞科第通过京师白云观高道士（高仁峒，1841—1907，又名明峒，号云溪，时为京师白云观主持）与内宫太监李莲英的私人关系，结交一大批清政府官僚，以拉拢他们起来"亲俄"。这一传闻并非毫无根据，据称，"该公使通过高方丈，探听宫中动向，然后又在暗中有所运动"，其意在于扶植宫廷亲俄势力，以利于沙俄对中国的侵略。②

可见，清政府丧权辱国的外交政策已使中国国民愈感失望。而在日本东京，留日学生钮永建等人"欲发起拒俄义勇队，走告留学生会馆干事章宗祥、曹汝霖等，请其以会馆名义召集全体学生，组织学生军，以拒俄人侵略"时，章、曹等人却以组织义勇队"易引起政府之疑忌"为由，"拒绝其请"。③对此，学生们义愤填膺，极表失望。值得一提的是，为唤起清政府官员中的开明人士抵御外辱，东京军国民教育会还派遣钮永建、汤尔和二人回国"运动官场"，试图劝说时任直隶总督的袁世凯出面拒俄。然而，两人"往见袁督数次，阍人格不纳"，"即不得见，即倖倖然而去"，无奈之余二人感叹道："宫中文恬武嬉，若不知国事之危急"④。随后，在发给袁世凯的电文中，留日学生痛批道："中原大陆，行将为列强角逐之场，而我方隐忍依违，人无固志。或怵于积弱新败之余，而禁言兵革；或狃于居间调停之策，而依赖强邻。"⑤请求政府出面

---

① 《可敬哉吾国民》，《大陆》第 7 期，1903 年 6 月 5 日。
② 《高尾通译官致林公使》，1907 年 3 月 25 日，日本外务省外交史料馆藏，《各国内政关系杂纂支那之部》，转引自孔祥吉、村田雄二郎：《京师白云观与晚清外交》，《社会科学研究》2009 年第 2 期。
③ 《青年会与拒俄义勇队》，冯自由：《革命逸史》初集，中华书局 1981 年版，第 104 页。
④ 《〈杀学生之讹传〉按语》，章含之、白吉庵编：《章士钊全集》第 1 卷，文汇出版社 2000 年版，第 30 页。对于学生"运动官场"之举，时任《苏报》主笔的章士钊颇不以为然，认为钮、汤"二君不识时务，无端欲运动官场"，"正所谓何所见而来，何所闻而去"，结果难免不归于徒劳（参见《杀学生之讹传》，《苏报》1903 年 6 月 12 日）。
⑤ 《致北洋大臣袁缄》，《浙江潮》第 4 期，1903 年 5 月 16 日。

拒俄遂无果而终，无奈之下留日学生只好"自行组织义勇队，准备赴敌"，以挽救国家危亡。①

其二，在看到清政府外交政策屈辱软弱的同时，国人进一步认识到团体力量之强大，因此不断推动社会各界发起集会或组成团体，共同参与到抵拒俄约的外交斗争。继"四民公会"改为"国民公会"后，拒俄义勇队也因时局变化而于5月2日改名学生军。11日，由于日本方面的干涉，学生军再次易名为军国民教育会，并"议定章程及临时公约"，公约规定会员有"负保全国土，扶植民力之责"，"及联络他种同志团体之责"等。②与此同时，留日中国女学生自发组织赤十字社，准备"随军北征"。③

随着拒俄运动的不断发展，北京、湖南、广东、安徽、福建、江苏、浙江、江西及直隶等地的集会或团体如雨后春笋般纷纷出现。4月30日，京师大学堂学生集会，议决四项宗旨，并号召大家"结大团体，发大志愿，决不令政府以此地与俄"④。5月12日，湖北各学堂学生接到京师大学堂学生的信函后，各学堂"同时停课，发电致各省有热血督抚与外洋留学生、上海各学堂，大旨以不予俄东三省为已定之目的"⑤。安徽学生亦于5月17日成立安徽爱国会，该会宗旨称："因外患日亟，结合士群为一团体，发爱国之思想，振尚武之精神，使人人能执干戈卫社稷，以为恢复国权基础。"⑥同时该会还"拟与上海爱国学社通成一气，

---

① 《学生军缘起》，《湖北学生界》第4期，1903年4月27日。
② 《军国民教育会纪事》，军国民教育会1903年自印本。引自杨天石、王学庄编：《拒俄运动：1901—1905》，中国社会科学出版社1979年版，第106、117页。
③ 《记留学女生拟创赤十字社之缘起》，《浙江潮》第5期，1903年6月15日。
④ 《京师大学堂学生公致鄂垣各学堂书》，《苏报》1903年5月20日。
⑤ 《湖北学生议阻俄谋》，《苏报》1903年5月18日。
⑥ 《安徽爱国会拟章》，《苏报》1903年6月7日。

并连络东南各省志士，创一国民同盟会"①。此外，江西大学堂学生"亦愿组织一部，附入上海学生军，同为响应"②。浙江乌青镇小学堂全体学生加入军国民教育会，福建爱国人士亦"合开智会、益闻社、崇实会，共组织一海滨公会"，拟编入东京拒俄义勇队。③可见，由中国青年学生所组成的各类团体与开明士绅一道，共同形成抵拒沙俄侵略的坚强力量，这为进一步振奋国民参与外交的精神起到重要作用，并在思想上和组织上为中国"国民外交"的形成奠定基础。

其三，时人亦进一步认识到国家之事，乃全体国民共同之事，故应当广泛地团结和发动中下层社会民众，共同参与外交。对于国民固结团体，共同参与外交的重要性，天津《大公报》指出：中国国民过去"绝无谋联合团体以勃发其爱国思想之事，以至凡在上中下社会中人，皆视国家为一王所独有，而政治则与国民无所干，民群国家既无密接之相关，政治社会复无联贯之影响，国自国而民自民，举四万万之圆颅成四万万之敌体，其结果遂酿成今日之腐败情状"④。因此，今后欲治内乱、免外患，当振奋国民意识，上下一心，共同参与到外交斗争中来。

1903 年 12 月 8 日，蒋智由进一步提出："试分权力智为三等，上等社会人得其权，下等社会人得其力，中等社会人得其智"的说法，认为应该由中等社会担负起开通和联结下等社会之责任。⑤就在该文刊出一个星期后，对俄同志会机关刊物《俄事警闻》宣布创刊，该刊由蔡元培、汪允宗、蒋维乔等人主持，他们都是前两次拒俄斗争的参与者。颇值得一提的是，该刊以"唤起国民"为宗旨并连续发表 73 篇告社会各界的

---

① 《安徽爱国会之成就》，《苏报》1903 年 5 月 25 日。

② 《江西大学堂学生义愤》，天津《大公报》1903 年 6 月 8 日。

③ 《福州学界之蠢》，《国民日日报汇编》第 1 集，1903 年 8 月 14 日。

④ 《论中国当求治标之法》，天津《大公报》1903 年 9 月 8 日。

⑤ 愿云：《儒教国之变法》，《浙江潮》第 10 期，1903 年 12 月 8 日。

文章,以动员全国民众参与拒俄斗争。① 通过这些文章,《俄事警闻》呼吁不同阶级、阶层、职业、政治态度、宗教信仰和不同性别、年龄、籍贯的人起来拒俄。作者根据不同人的情况,或晓之以公义,或动之以私利,希望他们齐心协力、共同参与外交斗争。②

综观上述,在社会各界不断掀起拒俄运动浪潮的背景下,中国知识人士敏锐地觉察到发动一般国民参与外交的重要性,他们在引导和推动这场运动的同时,还将日本的"国民外交"思想引入国内。诚然,国民外交思想产生的重要前提是国民意识的培养,如果说拒俄运动期间的中国国民参与外交造就了适宜"国民外交"移植的土壤,那么外来的国民外交思想之种子一旦遇到这种土壤,便立刻生根发芽,国民外交思想亦从此逐渐深入国人的脑际。

1903 年 9 月 6 日,《外交报》一篇译自日本《外交时报》的文章,首次引介"国民外交"概念,称"今世之国民外交,与中古之君主外交,命意迥异。立宪之国,外交全权,属诸君主,然非谓外交为君主私事,谓君主有代表国民指导外交之权力耳。国民外交云者,为国家之本旨而谋之,假国家之能力以达之"③。这里作者仅对"国民外交"概念作了简单的介绍,而在 9 月 13 日的《政法学报》中,一篇署名为"泷川"的文章在谈论中国外交时,强调普通"国民"具备"外交"思想及"外交"能力的重要意义,揭示以"国民之舆论"为外交的后援等国民外交思想所具有的重要特点。尤为重要的是,该文还将这一思想融入国人挽回东三省主权的拒俄运动,其重要意义不言而喻。④

① 《本社广告》,《俄事警闻》1903 年 12 月 15 日。
② 王学庄:《俄事警闻》,丁守和主编:《辛亥革命时期期刊介绍》第 3 集,第 160 页。
③ 《论外交不可专主秘密》,《外交报》第 55 期,1903 年 9 月 6 日。
④ 泷川:《中国外交之前途》,《政法学报》第 3 期,1903 年 9 月 13 日。

　　不仅如此，就在上文发表三天后，《外交报》一篇题为《论俄约决议后之情形》的文章进一步提出，与其斥责政府外交之无能，不如趁"今国权虽失而犹未尽失之时"，国民自行谋求外交之成功。① 而在该报10月15日刊载的《论外交必有主体》一文中，更是明确地指出：外交之主体究竟为何？是政府？还是国民？当然是中国的全体国民！国民立于外交之主体，"此事为全国存亡之所关"，且"我国民心不满于俄之横行已大可见，果能开诚布公，以此倡民，民乌有不奋者？"② 颇为凑巧的是，就在同一天出版的《政法学报》中，一篇署名为"耐轩"的文章表示，当前培养"国民外交之智识"对于挽救时局具有重要意义，为此，国人应当做到以下几点："（一）养成政治普通知识；（二）考术列国之大势；（三）研究内外之关系，然后进而历炼外交之智识，以主张国民的外交"。③

　　由此可见，随着拒俄运动的深入开展，到1903年底，中国知识界人士已经将"国民外交"思想引入国内，并将其应用于排外斗争，从而有力地推动中国"国民外交"的出现。应当指出的是，在时人引入"国民外交"思想之际，他们并非是简单地、全盘照搬式地接受，而是因应于当前的需要，以及迫于内忧外患的时局，对其有所解释和改造。从当时的情况来看，中国"国民外交"大致有以下几个方面的特点：

　　一是鉴于清政府外交政策的丧权辱国，时人对清政府在外交中是否能够代表全体国民表示质疑，甚至完全否认其代表性，并由此提出"国民为外交之主体"的口号。对于国人的拒俄之举，清政府一律严令禁止，部分政府官员甚至还将其视为革命党，对之进行无情地剿杀。在上海绅

---

① 《论俄约决议后之情形》，《外交报》第56期，1903年9月16日。
② 《论外交必有主体》，《外交报》第59期，1903年10月15日。
③ 耐轩：《政法之友》，《政法学报》第4期，1903年10月15日。

商第一次集议拒俄后不久，1901 年 3 月 16 日，时任湖广总督的张之洞在发给盛宣怀等人电文中表示："新党因俄约事在张园集议，初次尚无谬处，二次集议数百人，满口皆流血、自主、自由、仇俄等说"，"此等议论举动，不过借俄约为名，阴实是自立会党借端煽众"，故应"设法阻止，以销乱萌"。① 盛宣怀在接到电文的当天即做出回复，称将"速刊告示，严禁聚众议事仇视外人，并密饬袁道设法阻止"②。

　　而对于 1903 年上海绅商各界的集会，清政府更是表现出仇视和厉行打压的态度。1903 年 6 月 1 日，清政府军机处向各省督抚发出密电，要求将上海爱国会社人等"严密查拿，随时惩办"。③23 日，署理湖广总督的端方在给军机处的复电中称："上海爱国会〔社〕倡演革命诸邪说等语，著各〔省〕督抚务将此等败类严密查拿惩办"之旨已收到，"查四月初间，方闻上海有爱国会社诸生，借俄事为名，在张园演说，议论狂悖，即经密电江宁查禁拿办。续〔闻〕在日本有各省游学生亦借俄事为名，编集义勇队、运动部名目，欲入长江勾引票匪为乱，复经方于五月初一日密电沿江海各省，严防密拿，各在案。"④

　　然而，清政府对拒俄运动的无情剿杀激起国人的强烈愤慨。时人严厉谴责清政府"不以国民视国民，而以奴隶视国民，一行其专制之政策，

---

① 《致江宁刘制台上海盛大臣》（光绪二十七年二月十八日午刻发），苑书义等编：《张之洞全集》第 10 册，河北人民出版社 1998 年版，第 8542 页。

② 《盛大臣来电并致江宁刘制台》（光绪二十七年二月十八日到），《张之洞全集》第 10 册，第 8543 页。

③ 《奉旨上海创立爱国会社著沿海各督严密查拿随时惩办事》（光绪二十九年五月二十六日），中国第一历史档案馆编：《清代军机处电报档汇编》第 3 册，中国人民大学出版社 2005 年版，第 39 页。

④ 《端方档》，转引自杨天石、王学庄编：《拒俄运动》，第 279 页。另：引文中〔 〕内之字乃笔者依据《清代军机处电报档汇编》所加，因该汇编为电报原件的影印本，故较杨天石所转刊之《端方档》，其记录可能更为准确（参见《为查拿学生办会事》（光绪二十九年五月二十九日），《清代军机处电报档汇编》第 28 册，第 312 页）。

蛮野之手段",以致"间有一二爱国志士出,反捕之杀之、挫辱之,惟所欲为,是政府既力与国民反对,我国民犹何可有依赖政府之劣根性,而不发达其国家之思想,变化其奴隶之性质也耶?"① 值得注意的是,国人在对清政府进行猛烈抨击之时,亦对清政府在外交中能否代表全体国民表示质疑,而一些激进者甚至完全否认清政府的代表性,呼吁国民"毅然决然斩绝倚赖旧政府之心,以建设新政府"②。显然,国人对清政府的不认可态度,是国民参与外交意识不断增强与清政府无情打压的矛盾演化之结果,而这正是当时中国"国民外交"的重要特征之一。

二是在列强环伺、俄约逼迫的时局下,中国知识人士所倡导的国家观念、权利意识等逐渐深入国人脑际,中国"国民外交"的重心亦因此在于维护国家利权。尤其是在外患日亟的时局下,中国与外人"通商也、保教也,本非吾之所允,而为他国强迫以致之者也。抑且铁路也、开矿也、邮船也,皆吾国民之所求而不得,而吾所不得已而许之于外人者也",今后欲振起国民外交,必须改变此种屈辱外交状况,而谋挽回利权与"伸张势力之机也"③。

不仅如此,随着拒俄运动的不断发展,中国知识阶层和趋新人士已经意识到"今日民气之膨胀正如水已热而蒸汽将腾之顷","苟通国之民皆思各兴一业以挽利权,其将来之成效虽不可知,然果能贯以真精神研求而不已,则必有见大功效之一日,即必有挽回利权之一日,亦即必有振起国权之一日"④。因此,维护国家领土和主权、挽回已失之利权,这不仅是当时中国社会所面临的重大课题,亦是中国"国民外交"的重要

---

① 云窝:《教育通论》,《江苏》第 4 期,1903 年 6 月 25 日。
② 《新政府之建设》,《江苏》第 5 期,1903 年 8 月 23 日。
③ 《论外交必有主体》,《外交报》第 59 期,1903 年 10 月 15 日。
④ 《与某君论中国内界阻力之不足忧》,天津《大公报》1903 年 12 月 6 日。

内涵。

三是尽管时人已初步意识到 "国民为外交之主体"，并通过组织社会团体共同参与外交。然而，由于各团体内部成员来源复杂，相互之间的矛盾冲突常常导致团体的不和谐甚至分化，加之当时知识阶层与一般士绅以及下层民众之间尚有一定的隔阂，使得中国 "国民外交" 蒙上一层当时社会所特有的时代面纱，即中等社会与下层民众在外交行动中若即若离，而并没有联成一体。

"中国国民公会" 改名 "国民议政会" 即是一个典型的例子。在1903 年 4 月 27 日的张园集会上，中国教育会和爱国学社的激进言论引起清政府的敌视。6 月 20 日，南洋大臣魏光焘电告军机处，诬指爱国人士为 "不逞之徒，以革命流血为宗旨"，建议立即 "设法查禁，并密拿为首之人"[①]。次日，军机处即急电沿海各省督抚 "严密查拿，随时惩办"[②]。与此同时，国民公会内部人士与冯镜如、龙积之等保皇派发生激烈冲突。冯镜如在演说中宣传康梁 "保皇" 的主张、并拟于 7 月发起 "归政" 请愿活动，从而引起与会人士的愤怒和不满，"众人有上前驳诘者，致有多人散去"[③]。而当冯、龙等人密谋将 "国民公会" 易名为 "国民议政会"，并召集会议进行演讲时，"大为邹容所唾骂，吴稚晖首不赞成，爱国学社社员皆未入会"[④]。在随后革命、保皇两派的唇枪舌剑、互相攻诘中，国民公会亦因人心涣散而走向末路。

---

① 《查办上海爱国会社》（1903 年 6 月 20 日），中国第一历史档案馆、海峡两岸出版交流中心编：《清宫辛亥革命档案汇编》第 11 册，九州出版社 2014 年版，第 199 页。
② 《奉旨上海创立爱国学社会着沿海各督抚查拿惩办》（1903 年 6 月 21 日），中国第一历史档案馆、海峡两岸出版交流中心编：《清宫辛亥革命档案汇编》第 11 册，九州出版社 2014 年版，第 202 页。
③ 《记昨日张园会议事》，《中外日报》1903 年 4 月 28 日。
④ 罗家伦主编：《中华民国史料丛编·苏报案纪事》，台北 "中央文物供应社" 1968 年版，第 158 页。

又如中国留日学生组织的拒俄义勇队,"当瓜分问题之起也,东京留学生有全体回国之说,曾几何时而学生回国之说寂然无闻矣,沪上志士接东京电信亦复奔走号呼,思救国家之急,阅时未久而运动之事恐成画饼矣"。对此,《俄事警闻》的时评不无叹息地表示:"拒俄会之名甚美,何以寂然无闻? 义勇队其志甚坚,何以遽行解散?"此实乃今日之"维新者徒逞一时之狂热而不能持久"之恶果也。① 而曾经担任《俄事警闻》主编并为拒俄运动奔走呼告的蔡元培,亦因中国教育会与爱国学社内部纠纷而颇感失望,遂辞去所兼任的所有会、社事务后,于 6 月 15 日离沪去青岛学习德语,准备赴德国留学。②

社会团体的溃散、革命保皇两党的分歧和相互攻击,极大地削弱了拒俄运动的力量,并对国民参与外交行动造成一定的负面影响。识者指出,清末新式社团存在结构松散,维持周期短暂等缺陷。在中国社会转型时期,人们很难把握外来模式在权力来源与权力运作上民意与集中的关系,或保持民主方向而涣散无力,或有效运用权力而偏离民主轨道,从而导致新知识群与士绅矛盾的激化。③ 诚然,各类爱国团体的分化、各界拒俄呼声的消散以及留日学生义勇队谋划的不了了之,一方面与清政府的打压和严厉禁止有关,同时也与中等社会的内部矛盾、中下等社会间仍然存在一定隔阂等原因不无关系。而这一情况的出现恰好反映出内忧外患时局下国民思想尚不成熟,以及外来的国民外交思想进入中国

---

① 《中国人无恒德》,《俄事警闻》1904 年 1 月 26 日。

② 周天度:《蔡元培传》,人民出版社 1984 年版,第 24、25 页。1902 年 4 月 27 日,蔡元培被推举为中国教育会会长,同年 11 月 26 日被推为上海爱国学社总理,同年 12 月 12 日又被推为上海爱国女学总理。其正式动身北上的日期是 1903 年 6 月 15 日,而在这之前,蔡已将所有会、社之职务全部辞去(参见高平叔:《蔡元培年谱长编》上册,人民教育出版社 1996 年版,第 269、270 页)。

③ 桑兵:《20 世纪初国内新知识界社团概论》,《清末新知识界的社团与活动》,生活·读书·新知三联书店 1995 年版,第 273—303 页。

后，其与中国国情不相适应所产生的特殊性。

第三节　拒法运动前后的"学生社会"

1903 年 4 月，正当中国民众抵拒俄约的运动进行得如火如荼之时，从日本报刊媒体传来消息称，广西巡抚王之春为平定当地匪乱，请求驻屯越南谅山的法兵援助，同时王之春还向法国银行筹借巨款，答以事平后用广西路矿等权益作为酬报。① 围绕对王之春借法兵、法款的抗议和反对，国人掀起一场声势浩大的拒法运动。②

一、拒法运动的缘起

关于王之春借法兵、法款以平广西匪乱的报道，当时各方记载情况不一，这主要体现在两个方面：一是王之春私借法兵、法款之事，究竟是"谣传"，还是确有其事？二是对于借款的数量、经过以及所提出的抵押条件等情况，时人记载互有出入。

事实上，早在 1902 年被调任广西巡抚后，王之春即开始平定广西匪乱之事。然而由于广西匪乱由来已久，至 1903 年春，各地匪乱接连不断，剿匪任务仍十分繁重。在此情形下，王之春竟数次谎报军情，称已将广西乱匪"肃清"，并向清廷邀功论赏。与此同时，各界舆论却纷纷刊发消息，称王之春以广西路矿等利权作抵押，私借法兵、法款，以为剿匪之用。

---

① 参见《外交部商务司给法国政务司的通知》（1903 年 8 月 4 日），《法国外交部档案》；引自章开沅等编：《辛亥革命史资料新编》第 7 卷，湖北人民出版社 2006 年版，第 1、2 页。
② 学界关于拒法运动的研究，较多见于通史性的论著，仅有的几篇论文也只是对拒法运动在某个具体方面做了简单探讨，如越之：《关于邹容参加拒法集会问题》，《史林》1986 年第 1 期。

对于各界舆论的尖锐批评和广泛报道，广西巡抚王之春自然不敢怠慢。1903 年 5 月 6 日，王之春致电军机处大臣，申辩外界关于其借法兵、法款的报道是"谣传"；同时他还电告广西同乡京官，声称并无借外兵、外款之事。①

然而，当时各界关于王之春究竟有无借法兵、法款之事众说纷纭，各方态度莫衷一是，媒体的报道亦相互歧出。那么，此事真相究竟如何呢？

根据《法国外交部档案》一份记录此事的材料表明，王之春以广西境内矿山为抵押私借巨款之事，证据确凿。其详细情况如下：

1903 年 1 月，广西巡抚王之春派谈判代表"前往上海，商谈一笔三十万两银子的贷款"。为此，双方达成一个合同草案，法国"东方公司给予贷款一百万法郎，利率 7.5%，王的代表则同意把广西省四个地区的所有矿山租借给东方公司"。随后上海"德意志银行的下属的卡劳维奇公司已答应借给广西巡抚一笔三十万两白银的款子，这笔款子的一半由现金支付，另一半将用 1877 型毛瑟枪五千一百枝顶替；每枝枪配一百发子弹，以每千发二十八两计算。全部货款在广州交付"②。

由此可见，当时社会各界关于王之春借外款剿匪之事并非"谣传"，而是确有其事。随着各界民众不满情绪的日益高涨，清廷大员亦高度重视此事，在此情形下，王之春也不得不向清廷承认"共借银三十万"，

---

① 《收广西巡抚王之春电》（光绪二十九年四月初十日），《清代军机处电报档汇编》第 28 册，中国人民大学出版社 2005 年版，第 244 页。

② 《外交部商务司给法国政务司的通知》（1903 年 8 月 4 日），《法国外交部档案》。引自章开沅等编：《辛亥革命史资料新编》第 7 卷，湖北人民出版社 2006 年版，第 1、2 页。另注：引文中所提到的"卡劳维奇公司"，即近代在华长期从事军火贸易的德国礼和洋行（Carlowitz & Co.）。

尽管其在函电中称,此次借款"实迫于不得已",希望清廷体谅其"移缓就急之苦衷"①。但不可否认的是,王之春以广西境内矿山为抵押,私借外款之事,已是不争的事实,而此事则直接引发中国民众的拒法运动。

需要指出的是,当时舆论关于王之春借法兵、法款的报道,应当是有失偏颇的,为此王之春专程致电清廷澄清此事。总之,关于此事的真实情况是:王之春并未借法兵,但私借外款确有其事,其中商借款项涉及法国和德国两方,但最终达成借款的是德国方面而并非法国;此外,王之春还以借款名义,向近代在华长期从事军火贸易的德国礼和洋行筹集一定数量的军火。

二、张园集会的发端

由于日本舆论首先公开报道王之春借法兵的消息,4月11日,梁启超等人在日本横滨举办的《新民丛报》以《开门揖盗》为题,就王之春借法兵事向全国上下警告:吾国民如不起来抵拒法兵进入广西,则"广西锦秀之江山从此断送于王之春之手矣"②。4月下旬,中国留日学生两次集会,抗议法军入侵以及王之春的卖国行径。③24日,留日学生召

---

① 《收广西巡抚王之春电》(光绪二十九年四月二十六日),《清代军机处电报档汇编》第28册,中国人民大学出版社2005年版,第276、277页。
② 《开门揖盗》,《新民丛报》第29号,1903年4月11日。
③ 《广西电争》,《湖北学生界》第4期,1903年4月27日。关于留学生拒法集会的时间和次数,各方资料记载互有出入。据湖北留日学生创办的《湖北学生界》称:"三月二十六日(4月23日),留学生得报,'王之春私借法国屯驻谅山之兵代平广西内乱,许以乱平之后以广西全省矿山铁路诸权利相让'云云,皆大惊失色,奔走相告。即日集留学生会馆干事及各省及同乡会职员议于会馆,议种种办法皆未决,后议决暂致电政府及两广总督力争,致电上海教育会协助,再图办法……三月二十八日(4月25日)开留学生大会于锦辉馆,议办法,久不能决,后决议致缄政府,力请政府拒绝法人,遂散会。"(参见《广西电争》,《湖北学生界》第4期,1903年4月27日)江苏留日学生所主办的《江苏》

开第一次集会，当天"留学生会馆干事及各省及同乡会职员议于会馆，议种种办法皆未决，后议决暂致电政府及两广总督力争"。在致政务处的电文中，留日学生称述："近叠据日本诸新闻纸言，法人藉词自卫，欲越俎代疱，并言王之春已乞驻屯谅山之法兵，前来援助"，"又谓王之春向亨达利洋行筹借巨币，私许乱平之后以广西全省铁路矿山特权相让，日来警信叠出，群议纷然，生等游学此土，亲睹其言，稽诸前后，所闻证以近日之事，确知广西之乱源，固有所在，而内奸外敌同，相济之事，实固有所不可疑也"。国人"仇视西教，茹痛已久，一旦复遭惨杀，饮恨日深，虽或怵干外兵之力，未敢骤动，而郁极复发，其祸倍烈，且恐他省之民，闻风激变，纾其怨毒，仇教、排外揭竿并起，尔时各国咸思藉口逞其凶狡之德，争居吾土，虽欲不亡，不可得矣"。此外，

表示："三月二十七日（4月24日），东报载桂抚王之春拟借法兵平乱，且假款于亨利洋行，许以事平之后，酬以全省矿路之权，东京留学生闻之大震，会馆干事及各省同乡干事，毕集会馆，持新闻纸相对视，涕泣不可仰，曰海天万里，鞭长不及，无已，其电争乎，遂拟电稿，分致北京政务处粤督德及蜀督岑。……二十八日（4月25日），因开大会于锦辉馆，报告此事且议善后法，来会者五百余人，佥议发电之得当，并举数人草详稿，致政务处及蜀粤二督，遂散会。"（参见《记电急广西事》，《江苏》第 2 期，1903 年 5 月 27 日）由浙江留日学生主办的《浙江潮》记录："四月廿八日（5 月 24 日），留学生会馆干事邀集各省评议员会议于会馆，其结果（一）电致政务处，请其撤回桂抚谢绝法人；（二）电致粤督德制军及调任粤督岑制军；（三）电告上海教育会，请其协力电争；（四）作详函致政务处王大臣；（五）作英德法文寄登欧洲各有名之报纸。次日（5 月 25 日）复开大会于锦辉馆，邀齐全体留学生报告此事之办法。"（参见《留学界记事》，《浙江潮》第 4 期，1903 年 5 月 16 日）以上三份材料均提到，留日学生在此前后举行了两次集会。其中，《浙江潮》中所述时间（5 月 25 日、26 日）居然在其报道的时间（5 月 16 日）之后，显然有误。而《湖北学生界》与《江苏》对于第二次集会的时间均为"三月二十八日"（4 月 25 日），不同之处在于第一次集会的时间："三月二十六日"和"三月二十七日"，即举行第一次集会的时间到底是 4 月 23 日还是 4 月 24 日？而据《蔡元培年谱》记载，1903 年 4 月 24 日，留日学生致电中国教育会，由于事态十分紧迫，教育会于收到函电的当晚，即"三月二十七日（4 月 24 日——笔者注）晚集合同乡同志，在桂林路一枝轩楼上公议补救之策"，并随即刊发传单，召集上海广大民众于次日"在张园会议办法"（陶英惠：《蔡元培年谱》（上），台北"中央研究院"近代史研究所 1976 年版，第 124 页）。由此可知，留日学生第一次集会的确切日期为 1903 年 4 月 24 日。

留日学生还"电告上海教育会，请其协力电争"①。中国留日学生对王之春的严厉声讨为国内各界人士拒法运动的发起吹响号角。

当天，中国教育会接到函电，随即于当晚召开紧急会议，议定立即广发传单，发动大家于次日举行张园集会，共同商讨应对之法。25 日，张园集会如期举行，中国教育会和爱国学社亦全体参与集会。与会者不仅有中国教育会和爱国学社全体成员，旅沪广西人士亦邀约各省在沪绅商参加集会。会上，龙积之、马君武、吴稚晖、邹容等人分别发表演说，从当时的情况来看，此次集会主要体现如下特点：

一是与会者意识到此事关涉国家利权，故大力号召全体国民起而担当维护之责。第一个上台演说的龙泽厚称，"广东人在沪几将万人，与广西唇齿相关，广西人在沪者甚少，全恃广东人念同胞同体设法补救"，故两广人士当齐心协力、共同抗争。不仅如此，时任中国教育会会长兼上海爱国学社总理的蔡元培亦在会上疾呼："此是全国人的事，不是一二省的事。……现在我等对付王之春，要桂省人民先从本地阻挠此事，上海及各地遥为声援，遍告同志。"② 随后上台演说的钱宝仁更是呼吁全体国民"合力同心"，并称此次拒法运动将是"中国免亡之一转机"。

二是演说者对清政府官员的丧权辱国行径进行批判，呼吁国人用"平和"的办法予以抵抗。吴稚晖在演说中痛陈："中国之官无一为百姓办事者，百姓不得已而出此"，斥责王之春借法兵实为"见利则卖其同类"之举，为此全体国民应当以实际行动起而反对，"要求诸君能存平和抵抗力，何谓平和抵抗力？"即如宁波人争回四明公所一样，敢于同外人相抗争，由此"可见中国人齐心亦有用"。

三是与会者注意到团体力量的重要，提出发动社会各界人士成立团

---

① 《留学界记事》，《浙江潮》第 4 期，1903 年 5 月 16 日。
② 《张园集议粤西事初志》，《苏报》1903 年 4 月 26 日。

体。对此关德甫认为,"广东断不可坐视广西之亡,听王之春借外兵定乱,且其所订之约必系广东在内,若不援手我广东先受其影响,中国自此瓜分矣。补救之策当在富者出资、贫者助力,合成全省公团体"。与此同时,马君武进一步表示,此事关系国家利权,希望全国"同胞合成一有势力的自立会,能与外人及顽固者争衡,庶几可以挽回此事,众当视为切身之事"①。龙泽厚亦在当天的集会上发起"阻法会","中国教育会之爱国学社诸君于此会最表同情,故其日张园会费五十元即由教育会独捐"②。

此外,蔡元培亦认为,当"就今日起,立一团体,专为阻法兵而设,愿与此会者即请签名"。蔡元培所提议设立的团体即"保国会",此提议得到与会人员的热烈响应,"当场签名参加的人甚多"③。次日,上海各界民众再次"在广肇公所集议办法",并议定三项应对办法:"一请阻止法兵入西境,自任平乱之事,毋庸法人干预;一请起用冯宫保子材授以督师之任;一请速撤王之春,另简明干大员署理桂抚之缺。"④

张园集会引起社会舆论的强烈反响。4月26日,《新民丛报》刊文指出:"王之春借法款法兵以平乱,上海诸人闻之,咸动公愤,大会议于眛莼园,发电力阻其事","夫土地者我国民之公财产也,王之春为其公仆,为之守土,既不能守又将盗卖之外人,若不出其主人之权利诘责而惩戒之,将纷纷效尤,纷纷盗卖,二十一行省之地,可以一旦立尽"⑤。《外交报》亦向国人发出"外患之亟"的呼吁,称"今我中国

---

① 《演说照录》,《中外日报》1903年4月27日。

② 《海上势力史》,《苏报》1903年5月6日。

③ 《在旅沪各省人士张园集会上演说词》,高平叔:《蔡元培全集》第1卷,中华书局1984年版,第174页。

④ 《补记广肇公所集议广西借款乞兵事》,《中外日报》1903年4月28日。

⑤ 《借法兵抗议》,《新民丛报》1903年4月26日,第30号。

受俄法之侵逼,何以异是?俄之要我者,曰欲归营口,撤第二期兵,当更定条约,法之誊我者,曰广西匪乱,久不定,恐蔓延越南,当遣兵代剿,一南一北,隐隐相应,意者两国联盟,故同时并举,以为通力合作之计乎?"① 与此同时,湖北学堂学生也因"愤于俄法东三省广西之事,公同停课,欲筹所以挽救之策"②。

随着各界人士对王之春借法兵一事的不断抗议和声讨,到是年6月初,"香港旅居华人,以王之春所为不合,电请外务部代奏政府夺其职",同时亦传闻两广总督岑春煊"电告本国外务部,请照会法公使阻法勿遣兵入广西境",并称"开门揖盗,咎将谁归?"要求严厉惩办王之春等人。③ 由于"法国借平乱事口实而并吞广西省,犹俄国之于满洲,占领于若有若无之间必然之事,而清国外交上益陷于困难矣",对此一些激进人士甚至愤怒地提出"政府宜斩王之春以谢绝法人"的要求。④ 在各界民众的强烈声讨下,清政府不得不以"王之春、苏元春办理广西军务,先后贻误,降旨将王之春革职,苏元春交刑部治罪"⑤。

对于王、苏二人被革职查办,中国知识阶层和趋新人士纷纷拍手称

---

① 《论外患之亟》,《外交报》第42期,1903年5月1日。

② 《梁鼎芬演说之荒谬》,《苏报》1903年5月19日。

③ 《桂抚借法兵之近闻》,《大陆》第7期,1903年6月5日。

④ 《论法兵入广西》,《苏报》1903年6月8日。

⑤ 朱寿朋编,张静庐等校点:《光绪朝东华录》第五册,中华书局1984年版,第5088页。应当指出的是,王之春被查办还与其谎报"广西界内地一律肃清"等军情有关(参见《广西巡抚王之春为广西内地全行肃清事致军机处电》(光绪二十九年三月二十六日),中国第一历史档案馆等编:《辛亥革命前十年间民变档案史料》下册,中华书局1985年版,第528页)。而奉旨查办王、苏的人,正是时任两广总督的岑春煊。1903年7月6日,岑春煊以广西巡抚"纵勇虐民",百姓"怨声载道,使全省糜烂至此"为名,提出参劾王之春等人的提案(参见《两广总督岑春煊参劾王之春电》(光绪二十九年闰五月十二日),庚裕良等编:《广西会党资料汇编》,广西人民出版社1989年版,第443页)。

快。7月9日,《中外日报》发文指出:"近日群雄环伺,外侮方急,即不可再开内恤以召外人干涉之渐",故"将广西巡抚提督藩臬两司同时革职,又将统兵之道员总兵革职遣戍",此乃顺从民意之举也。《新民丛报》亦表示"王之春之媚外鬻国,苏元春之纵匪殃民,久为舆论所不容",今将该人等革职查办,实乃为国人"去一凶矣"。①

三、"学生社会"与排外运动

自 1902 年起,留日学界和中国国内学界风潮逐渐兴起,这不但引起社会各界的广泛关注,而且为"学生社会"的形成起到重要的推动作用。尤其是趋新国人对此十分重视,他们在学界风潮中认识到,学生"合力以有所建设,非如焚堂杀人卒聚卒散者之野蛮暴动",盛赞青年学生"真不愧文明国民之资格者。"② 至 1903 年,随着中国外患日亟,国内学界风潮的不断发生,加之青年学生"国民"思想的日益提倡,在社会各界"文明风潮日高一日"的背景下,是年 3、4 月间,一些青年学生更是发起成立"国民中学校"。③

这一时期,以青年学生为主体的国人抗议列强侵略之举引起中外人士的广泛关注。1903 年 4 月 17 日,《浙江潮》一篇署名为"飞生"的文章在对上等社会和下等社会予以重新审视后,将中国留学生视为担当中国救亡重任的社会阶层。④ 5 月 27 日,由江苏留日学生主办的《江苏》译载日本《朝日新闻》的一篇文章时指出:拒俄运动与拒法运动,"其目的之在于对外,其运动者之多由于学生","学生等遂互相联合有所运

---

① 《去一凶矣》,《新民丛报》第 35 号,1903 年 8 月 6 日。
② 《读杭州蕙兰书院学生退校始末记书所感》,《苏报》1903 年 5 月 11 日。
③ 《学界风潮:国民中学校特色》,《苏报》1903 年 5 月 14 日。
④ 飞生:《国魂篇》,《浙江潮》第 3 期,1903 年 4 月 17 日。

动，实支那国民之政治运动之尤著者也"①。四天后，《苏报》亦刊文指出："王之春借法兵以卖广西，学生阻之。俄约将成，学生拒之，此非国家养士之效，乃外界风潮日烈有以生其爱国心也。"故今日之"学生虽幼稚，不得以幼稚轻之也"②。

值得一提的是，在列强侵略的逼迫下，青年学生已逐步认识到自身责任之重大，并提出由学生，特别是身在国外有着强烈民族情怀的留学界人士，带动其他民众过渡到"国民"的建议。"留学界者，对乎外为全体国民之代表，对乎内为全体国民之师资，责任之重无有过于是者。""留学界中人，负全体国民之委托，为全体国民所属望，其言论行动，影响于全体国民者甚大，又必人人具有完备之资格，而以毅力雄心勉图振奋，使彼政府视之隐然一敌国在其境内，学成而后，尽出所能以过渡于全体国民，而共发达个人国家世界之三大主义，乃尽吾留学界之责任，此愿与诸君子交相勖勉者也。"③

与此同时，由中国留日学生所创办的《政法学报》还就国民参与外交问题展开论述。9月13日，该报一篇署名"泷川"的文章指出，"外交者何？权利而已，利益而已。外交家之口，则曰正义也，交谊也，保世界之平和也。而其心中目中则一国之利益而已，一国之权利而已"。今日"广西问题，法人其逐逐也，无一非外交家之壁垒场，外交家之出张所，外交者之所宜注视全局，不得坐困于一隅此也"。同时，身为一国之民亦要担当挽救国家危亡之责，"吾尤鼓吹吾国民，使知有外交，使有外交之知识，使精研外事，以备折冲樽俎之选"，"国民之舆论可为外交之后援，国民之程度可为外交之前提"，两者共同促使国民参与外

---

① 《支那国民之政治运动》（译《朝日新闻》），《江苏》第2期，1903年5月27日。
② 《学界风潮：论江西学堂学生无再留学之理》，《苏报》1903年5月31日。
③ 云窝：《教育通论》，《江苏》第4期，1903年6月25日。

交进行得更为有效。①1904 年 1 月 17 日，《女子世界》亦在其创刊号上刊登《告全国女子》，呼吁"女子也是国民一分子，国家的事，也有责任的，也可干预的"②。

针对王之春以广西全省路矿等权益作酬，借法兵"剿匪"之事，《外交报》以《论外人攘取矿权之害》为题进行抗议称：外人"曰建路之权，曰开矿之权"，"以蹂躏我国之主权为作用，吾国且抵制之不遑，而乃有为虎作伥故以此权授之者，是何心欤?"③对于清政府要员如此丧权失利的外交政策，各界舆论大加挞伐，1904 年 12 月 11 日，《岭东日报》转载自《国民新闻》的社论指出，我国政府向来不讲求外交之术，"然则贿赂者，实支那外交政策之生命。退让者，对外敌惟一之手段也"。今日中国，北而东三省之沙俄、南而广西之法国，"外力之侵陵，乃试国民之力，养国民之力，刺激国民之力之最良机会也，吾人不特不可回避其机会，实当利用其机会，以锻炼国民"，使养成参与外交能力，然后中国之外患或可解除。④

随着中国内忧外患时局的日益深化，以青年学生为主体的广大民众积极参与到抵拒列强侵略的外交斗争。1904 年 4 月 16 日，《中国白话报》的创办人林白水以"白话道人"为名，在该报直接提出"学生社会"的说法："（一）学生社会。现在中国的学生，分做两种，一种是官学堂的学生，一种是私家学校的学生。官学堂的学生，喜欢做奴隶的居多，私学学校的学生，自命做主人翁的却也不少。""今日要想救这危亡的中国，必须先把社会改良，待国民的程度都增进了，然后才能共同一

---

① 泷川：《中国外交之前途》，《政法学报》第 3 期，1903 年 9 月 13 日。

② 《告全国女子》，《女子世界》第 1 期，1904 年 1 月 17 日。

③ 《论外人攘取矿权之害》，《外交报》第 60 期，1903 年 10 月 24 日。

④ 《锻炼国民论》（译国民新闻），《岭东日报》1903 年 12 月 11 日。

致办事。"① 而在《论国民不可不知外情》一文中，林氏指出中国外患之紧迫，揭示"各国所讲的外交，所行的政策，无非是着重在中国的，你想人家那样虎视眈眈，我们做国民的，大家关门睡觉，一点外情不知道，这国安得不亡呢?"② 并称国民过去不合群之原因，"第一桩是上流社会共下流社会不联络。""第二桩是下流社会共上流社会不联络。""第三桩是上流社会共上流社会不联络。""第四桩是下流社会共下流社会不联络。"为此，他积极劝说中国各阶层民众谋合群、讲团结，"彼此无分上下，通通合起来"，大家齐心协力、一致对外，如此中国外交屈辱局面方能得以扭转。③

在青年学生积极倡言抵拒列强侵略的同时，中国舆论界人士还不断呼吁国民正确地参与到外交行动之中。7 月 27 日，《外交报》一篇题为《论外交之真相》的文章指出："外交官者，政府顺民情而委任者也。国际之间，非特外交官之交涉也，亦非特政府之交涉也，而实即民与民之交涉。""今之国如弹丸然，国民者，弹之全体也，外交家则弹与所击之体相切之一点也，其压入，其爆烈，皆弹丸全体之力，而非可恃相切之一点以为功者也。"④ 故欲挽救中国之危亡，全体国民应当积极地参与到外交之中。

值得一提的是，这一时期日俄战争在中国东北打得难解难分，然而清政府却无视列强在我国领土上开战的事实，以"局外中立"为名行其

---

① 白话道人：《论改革社会》，《中国白话报》第 9 期，1904 年 4 月 16 日。据查，关于"学生社会"的记录，早在 1903 年就已经在《教育界之风潮》一书中出现，该书由张继以"爱国青年"为名所著，主要记载 1902 年的南洋公学风潮（参见爱国青年：《教育界之风潮》卷 2，1903 年石印本）。

② 《论国民不可不知外情》，林伟功主编：《林白水文集》，福州市新闻出版局 2006 年版，第 189—191 页。

③ 《论合群》，《中国白话报》第 16 期，1904 年 7 月 22 日。

④ 《论外交之真相》，《外交报》第 84 期，1904 年 7 月 27 日。

"得过且过"的外交政策。对此，天津《大公报》以《敬告中国外交家》为题发文抨击道："今日日俄挑衅，于中国有直接之关系，于其他各国有间接之关系，而各国复因此战于中国有直接之关系"，"试问我中国之外交家其知所以办外交之手段乎？大率毫无意识，不能审察于其征，外人于表面上与我亲近也，则以为真与我亲近，举一切权而隐为其所夺且茫然不知"①。11 月 10 日，《时报》刊载《论全国人对外之意见》，在论述中国外交失败的原因时指出："对外之事，政府即属无用，而有国民以监督其后，亦不致贻误多方。惟国民平素一听命于政府，于政府所为从不加察，其聪明才力又不足判断，其是非得失一切漫然听之，于是对外之事乃无与于国民矣，积渐既久，而民族之实力又不足为政府之后援"，然而我国"今日外患可谓亟矣，外侮可谓盛矣"，故当此之时，"愿我国民幸自省察而补救焉"②。

　　由此可见，在中国内忧外患的时局下，不断高涨的国民意识和日益增强的时局危机感促使中国"学生社会"的出现。随着中国社会危机的逐渐深化，青年学生已开始有意识地与开明士绅一道，共同致力于发动民众，对外抵拒列强侵略，对内批判清廷外交。1904 年 11 月，青年留日学生万福华谋刺广西巡抚王之春之举即是这一倾向的重要结果。

　　1894 年 11 月，俄国沙皇亚历山大三世病逝，清政府曾派时任湖北布政使的王之春作为出使俄国大臣赴俄吊唁。对此有舆论分析认为，王之春乃奉朝廷旨意联俄，随后其王又从安徽巡抚调任广西巡抚，"到任以后又有请法兵代平粤乱之风说"，其媚外行动引起社会民众的广泛猜疑。③然而，当时舆论对王之春联俄之举的分析并非揣测之辞。据称，

---

① 《敬告中国外交家》，天津《大公报》1904 年 8 月 17 日。
② 《论全国人对外之意见》，《时报》1904 年 11 月 10 日。
③ 《论万福华枪击王之春》，《新闻报》1904 年 11 月 21 日。

在 1904 年前后，担任华俄道胜银行董事的璞科第，利用京师白云观高道士与宫中太监总管李莲英的特殊关系，拉拢清政府要员起来 "亲俄"。对此，时任日本外务省翻译官的高尾亨在其机密报告中称："白云观与宫中之关系尤为密切。高方丈具备既可接近太事之身份，同时又与李莲英关系密切。在北京的各中央大员，均在白云观寻找机会接近该人。"① 而当时被撤去桂抚之职的王之春正是众多 "寻找机会" 的人之一。1904 年 11 月 13 日，《警钟日报》刊发《王之春联俄之敬告》一文，揭发王之春等人 "联俄" 之举，称 "此种之消息，系至真确之消息"。"李连英、高道士诸贼，既为俄人所嗾使，重偏联俄之论，政府诸大老竟为所动，王闻此消息，不啻得一绝好机会"，随即便开始谋划联俄事宜。②

显然，清廷媚外之举激起国人强烈不满，在此背景下，1904 年 11 月 19 日，青年留日学生万福华等人在上海英租界密谋刺杀王之春。③ 万福华在失手后被捕，随后被缉拿者有章士钊、黄兴、苏鹏、薛大可、章勤士、周素铿、徐佛苏、郭人漳、张继、赵世暄、方表、汤重希等十二人。④ 案发后，社会各界立即对被捕人员展开营救。"东京留学生所派到沪营救代表，以刘颂虞为首，劳怨不辞。诸同志全部气氛，大抵有同情而无责备。"⑤

对于万福华谋刺王之春一事，舆论界众说纷纭、褒贬不一。案发后

---

① 《高尾通译官致林公使》，1907 年 3 月 25 日，日本外务省外交史料馆藏，《各国内政关系杂纂支那之部》。转引自孔祥吉、村田雄二郎：《京师白云观与晚清外交》，《社会科学研究》2009 年第 2 期。

② 《王之春联俄之警告》，《警钟日报》1904 年 11 月 13 日。

③ 关于万福华等人谋刺王之春之事，学界已有专题研究：陈奇：《刘师培与暗杀王之春案》，《贵州社会科学》2005 年第 1 期；苏全有、姚翠翠：《万福华暗杀王之春真相》，《兰台世界》2009 年第 8 期。

④ 上海市档案馆编：《上海档案史料研究》第三辑，上海三联书店 2007 年版，第 18 页。

⑤ 章士钊：《书甲辰三暗杀案》，《文史资料选辑》第 19 辑，中国文史出版社 1986 年版，第 145—150 页。

的第五天，上海《时报》发表《论中国学生社会之可忧》一文，称万福华行刺王之春之事，"闻工部局视此案甚为郑重，是将使租界之地以后必又增设新例，以防范吾学生举动之自由者，试问吾学生社会之前途尚可问乎？"① 如果说《时报》的这篇文章表现出时人对学生社会挽救国家危亡行动的担忧，那么天津《大公报》的《上海时报论中国学生社会之可忧》一文，则在重新审视"学生社会"，特别是"留学生社会"的现状后，对之报以殷切的希望，称："吾人近日所望于担天下之大任者，其视线之所集与目的之所注，非群趋重于此，几希之学生社会哉？而尤足以系吾人之希望者，尤莫如留学生社会"②。

诚然，此次谋刺王之春的草率与最终失败，在某种意义上说明青年学生思想还不够成熟，但这一举动无疑激发了时人的爱国情绪，唤起国人对清政府屈辱外交的有力抨击。11 月 20 日，《时报》刊载《论国家与国民之关系》称："二十世纪之世界，民与民争优劣，其主动力在多数之国民。凡甲国有与乙国起交涉之事，其利害所及与两国之国民有生命财产直接之关系，故当局者必常视得国民多数之满意，以为对外之方针。"③ 然而，清政府不顾国民维护国家利权的要求，无视民力之发达、民气之可用的现状，政府外交要员"与外国遇，百事皆失，毫无一可"，尤其是"中国之外交，固一人对一国之外交也，无论外国，在何地，对何人，一与吾人交涉，则吾人之应其交涉者，必能使一切之干系皆与己无涉，而嫁其祸于他人，且能利用外人以见悦于上取威于下，而遂其升官发财之实"④。

---

① 《论中国学生社会之可忧》，《时报》1904 年 11 月 24 日。
② 《上海时报论中国学生社会之可忧》，天津《大公报》1904 年 12 月 3 日。
③ 《论国家与国民之关系》，《时报》1904 年 11 月 20 日。
④ 《论中国外交之工拙》，《外交报》第 96 期，1904 年 11 月 21 日。

尤为重要的是，在对学生激进行动的反思中，国人进一步展开排外"文""野"之热议。《时报》的社论从国民与国家的相互关系入手，提出"民气者，国家之命脉，而主国之真精神也"。认为民众力量在对外交涉中有着重要的作用，"苟能利用之，则野蛮之排外转而为文明之排外不难也"①。

与此同时，监督政府外交亦是国民参与外交的应有之意。尤其是清政府外交官员，"外情固未熟谙，即内情亦鲜知觉，惟本其敷衍对付之故技，遇有事出，随例了办，至于此事发而其关系于国家人民者何若，则一概不知"，"如此而欲求外交之无失败，是犹蹈海求生，饮鸩而欲延命，皆必不可得之数也"。"虽然国民者政府之监督也，我国人民于外交之事毫不讲求，致任政府之任意妄为，则吾民亦当分任其咎，愿论者勿责彼而先自责也。"②综而观之，"吾国上流下流两社会，固无可望其警醒矣，所独赖以斡回劫运撑持危局者，惟我中等社会耳"，故自今往后，如欲求外交之成功，全体国民都应当"监督政府之所为"，以积极的行动参与对外交涉。③

由此可见，在这一时期的国民参与外交行动中，以青年学生为主体的各界人士为维护国家利权，对清政府丧权辱国的外交政策予以猛烈抨击，对普通国民参与外交、监督政府的作用和途径等进行深刻地反思，并在万福华等人谋刺王之春的行动中，敏锐地察觉到"学生社会"的出现，并初步认识到以青年学生为代表的趋新人士力量的强大，从而合理地引导和推动国民参与外交的行动。

总之，"国民为外交之主体"、以挽回国家利权为主要目的以及对政

---

① 《论中国举措大事宜从舆论》，《时报》1904 年 11 月 27 日。
② 《论近日外交之失策》，《时报》1904 年 12 月 5 日。
③ 《论中国国民宜监督政府》，《警钟日报》1905 年 1 月 15 日。

府的不认可等为特征的中国"国民外交",与外来的"国民外交"(帝国政府"注意国民乐利之外交",且"对于外国而代表国民之权利利益";国民对政府亦有高度认同感,并且以国民外交为政府外交之"后援"等特点)相比,固然有着较大的差异,但却与中国内忧外患的国情较为适应。随着中国时局的发展,国人的国民外交思想和观念,必将通过新一轮的参与外交行动,在知识阶层和下层民众连为一体后,做出适合于中国国情的新的解释和改造。

第二章

"文明排外"与国民参与外交

第一节　周生有案与"文明排外"

从 19 世纪末到 20 世纪初，随着各帝国主义国家争夺殖民地和势力范围斗争的加剧，他们之间的矛盾和冲突也愈加尖锐。1904 年 2 月，日俄两国为争夺中国东北和朝鲜的战争即在此背景下爆发。2 月 5 日，日本政府宣布同俄国断交，当天日本天皇即下令启动针对俄国的军事行动。[1]12 日，清政府迫于压力不但将东北地区让作战场，并承诺在东北三省以外地区严守"局外中立"，上海作为远东的一个重要港口城市，亦在"中立"的范围之内。然而，尽管清政府做出种种屈辱的让步和妥协，上海这座"中立"城市因俄水手杀害周生有案的爆发而经受外交上的重大考验和打击，与此同时，围绕周生有案的交涉，国民参与外交的行动亦展现出新的面相和特点。[2]

---

[1]　日本参謀本部编：《明治卅七八年日露戦史》，東京偕行社大正三年出版，第 4 页。

[2]　学界关于周生有案的研究，就笔者目力所及，仅见二篇：崔志海：《日俄战争时期的上海外交》，《史林》2005 年第 2 期；黄年青：《清政府在周生有案中的态度》，《南昌教育学院学报》2010 年第 5 期。

一、周生有案的发生

1904 年 8 月 12 日，俄舰"阿斯科"号和"格罗苏福意"号因在旅顺之战中遭到日方重创，遂逃至上海躲避。随后，尽管上海道台袁树勋[①]与俄方一再交涉，并于 20 日郑重声明俄方破坏中国中立，由此产生的一切后果"均系俄国担其责任，而与中国无涉"[②]，但俄方最终只同意解除俄舰武装后，该舰仍留沪维修，舰上人员则将另定办法予以管束。[③]

对于上述中俄交涉之结果，国人出于维护国家权利的考虑以及对人民生命财产安全的担忧，纷纷予以批评和指责。以《中外日报》为例，8 月 21 日，该报社论指出："近日俄舰停泊本埠港内，中国官吏不能速行办理，……此案之交涉与中国在上海之主权影响甚大。"中国官民"欲挽其流，必仍自外交事实始，而何意今者乃有旅顺俄舰避入口内之一案，以为恢复上海主权之机"。"盖以外交之事实为基，则他日琐琐之争权，不难迎刃而解。"故认为中国政府应当力谋俄舰早日离沪，以免日后双方引发冲突。[④]

9 月 10 日，俄舰"阿斯科"号几经延宕方告修竣，随后由海关人员完成对该舰的卸械工作。对此，当天出版的《中外日报》以《补记中国办理上海俄舰入口案》为题予以申斥道：此案虽已办结，"然其办结

---

① 袁树勋，字海观，晚年自号抑戒老人，湖南湘潭人。时任上海道台，负责监督上海地方行政、维护上海治安并兼理上海海关三方面事务（参见袁荣法编：《湘潭袁氏家集·补遗》，沈云龙主编：《近代中国史料丛刊续编》第 21 辑，台北文海出版社影印本 1975 年版，第 49 页。）

② 《沪道袁树勋致沪领袖领事俄舰不守中立规条请转致公会照会》（光绪三十年七月十日），王彦威辑，王亮编：《清季外交史料》卷 184，外交史料编纂处 1935 年版，第 1—3 页。

③ 《收沪道致外务部电》（光绪三十年七月十四日），故宫博物院编：《清光绪朝中日交涉史料》卷 79，台北文海出版社 1963 年版，第 29 页。

④ 《论中国不宜自弃上海之主权》，《中外日报》1904 年 8 月 21 日。

也,非我之能结之,而俄人之自结也。出于中国之所结,则外交之名誉可保,而中立之地位亦足以巩固于无形。出于俄国之自结,则外交之操纵既无可以自解,而中立之实力其不能完全,又已为天下之所共见"①。显然,该文表达了时人对清政府办理交涉的不满,同时反映出国人对清政府"中立"地位岌岌可危状况的担忧,而这一担忧随着俄水手杀害周生有案发生而逐渐成为事实。

12月15日下午,俄舰"阿斯科"号水手亚其夫(Ageef)与地亚克(Diak)两人不遵守规约,在酗酒后擅自乘东洋车外出,至南京路外滩码头,因拒付车钱与车夫发生争执,在殴打车夫时,亚其夫拾起路旁做工木匠的铁斧行凶砍人,车夫逃避,却将路人周生有②头部砍成重伤,在被送到仁济医院后不久,周生有即气绝身亡。两名俄国水手当场被租界巡捕拘走,并于当天押送至俄总领事馆,随后由俄领事阔雷明(W. C. Kleimenow)交送回舰了事。对于俄水手杀害周生有一案,俄领事居然以交送回舰而企图就此了事,此举引起上海绅商各界,尤其是在沪宁波人士的极大愤慨。围绕对俄行凶水手的处置等问题,包括上海道台、清政府外务部、俄领事、上海绅商、寓沪宁波人等在内的各界人士展开激烈的争论与角逐。

二、绅商与知识阶层参与交涉

从1904年12月15日案发之日起,至1905年1月13日俄方自行审判行凶水手,这期间为该案的第一阶段。在此阶段,一些爱国士绅和趋新人士以舆论为先导,发动和引导国人积极参与此案的交涉,并为案件得到公允的审判进行激烈的论争。

---

① 《补记中国办理上海俄舰入口案》,《中外日报》1904年9月10日。
② 当时各类资料的记载中,又名"周生友","周胜有"或"周胜友"。

案发当天，《中外日报》立即刊发评论，称："周生有一案，上关国权之得失，下关公共之治安。""本馆甚望寓沪之宁波工商及寓沪之各帮工商急于数日之内，公开会议，迫交凶犯，归于公断。尤望宁波各工商即据本报所发表之言，以严责诸商董，请其仍旧竭力争执，求达众人之目的而后已。"① 由于俄领事阔雷明将行凶水手交送回舰了事，而清政府在案发后并没有采取较为果断的应对措施，对此《警钟日报》于 18 日发表时评，言辞激烈地表示："保护国民为国家固有之特权，今中国放弃特权，以置华民于不顾，而华民四百兆遂成为无国之民，天下岂有无国之民而不受外人之欺压者哉？故外人伐毙华民非外人伐之，而中国政府伐之也。穷流溯源，政府之罪岂可宥乎？"②

事实上，上海地方官员，尤其是上海道台袁树勋详细了解案情后，亦非常愤慨。随即，他致电两江总督周馥和外务部，汇报案件的缘由及经过，同时照会俄国领事，向其表示强烈抗议。在 18 日的照会中，道台袁树勋首先对俄领事阔雷明将行凶水手交送回舰之举表示不满，称"应将该肇事酿命之凶犯二人交出，送道收禁，听候发县讯明，按照军律惩办，以昭炯戒"③。然而，此时俄方并不打算将凶犯交中方审判，故对于道台的照会不予理睬，其态度亦十分傲慢。

对此，中国知识阶层和趋新人士予以极大的关注，并且借助报刊舆论对案件展开激烈地议论。首先，他们表达对俄方态度的强烈不满，称"俄领事托词无权审判，迳将该凶犯解交原舰用军律审判，办法甚为非礼。一侵我主权，不顾全租界之治安"④。其次，指出清政府外交政

---

① 《俄水手杀人案书后》，《中外日报》1904 年 12 月 15 日。

② 《时评：惨哉无国之民》，《警钟日报》1904 年 12 月 18 日。

③ 《照录苏松太兵备道袁观察照会俄领事阔雷明稿》，《申报》1904 年 12 月 21 日。

④ 《英报论俄领事不应交凶手于俄舰》，《中外日报》1904 年 12 月 18 日。

策的屈辱与软弱,宣称不能依赖政府解决案件。"以法权不全之国而欲辖治外国之人,以军律不全之国而欲拘管外国之兵,此当局者之最为难者也。"①"历来华官所办中外交涉之案,率不满于人意,而命案则尤甚,故上海商民于周生有被害一案,若专恃华官出而辩论,以为是固官长之责,吾侪不必与闻,则窃恐如此奇冤大辱,将永无昭雪之时。"因此,各界民众应当立即起来参与对外交涉,共同维护国家权益以及保护人民生命安全。此外,时人还提出国民参与周生有案交涉的具体办法,认为对于此案,"上海商民须知华官全不足恃,必当引为己任,而勿徒官长之是赖。第一则凡籍隶宁波者,必当齐心齐力,为死者筹伸冤之法。……第二则凡居于上海者,无论为何处之人,亦无论其为何等之人,必当以周生有之死引为切肤之痛。无论同为中国之人,必无坐视他人之死而漠不关切之理"②。

在舆论界的大力推动下,上海绅商界人士也开始关注此案并有所行动。12月21日,宁波绅商向道台袁树勋进呈公文,催促其"迅速照会俄领事交出凶手,将此案改归岸上公堂会同审判,照俄例尽法处治,免失主权而安人心"③。与此同时,上海商务总会亦致函道台,要求速将俄行凶水手公法处置,否则各界商民恐将激成暴乱。在上海绅商的催促和警醒下,上海道台袁树勋一面复函商务总会,声称"鄙人办理此案,惟力是视,断不敢置大局于不顾率意放松,尚祈诸公传谕宁帮静候商办,

---

① 《论沪道索交凶手》,《新闻报》1904年12月21日。
② 值得注意的是,时人提到政府官员"全不足恃",惟全体国民之"民力"为可恃,并在谈到如何借助"民力"参与对外交涉之时,居然提及并参照了日本的经验,称:"日本国与外国交涉,无论如何必当有民力以为后援,而后官长对于本国则有所顾忌,对于外人则有所依傍,而不敢不尽力于所事"(参见《论俄舰水手杀人一案华人宜筹对付之法》,《中外日报》1904年12月20日)。
③ 《宁波绅商呈上海道禀》,《中外日报》1904年12月21日。

切勿轻举妄动或散布谣言,致为藉口"①。同时他还致电外务部,表示周生有案"甬人咸怀泗愤,各国亦啧有烦言,职道不得不紧一着办理,以免意外滋事"②。

26日,道台袁树勋再次照会俄领事,斥其不将凶犯交出,"听其逍遥法外,视人命如儿戏,置公法于弁髦,沪上商民同深公愤,并闻日本人之经商在沪者,尤有戒心"。故由此而产生的一切后果"应由贵总领事担其责任"③。但此时俄领事对道台的照会仍不予理睬。在此情况下,一直高度关注此案的中国知识阶层和趋新人士义愤填膺,他们借助报刊舆论等工具,表达强烈的抗议和不满。

一方面,《中外日报》于次日发表评论,愤怒地表示"周胜友一案如只倚仗外交政策以求大伸公愤,或仅恃宁波商董请求官场尽力索犯,此事必不能如愿以偿。""夫上海道与诸商董此次之争执与要求,不过为舆情之可畏,公论之难逃,不得不出于此耳。其实诸公之心中媚外以图自保之意如故也,畏外以求了事之意如故也。"鉴于"官不可倚,商董不可恃,惟有筹自保之策已耳。今日中国本只有民气坚强,尚可为恢复国权保全民利之策,故俄水手一案如欲争执得胜,仍须赖寓沪之工商人等自行集议、速自为谋"④。

另一方面,《岭东日报》也刊发时论,对清政府处理该案迟迟未果表示强烈不满。文章称:"夫有我国民而后有政府官吏,政府官吏固我国民所从而求保全生命、家室、财产者也,然而今之政府官吏其殆矣。""上海道为上海外交官,亦为上海地方官,俄领事纵属违背公理,

---

① 《上海道复商务总会函》,《中外日报》1904年12月21日。
② 《收沪道致外务部电》(光绪三十年十一月十七日),《清代军机处电报档汇编》第40册,中国人民大学出版社2005年版,第123页。
③ 《俄水手杀人案往还公牍汇登》,《申报》1905年1月2日。
④ 《论俄水手案仍当由上海商工自行争执》,《中外日报》1904年12月27日。

我上海道固当为我国民生命计，何亦不发一言，听之携去，久而因中外公愤不平，而始照会以索提之也。"故今日国民不可"仅恃政府官吏"，而当"群起设法"，以"求自全之道"。① 显然，国人对清政府的外交表示质疑，同时注意到下层民众力量之可用，并由此呼吁和引导广大国民参与交涉。

至 12 月底，由于周生有案交涉历时近半月，清政府仍无法与俄方取得有效沟通，上海宁波籍人士遂决定"如日内上海道及宁波商董于俄舰水手伐毙周生有一案，尚无切实办法，则定于二十六日（即 1905 年 1 月 1 日，笔者注）在四明公所聚集同乡会议办法"②。

需要指出的是，在沪的宁波人士人数众多，"宁波商人当汽船邮政未发达时，几能操纵国内之运送事业，而从事外国贸易者亦盛，盖亦华商中之佼佼者也"，而宁波帮在上海众商帮中，"不论以人数言，以商贾言，要皆有绝大之势力者也"③。鉴于周生有案宁波工商人士已动公愤，万一因愤而激成暴动，后果将不堪设想。故上海绅商何良栋、严信厚、朱佩珍、沈敦和、周晋镳等人闻知集会的消息后，联名急电外务部，声称周生有案"若再延缓，必将激成从前罢市之局。"④

为缓和上海民众的愤怒情绪，避免激成各行业罢市风潮，29 日，上海宁波籍绅商发出《敬告同乡函》，一方面告以周生友案"俄官不将凶手交出，同乡迫于公愤"，此乃人之常情，为此宁波绅商已经禀请上海道台主持公道，并"分别电禀外务部南洋大臣，务求迅饬俄官，将凶手交出，以慰众心"。另一方面，他们还力劝乡民在俄方未作正式答复

---

① 《论吾民宜求自全之道》，《岭东日报》1904 年 12 月 30 日。

② 《记甬人定期会议事》，《中外日报》1904 年 12 月 28 日。

③ 《上海商帮贸易之大势》，《商务官报》第 12 期，1906 年 8 月 14 日。

④ 《收上海职商何良栋致外务部电》（光绪三十年十一月二十二日），《清代军机处电报档汇编》第 40 册，中国人民大学出版社 2005 年版，第 133 页。

之前，"静候上宪商办，切勿轻举妄动，致贻口实"①。

与此同时，在接到上海道台以及上海绅商的来电后，外务部亦对周生有案所引发的上海紧急状况表示关切和担忧。29 日，外务部在给道台袁树勋的电文中称：周生有案"业经照会俄使，转饬交凶"，要求将这一情况"转知该职商等妥为安慰"，并督促"按照约章公理，内外力争"②。在俄方，经过道台袁树勋的一再照会和催促，俄领事阔雷明亦于 29 日作出回应，称"来文所请送由中国官员审讯一节，置两国约章于不顾，断难照办"，并且拒绝交出凶犯，其态度十分强硬。③ 一时间，中俄双方似乎形成相互对立的局面，周生有案交涉也面临陷入僵局的危险。

然而，就在俄领事回应的当天，新任上海租界领袖领事的德国总领事克纳贝（W. Knappe）表示愿意出面调解，并通知袁树勋及绅商代表于次日在领署面谈。在第二天的商谈中，绅商严信厚、朱佩珍、沈敦和、周晋镳和虞和德五人要求设立特别公堂审判该案。鉴于上海民众情绪高涨，为维护租界安全起见，德国总领事表示将就此事与俄领事商量。在其斡旋下，12 月 31 日俄领事下令将行凶水手禁押，以待中俄双方商定会审办法后处置。

至此，周生有案的交涉似出现一丝转机，故在 31 日当天，上海绅商沈敦和、严信厚、周晋镳、朱佩珍、虞和德等人于上海各处散发布告，称俄领事已经"将俄水手凶犯二人由船提解上岸，至黄浦滩俄署管押，并定于华十一月二十八日（1 月 3 日）开特别公堂，会同华官重新

---

① 《宁波绅商敬告同乡函》，《时报》1904 年 12 月 29 日。
② 《发江海关通电一件》（光绪三十年十一月二十三日），《清代孤本外交档案续编》第 12 册，全国图书馆文献缩微复制中心 2005 年版，第 5105 页。
③ 《俄水手杀人案往还公牍汇登》，《申报》1905 年 1 月 2 日。

开讯此案，以慰众望而安人心"。① 当天，上海宁波籍人士收到布告后，激愤情绪稍有平息，故于1月1日遍发传单，告以"本帮工商为俄兵杀毙周生有一案，本定二十六日会议暂时停业要求，因昨见绅董传单知俄领事已允交犯，定二十八日会同华官讯问"，故原定的集会暂时取消。②

显然，绅商的行动对于缓和上海民众的愤怒情绪，以及避免发生罢市风潮起到一定的作用。但是，对于上海商民集议罢市的戛然而止，一些激进人士颇为不满，认为虽然"今者凶手已解入俄领事署矣，俄领事已允约同华官讯鞠矣。一时寓沪甬人士咸人心满意足，欢声若雷，独仆则窃抱隐忧，以为此事尚不少为难之处"③。其中最令人担忧之处在于，如果没有国民的压力，周生有案恐因此而得不到公正的审判。

出乎人们意料的是，1月3日这天俄方并非如上海绅商布告所说的开设特别公堂，为此各界民众群情激愤，强烈要求将俄行凶水手进行公开、公正地审判。对此，上海公共租界工部局（Shanghai Municipal Council）于次日召开紧急会议商议应对办法。据当时的会议记录，工部局总董安徒生（F. Anderson）"在提到宁波帮之间的煽动活动以及由此可能发生的骚扰或罢工等情况时说，他认为最好和俄国领事馆联系一下，向他们建议，如果被告被判刑的话，不要把他们监禁在一条俄国船上，而应设法把他们监禁在岸上，关于这一点（把他们监禁在俄国船上），看来中国人极为恼火"④。

---

① 《宁波绅商布告同乡传单》，《时报》1905年1月1日。与此同时，《中外日报》亦刊载消息称："俄领事已允将凶手解回岸上，并定于二十八日会同华官讯办"（《论俄官应允交犯会审事》，《中外日报》1905年1月1日）。

② 《宁波人传单》，《时报》1905年1月2日。

③ 《论寓沪甬绅索惩俄水手事》，《申报》1905年1月3日。

④ 上海市档案馆编：《工部局董事会会议录》第16卷，上海古籍出版社2001年版，第551页。

为缓和周生有案所造成的上海紧张局势，1月4日，袁树勋在发给外务部的电文中声称：周生有一案，"俄领迄无订期会审之覆文，甬人汹汹，皆欲得合宜之审判"，且"宁波绅商人等在沪何止数十余万，向以激烈著称，此次特别受屈无不公愤，汹汹之势，尚恐不免暴动"，故如今之计，唯有"自定办法，设一特别公堂，由道禀请南洋大臣特派一员，会同俄官讯判"[①]。次日，外务部将袁树勋的来电大意转发给驻俄大使胡惟德，表示"该水手既犯特别之案，宁波绅商人等公愤汹汹，若非速定一合宜之地秉公会讯，死者目不瞑，生者心不服，现拟开一特别公堂"，非此"不足以安人心而昭公允"，故请"迅饬俄领事遵照办理，勿再推延"[②]。

值得注意的是，在上海地方官员向俄领事索要凶犯却迟迟未果之际，众商民急于求成的心情与清政府力求克制的态度形成较为鲜明的对比。一方面，清政府官员采取各种方式以使民众保持"镇静"。1月4日，道台袁树勋向上海的宁波绅商致函，力图拉拢宁波绅商，并期待借助绅商之力使上海广大商民保持"镇静"，以维持上海局势的稳定。[③] 随后，他又致电两江总督兼南洋大臣周馥，表示："在沪甬人众多，激于公愤，势甚汹汹，欲得俄犯而甘心，幸各绅董竭力开导，暂免暴动，然众怒未已，非设特别公堂，会同审办，风涛所撼，难以弹压，窃恐别滋事端，除向俄领力争外，务求宪部切商俄使饬遵。"[④] 对于此案，周馥虽"谓其与寻常交涉不同，应当认真办理"，但亦表示"现外部既已致电驻俄胡

---

① 《收沪道致外务部电》（光绪三十年十一月二十九日），《清代军机处电报档汇编》第40册，第142、143页。

② 《发俄国公使照会一件》（光绪三十年十一月三十日），《清代孤本外交档案续编》第12册，第5147—5149页。

③ 《沪道致宁波绅商函》，《时报》1905年1月4日。

④ 《上海道上外务部暨南洋大臣电禀》，《中外日报》1905年1月4日。

钦使",故"应静候胡钦使复电转后,再定办法"①。

然而另一方面,包括宁波籍人士在内的上海广大民众对案件的迟迟未审深表不满。尤其是"在沪各甬人因疑成愤,且恐积愤成仇也",倘若俄方"执法以惩,庶几人心可平,租界治安之局可保,若必逞一时势力,蔑视华人,吾恐近之则祸在目前,远之则忧贻天下"②。而对于两江总督周馥"静候"之辞,《中外日报》社论亦斥责道:"办理交涉之法贵于迅速,若迁延复迁延,磋商复磋商,在我一面言之,必因日久而锐气渐懈。在彼一面言之,必因日久而得逞其狡谋。"③

随着该案被一再延宕,至 1 月 8 日,有消息称:"俄舰水兵杀毙甬人周生有一案,上海道须俟外务部覆电,外务部须俟驻俄胡使覆电,驻俄胡使须俟俄外部覆文,于是乎交凶、会审、观审三者不能速定办法矣。""然而,俄官则乘此时机赶紧传讯证人,似欲速定凶手罪名,以免中国官民之干涉。"④ 对此,《警钟日报》发表时评进一步提出:周生有案政府交涉"历数旬未得要领","今日俄水手之案,争执之权不在上而在下"。"今宁人见杀于外人犹不能报仇雪耻,则凡中国人民孰能免外人屠割惨戮之祸哉? 况宁波士民经商沪渎实繁有徒,而为商船水手及洋行卖贩者尤不可胜,吾甚望宁波士庶联合群力同盟罢工,夫宁波人者外人所恃为营商者也,今同盟罢工则外人之商业必蒙最大之影响,不能不出而调停,而俄犯可以交出矣。"可见,趋新人士在对此案保持密切关注的同时,亦大力号召和推动国人参与交涉,甚至鼓动国民"联合群力同盟罢工"。⑤

① 《江督对付俄舰水手杀人案之办法》,《中外日报》1905 年 1 月 6 日。
② 《论俄官讯理俄兵杀人案不宜意存偏护》,《申报》1905 年 1 月 5 日。
③ 《俄水手杀人案宜另筹办法》,《中外日报》1905 年 1 月 7 日。
④ 《论俄官将判定罪案》,《新闻报》1905 年 1 月 8 日。
⑤ 《宁波人可以兴矣》,《警钟日报》1905 年 1 月 8 日。

应当指出的是，在周生有案的交涉迟迟未果之际，中国知识阶层和趋新人士由此展开针对"外交"问题的激烈讨论。1月12日，《时报》以"对于外交上立言者"为名，痛陈中国"近者外交之事，尽落人后，失权失利，无日无之"，尤其是"我国之外交界，无论若大若小，若上若下，波澜有广狭，时日有长短，而其所经之历史莫不如是"①。次日，《中外日报》亦以《论外交不可有所偏倚》为题，斥责"吾国官吏，素不闻外交之故事，又不谙国际之深情，一误于此数者，而必至丧其所守，以蹈专信一国之弊，固亦其所"，从而导致"失权召衅"。②与此同时，《警钟日报》一篇署名为"共和生"的社论亦严厉斥责"中国之有外交，惟恐其于己国之有利，苟有可以利吾国者，放弃推诿，必让利于外人，而甘就其不利"。清政府"以如此外交之能力，持以与外人相角，微论私贿交通，而其昏愚颟顸，不堪胜任，误国殃民之巨患，吾可为预决者也，此中国外交之大弊也"③。毋庸置疑，中国知识阶层和趋新人士对清政府外交的尖锐批评，一方面反映了他们对清政府外交官员和外交政策的失望，另一方面，其登载于报章的言论，在某种意义上为国人参与外交起到重要的推动和引导作用。

三、"文明排外"与周生有案的了结

1905年1月13日，俄方不顾上海人民的坚决反对，悍然在俄总领事署自行开堂审讯行凶水手，并私自将其判"定监禁四年，兼做苦工"，从而引起国人的强烈愤慨。从俄方私自开堂审判之日起，至2月3日俄方同意有限度地接受中方提出的四项要求为止，这期间为此案交涉的第

① 《论中国人之弱点》，《时报》1905年1月12日。
② 《论外交不可有所偏倚》，《中外日报》1905年1月13日。
③ 共和生稿：《论中国新政之败坏》，《警钟日报》1905年1月13日。

二阶段。

在俄方自行开堂审讯的当天，道台袁树勋向外务部连发两道紧急电文，告以："宁帮公愤固极汹汹，各帮咸抱不平，亦有暴动之意。职道深虑变出意外，奔走于各帮商董，竭诚开导，俄署开审，幸未滋事。闻各帮商董有明日会议之说，众怒一发，势难解散。"① 次日，外务部回电，同时还向南洋大臣周馥一并致电，要求对俄方自行审判一事须"尽力所能"予以反诘，并提出当务之急是稳定上海的局势，故应当与"寓沪甬绅，切实开导商民，慎勿暴动"。②

俄方自行审判并私定罪名之举引起国人的强烈愤慨，这无疑给上海的稳定局势造成巨大冲击。一方面，时人对俄方自行审讯之举表示强烈不满。14日，《新闻报》以《论上海治安之可危》为题，对俄方自行审讯所造成的后果表示深切担忧，称近来各帮绅董纷纷召开集会，众人均因俄方自行审讯大失公允而极为愤慨，"各帮至忍无可忍之时必致罢市，钱庄交易既停，银货不通，百业停歇，上海中外商人及长江各埠皆受影响，其损害岂不大？其波累岂不远乎？"③ 与此同时，俄方多次对清政府官员的照会不予理睬，其傲慢态度更是令国人群情激愤。另一方面，上海地方官员在与俄方的交涉中外交乏术，对此中国知识阶层和趋新人士亦极为失望，他们感愤于近代以来中国与外国交涉，不仅"所欲争执之事不能挽回一二，且反令外人之权力为之骤增，更令外人藐视华人之心亦为之增加数倍"，于是不禁感叹"中国外交之失败亦遂不可胜言矣"④。

值得一提的是，1月15日，上海商务总会召开各省在沪商董集会。

---

① 《收沪道袁树勋电》（光绪三十年十二月八日），《近代史资料》总43号，第181、182页。

② 《发南洋大臣、江海关道电一件》（光绪三十年十二月九日），《清代孤本外交档案续编》第12册，第5181页。

③ 《论上海治安之可危》，《新闻报》1905年1月14日。

④ 《特别公堂俄官自讯俄水手案》，《中外日报》1905年1月14日。

此次集会由上海工商界人士自行组织召开，旨在引导国民参与同俄方的外交斗争，表现出"文明排外"的倾向。

其一，与会的绅商人士已初步认识到此案关涉国权与民命，应当广泛联络社会各界共同应付。当天的集会"先后演说者共六人，第一为商学会孙荔轩，第二为宁帮绅董沈仲礼，第三为宁帮工商首领周晋镳，第四为建帮商董曾少卿（铸），第五顾柏甫，第六刘伯申"。其中，第四位出场演说的曾铸奋力疾呼："此事非特宁帮之事，凡我华人公共之事，故我华人皆当出而处理此事。若欲望之官，则官者皆大以身家性命为重者也，尚有何望？则唯有我各商人结联团体，速谋自行处理已耳。"①

其二，由在上海的各省绅商牵头，联合上海工商界人士实行停业、罢市等举措，并力图将这一行动纳入"文明"的轨道，以引导和推动国人的文明排外。在当天的集会上，众商董一致认为，俄方"独断独行自行审判，阖埠各业商董因而群抱不平，故特会同宁帮在商务总会公议，本拟一律罢市，必欲俄官交凶重办而后始已，惟不先预告，似非文明办法"②。故为谋取清政府的支持，以便顺利实现文明排外起见，会议决定以各省商民名义，向清政府外务部以及商部致电，称："俄署自行开审，将该犯定狱监禁四年，兼做苦工"，实为无视中国主权和人民生命之举，对此清政府办理外交的官员毫无作为，以致国民"人心大为激动，欲向俄署自行索犯。今日全沪各省商董工众齐集商会公议，众论汹汹，辞气愤激，而宁波工商已发传单，定于明日开四明公所会议，势将暴动，非特在沪俄人难免危险，即中外官商亦不相安。"③

其三，知识阶层和趋新人士亦借助报刊舆论，呼吁中等社会监督政

---

① 《各商董会议记》，《时报》1905年1月15日。

② 《俄兵砍毙华人案》，《时报》1905年1月15日。

③ 《收上海众商电》（光绪三十年十二月十日），《清代军机处电报档汇编》第40册，第164页。

府外交、推动文明排外。对于即将可能发生的罢工，《警钟日报》发表时评予以支持，称："今宁人同盟罢工，则上海经济界必蒙最大之影响，而各国官商亦必将请责俄员使之交凶会审，即五洲万国亦鉴于宁人团体之坚、立志之固，亦晓然于宁人不可犯，非惟宁人可以保全，即中国人民亦有乐生之望矣。"①需要指出的是，此时中国知识阶层和趋新人士已觉察到："当此危亡在即之时机，对此扞格不谋之敌体，吾国上流下流两社会，固无可望其警醒矣，所独赖以斡迴劫运撑持危局者，惟我中等社会耳。"中等社会的责任至重且大，一方面他们作为一国之民，"宜监督政府"；另一方面，为维护国家权益和生命财产安全，应当起来参与外交斗争，并"速作自立之计，以求自保之策，毋为腐败政府所误，而坐待割割也"②。

由此可见，在当时周生有案所引发的矛盾已成一触即发之势，而一旦众商民实行停业、罢工，以及停止与华俄道胜银行的金融往来，无疑将对上海经济和社会造成不可估量的损失。当天，袁树勋急电外务部称："探闻商会各帮绅董公议，自明日起，不与道胜往来，并电宪台及商部请力争。正拟电闻，又得宁绅函告，四明公所已定明日开议，工党均欲停工罢市，各绅董力劝不从。"③显然，自周生有案发生以来，上海地方官员应对乏力，清政府外交无术，众商民蓄势待发，面对万分急迫的时局，清政府只好委任"熟谙交涉，兼悉商情"的盛宣怀为首席谈判代表，以期对俄交涉出现转机。④

时任商约大臣的盛宣怀接任后，立即对案件的缘由和经过展开调

---

① 《时评：宁波人犹不兴乎》，《警钟日报》1905 年 1 月 15 日。
② 共和生稿：《论中国国民宜监督政府》，《警钟日报》1905 年 1 月 15 日。
③ 《收江海关通电一件》（光绪三十年十二月十日），《清代孤本外交档案续编》第 12 册，第 5187 页。
④ 《致商约大臣盛宣怀电》（光绪三十年十二月十日），《近代史资料》总 43 号，第 184 页。

查，同时他还与俄领事进行初步交涉，并将所有情况向外务部一一汇报。1月17日，盛宣怀在向外务部报告上海局势时称："周生有一案，昨日势颇汹汹，合市已停止道胜钞票。现督同袁道，传谕绅董，开导商民，静候妥办。"[1]而关于与俄领事交涉的情况，盛宣怀在次日的电文中表示："顷与俄领驳论四钟之久，会审不允，复审亦不允。谓三日前已定案，犯已交禁法牢，并谓误杀办到四年监禁苦工，已算极重。"故欲使俄方与中方重新审判该案，恐难以办到。

事实上，盛宣怀接任此案后，始终奉行清政府"速了"的意旨，在办理交涉中"以息事宁人，不生枝节为主"[2]。其办理交涉的态度和原则在写给吕海寰的信函中可见一斑。1月19日，盛宣怀在致函同任商约大臣的吕海寰时表示："承询周胜有案，与俄领驳论甚久，会审不允，覆审亦不允"，故交涉颇为棘手。然而，为缓和上海民众的情绪，避免发生罢市风潮，只好"于四年之限，彼勉允在上海监禁之日期不算在内"。可见，面对俄方的强硬态度、上海民众的正义要求以及清政府"速了"意旨，盛宣怀自觉"不能任事"，无奈之下亦不得不"承认了袁所损失的主权"[3]。

与清政府官员"息事宁人"态度形成强烈对比的是中国知识阶层和趋新人士，他们以维护国家利权为目的，毅然承担起引导国民文明参与外交斗争的重任。1905年1月17日，《时报》主笔陈冷提出，欲求周

---

① 《盛宣怀致外务部电》（光绪三十年十二月十二日），载吴伦霓、王尔敏：《清季外交因应函电资料》，香港中文大学中国文化研究所1993年版，第529页。另注：原书中此条电文所标注的时间为"光绪三十年十一月十一日"，查有误，正确的时间应为光绪三十年十二月十二日，即1905年1月17日。

② 《收盛大臣致外务部电》（光绪三十年十二月二十一日），《清光绪朝中日交涉史料》卷82，第29页。

③ 夏东元：《盛宣怀年谱长编》下册，上海交通大学出版社2004年版，第824页。

生有案的根本解决,"望之政府,政府不以为事如彼,望之上海道,上海道又无能为力如此,上之执政者无复望可知也。虽然我民欲自起以处理此事,当用何法乎?"固然,国民当用文明办法对待。文明对待之要点,"第一当知事之有利害","第二当别俄人与非俄人","第三实行处置俄人之方法"。值得注意的是,陈冷在呼吁国民"自起以处理此事"之时,不忘警醒国人勿重演"义和团之扰乱",而应当"有法律之举动",同时强调通过报纸、演说等形式广泛联系各界民众,"以为平和之坚壁清野",最终用文明排外办法将俄人逐出上海。① 次日,《新闻报》亦撰文指出:"吾所惧者宁帮工商数十万人,天性好动,爱情最深,其保护同种之心较他帮工商为尤切,万一因忿无可泄,归咎宁帮绅董之给己,援文明国合群之公例,实行开所会议一律停工。"从而导致"中外商人数十年所经营而成繁盛之商埠,一旦因此案而使之败坏,殊属可惜。中外商人数十年所恃为万国安全之商埠,一旦因此案而使华人惧死而去,畏死不来,于租界贸易大有关碍,更属可惜"。因此,"为租界治安起见,深望宁帮工商再行忍耐,盛宫保必与俄领力争,各帮绅董必为死者昭雪。若至忍无可忍之时,尤愿宁帮工商为文明之举动,勿为野蛮之举动,结团体以争国权则可,滋事端以招众敌则不可"②。与此同时,《申报》亦发文表示:"一旦起而肇事,原属不得已之所为,事之利害彼固未暇计及也。所难者,在上之人既不能遏抑甬民,使之隐忍不发,而俄官则始终倔强,不肯就我范围,下既有负于我民,上更受朝廷之督责,事之棘手,莫过于斯。"③ 可见,知识阶层和趋新人士在经历庚子野蛮排外以及拒俄时期的参与外交斗争后,对文明排外似有了更深的感触和理

---

① 《再论对付俄兵砍毙华人案》,《时报》1905 年 1 月 17 日。
② 《忠告宁波工商》,《新闻报》1905 年 1 月 18 日。
③ 《论办理俄兵刃毙甬人周生友一案之难》,《申报》1905 年 1 月 18 日。

解，故积极地引导和推动国民文明参与外交。

需要指出的是，知识阶层和趋新人士在上海工商民众的愤怒中进一步察觉到中国民心可用、民气尚存，因此大力鼓动下层民众参与对外交涉。1月18、19两日，《警钟日报》连载《呜呼国民》一文，提出："国民二字，在东西文明各国有最贵重价值，君不敢肆其威，臣不敢用其虐，邻国不敢挥其敏腕以欺蒙其政府。"①"一国民之有无在乎国之存亡，则彼有国民而我无国民也。国民者与国家相维相系而生者也。""国民生当此时，正宜开我民智，合我团体，乘千钧一发之时机，为掀天揭地之事业，以我土地之大，人民之众，亦何难与欧美各国并驾齐驱哉?"②《时报》亦发表《时事批评》，认为周生有案关系到中国"民气"之振兴及"民力"之发展，警告若此案国人不奋起力争，"则外人必曰中国之民气如是如是耳，中国人之所谓争如是如是耳，自后更何所惮而不为哉? 则我可按律而断曰：亡我中国之民力者，与俄人争周生有案也"③。

此外，为使案件得到公正处理，一些知识人士借助舆论对办理该案的官员进行严厉地批评。针对盛宣怀处理该案时的"息事宁人"态度，陈冷在《俄兵砍毙华人案》一文中毫不留情地批评道："我华民之所争者国权也，如此明白应有之国权而不能争回，则我国于世界尚有何权乎? 盛公幸勿又卖我国权也。今日我民闻公未与俄人争会审，而先受所送案卷，已有烦言啧啧矣。盛公慎之哉，勿自祸，勿祸我华人。"④

对于外界的批评和指责，盛宣怀并非置若罔闻，在处理该案时他一方面与上海绅商人士保持联络，同时还与一些知识人士进行沟通。1月

---

① 《呜呼国民》，《警钟日报》1905年1月18日。
② 《呜呼国民》，《警钟日报》1905年1月19日。
③ 《时事批评》，《时报》1905年1月18日。
④ 《俄兵砍毙华人案》，《时报》1905年1月19日。

20日，盛宣怀"派人往见"主持商务编译所事务的张元济，拟就周生有案向其咨询意见，当天张"适不在寓"。① 次日，张在给盛宣怀的信函中，婉责盛办理此案有"遇事张皇，未免小题大做"之嫌，力劝其慎重交涉，"顾全国体，郑重民命"，尤其是当此中国外交失利，国权沦丧之时，"稍稍可与外人争存者，惟此将尽未尽之民气，窃愿我公竭力扶持，少为官地而多为民地，庶可留此一线生机也！"② 显然，时人对清政府官员办理此案的态度颇为不满，而对案件所引发的国民参与外交的行动予以同情和支持。

从案发之日起至1月底，围绕该案件的交涉已历时近一个半月。1月27日，外务部再次致电盛宣怀，要求将周生有案"速结"。③ 在外务部的一再催促下，2月2日"下午四点钟，盛宫保约俄总领阔雷明会勘周生有一案，袁道台暨王、刘、厉三道台、南洋洋务官福开森、严、周、沈、朱四绅俱在座"④。此次会谈是案发以来中俄双方一次较为正式的谈判，显然盛宣怀等人旨在借谈判与俄方做最后的交涉。在国内舆论的压力下，盛宣怀在谈判中言辞较为激烈，然而从双方历时近三个小时的谈话情况来看，由于俄方的强硬态度和百般狡辩，尽管盛宣怀等人做了较大努力，但俄方仍不愿做出让步，中俄双方重新会审该案的希望亦化为泡影。在该案既经宣判、"无可复议"的情况下，为使案件不复一味地被拖延下去，盛宣怀等人在与上海宁波籍绅商代表详细商谈后，与

① 张树年主编：《张元济年谱》，商务印书馆1991年版，第54页。
② 《致盛宣怀》（光绪三十年十二月十六日），载张树年、张人凤编：《张元济书札》（增订本），下册，商务印书馆1997年版，第1013页。
③ 《发商约大臣盛宣怀》（光绪三十年十二月二十二日），《清代孤本外交档案续编》第12册，第5255页。
④ 《阿思科尔舰火夫砍毙周生有案问答节略》（光绪三十年十二月二十八日），《近代史资料》总43号，第195—202页。

俄方于次日再次会谈,并提出四项要求:(一)按俄律将行凶水手监禁八年;(二)监禁日期应自押到俄国之日算起;(三)应酌给抚恤银两;(四)对来华俄舰、俄兵按章严行管束。[1]对于上述四项要求,俄领事阔雷明仅表示适当接受,然而盛宣怀因交涉已"稍慰人心",故不打算做进一步周旋。会后盛宣怀即请与会绅商向广大商民传达交涉结果,并电告外务部,宣布此案了结。在民众方面,由于此时"适值岁事告终,工商人等无暇他及",故尽管宁波商民坚决不肯接受抚恤银两,但仍不得不无奈地接受这一结果。[2]

综而观之,自 1904 年 12 月 15 日周生有案发生之日起,至 1905 年 2 月 3 日中俄双方达成四项要求,这一时期中国知识阶层和趋新人士与上海民众共同参与交涉,表现出以下几个值得注意的方面:

第一,中国知识阶层和趋新人士借助报刊舆论等工具,有意识地发动下层民众参与对外交涉,并引导他们对清政府的外交动向予以监督和批评。在案发之初,国人对清政府解决此案寄予厚望,然而迫于内外压力,清政府外交官员在办理此案时却持"息事宁人"的态度,从而引起舆论界的尖锐批评。1905 年 1 月 25 日,盛宣怀在致电外务部时称:周生有案"现与南洋密筹,总以息事宁人,不生枝节为主"[3]。电文随即被报馆探得并公之于众,当天《中外日报》对此进行严厉批评道:清政府外交政策如此屈辱和软弱,以致"于西人杀华人之案,则视为平淡无奇,不必别生枝节,而华人所为,一或得罪于官吏,则任意伐虐,无所

---

① 《收盛大臣致外务部》(光绪三十年十二月二十九日),《清代军机处电报档汇编》第 40 册,第 203 页。

② 《论俄兵及水手近日迭次滋事》,《中外日报》1905 年 2 月 12 日。

③ 《盛宣怀致外务部电》(光绪三十年十二月二十一日),载吴伦霓、王尔敏:《清季外交因应函电资料》,第 529 页。另注:原书中此条电文所标注的时间为"光绪三十年十一月二十日",查有误,正确的时间应为光绪三十年十二月二十一日,即 1905 年 1 月 26 日。

迟疑"。显然，清政府始终秉持对内压制、对外屈服的政策，"试问何以能靖民气？何以能得民心？何以能保疆土？何以能免不测之祸也？"①28日，《中外日报》以《论近日当注重之事》为题，将批评矛头直指南洋大臣盛宣怀和两江总督周馥，称盛氏办理此案，"而卒无挽回一二之善策，自周制军无故有时势如此，幸勿别生枝节之电，而群情遂为之大沮。"朝廷如此漠视民命，试问"今后再有此等案件，华民尚能争执哉？民气尚能振奋哉？有束手待毙而已矣"②。2月7日，该报更以《岁首责难篇》为题对周馥进行严厉批评，称"其媚外之伎俩，实出于各督抚之上，至是权督两江，遂以其媚德人者移以媚各国。周胜友一案，上海争执方亟，而周制军乃有时势如此，不必别生枝节之电，其视国权何如也？其视清议又何如也？"③

诚然，在此案的交涉中，清政府希望国人保持克制，并且力图"息事宁人"，唯恐"节外生枝"，引发暴乱。与此同时，上海绅商人士亦对众商民进行规劝和说服，这虽然暂时缓和了民众的愤怒情绪，有助于维持上海社会的稳定，然而一些趋新人士注意到民力可用、民气可贵，故对下层民众的参与外交行动给予有力地引导和推动。

1月27日，《时报》发表《论秘密政策之不可行于现在》，批评清政府在办理此案时，无视国民之要求，对外交涉软弱无能，以致该案至今仍无进展，故强烈要求政府，凡"与我民有直接之关系者当宣布，使我民尽知。于外交上宣布后，而无特别之关碍者当宣布，使我民尽知。……上能宣布，则下能明白，上能宣布，则下能为汝辅助"④。由于

---

① 《论镇江近事》，《中外日报》1905 年 1 月 26 日。
② 《论近日当注意之事》，《中外日报》1905 年 1 月 28 日。
③ 《岁首责难篇》，《中外日报》1905 年 2 月 7 日。
④ 《论秘密政策之不可行于现在》，《时报》1905 年 1 月 27 日。

清政府官员在办理案件的过程中对内压制、对外屈辱,以致"内政外交变故迭出",对此该报进一步刊文指出:"夫外交之事,何等重大",近年来中国国民一改政治思想薄弱之弊病,能够以合群、团结相号召,纷纷起而参与外交,谋取国家利权之挽回,国民在对外行动中,"立意坚持,此正人民进步之征"。①

尤其是周生有案交涉以来,各地"绅商士民群起力争,而以宁人为尤甚。盖死者为宁人也,争之无效且议罢市,及停用俄银行钞票以挟制之。我国民之团体以此为最坚,我中国之民气亦以此为最盛,我中国之不亡者,正赖有此等精神耳"。然而,反观清政府,"宁愿损国权,必不愿伸民气,于是周玉帅电致上海商会,有劝导甬人勿再聚议之语",可见,国民希冀政府利用民气,挽回利权,"振中国之威,在中国外交界中实为从来所未有"②。为此,中国知识人士向广大民众发出强烈号召,引导和推动国民积极参与外交,使国民自谋利权之挽回。事实上,从当时中俄双方的交涉情况来看,无论是上海道台袁树勋,还是后来主持该案的盛宣怀等人,在与俄方交涉中都为争取案件得到公开、公正审判做了一定的努力。显然,这一方面是中国民众强烈要求的结果,同时亦与知识阶层和趋新人士对清政府外交的有力监督、对下层民众参与外交的合理引导不无关系。

第二,此案波及的范围最初仅为上海宁波籍人士,后来逐渐扩大至上海各界人士,而随着交涉的迟迟未果,在趋新人士的推动下,案件影响面由上海一地扩散至全国范围,从而为联络和发动更广泛的力量参与外交斗争提供有利条件。案发之初,上海宁波籍人士出于同乡义愤,他们在宁波绅商的召集下,纷纷赶赴四明公所开紧急会议,共同商议外交

---

① 《论朝廷不宜辜人民之望》,《时报》1905 年 1 月 28 日。

② 《论中国政府处置俄水手杀人案》,天津《大公报》1905 年 2 月 24 日。

应对之法，行动颇为积极。随着案件交涉被一再拖延，清政府外交的软弱与俄方态度的强硬形成巨大的反差，从而引发国内各界人士的强烈不满。1905 年 1 月 5 日，为唤起各界民众参与对外交涉，《警钟日报》刊发时论称："俄兵杀人不归我刑法之下，欺我无法律也。上海一地人民众多，此而可杀，孰不可报？杀一周生友即杀我一同体之人也。"① 外人如此蔑视我国民之生命，而清政府外交如此软弱，为维护国权、保障民命起见，中国全体国民应当奋起反抗。对此，不仅上海民众表示强烈愤慨，"既而各省人民之旅沪者亦莫不疾首蹙额"，同时"凡中国各行省以及久旅外洋之华商亦莫不义愤填膺，深恶俄人之无理"。这一现象有力地证明，"中国虽处积弱之际，而民气之愤激，正自可虞"②。

值得一提的是，2 月 8 日至 10 日连续三天，留学日本的宁波籍学生孙德全、贺绍章、陈时夏、胡叙畴等人在《时报》联名发布《宁波人敬告全国文》，从维护国家利权的角度，呼吁全体国民共同参与对外交涉，声称"俄兵惨杀我宁波人周生有，一宁波人死矣，我为宁波数十万人之居上海者危，我并为我国民数百万人之居上海者危，我愈为我国民四万万人之散处各地者危"③。不仅如此，"我数十万旅居上海之宁波人乎，我数百万旅居上海之我国人乎，我四万万之散处各地之我国民乎，勿谓周生有一人死小事也，我国权随之，我国民之命随之"④。故今日为挽救国权起见，全体国民都必须为争取周生有案的公正解决起而抗争。显然，时人将视线扩散至全国范围，不仅可以联合更广泛的力量参与外交，而且在某种意义上反映了国民参与外交的能力和意

---

① 《西历元旦之新感情》，《警钟日报》1905 年 1 月 5 日。
② 《俄兵杀人案间评》，《申报》1905 年 1 月 23 日。
③ 《宁波人敬告全国文》，《时报》1905 年 2 月 8 日。
④ 《宁波人敬告全国文》，《时报》1905 年 2 月 10 日。

识的提高。

第三，在此案交涉的前后，中国知识阶层和趋新人士对国民文明排外予以有力地引导，加之上海绅商的规劝，国人的愤怒情绪有所缓和，从而使得这一时期并没有爆发大规模的冲突和暴乱。周生有案发生后不久，《南浔通俗报》即警示此案"宁帮大动公愤，坚请上海道索回该凶治罪，恐不免又将有四明公所之旧风波矣"[①]。至 1904 年 12 月 29 日，由于案发近半个月后仍无解决迹象，宁波籍商民为此义愤填膺，拟召集民众商议停业、罢市。为避免民众情绪激化，上海宁波籍绅商对民众做了积极地规劝，并且在各大报刊发布《告同乡书》称："凡我同乡，虽激公愤，咸知大义，宜谨守道台传谕之意，静候上宪商办，切勿轻举妄动，致贻口实。"[②] 随后，在德国总领事的调解下，俄方同意将行凶的水手转送至俄领署禁押。随即"寓沪甬人士咸人心满意足，驭声若雷"。[③] 上海商民的第一次集议罢市之举亦因此而被化解。

1905 年 1 月 13 日，俄方自行审判行凶水手并私定罪行，从而激起国人的强烈抗议，在此情形下，为稳定上海局势，知识阶层和趋新人士借助报刊媒体，对国民参与外交的行动进行有力地引导。1 月 18 日，《新闻报》刊载《忠告宁波工商》向广大民众呼吁："若至忍无可忍之时，尤愿宁帮工商为文明之举动，勿为野蛮之举动，结团体以争国权则可，滋事端以招众敌则不可。"[④] 既然是文明举动，暴动之事自然应当避免，对此，时人还告以"暴动无益，经一次之暴动，则多一层之损害，经数

---

① 《俄水手杀华人于上海》，《南浔通俗报》1905 年 1 月，第 8 期。
② 《寓沪宁波绅商敬告同乡书》，《中外日报》1904 年 12 月 29 日；《宁波绅商告同乡函》，《时报》1904 年 12 月 29 日。
③ 《论同沪甬绅索惩俄水手事》，《申报》1905 年 1 月 3 日。
④ 《忠告宁波工商》，《新闻报》1905 年 1 月 18 日。

次之暴动，则加数层之压制，一地方而激为暴动，则一地方之创弱深，一府县一行省而激为暴动，则一府县一行省之创弱深。今日吾国民而有争立之志，不得不忍一时之欺侮，而为自强之竞争，不得不弃野蛮之举动，而求文明之急进"①。

总之，周生有案激发中国国民参与外交的意志和决心。在案件交涉前后，中国知识阶层和趋新人士借助舆论等工具，对国人文明参与外交予以合理地引导，对清政府办理交涉予以有力地监督，并在一定程度上对俄方造成外交压力，迫使其在监禁俄行凶水手、向遇难者家属给予抚恤银两等方面做出一定的让步和妥协。

第二节　抵制美货运动前后的"文明排外"

人们的思想和观念往往随着历史的不断发展而发生更动，近代"国民外交"思想的发展、变化亦是如此，随着 1905 年的文明抵制美货运动的发生，各界民众在知识阶层和趋新士绅的带动下逐渐联合起来，共同参与旨在抵制美货、取消美禁华约的文明排外。

1905 年的文明抵制美货运动是在中国民族主义情绪日益高涨的背景下发生的。在这次运动中，商界成为运动的主体，学界、工界等社会各阶层人士亦为运动的深入发展起到重要的推动作用。虽然在这之前，国人已经从"文明排外"的角度出发，对国民参与外交问题进行探索和思考，但是在思想和行动上的影响绝对没有抵制美货运动来得那么强烈。对于这次运动发起的原因、经过与影响等，学界已有较多成果，尤其是关于运动中由商会主导的国民外交等状况，已有学者做了专门

---

① 《论今日之不可以暴动》，《岭东日报》1905 年 3 月 17 日。

研究。① 尽管如此，由于没有对近代中国国民外交的渊源脉络做细致的梳理，以及中外"国民外交"之间理论和事实上的差异尚未厘清，从而使人们对现有材料的解读难免产生望文生义的错觉。本节则从抵制美货运动的事实出发，重点考察中国国民在文明排外氛围下参与外交时的思想状况和行动特点。

一、"合大群"、"结团体"、"保利权"

早在 1903 年，即 1894 年美国禁止华工条约十年续约期满之际，海外华人就已经对美禁华工问题表示关切和担忧，认为此事与中国"外交"关系甚大，指责美国长期以条约形式限制华人入境，到如今"美境已无华人之足迹"②。对此，檀香山华商纷纷倡议抵制美约，宣称"此策果能实行，则民间实力之反抗比诸外交之提议为更有力，且其活动范围较外交更易着手"，同时还"能使我民知自力之可用，能使我民知生计上对外竞争之理想及其能力与其方针，于无形中裨益于国民教育者殆不少"③。随即派员到美国、香港、菲律宾等地发动民众实行联合抵制。

1904 年，旅美华侨在旧金山中华会馆开会，决定以旅美全体华侨名义，向清政府外务部、商部、两湖总督张之洞、两广总督岑春煊等致电，"历陈华侨苦况，吁请修改条约"。从是年夏季起，美国华侨报纸和

---

① 张存武：《光绪卅一年中美工约风潮》，台北"中央研究院"近代史研究所专刊 1982 年版；朱英：《清末商会与抵制美货运动》，《华中师范大学学报》（人文社会科学版）1985 年第 6 期；金希教：《抵制美货运动时期中国民众的"近代性"》，《历史研究》1997 年第 4 期；王立新：《中国近代民族主义的兴起与抵制美货运动》，《历史研究》2000 年第 1 期；贾中福：《近代国民外交视角下的 1905 年抵制美货运动》，《贵州社会科学》2005 年第 4 期；许冠亭：《商会在官、民、洋三元互动中的角色和作用——以 1905 年中美工约交涉及抵制美货运动为例》，《史学月刊》2007 年第 12 期。

② 《拟抵制禁例策》，《美国华工禁约纪事》，上海平等社 1905 年版，第 23 页。

③ 《檀香山华工对于禁约问题》，《新民丛报》第 40、41 合号，1903 年 11 月 2 日。

国内各大媒体开始呼吁废除美约，并且提出"除了抵制美货外，没有更好的办法了"。随后一些旅美华侨陆续回国，筹划拒约运动的开展。北京、上海、广东以及全国各地民众积极响应，纷纷"成立拒约机构，形成了全国性的反美爱国主义运动"①。

在国内，首先是全国商界的响应和行动。1905 年 5 月 10 日，上海各帮商董因美禁华工问题召开商务总会，集议抵制之策。曾铸主持会议并发表演说称："美如必立续约，我商人当相戒不办美货，以为抵制。"随后会议决定由曾铸领衔致电清政府外务部，宣称抵制美约，"事关国体民生，吁恳峻拒画押，以伸国权而保商利"②。同时，会议还决定向全国各省商会遍发电文，呼吁各地商界人士同心协力，共谋抵制。

值得注意的是，此次集会以"保商利"、"伸国权"相号召，引起各界人士的强烈反响。集会当天，《时报》便刊发评论称："勿谓中国人无国家思想也，请看今日沪上绅商之集议。勿谓中国人无权利思想也，请看今日沪上绅商之集议。美国华工禁约问题，关于国权及国体之大问题也"，"吾望此次集议之能结良果，吾尤望吾全国人闻风继起，合大群而共谋抵制之策，使吾政府知有舆论以为之声援，而又使外国知吾国民之并非可侮，则于中国外交之前途，其或不至于长此失败也"③。《申报》的时论亦指出，中国在美经商从业者甚多，此事不仅牵涉外交，而且与国家利权大有关系，故抵制美约"吾国民所当出全力以争之者也"④。显然，上海舆论界将抵制美约视为关系中国"国权"与"国体"的大事，呼吁国民在抵制美约的外交斗争中"合大群"，以实现"伸国权"和"保商利"

① 丁又：《1905 年广东反美运动》，《近代史资料》总 22 号，第 8、9 页。
② 《记上海绅商会议事》，《中外日报》1905 年 5 月 11 日。
③ 《时事批评》，《时报》1905 年 5 月 10 日。
④ 《论美禁华工新约》，《申报》1905 年 5 月 10 日。

的目标。这一富有战斗性的口号，无疑将为推动全国各界人士参与抵制起到重要作用。

5月12日，旅沪广东绅商在广肇公所商议抵制美约事。此次集会再次强调"合大群以实行抵制"的重要性，并拟定"合群力拒"美约的办法三项。① 值得一提的是，由于近代广东慈善界在全国的影响甚大，为联络和发动慈善界人士加入到抵制行列，会议决定致电"广东各大善堂"，请求响应。不仅如此，14日，旅沪福建绅商在泉漳会馆举行集议，曾铸在集会上宣告"二个月后一律不卖美货，重言声明抵制之法"。当天，上海公忠演说会数百人亦举行集会，"先后演说者凡十余人，约历四点钟之久始行散会，其所议抵制办法仍主不用美货，拟将美货各种名式调查布告，以便购取者辨别，且拟电告美国工商部，申明华人断不承认此约"②。16日，上海人镜学社集议抵制美货，标志着学界正式加入到抵制队伍中来。

与此同时，上海商务总会在曾铸等人的倡议下向全国各地商界、学界、工界等广致函电，呼吁各界人士"合大群"，共同实行文明抵制。在接到上海商务总会函电后，各地纷纷复电表示："此系国民合群"的大好时机，应当"禁野蛮暴动"，而采取"文明办法"，各地民众要"始终谨慎坚持，以免外人益鄙夷我"③。

在国人倡导"合大群"、"谋抵制"以"伸国权"之时，中国知识阶层和趋新士绅充当引导者的角色。一方面，他们注意到倡议抵制美货运动以来高涨的"民气"，对其进行合理地宣扬和引导。5月17日，《申报》以《论中国民气有发达之机》为题，指出："国势之强咸在于民心之固

---

① 《各帮绅商聚议对付美约事》，《时报》1905年5月13日。
② 《美国华工禁约问题》，《时报》1905年5月15日。
③ 苏绍炳编：《山钟集》，1906年油印本，第15、16、21页。

结，民心之固结在于民智之开通，民智之开通在于民气之发达。"民气之强弱关乎一国之盛衰，故对于抵制美货之事，国民"非结合群力无以御强，梁非急起竞争无以挽危局，感情勃发，爱力坚凝，而民气于以发场，而国体于以固结。俾外人之观听者，知政府可欺而吾民不可欺，政府可诱而吾民不可诱，政府可胁而吾民不可胁"①。18日，《中外日报》亦刊文表示：此次商学会、广肇公所、福建会馆相继倡议抵制美约，"虽其事之果效尚未可知，而我华人之渐知警醒，非复如前日之愦愦，则断可知矣"②。显然，中国知识人士注意到"合群"、"团体"等在抵制美货运动中的重要性，故对之进行大力的宣扬和鼓动。

另一方面，知识阶层和趋新人士无情地批判清政府外交政策的软弱，并大力倡导社会各界人士在参与外交斗争中谋"文明之合群"。18日当天，蒋智由从国家、政府与人民三者的关系入手，对清政府与美国订立禁止华工条约之举予以严厉批评，称："夫各国国人皆与其国家为有机体之关联，而我则人民不能与政府之机关，政府非代表人民之意志"。"夫使政府果能为吾民尽力，何待吾民之抗约？为政府既无能，至吾民不能不起而自抵美约。"③对于数日以来上海各界的"合大群"、"谋抵制"之举，《新闻报》不无赞扬地表示："观各帮商会之踊跃会议，可知中国人尚知合群之义，观驻沪美总领事之欲以美政府之意宣告华人，并劝华人勿即抵制中美交通互益各事，更可知合群之力之足以有为也。"同时，该报还劝告国人在抵制美货运动时要用"文明之办法"，虽然"中国政府外交力量之薄弱亦为外人所习知，以致今日有商人自为抵制之议，是则此两个月中商人不能仅听外交官吏之磋商明矣"。为此，"中国

---

① 《论中国民气有发达之机》，《申报》1905年5月17日。

② 《续论沪上绅商集议美约事》，《中外日报》1905年5月18日。

③ 观云：《对外之举动，对内之举动》，《新民丛报》第69号，1905年5月18日。

商人当藉合群之能力，乘两月之时光，先与美总领事协商，以扶助外交官吏之势力，且使寓沪美商及各国官商知中国商人能为文明之合群"①。

在抵制美货运动的发起阶段，中国知识阶层有意识地向下层民众灌输"合大群"、"结团体"和"文明对待"等文明排外的思想和理念，这无疑有利于加强两者的沟通和联结。事实上，在中国民族主义情绪日益高涨的背景下，国人提倡"合群"和"文明"对待是有其深刻的历史经验及教训的。尤其是对戊戌和庚子时期中国知识阶层与下层民众的相互分离状况的不断反思，使中国知识阶层和先进分子逐渐认识到下层民众力量的强大，于是向他们发出参与外交斗争的呼声。因此，可以说知识阶层与下层民众的结合是中国近代民族主义的产物，同时又有力地推动近代民族主义运动的兴起。

在美国华工禁约的强烈刺激下，全国商界、学界、工界、女界、慈善界等团体和组织纷纷加入到抵制美货的队伍当中。为缓和上海民众的激愤情绪，5月21日，美国新任驻上海总领事劳治师邀集上海商务总会代表严厚信、曾铸、苏葆笙等八人进行面谈，美国新任驻华公使柔克义也亲临现场。会谈上美方表示，"一旦不用美货，于两国交情或有关碍"，并借口改定新约要等到6个月后下议院召开之时，要求上海绅商停止抵制美货。对此，曾铸当即予以拒绝，苏葆笙亦坚决地反驳道："贵国一日不定约，即华人一日不定心，不必不用美货，即此逐步减消，于仆即大有不便，何能待至六月？惟贵公使熟思审处焉。"②

就在上海商务总会代表与美方面谈的当天，上海沪学会召开大会，会长马相伯当场"赞成不用美货之说"，并提出"一劝学界同人到处演说禁约细情，一刊印禁约细情到处分送"的建议。上海商务总会亦于面

① 《论华商可与美领事协商》，《新闻报》1905年5月20日。
② 《记美领事与上海商董会议事》，《中外日报》1905年5月22日。

谈次日召开大会，曾铸在会上痛斥清廷"与外国交涉均不令民间与知"，呼吁国民对于中美禁约交涉一事，"必须向此层留意，设法预为防备"。戈朋云亦在演说中大力鼓舞民众"坚持初议，众志成城，万勿虎头蛇尾，使外人此后愈轻吾国"。①

与此同时，在上海商务总会与各地的来往函电中，亦对"合大群"、"结团体"和"保利权"等口号，表示共同的倡议和支持。

如有长崎清国商会致商务总会的函电表示：

"拒美禁华工续约，以两个月后不售美货为抵制之条，仰见提倡宗风，团体众体"，此举"实为大局所关，中外瞩目，如果见诸实行，持之以久，大众一心，我之国权犹可自保，我之商权犹可扩张；如其不然，则外人将益轻视我华人无固结性质，非徒约不能改，侨寓华人更将失望，且变本加厉，必致渐渐侵夺我内地权利而后已。"②

也有署名为"淮安士商烈成氏"电文称：

"华工禁约，吾公不忍坐视同胞之故力筹抵制，以不用美货为宗旨，登高一呼，中外响应，我国合群团体之举自君开之，爱国保种热诚可敬"，"有此一举可以观国民进步，有此一举可以杜外人轻视"，此举实为"吾国文明起点"。③

还有天津商民王宗堂来函云：

今日"南北各商同议抵制美国禁工续约，而以不售美货，此固第一良策"。然而，国民"今日欲废除其禁例而思抵制之法，亦赖我国多数人以挽回之。吾人宜勿分畛域，勿挟意气，博采群言，襄成是举"，"实力举办，以冀挽回苛例，表国民之同情，尽社会之公义，中国商界文明

---

① 《美国华工禁约问题》，《时报》1905 年 5 月 22 日。
② 苏绍炳编：《山钟集》，1906 年油印本，第 34 页。
③ 苏绍炳编：《山钟集》，1906 年油印本，第 33 页。

发达之起点，在此一举；天津商界文明发达之起点，亦在此一举"①。

从当时的情况来看，国人在倡议和发起抵制美货运动时，是将"合大群"、"结团体"和"保利权"三者看成是紧密相连、互为前提的整体，其目的是"唤醒国民合大群结团体，以御外侮而保利权"。与此同时，在美国华工禁约的逼迫下，国人大力倡导"合大群"、"结团体"等思想又有其必要性。对此，《申报》一篇题为《自强必先自治说》的时论表示，中国国民"欲图自强者，莫不曰合大群结团体固已。夫群何以能合？则必使千万人之心同为一心，始能免参错不齐之患而合为一。群体何以能结？则必使千万人之身视同一身，始能免涣散隔膜之病而结为一体"②。

诚然，如何将下层民众广泛地联合起来，唤起国人的"国家思想"与"国民意识"至关重要。对此，《时报》主笔陈冷认为，"比年以来，我国民之国家思想日渐发达，其于外人之凌逼，尤不能吞声忍受"，"国家思想今既萌芽，知国家与我有密切之关系，而利害终为吾人所身受也，则于内治外交之大端，其措置有所失宜者，亦遂有所争议"③。故欲使抵制美货运动见诸实施，就应当充分利用下层民众的力量，以进一步激发国人的"国民意识"。而在《筹议拒美约议》一文中，陈冷借鉴西方议院政治思想，进一步提出"国民合一"之说，并强调"国与民合，则内政外交无往而不利，国与民分，则内政外交无往而不败"④。

可见，在抵制美货运动的发起和倡议下，中国知识阶层和趋新人士已经主动地与下层民众联合起来。对此，时任中国驻朝鲜公使的曾广铨

① 《道胜银行买办王宗堂"不售美货说帖"并津郡众绅商集议禁售美货记实》（1905 年 6 月 17 日），载天津市档案馆等编：《天津商会档案汇编（1903—1911）》下册，天津人民出版社 1989 年版，第 1879、1880 页。

② 《自强必先自治说》，《申报》1905 年 5 月 23 日。

③ 《论抵制美国华工禁约》，《时报》1905 年 5 月 23 日。

④ 《筹议拒美约议》，《时报》1905 年 5 月 29 日。

在写给《泰晤士报》记者莫理循的信中，亦不无称赞地表示，抵制美货运动发起以来，"我国人民目前似乎在各个方面保持警惕。我注意到抵制美国的运动，……最后唤醒了中国各省的人们"①。

而在引导和推动下层民众参与外交斗争的进程中，中国知识人士进一步从"国民"与"国家"的二元关系中，提炼出"民气"这一当时社会所特有的词汇。对此，陈冷在《论民气与国家之关系》一文中作了较为精辟的论述，称"民气强者国家强"，"国家之不可侮，非国家之不可侮也，民气不可侮。国家之不可灭，非国家之不可灭也，民气不可灭"②。此外一篇题为《论中国人民之可用》的时论指出：中国国民过去"无国家思想，并不知吾身与国有切肤之关系"，自从国人受外界刺激后倡言排外，然而民气虽强，却容易演变成无意识的暴乱，义和团的野蛮排外即是其中一例。③时至今日，全国人士谋划抵制美货，美国之所以有恃无恐，其原因在于，"清政府弱也，为彼所不畏，我民气又素弱也，亦为彼所不畏，然民气始于弱而终于不弱，其转移全在于我同胞耳"④。因此可以说，"今日对付此禁约之问题，在有一最要之解决，解决何在，则曰勿依赖清政府，而专恃民气是也。"⑤

如前所述，上海商务总会的集会和倡议得到社会各界的广泛响应。从 5 月 10 日上海商务总会集会倡议两个月后不用美货起，到 7 月 10 日正式实行抵制美货，这期间各地商界、学界、女界、工界、慈善界、医

---

① 《曾广铨来函》（1905 年 6 月 5 日），载〔澳〕骆惠敏编：《清末民初政情内幕——〈泰晤士报〉驻北京记者、袁世凯政治顾问乔·厄·莫理循书信集》上卷（1895—1912），刘桂梁等译，知识出版社 1986 年版，第 383 页。

② 《论民气与国家之关系》，《时报》1905 年 5 月 29 日。

③ 《论中国人民之可用》，天津《大公报》1905 年 5 月 30 日。

④ 《敬告会议对付美约之诸君》，《时报》1905 年 6 月 6 日。

⑤ 《敬告会议对付美约之诸君》，《时报》1905 年 6 月 2 日。

界等团体或组织纷纷举行会议，对抵制美货运动予以支持和声援。关于
这一期间各地开会情况，详见下表2–1所示：

表2–1：1905年7月10日前各地举行集会情况表

时间	地点	集会者	时间	地点	集会者
5月10日		上海商务总会	6月21日		上海北关总会
5月12日	广肇公所	广帮	6月25日		汕头万年丰会馆
5月14日	泉漳会馆	建帮	6月25日		杭州西太平巷冯宅
5月16日		人镜学社	6月25日		湖州大小各学堂
5月21日		沪学会	6月25日	大观书院	武昌大观书院
5月22日		上海商务总会、城内商学会	6月25日	广济医院	广东广济医院
5月27日	广济医院	广东广济医院	6月26日		扬州阅书社
5月31日	福音医院	苏州士商	6月27日		广东潮州八属会馆
6月3日	广济医院	广东广济医院	7月1日	元妙观	苏州争约处第二次集会
6月4日	潜园	湖州士商	7月2日	义务小学校	扬州阅书社
6月11日	广济医院	广东广济医院	7月2日	精严寺	嘉兴士商
6月11日		福建阅书社	7月3日	广济医院	广东广济医院
6月17日	三江会馆	营口绅商	7月4日		南汇演说会
6月18日		天津商务总会	7月5日		苏州洋广货公所
6月18日	阖津会馆	天津学界	7月5日		奉化龙津学堂
6月18日	思益堂	南京学界	7月5日		直隶冀州学堂
6月18日	阮公祠	杭州士商	7月6日		湖北天门演说会
6月20日		新加坡同济医院	7月6日		绍兴大善寺

资料来源：苏绍柄：《一九零五年反美运动各地开会日表》，《近代史资料》总1号，第13—17页。

从上表可以看出,在短短几个月里,各地以绅商学界为主体的集会纷纷召开,这一情况表明中国社会在经历重大分化组合的变动之时,国人"国家思想"和"国民意识"的进一步萌发和觉醒。与此相适应,各界社团或组织的产生和联合亦是国人"合大群"、"结团体"的现实需要和必然结果。这一时期,在谋划和倡议抵制美货的外交行动中所形成的社会团体,主要有以下几个方面的特点和意义。

首先,出于抵制美约的现实需要,各地商会成为运动的主体,学界与其他社会团体积极参与,大家齐心协力、共谋抵制。在发起抵制美货运动的过程中,上海商务总会起到重要的主导作用,曾铸、严信厚、戈朋云等人亦绅亦商的角色,使商务总会上能与政府进行沟通,下能与普通民众相互联络,同时还与美国驻华、驻沪公使等人进行有理有据的论争和驳诘,从而有力地推动抵制美货运动由倡议阶段向实施阶段的过渡。

值得一提的是,在倡议抵制美货运动之时,中国知识人士和趋新士绅进一步觉察到团体力量的强大,为使各地商会能够协调一致,以确保抵制运动的组织性和有效性,时人还建议设立"全国总商会,以上海为总会所,而于二十一埠各立分会所,严定规则,有购美人一物者重罚之,有贪图一己之私利,不顾全局之公益者,标其行名、店名及司理人名于总商会,永远革除,绝其贸易"①。对于设立此类商会的必要性和可行性,《申报》亦做了合理地论证,其《论内地宜广设商会》一文表示:"为今日中国商业计,则不可不急设商会,凡通商各埠商务荟萃之处,固宜急谋联合之法,即内地各都会及水陆交冲之处,亦宜仿照办理,一律设会,无事则研究商情,联络声气,遇有关系公益之事,或有同业受亏之事,俱可由商会代表出而理论。"②

---

① 《敬告会议对付美约之诸君》,《时报》1905 年 6 月 7 日。
② 《论内地宜广设商会》,《申报》1905 年 6 月 10 日。

其次，各界团体一致强调"合群"的重要性，并将维护"利权"作为重要目的。诚然，在当时内忧外患的局势下，个人或单个组织的力量不足以抵御外侮，因此国人强调"合群"是非常必要的。对此，《申报》社论称：当今世界乃一竞争世界，他国"合群力以图吾，吾亦必合群力以抵制之"，对于抵制美禁华工一事，中国"商会之力居大部分，是可见其效矣，学会者学界上合群之基础也，商会者商界上合群之基础也，基础改立则事业乃可以有成耳。"①

而在国家思想、利权意识等的宣传鼓动中，报刊舆论的作用不容忽视。特别是"二十世纪国度强弱，视其报馆多少为强弱，视其国报纸销数多少为强弱，视其国国民能阅报纸多少为强弱"，故在各地广设讲报所，努力提高广大民众的国民意识，如此方能使中下层社会真正实现"合群"，共同参与到抵制美约的外交斗争。② 同时，国人还将维护"利权"作为发起抵制美货运动的重要原因之一。在此前提下，上海商务总会在第一次集会时发出"保商利"的呼吁。同样是基于这个原因，各界团体在相互往来的函电中，也将国家利权置于神圣不可侵犯的地位。尤其是广东和福建籍人士，由于两省人士在美从业者甚多，故对于美约"妨碍旅人之生计，侵害商民之利权"等情况感触更深，他们对于抵制美约的要求自然也更为迫切。③

此外，在美约的逼迫下，时人还通过报刊舆论大力呼吁国民对清政府外交进行监督。在谋划抵制美货运动之时，《外交报》刊发时论称，"我中国今日之兴乎，必外交官为之也，我中国今日其亡乎，亦必外交官为之也。然而外交官之主力，则不在于外交官，而在于全

① 《论内地宜广设商会》，《申报》1905 年 6 月 10 日。
② 《设立讲报所说》，《新闻报》1905 年 6 月 21 日。
③ 《敬告会议对付美约之诸君》，《时报》1905 年 6 月 7 日。

国家。"①《时报》主笔陈泠亦呼吁："我华民数百万人一心，数万万人一心，以监督我政府，勿令政府覆施其辱国外交之手段，以卖我数十百万华旅之生命财产于外人也"。②

由此可见，在对清政府外交表示强烈不满的同时，国人表露出直接参与外交的意愿。但应当指出的是，此时国人的言论尚较为克制，所表现出来的参与外交意识还比较模糊，尤其是对"文明排外"观念的理解并不深刻。直到 7 月 10 日抵制美货运动正式实行以后，这一状况才逐渐有所改观。

二、文明抵制美货的倡导与发动

早在 1904 年美禁华工十年续约到期之时，国人就因条约迫使"华民身受之虐如此其残酷，受虐之事如此其众多"，对美国"自负为文明之国，共和之政治"予以驳诘和质疑。③尤其是中国知识人士，目睹国人的排外运动常常演成无意识地暴乱，深知此为我国"外交失败之由，而亦我国人不文明、不富强"的根本所在。④为此，在倡议和发起抵制美货之时，他们以"文明之办法"相号召，教育和启迪下层民众"能为文明之合群"。⑤既然是以"文明之办法"相对待，那么"我民当急讲自新之道，我国当急求自立之原"，并且"抵制禁约当以平和之竞争，效文明之成例，不可激起排外之暴动"⑥。

至于何为文明国家的"排外主义"？在抵制美货运动中国人应当采

---

① 《论政府宜竭力援助外交官》，《外交报》第 109 期，1905 年 5 月 18 日。

② 《论对待美禁华工事》，《时报》1905 年 6 月 15 日。

③ 《论美国凌侮华民》，《警钟日报》1904 年 4 月 22 日。

④ 《论华商集议抵制美国华工禁约》，《时报》1905 年 6 月 21 日。

⑤ 《论华商可与美领事协商》，《新闻报》1905 年 5 月 20 日。

⑥ 《论华商集议抵制美国华工禁约》，《时报》1905 年 6 月 21 日。

取何种"排外方法"？对此，中国知识阶层和趋新人士已经认识到"中国之危，危于外交"，特别是"庚子排外之举，其为我国存亡之大界乎，而求其所以致祸之故，则不由于排外主义之非，而由于排外方法之谬"①。因此，文明抵制美货之关键在于抵制得法，"其所以抵抗之法，其大要一端只在不购美货。其举动似甚暴烈，而其范围实甚紧严，既不伤中美两国之交情，并不碍在华美人之生命"。国人在抵制美货运动的发起和倡议阶段如此强调文明对待，这在以往的排外运动中是难得一见的，难怪时人喊出"此为我中国第一次文明举动"的口号。②

应当指出的是，文明抵制美货的发动离不开舆论宣传的力量，6月11日，天津《大公报》宣布拒绝刊登美商广告，其《告白》称："报纸为美商刊登广告，即为美商招徕生意。为此，本馆决定，所有关涉美人的告白，一概不登。"③天津《大公报》对抵制美货的大力支持无疑为推动舆论界参与排外做出表率。然而，在知识阶层与下层民众相互联结、共倡文明抵制之时，国外舆论对国人的文明抵制之举却做了大量的负面报道，尤其是英美报刊对此报以敌视态度。与此同时，美国驻厦门领事乔治·安德森（George E. Anderson）致电美国国务卿弗朗西斯·路米斯（Francis B. Loomis）以及美国驻华大使柔克义（William W. Rockhill），诬称"中国人的反美情绪日益高涨，敌视美国人的现象无时无刻不存在"④。

对此，6月17日，美国驻华大使柔克义向时任军机大臣的庆亲王奕劻递送"中国《大公报》一张"，宣称该报"新闻内传单与贴帖告白

---

① 《论不知国家事者之误国》，《中外日报》1905年6月25日。

② 《本报记者与益闻西报书》，天津《大公报》1905年6月26日。

③ 《告白》，天津《大公报》1905年6月11日。

④ Anti-american Agitation and Action Thereon, July 13, 1905, Dispatches from United States Consuls in Amoy 1844–1906, No 38.

不用美货,以激动人抵敌美国",要求将其查封。对此奕劻竟然表示"此系糊涂人不知实在情形所为者,并称定必设法禁止"①。27日,军机处电告南北洋大臣、两广总督、湖广总督、四川总督及安徽、江苏、江西、山东、广东、浙江巡抚,"各埠华商以美禁华工续约,建不购美货之议,以为抵制",要求"实力劝导",以免"致滋他变"。② 不仅如此,英国《益闻西报》还将中国国民倡议抵制美货之举视为"仇美",并对其进行大量的负面宣传和报道,在国内外造成十分恶劣的影响。为此,天津《大公报》发表《本报记者与益闻西报书》进行反驳,称:"贵报每纪载此事,则加以 Anti-America(译言仇美)之字样,倘展转相传,致使美人误会其意,而以为今日士商文明之举动犹是当年拳匪蛮野之行为,此中国关系匪轻,不得不与贵报辨明之。"③ 由此可见,尽管面对来自清政府和外国列强的双重压力,但由知识阶层和趋新人士所倡导的中国舆论界仍对国人文明抵制行动予以大力支持。

从 7 月 10 日起,抵制美货运动由发起倡议阶段进入全面实行阶段。在此前后,就国民参与外交的表现及其特征而言,如果说在运动发起倡议阶段,主要表现为以"合大群"、"结团体"为特征,以"保利权"为

① 《大公报纸不登美人告白并传单不用美货请速设法禁止》(1905 年 6 月 17 日),广西师范大学出版社编:《中美往来照会集:1846—1931》第 10 册,广西师范大学出版社 2006 年版,第 226 页。事实上,美国驻华大使柔克义在向清政府军机处施压的同时,还利用时任直隶总督的袁世凯对该报进行打压并迫其停刊。对于抵制美货运动,袁世凯认为"我国民气如此之盛,已足以令美人知惧,此后即当压抑风潮,以免酿成交涉",故他便成为当时少有的"地方当局对抵制运动自始即持反对态度者"。而对天津《大公报》,袁世凯竟下令对其实行"三禁",即邮局禁送、铁路禁运、人民禁阅。结果《大公报》被迫于 8 月 19 日暂时停刊(参见张存武:《光绪卅一年中美工约风潮》,台北"中央研究院"近代史研究所 1982 年版,第 67 页)。
② 《外务部致南洋大臣等电报》(1905 年 6 月 27 日),中国第一历史档案馆、海峡两岸出版交流中心编:《清宫辛亥革命档案汇编》第 15 册,第 358 页。
③ 《本报记者与益闻西报书》,天津《大公报》1905 年 6 月 26 日。

目的的中国知识阶层与下层民众的沟通与结合；那么在运动进入实行阶段后，知识阶层与趋新人士通过大力倡导"文明排外"，以及借助舆论宣传的力量，从而使国民参与外交的思想和理念赋予"文明排外"的新内涵。

对美货实行全面地抵制并达到废除美禁华约的目的，这固然需要广泛地团结和发动包括下层民众在内的社会各界人士，但由于下层民众缺乏文明排外的知识和经验，容易将文明抵制演变成盲目排外或无意识地暴乱，因此教育和引导下层民众参与外交，显得尤为重要。1905 年 7 月 10 日，即国民正式宣布实行抵制美货的当天，天津《大公报》刊发《北京学界同志敬告全国学生文》，提出文明抵制美货之举，"我国民对外权利思想之进步，以此次为第一先声"，全体国民"一当明对乎一己之责任"，"二当明对乎国家之责任"，"三当明对乎社会之责任以实行抵制法"①。而在 12 日的续文中，该报鉴于"国民于对外之思想向称薄弱"，且中国"上中等社会人数较少而识见较开通，下等社会人数较多而识见较易蒙蔽"的状况，遂提出联结和发动下层民众，并引导他们在抵制美货运动中"示以和平办法，勿失之激烈"，以实现文明抵制。②

与此同时，在推动下层社会民众文明排外的进程中，中国知识人士充当引导者的角色。他们在对"文明排外"的教育和宣传中，还将抵制美货运动看成是中国民族主义发达的重要阶段，认为较之以往的国民参与外交行动，此次运动"合一国之群力而谋一国之公益"，尤其是国民能够"结种种之社会，筹种种之方法，发起之人与表同情之人，大抵皆商界中人也、学界中人也，未尝身经海外而亲受其虐待也，于华工禁约无急切之利害也，而愿云合响应，风起水涌，协力同心，如出一辙者，

① 《北京学界同志敬告全国学生文》，天津《大公报》1905 年 7 月 10 日。
② 《北京学界同志敬告全国学生文》，天津《大公报》1905 年 7 月 12 日。

无他，皆由个人主义、家族主义渐进而为民族主义之明证也"。既然已经是"民族主义"国家，其国民自然成为文明之国民，那么，在参与外交斗争时，国民更应当"为文明之竞争，为文明之排外，而不烧教堂，不杀教士，不学义和团为野蛮暴动、为野蛮之排外"①。

诚然，中国知识人士在向下层民众进行"文明排外"思想和知识的灌输时，报刊舆论的重要作用不容忽视。在"文明排外"思想的宣传和倡导上，除前面提到的《申报》《时报》《新闻报》《中外日报》和天津《大公报》等各大报刊之外，一些旨在宣传和鼓动国人文明抵制美货的专门性刊物亦大量出现。当时影响较大的几种报刊读物详见表2-2所示：

表2-2：文明抵制美货宣传物一览表

序号	名称	著者	发行时间及地点
1	《华工禁约记》（又名《美国华工禁约记》）	梁启超	1903年发表于《新民丛报》增刊，1904年上海广智书局发行。
2	《广劝抵制美约说》	孟秋月	1905年铅印本。
3	《保工报》		1905年7月20日在上海创刊。
4	《拒约报》	黄晦闻	1905年8月21日在广州创刊。
5	《同胞受虐记》	支那自愤子著，步五洲子校	1905年9月8日江阴大昆巷广益阅书报社发行。
6	《中国抵制禁约记》	民任社主人	1905年10月28日上海民任社发行。
7	《美国华工禁约纪事》（初编、二编）	平等社	1905年上海平等社发行。
8	《山钟集》1	苏绍柄	1906年上海鸿文书局发行。
9	《苦社会》（小说）		1905年上海集成图书局出版。
10	《拒约奇谭》（小说）	中国凉血人	1906年上海启智书局出版。

---

① 《论中国民气之可用》（光绪三十一年六月二十六日），《清末时事采新汇选》，北京图书馆出版社2003年版，第13册，第6886、6887页。

续表

序号	名称	著者	发行时间及地点
11	《黄金世界》(小说)	碧荷馆主人	1907 年上海小说林出版。
12	人镜学社鬼哭传（小说）	吴趼人	1908 年月月小说第 10 号。

资料来源：丁又：《1905 年广东反美运动》，《近代史资料》总 22 号，第 13、14 页；和作辑：《1905 年反美爱国运动》，《近代史资料》总 8 号，第 89、90 页。

  需要说明的是，在上表所列报刊读物中，《拒约报》的发行对于增进国人"文明排外"思想具有重要意义。该报总编辑黄晦闻鉴于"我国国势衰弱，满清外交家又无人才，故交涉之事节节退让，酿成今日之危态，而热心之子慨国权之不足与外交争也，于是鼓民气以争之，民气恐其馁也，于是办拒约报以提倡而鼓舞之"①。1905 年 8 月 21 日，《拒约报》正式发行，其《祝词》宣称："伟哉此报，命名拒约，舆论轰轰，民气磅礴。"该报一经发行，就引起社会各界的强烈反响，"购者极为踊跃。第一期一下子就买光了，第二期要先行预约才能买到"。国人如此喜爱阅读此报，其重要原因是该报反映了普通民众要求抵制美约的意愿，由此"可见拒约运动已深入社会各阶层，发生了一定的作用"②。而由民任社编辑出版的《中国抵制禁约记》旨在将"各埠实行之实情，暨国民之意趣，暨中外之舆论，而以其效验之希望，藉鼓国民之气"。该书的《弁言》更是旗帜鲜明地表示：虽然外人诬称中国为无国民之国，其实"无国无民非无国无民也，无人心也。乃吾国今年以美国禁虐华工之事而有全国抵制之举，登高一呼，全国响应，虽乡僻妇竖亦莫不举手大呼曰：抵制！抵制！以实行其文明抵制之法"，此足可证明"中国之民心未灭，文明未绝也"③。

① 《短评：拒约报其果停办乎》，《有所谓报》1905 年 11 月 29 日。
② 丁又：《1905 年广东反美运动》，《近代史资料》总 22 号，第 13、14 页。
③ 《弁言》，《中国抵制禁约记》，上海民任社 1905 年版，第 1 页。

可见，在对文明抵制美货的号召和鼓动中，时人已经注意到舆论宣传的重要作用。

这一时期大量专门性报刊读物的发行，一方面表明在近代中国民族主义思想不断发展的潮流下，中国知识阶层和趋新人士已经找到与下层民众进行沟通和联结的途径，同时这也在某种程度上反映了普通国民参与外交时主体意识、社会心理以及民族情感的提高和升华。对此，《时报》亦不无赞叹地表示：在舆论界的大力推动下，全体国民在抵制美货运动中坚持"文明排外"，以"民力行用于外竞"，此实为我国舆论援助外交之"嚆矢"。①

国民通过文明抵制美货实现文明排外，这无疑是内忧外患时局下中国"国民外交"发展和形成的特殊历史现象。显然，国人在运动中强调"文明抵制"之时，抵制办法之重要是不言而喻的。事实上，在运动发起之初，国人对诸如何时实行抵制、采取何种"文明办法"等问题展开激烈地讨论，其中对于"不定美货"抑或"不买卖美货"问题，社会各界的争论尤为激烈。

7 月 19 日，上海沪学会联合学界、商界和工界人士召开特别大会，"公议实行不用美货办法"，马相伯在会上盛赞"今因外患相迫，学界、商界遂能联络一气"，并向与会人士提议"共筹处置美货存货之善后办法"。② 这一提议立即引起人们的广泛关注，随着报刊媒体的传播以及人们口头相传，更是引发国人对何谓"文明之办法"等问题的热烈议论。虽然"抵制工约之事，实为文明之举动"，国民在运动中能够联结起来、共谋抵制，"民气如此，实足以补政府权力之不足，以是为外交之后盾可也，亦足以见国民之能尽义务"，但由于下层民众的"文明排

---

① 《论抵制美国华工禁约》，《时报》1905 年 5 月 23 日。
② 《记绅商在务本女学堂会议不用美货办法事》，《中外日报》1905 年 7 月 20 日。

外"思想尚不成熟，尤其是对国人在运动中"不定美货"抑或"不买卖美货"问题，没有清醒的认识。① 而这一问题能否得到妥善解决，将直接关系到文明抵制能否被真正实施以及废除美禁华工条约的目标能否得到实现，故引起当时社会各界人士的广泛关注和论争。

从当时的情况来看，社会各界对此有两种明显不同的观点。由汪康年等人主办的《中外日报》认为，应当以不定美货为抵制工约"独一无二之政策"。② 马相伯对此持相同意见，称"专主不购美货之议，则非杜绝美货而为杜绝华货，又非苦待美商而为苦待华商。"③ 故马相伯还大力倡导"疏通定货说"，即"主张七月初十前在美国报关未经出口之货物一律退回，已存美货经商会以及各帮商董调查后，贴上印花上市销售"。赞成此举的还有张謇等人，8 月下旬，张謇抵沪"与汤寿潜、汪康年等协商'疏通'办法，议决设立验货公所，公销六月十八日前所存美货"，28 日，他还委托汪康年和张元济等人"负责疏通美货商品。"然而，此举"引起上海有些团体反对"，商学两界在这一问题上的分歧尤为明显，如何应对和解决这一分歧，不但关系到社会各界的团结，而且对于抵制运动能否有效开展而言，至关重要。④

事实上，随着抵制美货运动的逐步开展，由于商学两界在运动中始终以"合群"相号召，加之张謇、张元济、汪康年等人"联合商会学会及各学堂会议"，"两面调停"，化解矛盾，使得"已定美货既可自由销售，而又于团体无碍"。⑤ 由此可见，在国民参与抵制美货的外交斗争中，知识阶层和趋新士绅不仅充当教育和引导者的角色，同时还为化解

---

① 《论抵制工约宜以不定美货为正办》，《中外日报》1905 年 7 月 29 日。
② 《论抵制工约宜以不定美货为正办》，《中外日报》1905 年 7 月 29 日。
③ 《记马相伯先生论美约事》，《中外日报》1905 年 8 月 17 日。
④ 张树年主编：《张元济年谱》，商务印书馆 1991 年版，第 56 页。
⑤ 《张君季直等复商部左丞唐君函》，《中外日报》1905 年 9 月 8 日。

矛盾、解决分歧以及增进团结等作了巨大努力，从而为国人文明排外的顺利进行提供重要保障。

值得注意的是，在发动和联合各界人士文明排外的过程中，各地出现诸如"文明拒约会"之类的社会团体，这些团体的出现在某种意义上表明国民合群意识的进步，以及社会各阶层之间沟通和联系的加强，同时这也为保证国民的文明排外之举获得成功奠定基础。在诸多社会团体中，1905 年 7 月成立的广东拒约会尤其引人注目。该会自成立之日起，便制定详细的抵制办法，并通过"将美货商标绘图张贴"和"派员到处演说"等措施，大力宣传和动员国民"文明排外"。[①] 在实际运动中，该会由专人组织，有固定的开会场所，并以"普劝国民不用美货，抵制美约为宗旨"[②]。显然，广东拒约会的成立使国民参与外交斗争"较前已有进步"，难怪时人甚至喊出"广东拒约会万岁！"的响亮口号。

需要补充的是，从当时的情况来看，无论是拒约会等社会团体的集会演说，还是商界、学界以及舆论界的宣传鼓动，都将排外运动定位于"监督和援助"政府外交的地位，例如《时报》在《论对待美禁华工事》中号召国民"监督我政府，勿令政府覆施其辱国外交之手段"等。[③] 然而，事实上，当时运动的发起者本来相当一部分已抱反对清政府的立场，为方便其行动，他们暂时将自身立于外交从属地位，随着抵制美货运动的深入开展，"国民外交"很快由"从属"地位向"本体"地位转换，中国"国民外交"的新理念由此得以产生和形成。

---

① 《喜喜喜　拒约会出世矣》，《有所谓报》1905 年 7 月 9 日；《广东拒约会万岁！》，《有所谓报》1905 年 7 月 18 日。
② 丁又：《1905 年广东反美运动》，《近代史资料》总 22 号，第 11 页。
③ 《论对待美禁华工事》，《时报》1905 年 6 月 15 日。

三、"外交之本体实在国民"

1905 年抵制美货运动风潮初起之时，发动者大多为各省旅居上海的知识人士和开明士绅，他们充当运动的主导力量，而随后加入到抵制队伍的学界和舆论界人士亦通过集会、演说和舆论宣传等手段，成为运动的重要推动者。围绕此次运动，国人对清政府在外交中的地位和作用重新加以审视，对国民自身在外交斗争中的角色和地位也有了新的认识。在此基础上，各阶层民众不断加强沟通和协调，并通过组织成立各类团体，共同参与到文明抵制美货运动之中，从而对国民参与外交的思想和理念做了新的诠释和演绎。

在抵制美货运动的发起者看来，"此次抵制纯以国民私人之资格，与国际上丝毫无与也"，况且"人民欲购何国之货，不欲购何国之货，全属其意志之自由，非直不能以国际条约束缚之，即国内法亦无所容其干涉之余地也"①。然而，国民的文明排外之举却遭到美国的无理干涉以及清政府官员的大肆压制。尤其是直隶总督袁世凯，自始即对抵制美货运动采取敌视态度，甚至宣称将对抵制之人"从严查究以弭隐患"。②

值得一提的是，在抵制美货运动中一直较为活跃的张謇曾致函袁世凯，告以"美禁华工，非常虐待；凤自美归者皆如此言。华人同声抵制，遍各行省"，"此等国民知识，文明竞争，五年之前所不敢望。幸而有之，是宜养成，以收赞助政府之效"。故婉劝袁氏放弃"请禁华人不用美货之议"③。然而袁氏并未接受张謇的劝告，仍然对包括天津商会和天

---

① 《抵制禁约与中美国交之关系》，《新民丛报》第 68 号，1905 年 5 月 4 日。
② 《直督袁恭录上谕称美国工约应持平办理不得抵制美货滋生事端者必将严究》（1905 年 9 月 8 日），《天津商会档案汇编（1903—1911）》下册，第 1892 页。
③ 张謇：《为抵制美货事致袁直督函》，《张謇全集》第 1 卷，江苏古籍出版社 1994 年版，第 89 页。

津《大公报》在内的抵制美货之举厉行打压，从而激起社会各界的强烈不满。

1905 年 5 月 4 日，梁启超在《新民丛报》刊文愤怒地表示：当此中国民气大振之时，我国正应"利用此力以为政府之后援"，然而"袁氏此举，吾不知何意也，谓其必欲媚美人而损我国体、蔑我人格以为快，苟非丧心病狂，断不至是"①。23 日，《申报》亦发文宣称："热心志士惕于亡国之悲，迫于灭种之惨，不惮大声疾呼，唤醒国民合大群、结团体，以御外侮而保利权"，然而，反观清政府，"其于内政也则无论若何重大事件，一纸空文即可塞责"，"其于外交也则畏葸退让，惧洋如虎，先事无预防之法，临时无抵御之策，一任外人之诛求要索而莫敢枝梧，国势之积弱如此，其不足恃也可知矣"②。

尽管当时社会各界对清政府的对内压制政策表示强烈不满，但是直隶总督袁世凯却仍坚持认为抵制美货运动"于目前中美邦交殊多窒碍"，故要求天津商会自行解散，随后袁氏还上书清廷，要求将各省的抵制活动一律取缔。③ 对此，《新闻报》在 28 日的时论中愤怒地表示："袁宫保因国民合群抵制美国禁约"而大加干涉，"中国国民方力持于下以冀得达目的，而中国官场忽干预于上欲使全国解体"，此足以证明"中国政府不足依赖，全在商民合群力争"④。对于天津商会这一抵制美货运动的中坚力量遭到解散之事，天津《大公报》更是痛彻地指出：自从倡导抵制美约以来，"国民团体结合力日渐膨胀"，"沪上议抗美约之风一播，各省竟不约而同纷然群起而应之，其声势之雄，其风潮之大，实为我中

① 《抵制禁约与中美国交之关系》，《新民丛报》第 68 号，1905 年 5 月 4 日。
② 《自强必先自治说》，《申报》1905 年 5 月 23 日。
③ 张存武：《光绪卅一年中美工约风潮》，台北"中央研究院"近代史研究所 1982 年版，第 68 页。
④ 《驳阻扰抵制工约》，《新闻报》1905 年 6 月 28 日。

国数千年来第一次文明之举动"。若此时清廷利用国民之力与美方交涉，则我国"外交界上当可间接而得其后援，以增益外交家之威力，殆必然之势也"。然而，尽管国民争之于下，清廷却失之于上，此种情形实在是令人痛惜。①

显然，在对清政府内外政策的无情批判中，时人开始对政府与国民在外交中的地位予以重新审视。1905年5月23日，《时报》在《论抵制美国华工禁约》一文中称："我国民之倚赖政府，累千百年于兹矣，一切内治外交，无不政府独专其事"，对于此次运动，虽然"我国民万众一心，有此强硬之民力，足为政府之后盾"，但"此次争约不徒倚赖官力，而能行用自力"②。如果说这里国人仅仅是质疑清政府在外交中的主体地位，那么随着抵制美货运动的急速发展，到6月2日这一情况有了显著的变化。是日，该报在《敬告会议对付美约之诸君》一文中直接提出，抵制美约之根本在于"勿倚赖清政府，而专恃民气是也"③。

不仅如此，随着抵制美货运动日益向纵深发展，时人还通过集会、演说等形式对清政府在对外交往中的权威性和代表性不断予以否定，并以此来鼓动下层民众参与外交的积极性和主动性。7月6日，《有所谓报》记者将不依赖政府纳入"文明排外"范畴，提出"排外必有策"，"今民智日开，民族主义日渐发达"，故争回美约"不必观望满清外务部之磋商，不必倚赖地方官吏之协助"④。此外，同文教习温丹铭在抵制美货大会上发表演说时亦称，中美此次交涉乃"国民全体之交涉，非个人之交涉，彼虐我华侨，即辱我全国"，以往中国外交丧权失利均"由于倚赖

---

① 《论天津解散团体之可惜》，天津《大公报》1905年6月29日。
② 《论抵制美国华工禁约》，《时报》1905年5月23日。
③ 《敬告会议对付美约之诸君》，《时报》1905年6月2日。
④ 骏男：《禁用美货之结果可危》，《有所谓报》1905年7月6日。

政府与官场之故",因此抵制美货之事,国民须直接进行,"不必倚赖政府,且必绝政府干涉而后可,但使人同一心,万无不成之理"①。

7月10日,随着全国各地纷纷宣布抵制美货,国民"文明排外"的要求和观念进一步得以凸显。从这时起,国人已逐渐认识到"抵制美约,为虐待华工起见,是民族上切肤之害,非政府中切肤之害,当由国民扩张其特别权",为此国民在运动中以"文明之办法"相互激励和劝勉。② 由于下层民众缺乏参与外交的知识,尤其是缺少国民外交的思想内核,故需要对其加以教育和引导。从当时的情况来看,在国民参与抵制美货运动的外交斗争中,中国知识阶层和趋新人士充当了教育者和引导者的角色。

值得一提的是,由于清政府在抵制美货运动中实行对外屈辱、对内严厉压制的政策,这激起包括中国知识人士在内的广大国民的强烈不满。8月3日,外务部在致函美国驻华大使柔克义时称,为顾全中美邦交,清政府已向各督抚下令,对抵制美货之人"认真弹压"。③ 对此,8月5日,由张元济等人主办的《外交报》刊发《论抵制美约》,在谈及抵制美货运动前后的国民参与外交问题时,该文重点探讨政府应如何加以对待的问题。显然,关于这一问题,该文的观点十分明确,即认为国民"以文明之举动行补救之微权,此实为我国通商以来之第一次",对于国民的文明排外之举,政府不但不能干涉,而且应当加以利用和引导,以弥补政府外交的不足。④

然而,国民的抵制美货行动不但未能得到清政府的认可,反而遭到

---

① 《同文教习温君丹铭对于抵制美约之演说》,《时报》1905 年 7 月 8 日。
② 《增广抵制美约事》,《汇报》第 44 号,1905 年 7 月 12 日。
③ 《致美驻华大使柔克义函》(1905 年 8 月 3 日),《中国政府致美驻华使馆文件》,第 260、261 页。
④ 《论抵制美约》,《外交报》第 117 期,1905 年 8 月 5 日。

清政府和美方的双重压制。9月1日，清政府在收到御史王步瀛"各省工商抵制美约风潮过激，饬加意防范以维大局一折"后，更是电谕各省督抚称：抵制美货"有碍邦交"，故"责成该省督抚等认真劝谕，随时稽查"。①同时，美方亦对此保持高度戒备，其驻广州领事甚至以"防止暴力骚动可能发生"为借口，"建议美国船 Monadnock 号到往保护。"②面对如此险恶的情况，国人欲使抵制运动长期、有效地开展下去，就必须广泛发动各界民众参与进来。鉴于"吾国上中社会之人，虽心智较广，而素无国民教育、社会观念"，而下流社会又缺乏参与外交的知识和能力，加之"吾上中社会人少，而下流社会人多"的现状，因此必须不断地发动和引导下流社会参与外交，以此来锻炼和提高国民参与外交的能力。③

在国民参与外交的经验和能力得到大幅提升的同时，中国知识人士还不断将日本国民外交思想引介给国人。1905年10月8日，《大陆》以《对外政策概论》为题，选译并刊载日本政治学者小野冢喜平次的《政治学大纲》，称："对外政策之原动力，在乎国民"，"外交最终之监督，仍在乎国民"，因此政府在外交中应当以国民为后盾。与此同时，还要"使国民舆论与对外方针适相一致，又当局者以强大之国论为后援，庶可期外交之成功"④。

应当指出的是，日本小野氏认为"国民"在外交中应当监督和援助政府，以政府外交为主体，国民外交为政府外交的后援。然而，这与中国"国之本在民，保国最要之大端在于其民之有爱国心"等情况相比，

---

① 《电传上谕》，《中外日报》1905年9月1日。
② 《Julius G. Lay 电告》（1905年9月12日），广西师范大学出版社组织整理，程焕文审订：《美国政府解密档案（中国关系）：美国驻广州领事馆领事报告（1790—1906）》，广西师范大学出版社2008年版，第348页。
③ 《论华人抵制美约踊跃之可敬》，《岭东日报》1905年8月12日。
④ 《对外政策概论》，《大陆》第16号，1905年10月8日。

似有较大差异。①1905年底，中国国民抵制美货运动正进行得如火如荼，"抵制美约之声已为国民公认，虽抵制之法未可谓完全乎，而不定美货、自兴工业之论议与事实，固足以代表其抵制之实心而且余"，在此情形下，《外交报》刊发《论民气之关系于外交》，明确提出"外交之本体实在国民"的口号。文章称："积民而成国，国有外交，即国民与国民之交涉也。国民不能人人自立于外交之冲，于是有外交当局以代表之。代表者所权之利害，即国民之利害也，所执之政策，亦国民之政策也。"在抵制美货运动中，中国社会各阶层群相参与，"国民渐涉历于外交界，则亦以此为端倪矣"②。显然，"外交之本体实在国民"这一口号与日本国民外交思想相比，有着相当大的差别，即对政府与国民在外交中的主从次序进行反转，揭示和探讨这一转换无疑具有十分重要的学术意义。

综观上述，在抵制美货运动的外交斗争中，中国知识阶层和趋新人士一方面通过倡导"合大群"、"结团体"等理念，使中国国民参与外交的意识和能力得到进一步提升，同时还对国民的"文明排外"之举加以合理地引导。随着运动不断地深入开展，由于清政府在外交中将国民置于对立面加以禁止和压制，这引发时人对国民和政府在外交中的主从地位的热烈讨论。在一系列的讨论和反思中，中国国民对清政府在外交中的主体地位不断加以否定，与此相对应地，国民在外交中的"本体"地位日益凸显，从而对中国"国民外交"做出新的诠释和演绎。

第三节 上海会审公堂案与"文明排外"

1905年年底，由抵制美货运动所激起的中国国民的民族情绪正日

---

① 《论中国对外政策之源流》，《万国公报》第202册，1905年11月。
② 《论民气之关系于外交》，《外交报》第130期，1905年12月11日。

益高涨。在全体国民倡议"文明排外"浪潮的推动下，各界民众的国家思想和权利意识得到显著提升。然而，一波未平一波又起，是年 12 月上海会审公堂案的发生，使社会各阶层民众、各组织团体再次卷入到排外斗争中来，国民参与外交的思想和理念遂因此而经历一次新的洗礼和升华。

有关上海会审公堂案发生的原因、经过以及案件的审判情况等，学界已有较多成果。① 但对于案发后，上海各阶层人士、各团体参与外交情况的研究略显薄弱，特别是案发后各界民众发起和组织各类团体，并通过集会、演说和舆论宣传等方式，表达对租界当局干涉和破坏中国主权的抗议，从而将国民参与外交的趋向由前一阶段的挽回利权转向对中国权势的争取和维护。

一、案发后民众团体的应对

上海会审公堂案发生于 1905 年 12 月 8 日，当天，广东已故官员黎廷钰的妻子黎王氏②，与随从携带 15 名女孩乘船由川返粤，途经上海时因人诬告拐卖女孩而被拘捕，随后被送往会审公廨审理。在当天的审查中，经黎王氏出示女孩买身契约，中国谳员关絅之等人遂以"拐骗人口"罪名证据不足，而拟判暂押入会审公廨候讯。对此，英国陪审员、副领

① 熊月之：《大闹会审公堂案解读》，纪念关絅之诞辰 120 周年学术研讨会编：《关絅之先生诞辰一百二十周年纪念文集》，1999 年，未刊；褚晓琦：《袁树勋与大闹会审公堂案》，《史林》2006 年第 6 期；马长林：《1905 年大闹会审公堂案始末》，《档案春秋》2007 年第 4 期；章育良：《〈申报〉与大闹会审公堂案》，《广东社会科学》2008 年第 1 期；方平：《权势争夺与"文明排外"——1905 年哄闹公堂案论析》，《华东师范大学学报》（哲学社会科学版）2009 年第 5 期。

② 又称黎黄氏，或李王氏，据熊月之先生考察，较为准确的说法应当为黎王氏（参见熊月之：《大闹会审公堂案解读》，纪念关絅之诞辰 120 周年学术研讨会编：《关絅之先生诞辰一百二十周年纪念文集》，1999 年，未刊，第 14 页）。

事德为门（B. Twyman）却要求将黎王氏等人押入工部局女牢，双方僵持不下之际，巡捕房捕头木突生却率人在公堂上大打出手，其中二名廨役被打伤，副谳员金绍成亦险被木棍击中，冲突中德为门和巡捕破门而出，将黎王氏等人强行押往工部局女牢。

会审公堂案的发生激起上海民众的强烈不满，人们纷纷斥责英租界当局的野蛮之举。9日，《中外日报》在评论中严厉声讨中国廨差被殴受伤之事，表示"以公堂之上，而有此不合情理之事，似于文明之誉大有亏损"①。

与此同时，人们还将此案与中国"国体"联系起来，由此号召各界民众起来维护"国体"、捍卫"国权"。《新闻报》于案发次日发表评论称，上海"以极文明之地方而有极野蛮之新闻，以极严肃之公堂而有极扰乱之举动，以极尊贵之人格而有极轻率之行为"，这是对中国国权的严重侵犯，然"主权所在，断不可自我而失之，凡有忠义之心者，当无不用其全力以争此仅存之权"②。10日，《申报》亦认为："公堂者国体所系，而华官在租界内，华民之代表也，今乃公堂可哄，是蔑视我国体也，而何论乎小民，官役可击，是贱视我华人之代表也。"值得注意的是，时人在谈及应对之法时，认为不宜采取暴力行动，而应当发动国民"合全力以争之"，为此他们警告英方妥善处理此案，否则"不徒于两国睦谊有伤，恐于寓沪各西商亦有不利。"③

在中国知识阶层和趋新人士的共同推动下，包括商务总会、公忠演说会、沪学会、文明拒约会和广肇公所等在内的上海各界人士、社会团体，从案发第二天起至17日多次集会，从而形成巨大的民众抗议浪潮。

---

① 《论廨差被殴受伤并及狱员事》，《中外日报》1905年12月9日。
② 《论大闹公堂》，《新闻报》1905年12月9日。
③ 《论会讯公廨哄堂事》，《申报》1905年12月10日。

公堂案发生后，上海各界民众团体集会情况详见表2–3所示：

表2–3：上海会审公堂案发生后各界集会情况表

时间	地点	集会团体	集会人数	演说者
9日	商务公所	商务总会	数千人	马相伯、曾铸等。
10日	闸北洋务局	寓沪官绅	四五百人	袁树勋等。
10日	徐园	公忠演说会	五千余人	戈朋云、严承业、刘人杰、钱文忠、孙罗德、林大松等。
11日	点春堂	商学补习会	三千余人	苏筠尚、王清甫、严承业、冯仰山、刘人杰、徐锡龄等。
12日	四明会馆	四明同乡会	六千余人	尹鹤林、孙纪刚、戈朋云、王清甫、林放卿、周文奎、严承业、朱玉堂、刘人杰、周廉生、魏松园等。
12日	俞家弄	商学会	三千余人	尤惜阴、黄炎培、朱若霞、周春富、李右之、徐文彬、孟伏魔、何明生、谢强夫、姚勇忱等。
12日	尚武会		五六百人	周连生、吴仙子等。
12日	十六铺福美里	崇海同乡会	一百余人	黄雅平等。
13日		沪学会	二千余人	穆恕济、姚义门、尤惜阴、杨月如、马景眉、孟伏魔、黄襄君等。
13日	九亩地校场	文明拒约社	一万余人	冯仰山、林放卿、戈朋云、俞国桢、王清甫、徐锡龄、刘人杰、孙纪刚、严承业、俞文龙、谢廷灿、张仲英、郭春年、范松圃、魏松园、许孟贤、陈正甫、周廉生等。
14日	侯家浜玉业公所	玉业同人	一千余人	魏松园、聂履芝、戈朋云、刘人杰、严承业、林放卿、吴大初等。

续表

时间	地点	集会团体	集会人数	演说者
15 日	洋行街	潮州会馆	四千余人	郭镜波、严承业、戈朋云、冯仰山、姚勇忱、刘人杰、朱玉堂、方守六、郁芝亭、林放卿、周春富、郭春年、吴太初、尹鹤林、魏松园等。
15 日	广肇医院	广肇公所	二千余人	黄巽卿、戈朋云、冯仰山、吴干臣、梁少梅、俞溥泉、梁五云、李毅轩、严承业、许苓西等。
17 日	四明公所	商业求进会	六千余人	严承业、戈朋云、褚博甫、孙纪刚、梁五云、黄襄君、宋翰卿、林放卿、褚慧僧、刘人杰、魏松园、史子谦等。

资料来源：1905 年 12 月 10 日至 18 日《申报》《中外日报》《时报》；金跃东译，邓云鹏校：《一九〇五年大闹公堂案史料》，《档案与历史》1988 年第 1 期；上海市档案馆编：《工部局董事会会议录》第 16 卷，上海古籍出版社 2001 年。

由上表可知，在短短数天内，上海各界民众集会十余次，参与者达四万多人次，这对当时社会所造成的巨大影响，可以想见。其中，12月 9 日下午，在商务总会的召集下，"寓沪绅商及各帮各业代表"数千人齐集商务公所。会上，"素有声望之绅商"马相伯、曾铸等人相继发表演说，声称"英陪审官举动野蛮，殊失文明国之气度"，故"由全体决议，一由商务总会致电商部转告外部，一由绅商迳电外部"，要求将英副领事撤回。[①]

从当时的集议情况来看，一方面，众商民意识到此案非一般事件，乃关涉中国 "国体" 和 "主权"。鉴于 "官系国民代表，官而被殴，中

---

① 《记上海绅商集议捕头在公堂斗殴事》，《中外日报》1905 年 12 月 10 日。

国何一人不可为西人殴辱",此次英方殴官之举,"皆有夺我主权之意,且各领事于肇事后已于昨晚会商办法,吾等商民万不可不有策以抵制之"。另一方面,在议及抵制之策时,众商民虽意识到"西人自称文明,今纵捕殴官,实属野蛮举动,然中国对付之策仍须和平,现商民反对者惟英副领事及捕头耳,其余英人与各国领事无涉也"。由于会审公廨谳员关絅之和副谳员金绍成事后即向上海道台袁树勋汇报详情,并请求引咎辞职。对此,当天集议上众人宣称:"盖租界主权之所以逐渐失去者,皆由从前各谳员唯唯诺诺之所致也",而"关谳员于此事实能力争主权,现既因此辞差,本埠商民必须竭力挽留"①。

12 月 10 日,上海公忠演说会五千余人在徐园集会,戈朋云、严承业、刘人杰、钱文忠、孙罗德、林大松等人相继演说,他们对中国官员被辱之事表示强烈愤慨,提出"除请撤换英副领事外,宜究治捕头,并此后工部局宜增华董,至西陪审官与捕房之权须定限制,而女犯押西牢一事亦当争回"。与此同时,当天上午上海道台袁树勋邀集上海各界绅商在闸北洋务局进行商谈,众绅商表示"关谳员办理此事力争主权,实为从前各谳员所未有,现万不可允其辞差",袁"亦甚以为然,既又议定由官商合电至英外部力争此事,其电费归道宪担任"。袁氏主动与广大绅商进行接触,向他们征询意见并表示"此事由本道一人任之,如有一分之力,即当尽一分之心,去留利害在所不计;至关谳员办理此事甚是,本道必能俯顺舆情,为后之任租界谳员者劝,并望各绅商转告大众勿过激愤"②。

需要指出的是,在众商民提出挽留关、金二谳员时,时人认为二人的举动一反以往清政府官员在对外交涉中丧权失利之弊,称赞这将是引

---

① 《汇录哄闹公堂事》,《申报》1905 年 12 月 10 日。
② 《汇录哄闹公堂后商议对付情形》,《申报》1905 年 12 月 11 日。

领各界起而维护国家权势的起点。11 日,《申报》在《论谳员不应辞差》一文中称:"此次争夺女犯哄闹公堂","谳员能尽官守,能保主体,能争国权","挽回垂失之权利",实为历年来中外交涉难得一见之事。^① 显然,关、金二谳员的义愤之举赢得广大国民的认同,上海道台的积极劝说也为缓解上海会审公堂案后众商民的激愤情绪起到一定作用,故而在 11 日商学补习会举行集议时,苏筠尚、王清甫、严承业、冯仰山、刘人杰、徐锡龄等人在演说中因势利导,注意引导众商民"文明"对待此案,并且呼吁大家"现在不可暴动,听候商务总会如何办法,如不能争回主权,咸宜各尽国民天职,凡各商家及各住家陆续迁居南市或城内,以避租界捕头之凶。盖西员既习此野蛮举动,商人惟有远而避之,惟此等办法不可强迫,亦不必急切,惟誓必达此目的而后止"^②。

值得注意的是,当时包括商学补习会、商业求进会、商学会等各界团体均自觉提倡"文明"对待,尤其是商业求进会,为使身在英美租界的中国居民不致暴动,该会还向他们散发传单,劝导国民须以"文明之手段","万不可轻举妄动,兆野蛮之名,致节外生枝,反令大吏为难,务各自勉是幸"^③。

从上述上海各界人士或团体参与案件交涉的情况来看,国人已认识到此案关涉"国体"和"主权",必须加以"文明"对待。特别是知识阶层和趋新人士,他们在国人日益高涨的民族主义情绪中,看到下层民众力量的强大,进而提出"外交之本体实在国民"的响亮口号。12 月11 日,《外交报》刊载《论民气之关系于外交》一文,详细阐述国民为

---

① 《论谳员不应辞差》,《申报》1905 年 12 月 11 日。
② 《汇录哄闹公堂后商议对付情形》,《申报》1905 年 12 月 12 日。
③ 《包探间给总巡卜司赖根的信》,引自金跃东译,邓云鹏校:《一九〇五年大闹公堂案史料》,《档案与历史》1988 年第 1 期,第 34 页。

外交本体的基本内涵与重要意义。文章称：

> 积民而成国，国有外交，即国民与国民之交涉也，国民不能人
> 人自立于外交之冲，于是有外交当局以代表之，代表者所权之利害，
> 即国民之利害也，所执之政策，亦国民之政策也。
>
> 我国自昔抱事大字小之观念，而无所谓平等之国际，所持以为
> 外交之本体者，王室而已矣。……当其时，人民之知识殆不解外交
> 为何事，则亦无所谓政策，故熟视外交当局之所为而若无睹，然其
> 利害则无论巨细，一一惟国民受之，业产之丧失也，赔款之摊派也，
> 受其害而不敢问其由者众矣，其最直接而尤普及者，则为通商传
> 教。……合群仇教之政策，至拳匪而达于极点矣，此等无意识之政
> 策，不能不归咎于国民程度之太低，然而国民渐涉历于外交界，则
> 亦以此为端倪矣。故由是一进步，而遂能以正当之政策、文明之举
> 动，为外交官之后援，虽尚在隐现绝续之交，而要已足为我国外交
> 自昔未有之变相。①

上述"外交之本体实在国民"口号的提出，具有十分深远的历史意
义。一方面，表明时人对国民在外交中的地位和作用予以重新审视，实
现国民在外交中"本体"地位的转变。另一方面，这一口号将有力地促
使广大国民积极参与外交，使其由"无涉于外交"而步入对外交涉的前
沿阵地。

从某种意义上说，趋新人士对"外交之本体实在国民"的讨论，以
及要求外交官员重视国民的呼声，是对以往清政府外交政策的质疑和否

---

① 《论民气之关系于外交》，《外交报》第130期，1905年12月11日。

定，而这在无形之中会对处理该案的上海道台等人形成一定压力。事实上，道台袁树勋面对华官被辱以及众商民集会抗议的局势，亦感到事情之棘手，遂向各国领事致电，称此案英领德为门、捕头木突生等人"以公廨定章如弁髦，视中西官长如儿戏，不图文明之国而有此野蛮之人，公堂为华洋观瞻所系，如此胆大妄为，尚复成何体统。"故要求将两人严厉惩处，并予以革职查办。① 在与各国领事积极交涉、据理力争的同时，袁氏还极力督促各界团体文明对待，切不可发生暴动，以免影响交涉。

12 日，上海商学会三千余人开会，"集议西捕辱官对付之方法"，会上尤惜阴、黄炎培等人相继发言，称"中国今日须官民合力，保护国权，如不允撤换副领事之要求，吾商民当联成一大会，再议办法。"当天"崇海同乡会"一百余人亦举行集会，与会"诸君莫不慷慨激昂"，纷纷要求维护国体、争回利权。② 是日下午两点钟，"四明同乡会"六千余人亦相与在四明会馆集会，尹鹤林、孙纪刚、戈朋云、王清甫、林放卿等人在演说中呼吁："现在外务部尚无切实办法，我人民只须静候，切勿暴动，致贻外人以口实，万一此次事端我道台退让，我外务部退让，则我人民当立定主意，至死不肯退让"，故此案"对付之法，当持之以坚忍永久，切勿轻举妄动，以文明之手段示外人，不以有始无终，虎头蛇尾之办法相对待"③。

由此可见，在强烈的民族主义情绪的激励下，国人通过有组织地集会、演说等方式，表达对列强暴行的强烈抗议，而与以往不同的是，国人在集会抗议中能够以"文明排外"相互号召，尤其是上海官、绅、商

① 《汇录哄闹公堂后商议对付情形》，《申报》1905 年 12 月 12 日。
② 《汇录哄闹公堂后商议对付情形》，《申报》1905 年 12 月 13 日。
③ 《记四明同乡会集议事》，《中外日报》1905 年 12 月 13 日。

界人士，大家齐心协力，共同致力于对外交涉。对此，时人亦称赞道："官绅集议，共谋对付之方法，以维秩序而保治安，此诚自上海开埠以来未曾有之奇变也。"①

然而，对于中国民众的正义要求，上海租界工部局却仍然持强硬态度，不肯做出任何让步。从9日上海各界人士组织集会开始，租界巡捕、工部局亦派阿姆斯特朗等人混入人群探听会议内容，并掌握到上海各界群众"要求挽留会审公堂谳员关先生并要求撤换陪审员德为门先生"等信息。②12日，阿姆斯特朗在给总巡捕卜司赖根的报告中宣称上海的集会出现新动向，中国民众准备"采取步骤来解救他们的疾苦，他们要用某种还未想出的办法来获得满足。如果成功，外国人屈服，那么一切事情就会象从前一样。如果不成功，则将宣布对一切英国货进行抵制"③。次日，卜司赖根向工部局致函，声称：上海民众"每次会议都变得比前一次更无秩序，更趋于引起骚乱，它的危险在于暴民们可能会掌握领导权并在来不及控制时就造成严重的骚乱"④。对此，工部局于13日当天召开紧急会议，总董安徒生在会议中表示，"华人煽动分子采取暴力行为的气氛越来越浓厚"，"考虑到整个局势，他已征得英国当局的同意，即除了港内2艘军舰以外，再把'彭纳万契'号留下"，以对上海民众造成一种威慑力量。⑤

对于租界工部局的蛮横态度，上海社会各界群情激愤。13日当天，

---

① 《论租界居民今日应尽之义务》，《申报》1905年12月13日。
② 《包探间给工部局总办的信》（1905年12月9日），《一九〇五年大闹公堂案史料》，第27页。
③ 《阿姆斯特朗给总巡卜司赖根的报告》（1905年12月12日），《一九〇五年大闹公堂案史料》，第30页。
④ 《总巡致工部局总办的信》（1905年12月13日），《一九〇五年大闹公堂案史料》，第30页。
⑤ 上海市档案馆编：《工部局董事会会议录》第16卷，上海古籍出版社2001年版，第610、611页。

沪学会二千余人举行重大集会，穆恕济等人在演说中呼吁国人"文明"对待此次交涉，并称"西人违背约章殴辱华官，损失国权莫此为甚，我等宜设法抗争，但不可为暴动之举"。与会者议定"将租界商业移至南市"、租界损失概不赔偿等五项对策。其中，有人提出"联合各会以厚力量"的建议，这表现出时人对社会团体力量的高度重视。与此同时，"文明拒约社"一万余人亦举行大型集会，"筹议对付英陪审官嗾捕殴官之策"，社长冯仰山向与会群众呼吁："租界华官自有权保卫华民，万不可任外人侵夺，凡我寓沪士商应设法抵制"①。随后，林放卿、戈朋云、俞国桢、王清甫、徐锡龄、刘人杰、孙纪刚、严承业等人相继发表演说。

从当时集会演说的情况来看，一方面，与会绅商以争取"国权"为口号，致力于引导广大群众协助中国外交官员，共同对抗外人。会议呼吁："凡我商人均须预备，为我官长之后援。盖官长之与西人争国权，为国民也，故我国民不可不极全力以辅助之。"另一方面，此次集会还表现出国人文明参与对外交涉的倾向。由于当天的集会人数为连日来最多的一次，人心激愤之程度可见一斑，为引导广大民众"文明排外"，与会者提出：对于此次交涉，"我人民虽不可暴动，亦须预备适宜对付之举，一旦议定，均须齐心坚持到底，万勿有始无终"②。应该指出的是，当时国人提出国民参与外交并以之作为政府外交的后援，这一方面固然反映了在外患日亟的情形下，全体国民齐心协力、共同对外的倾向，同时还与上海各界绅商的合理引导，关、金二谳员维护国权的坚决表现，以及上海道台的积极举措分不开的。

然而此时英方不但毫无妥协意向，甚至调集武力企图对上海民众实

---

① 《汇录哄闹公堂后商议对付情形》，《申报》1905 年 12 月 14 日。
② 《记文明拒约社集议事》，《中外日报》1905 年 12 月 14 日。

施打压政策。对此，14 日召开的上海玉业同人集会专门商议应对办法。此次集会到者一千余人，先由魏松园报告会议宗旨，随后聂履芝、戈朋云、刘人杰、严承业、林放卿、吴大初等人相继演说，称：目前"此事发见之日，至今已有六日，而尚无切实办法，深恐我中国官场仍照旧例，终于一无结果，故须定一适宜对付之法"，即"国民只须预备英人不允之后，举行抵制之策。惟抵制之法，须持之以坚忍，行之以和平。虽英人有兵舰炮火，我不暴动一毫不相侵犯，彼必无如我何也"①。第三个出场演说的戈朋云"要求每个人要有勇气，不要惧怕外国兵登陆。如果没有骚乱，士兵是不起作用的，主要还在于中国人不使用暴力，不给外国人以枪口对准中国人的借口"②。应当指出的是，在当时敌强我弱的情形下，此次集会的召开是非常及时且具有针对性的，而会议所制定的"和平"抵制办法，无疑是较为合理和有效的。

如果说此前上海各界民众团体的集会是为了维护国体、挽回权势，那么 15 日举行的潮州会馆集议，则强调租界当局处置的不公允，为此要求将黎王氏等人立即释放。关于黎王氏等人被捕之因，经过事后的详细调查发现，黎王氏一行系"轮船中人因争酒资起见，而怀愤于黎黄氏，遂以此诬之也。"③ 在当天的集会上，戈朋云、严承业、刘人杰等人登台演说，宣称："黎黄氏系粤东宦妇，无端遭此不白，实关我粤全部"，故潮州和广肇两帮人士应当联合起来，宣布两帮"钱业不与银行往来，轮船则共坐招商局华船，以发其端，如西人再不允办，吾同胞惟有万众一心，其谋迁避"④。与此同时，会议还决定致电商部和外务部，请其向英

① 《记玉器同业集议事》，《中外日报》1905 年 12 月 15 日。
② 《阿姆斯特朗给总巡卜司赖根的报告》，《一九〇五年大闹公堂案史料》，第 33 页。
③ 《记潮州会馆集议事》，《中外日报》1905 年 12 月 16 日。
④ 《汇录哄闹公堂后商议对付情形》，《申报》1905 年 12 月 16 日。

国公使力争此事。

事实上,在各界民众的强烈抗议下,时任英国驻华公使的萨道义(E. M. Satow)也认为上海工部局"董事会在这件案子上犯了一个错误,因此他建议董事会同意领事团的要求,立即释放犯人"。同时,迫于上海各界的压力,租界领袖领事阔雷明亦发表声明,称"同意今后所有女犯仍由中国政府监禁",并且阔氏还向工部局转发租界领事团的电文,要求"把此案的一些犯人立即而且无条件地予以释放"。对此工部局总董安徒生虽"深感惊奇",但也不得不将黎王氏等人于 15 日释放。①

值得注意的是,15 日下午,工部局捕房在释放黎王氏等人时,并非交由会审公廨予以释放,而是直接送到广肇公所,以示对会审公廨的蔑视及侮辱。对于英方的无理之举广肇公所人士极为愤慨,当天公所二千余人在上海广肇医院举行集会,《时报》编辑俞孚崎呼吁大家"必须联名发一份电报给伦敦英国外交部",同时"必须正告工部局,当局如果我们的要求得不到满足,我们商人就要罢市"②。梁少梅亦在会上向同乡高呼:"黎黄氏等以中国命妇无辜受辱,虽经知误释放,我广帮须合筹办法,使其赔醮,至新衙门羁押商人地方,尤须禀请改良。"广肇公所人士的集会一方面表达对同乡无辜受辱的强烈愤慨,同时通过制定"电致英外部诘问"等举措,体现出直接参与对外交涉的倾向。③ 与此同时,包括知识阶层和趋新人士在内的中国各界人士亦颇为悲愤,留学日本的李叔同以"光明"为名在《大陆》发文,痛斥英方"不审曲直,不问是非,押我宦妇,闹我公堂,辱我命官,其无理枉法,至于极矣",

---

① 上海市档案馆编:《工部局董事会会议录》第 16 卷,上海古籍出版社 2001 年版,第 611、612 页。
② 《在广肇公所医院的公众集会》(1905 年 12 月 16 日),《一九〇五年大闹公堂案史料》,第 36—38 页。
③ 《记广肇公所集议事》,《中外日报》1905 年 12 月 16 日。

呼吁广大国民群起力争,"此而不争,则我民奴,此而不争,则我国墟,此而不争,则我种夷"①。

诚然,包括广肇公所在内的上海各界人士,对黎王氏等人无故被捕后的草草释放极为不满,对英方尤其是租界工部局的嚣张态度亦颇为愤恨。尽管中国各界团体连日集会演说,并向清政府外务部以及各国领事发电,提出撤换英领事德为门、查办租界捕头木突生等要求,然而英国租界当局显然不肯做出任何实际性让步。

17日,上海商业求进会六千余人在四明公所举行集会,当场发言者达12人之多,像过去几次集会一样,与会人士仍然提出以下要求:"一撤换英副领事;二革办西捕头;三工部局添设华董;四定中国官与西官以后办事之权限;五以后华人不论男女一律不押西牢"②。在这次集会上,中国民众表现出对英方的强烈痛恨和不满:"他们请求赞成明天关店停业的人举起他们的帽子。看来约有三四百人举起了他们的帽子。演说者对此表示满意并高呼'万岁',接着宣布明天将开始广泛的停业,这一天将作为新的一年的开始和中国新世纪的黎明载入史册,然后宣布散会。"③显然,英国租界当局对中国主权的侵犯激起了国人强烈的屈辱感,在清政府与之交涉迟迟未果之时,上海激愤的民众已四处散发关于停业罢市的通知和揭帖,此时中国国民的愤怒情绪亦犹如弦上之箭,蓄势待发。

二、争取权势与借重舆论

自上海会审公堂案发生以来,随着中国知识阶层和趋新人士的宣传

① 光明:《论上海大闹公堂事》,《大陆》第17号,1905年10月23日。
② 《记商业求进会集议事》,《中外日报》1905年12月18日。
③ 《阿姆斯特朗给总巡卜司赖根的信》(1905年12月18日),《一九〇五年大闹公堂案史料》,第38、39页。

与鼓动,以及在上海各界民众团体集会演说的推动下,国人传统的抵御外侮的民族意识被注入新的内容,即对中国主权尤其是领事裁判权的维护和争取。这一趋势亦伴随着中西舆论争论的开始而得以不断强化,并由此使国民参与外交的重心转向争取权势与借重舆论方面。

案发后不久,中外舆论均进行较为及时地报道,并对案件的进展、案发后上海社会的局势以及清政府和租界当局的动向等情况保持密切关注。由英国人主办的《文汇西报》于案发次日即刊文宣称:"此次之事,致令租界之人甚为震动,中国商务总会、各国领事与中国各会馆均已预备开特别会议,以便抵抗外人对待会审官之举也。"① 与此同时,作为当时上海最具影响力的外文报纸,《字林西报》在报道该案时居然提出:"闹公堂之原因,皆由中国官员欲思反对外人租界内之势力而起。"② 显然,由英方主导的报纸对中国官员在案件中的维权之举表示不满。事实上,由于中、西舆论在报道中的倾向明显不一,两者不但相互论争、互相攻讦,而且引发一场针锋相对的舆论之战。

对于《字林西报》的上述评论,《申报》的编辑却不以为然,在该报 12 日刊载的《字林报论哄闹公堂事》一文的按语中,该报反驳道:"彼不肯放弃租界内之势力,而谓中国反肯放弃势力耶?夫以最有名誉之西报而乃作此论说,则非中国人所能解矣。"③ 不仅如此,国内其他舆论也认为,此案并非普通案件,而是关涉中国"主权",尤其是"领事裁判之权"。对此《时报》主笔陈冷表示:英方"侵我主权,辱我国体,此非一二人之耻辱,而我国民之公愤公耻",此事英人"尽夺华官之主权,是领事裁判之权不特可治,旅华之外人且直可辖华人

---

① 《西报记巡捕大闹公堂详情》,《中外日报》1905 年 12 月 10 日。
② 《字林报论哄闹公堂事》,《申报》1905 年 12 月 12 日。
③ 《字林报论哄闹公堂事》,《申报》1905 年 12 月 12 日。

之民事也"①。

特别值得一提的是,《中外日报》注意到案发后"上海全埠官绅士商痛心于主权之被夺,华官之受侮,莫不大为震动,愤愤不平"之情状,在报道该案时注重发动和引导各界民众参与到文明排外斗争中来。针对英方舆论"华人排外之心日以增高"的诬蔑,该报严厉地反驳道:"夫华人有无排外之心,姑不置论,然既谓为师法日本,则日本所与宣战者,扰乱和平之俄国耳,非与素来和好之诸国一律生衅也。华人若效法日人之所为,则上海之官商士庶与西人相处已久,岂于彼已对待之何若?"《中外日报》犀利的言辞显然触动了英国租界方面的利益,尤其是该报对英国素以"文明之国"自称的不以为然的态度,引起英租界工部局方面的强烈不安。②

12月13日,即《中外日报》上述评论刊发的次日,英租界工部局召开内部会议。在会上,工部局总办濮兰德(Percy Bland)特意"提请会议注意最近华文报纸所刊登的一些文章,其中特别是刊登在《中外日报》的一篇,据认为这篇文章是要煽动群众闹事。总办建议,根据目前情况,既然在会审公堂提出起诉是不可能的,董事会就应警告这些报纸的编辑;如果他们继续在这个问题上触犯法律,他们的报纸可能会被查禁"。然而,"董事会反对这一做法",故最终"会议决定写信警告这些报馆说,他们的行为可能会导致严重后果"③。

显然,租界工部局的警告并没有起到任何作用。13日当天,《中外日报》的《各西报论大闹公堂驳议》一文,更是一针见血地指出:"各

---

① 《论西捕殴闹公堂事》,《时报》1905年12月11日。

② 《论西人宜明白华民不平之故》,《中外日报》1905年12月12日。

③ 上海市档案馆编:《工部局董事会会议录》第16卷,上海古籍出版社2001年版,第610、611页。

绅商与各华字报皆发明公论,以期力保中国之主权,意至善也;本埠各西字报则皆偏袒西人,意图扩其强权,或貌托平和,或意在力争,而揣其用意,则要不出乎此。"与此同时,该报还向国人疾呼:"如我之政府与封疆大员不再与外人争执竭力挽回,则日后租界寓居之华人,其所处之境界必致暗无天日而后已。"①

由此观之,近代中国的民族危机诱发了社会危机,社会危机又引发国人对舆论的关注和重视,随着国人主权思想和国家观念的进一步强化,在中国知识阶层和趋新人士的宣传和鼓动下,时人开始对舆论与"文明排外"的联系进行深刻反思。12 月 17 日《申报》刊载的《论今日舆论之资格》一文即是其中一例。该文称述:

> 数日以来,几于无日不会,无会不愤,万臆一声,要求办法,而卒未闻一处暴动致扰治安者,此足见我国文明进步之征,而舆论之势力实足为官吏之后援者也。
>
> 一在社会之坚持。无论何种政府,其中必有几分焉为舆论所左右,故曰舆论为最后之战胜,良有以也。此次争押西牢,违背旧订之章程,固为众人所共晓,争回争回亦已众品一词矣,然或民气一瘸不能坚持,则要求之目的既不能达,舆论之资格亦因丧失,吾恐自此以后我国群道涣散,尽为外人所窥破,外人将不但蔑视我政府,并我之民暑而亦蔑视之,致亡原因将在是矣,此不可不知者也。
>
> 一在政府之助力。天下无论何项事业,总必有最后之手段以为后盾,断非能仅恃空言而可以达其目的者。此次之事官场商会已电致外部转达驻京公使,其于国际交涉不能谓其一无影响,则非得政

---

① 《各西报论大闹公堂驳议》,《中外日报》1905 年 12 月 13 日。

府之相助殆不可矣。夫望政府相助者,非谓政府能开会演说也,但
使政府听民所为不加遏抑,且交涉之际又可以藉口于民心不从者相
为对付,如是则政府藉舆论为后援,而舆论因政府而见效,我国之
前途其庶有望乎。①

　　从上文关于舆论与国民参与外交关系的讨论可以看出,一方面,舆
论在引导国民"文明"参与外交上有重要作用,注重舆论是文明排外
的应有之意;另一方面,国民还可以借助舆论影响和督促政府外交。然
而,就在该文发表的第二天,上海商民为抗议会审公堂案的丧权辱国而
开始停业罢市。当天上午九点,数千名群众在租界工部局老闸捕房周围
和工部局市政厅前举行示威,当见到捕房巡警手持警棍,试图以武力驱
散示威人群时,愤怒的群众再也遏制不住心头的怒火,冲入老闸捕房并
放火焚烧。与此同时,聚集在租界工部局的示威群众也冲进工部局市政
厅,随后便遭到守候在那里的巡捕的枪杀,不久英国军舰上的水兵也闻
讯赶来镇压,示威群众才被迫散去,然而此次冲突造成中国民众死伤达
三十余人。

　　对于上海公共租界的罢市风潮,租界外国人士惊恐不已。18 日当
天,法国驻华公使吕班(Pierre René Dubail)急电法国外交部,"要求

① 《论今日舆论之资格》,《申报》1905 年 12 月 17 日。在推动国人对舆论作用进行深入探
讨的浪潮中,留学生尤其是留日学生的作用不容忽视。对此曾任法国驻上海总领事的巨
籁达(Louis Ratard)有过较为详细的评述。1906 年 1 月 8 日,巨籁达在发给法国外交部
部长的电文中表示:"依我个人来看,这是中国派往日本各大学留学的一万名学生在领导
公共事务中开始产生了影响","他们返回自己的故省后,变成了既积极又危险的反欧宣
传者。目前在公共租界印刷的所有的中文报纸全都公开进行这种反欧宣传,印完后又成
捆成包地向中国国内发行"(参见《巨籁达致外交部长先生》(1906 年 1 月 8 日),《法国
外交部档案》,No.1,转引自章开沅等编:《辛亥革命史资料新编》第 7 卷,湖北人民出
版社 2006 年版,第 17—19 页)。

海军司令派一艘战舰到上海",以图自保。① 英国在上海的海军陆战队亦随即登陆,分别驻扎在各领事署、巡捕房等处,随时准备对示威群众进行逮捕和镇压。

应当注意的是,在流血事件发生后,包括《申报》《大公报》《中外日报》《新闻报》等在内的各界舆论,均力劝民众切勿"暴动",而应当"文明"应对,其论调颇为一致。19日,《新闻报》发表《劝各帮开市》称:"吾文明华人聚会演说,皆劝人不可暴动,如有暴动即属破坏团体,今仍不免有暴动之举,可知但凭口说终属无用,不得不劝各店铺照常交易,以免莠民借端滋扰。"② 当天,天津《大公报》亦重申:"外部覆华商电,有静候办理,毋得暴动之语。"③ 同时,《中外日报》刊登上海道台的告示称:"若因罢市而后酿成别项暴动,不特本道一片血心付之流水,即尔等合群爱国之热诚亦将不能人人体谅。有理转为无理,且恐有无赖匪徒藉此滋闹,重为尔等之累。"并劝说国民"勿听无稽之言,勿为非礼之举,以顾大局而保国体","倘再有无赖匪徒寻衅生事,是为破坏国民全体之蟊贼,本道惟有执法严惩,其各凛遵毋违"④。《申报》的一篇文章亦呼吁国人"以和平为主义,文明为对付,劝告众人勿为暴动者",谴责引发暴乱之人,认为"此等无意识之辈,其于保国权、图治安之事固不知为何物,所谓文明野蛮之分别亦不复知为何事,此固与商界、学界所持之意见绝不相侔,而有志之士所同声痛恨者也"⑤。

① 《吕班致外交部》(1905年12月18日),《法国外交部档案》,No.107。引自章开沅等编:《辛亥革命史资料新编》第7卷,第15页。
② 《劝各帮开市》,《新闻报》1905年12月19日。
③ 《论上海公廨因案交涉》,天津《大公报》1905年12月19日。
④ 《上海罢市纪事》,《中外日报》1905年12月19日。
⑤ 《论租界当急筹恢复治安之法》,《申报》1905年12月20日。

为阻止上海民众的示威游行，控制上海的不安局势，清廷外务部电令两江总督周馥"即日前往上海，确切查明情形"，严将"此次滋事首要各犯讯究惩办，并将疏防之地方文武各官分别奏参"①。随后，江督周馥与英租界工部局方面举行会谈，会谈中周氏告称中方将"立刻逮捕某些煽动分子和无赖，并答应今后要制止不适当的群众集会。"②

至 12 月 21 日，上海公共租界的罢市已悉数停止，各大商店均恢复营业，国人要求撤换领事、查办捕头、增加华董等仍然没有得到落实，似乎连日来各界民众团体的集会、抗议之举已宣告失败。

在此情形下，中国知识人士对国民参与外交的得失进行深入反思。其中，《外交报》的《论排外当有预备》一文的观点颇具代表性。一方面，该文深刻反省外交失败之因，认为国民"今日之所持以与外人争衡者，初不越乎集会演说、罢市停工二途，集会演说外人皆置之不顾，罢市停工则莠民必乘机为乱，不可复止，而外人乃得援以为口实，而因以大扩其利权，是二者皆有大利于外人，而有大害于中国者也。挟此术以与外人争，外人固祷祀以求，而愿中国之出此，事若数举，足以亡国而有余矣"。另一方面，文章还明确提出："今之举国皆群言争公利之时，当再告之以排外之预备。盖预备二字，为今古办事之不二法门，而尤今日之急务也。"如此方能"遂其保全利权之目的。"③

争取权势与借重舆论，这一当时社会人们所特有的思想理念和宣传口号，既是国人将"文明排外"思想运用到对外交涉的结果，又反映了在清末收回利权运动进程中人们国家观念、权利意识的进步和增强。诚

---

① 《奉旨上海罢市焚毁捕房著两江总督等严拿首要事》（光绪三十一年十一月二十三日），中国第一历史档案馆编：《清代军机处电报档汇编》第 3 册，第 109 页。

② 上海市档案馆编：《工部局董事会会议录》第 16 卷，上海古籍出版社 2001 年版，第 613、614 页。

③ 《论排外当有预备》，《外交报》第 131 期，1905 年 12 月 21 日。

然，在上海会审公堂案交涉迟迟未果之际，激愤的民众因罢市和示威游行而最终激成暴乱，国人所奋力倡导的"文明排外"思想似乎在盘旋一周后又回到原点。然而，"文明排外"这一发生在社会历史重大转型时期的思想文化现象，或许只有经过多次的打击、挫折和反复，才会取得一种螺旋式的上升。

第三章

预备立宪与国民外交

第一节　南昌教案前后的立宪与"国民外交"

　　人们的思想和观念往往随着社会历史的发展而发生更动，与"文明排外"对国人的影响一样，随着西方宪政思想进入中国，"国民外交"思想亦与其发生联系和纠葛。据相关研究表明：在清王朝的最后十余年里，时人已将"国民外交"与"国会"、"立宪"等联系起来，通过国会参与外交也是当时人们国民外交观念的重要内容之一。① 因此，对时人预备立宪等问题的研究无疑成为考察近代国民外交思想的一个重要方面。值得注意的是，西方宪政思想对国人的吸引不仅反映了国民参与外交的强烈愿望，而且折射出国民要求监督政府、参与国家政治事务的思想动机。但是，当国人要求召开国会、实行立宪以行国民外交时，时人所表达的"国民外交"思想却呈现出不同的样态，造成这一现象的原因似乎不得不从事实层面上去寻找。

---

① 　周斌：《清末民初"国民外交"一词的形成及其含义论述》，《安徽史学》2008 年第 5 期。

一、预备立宪"大有关系于外交"

早在 19 世纪六七十年代，中国知识分子中具有改良主义思想者就主张实行西方议会政治。王韬在《达民情》一文中提出："试观泰西各国，凡其骎骎日盛，财用充足，兵力雄强者，类皆君民一心，无论政治大小，悉经议院妥酌，然后举行。"① 曾经出使英国、法国、意大利和比利时四国的薛福成亦认为："俄为君主之国，小民无自主之权，故欲如法、美、西、比之民之得以自由，常思乘间一逞，改君主为民主耳。"② 郑观应在比较欧美各国宪政的基础上，明确指出："美国议院，则民权过重，因其本民主也；法国议院，不免叫嚣之风，其人习气使然。斟酌损益，适中经久者，则莫如英德两国议院之制。"③ 显然，王韬、薛福成以及郑观应等早期改良思想家都对西方宪政表现出一定的关注和向往。

日本明治维新后，中国知识人士看到日本跻身世界强国的事实，黄遵宪、康有为、梁启超等人随之将学习的目光转向日本。曾经担任清政府驻日公使馆参赞的黄遵宪，亲身经历了日本明治维新，对日本国力在维新前后的巨大进步深受触动。1887 年，黄遵宪历时近九年写成《日本国志》一书，其中分二编十二章，对日本《刑法志》做了较为详尽的介绍。④ 在《日本国志》中，黄遵宪通过对日本明治维新成功经验的研究，寄希望于中国仿效日本改革途径，走上富强的道路。

与此同时，康有为鉴于国人向日本学习渐成风气但对日文书籍了解甚少的情况，于 1887 年撰写我国第一本介绍日本书籍的目录书——《日

---

① 王韬：《达民情》，王韬：《韬园文录外编》，上海书店出版社 2002 年版，第 55 页。
② 薛福成：《出使英法义比四国日记》，岳麓书社 1985 年版，第 802 页。
③ 郑观应：《议院上》，郑观应著，王贻梁评注：《盛世危言》，中州古籍出版社 1998 年版，第 96 页。
④ 黄遵宪著，吴振清等点校：《日本国志》，天津人民出版社 2005 年版。

本书目志》，该书分政治门、法律门、教育门等 15 类，共收录日本图书
7725 种，其中收录宪法、法理学、刑法、民法、商法、诉讼法、国际
法等 24 类图书 450 种。①《日本书目志》于 1898 年由大同译书局广为印行，
这为国人向日本学习提供了重要的借鉴和参考。

戊戌维新失败后，梁启超流亡日本，这使他能够亲身体验到日本宪
政较之清朝专制统治的优越性，在其《各国宪法异同论》一文中，梁启
超通过对各国宪法的详细比较，提出英国君主立宪虽然是"完全无缺之
宪政"，但并不主张中国立即效仿英国实行宪政，而是主张借鉴和学习
日本实施立宪政治的成功经验。②

辛丑条约签订后，中国内忧外患的时局日益深化，伴随着列强侵略
的不断加强，到 1903 年前后，国人开始有意识地参与外交，并将文明
排外思想融入拒俄运动和拒法运动之中。是年 9 月，柳亚子以《中国立
宪问题》为题指出："十九世纪欧洲民政之风潮，越二十世纪而入于亚
洲"，"自由平等之名词，始映于我邦人之脑膜，于是遍四万万人中所谓
开通志士者，莫不喘且走以呼号于海内外曰：立宪！立宪！！立宪！！！"
显然，出于对中国时局的担忧，以及考虑到中国特殊的国情，柳亚子希
望中国走一条不同于西方"君主立宪"的道路。③

随着中国社会危机的持续恶化，通过实行宪政使中国走上富强的道
路，从而摆脱帝国主义瓜分的危险，成为当时中国许多有志之人的共同
追求。为实现这一目标，时人已经意识到，解决向各界民众宣扬宪政知
识以及培养国民宪政思想等问题，成为当务之急。于是，《英国国会史》
《日本议会史》和《日本法规大全》等著作开始大量地翻译和印行。

---

① 康有为著，蒋贵麟主编：《康南海先生遗著汇刊》，台北宏业书局有限公司 1987 年版。
② 梁启超：《各国宪法异同论》，《饮冰室合集·文集之四》，中华书局 1989 年版，第 72 页。
③ 柳亚子：《中国立宪问题》，《磨剑室文录》，上海人民出版社 1993 年版，第 72—76 页。

值得注意的是，国人学习西方议会思想与日本有着重要的联系。如《英国国会史》原为英国比几斯渴脱于 1894 年所著，后由日本镰田节堂将其译成日文，1905 年江苏翰墨林编译印书局即依据该日译本编译出版。① 事实上，由于日本通过明治维新建立起以"君主立宪"为政体的近代国家，其于 1899 年（明治二十二年）制定的《大日本帝国宪法》成为日本实行中央集权、统一全国的重要基础，这同时也对中国社会各界产生重要影响。②

从当时的情况来看，在国内所印行的诸多法政类著作中，译自日本的法政类丛书，无论从数量还是种类上来看，均是最为突出的。其中，由张元济、汪康年等人主持印行的《日本法规大全》即是一个典型的例子。③1899 年，南洋公学设立译书院，聘请张元济为院董。张元济上任后不久，便提出编译《日本法规大全》的建议，并迅速组织人员着手该事。尤为引人注目的是，在该著的 22 位译校者中，有 17 位曾经留学

---

① 值得一提的是，该书曾入选《中国近代法学译丛》，并经重新点校后于 2003 年 5 月出版。其《点校者序》称："一九〇五年（光绪三十一年），江苏翰墨林编译印书局从日译本编译出版，中译者不知姓名，目前惟一知道的是，翰墨林编译印书局为翰林院一张姓修撰所设。"（参见 [英] 比几斯渴脱著，[日] 镰田节堂译，翰墨林编译印书局编译，刘守刚点校：《英国国会史》，中国政法大学出版社 2003 年版，第 3 页）据查，该序文中提到的"张姓"即清末状元、曾任翰林院修撰的张謇。1903 年，张謇在其家乡江苏省南通县创办了中国近代早期印刷出版机构——翰墨林编译印书局，该印书局不但编印各类教材、学术著作，更是应宣传宪政思想的需要，印行出版了《日本宪法义解》《英国国会史》等大批书籍。1906 年 9 月，清廷颁布预备立宪诏书后，张謇有感于"宪政之立，千条万绪，明达者平日殚精竭虑，或能窥及其微；而一二年少郄浅之士，智虑未周，眩于欧化，拾其皮毛之学说，以为一蹴可几，竟为夸张，不务实际"等情况，力图"及时救正"，遂"觅得《日本议会史》《英国国会史》全部，属精于东、西文法者为之重译印行"。其中，《日本议会史》二百部，每部七册，价洋一元八角。《英国国会史》二百部，每部一册，价洋一元二角"（引自张謇：《为寄奉〈日本议会史〉等书致林绍年函》（1907 年 9 月 23 日），《张謇全集》第 1 卷，江苏古籍出版社 1994 年版，第 104、105 页）。

② 《大日本帝国宪法》，日本外交史料馆所藏外务省记录，アジア歴史資料センター復製，Reel No.1。

③ 上海市图书馆编：《汪康年师友书札》第 2 册，上海古籍出版社 1986 年版，第 1751 页。

或就职于日本，足见时人对日本法政的关注和重视。有关这一情况，详
见表 3-1 所示：

表 3-1：《日本法规大全》译校者一览表

姓名	籍贯	毕业学校
刘崇杰	福建闽县人	日本早稻田大学政学士
何燏时	浙江诸暨人	日本帝国大学工学士
高种	福建侯官人	日本中央大学毕业生
陈威	浙江绍兴人	日本早稻田大学毕业生
梁志宸	直隶丰润人	日本早稻田大学毕业生
陈与年	福建侯官人	日本法政大学毕业生
汪兆铭	广东南海人	日本法政大学毕业生
刘崇佑	福建闽县人	日本早稻田大学学生
陈梦熊	江苏崇明人	日本早稻田大学学生
张竞仁	浙江海宁人	日本帝国大学学生
刘骧业	福建闽县人	日本中央大学学生
刘崇伦	福建闽县人	日本东京高等工业学校学生
林蔚章	福建侯官人	日本中央大学学生
董荣光	直隶完县人	日本早稻田大学学生
薛光锷	江苏无锡人	日本明治大学学生
褚嘉猷	浙江海宁人	日本早稻田大学学生
马裕藻	浙江鄞县人	日本早稻田大学学生
虞震祺	浙江镇海人	
叶人录	江苏华亭人	
郑树桢	福建侯官人	
章起渭	浙江鄞县人	
王我臧	福建侯官人	

资料来源：南洋公学译书院初译，商务印书馆编译所补译校订，何佳馨点校：《新译日本法规
　　　大全》，商务印书馆 2007 年版，第 24 页。

由表 3-1 可知，近代国人在师法日本的历程中，对日本政治制度、
法律规定、外交知识等的重视程度可见一斑。值得一提的是，《日本法
规大全》的编译出版还得到盛宣怀等人的大力支持。1904 年，张元济

在写给盛宣怀的信中一再强调："此书尊处既经陈奏，将来尚须分送各省大吏，元济以为尤不宜因陋就简。"①1907 年，该书以《新译日本法规大全》为名由上海商务印书馆出版发行，清廷重臣载泽、端方、岑春煊、盛宣怀、戴鸿慈、吕海寰、沈家本，以及日本大隈重信、织田万、高田早苗均为该书撰"序"，张元济本人在序文中亦对此书的出版充满信心，称：该书"成于诏行立宪之日，足以备邦人研究宪政之助"②。

　　1905 年 7 月，清政府表现出"预备立宪"的姿态，特派镇国公载泽、户部侍郎戴鸿慈、兵部侍郎徐世昌、湖南巡抚端方、商部右丞绍英五大臣分赴东西洋各国考察政治。五大臣出洋考察不但引起国人的广泛关注，一些有影响力的知识分子和趋新人士亦与五大臣有过联系和沟通。据称，在出国考察临行前，五大臣曾向张謇和黄浚致电，"其意盖在欢送，学界以集会须得同意，约在时报馆楼上会议"。会议由《时报》创办人狄楚青主持，大会决定上海学界与商界一起，为五大臣出洋送行。③ 虽然送行一事因吴樾爆炸案而取消，但这在某种意义上反映了以中国知识人士为代表的学界，以及商界中的趋新士绅对立宪的关注和重视。

　　需要补充的是，时人对立宪与中国外交的关系曾经做了较为详细的论述。1906 年 3 月 19 日，《外交报》以《论考察政治之专使大有关系于外交》为题，从三个方面论述立宪与中国外交的重要关系：其一，在法律上，"立宪则法律之下人人平等，自天子以至于庶人，无不受法律之保护，亦无不受法律之裁制，于是国民之资格与外国人同"。其二，

---

① 《致盛宣怀》(1904 年 12 月 27 日)，张树年、张人凤编：《张元济书札》(增订本)，下册，商务印书馆 1997 年版，第 1012 页。

② 南洋公学译书院初译，商务印书馆编译所补译校订，何佳馨点校：《新译日本法规大全》，商务印书馆 2007 年版，第 23 页。

③ 黄浚：《花随人圣盦摭忆》，上海古籍书店出版社 1983 年版，第 326 页。

在内政与外交上，立宪则政府为"国民所承认，扩张军备、普及教育、振兴实业，国民必乐于输其资本，于是我国之兵力富力与外国人同"。同时"外交当局又不能不受国民之监督，自必尽心竭力，折冲樽俎"。其三，在国民意识上，"立宪则人人自知有参政之权，自知其与国家之关系，于是佌诱外人、资卖国土及一切无意识之动作，足以掣政府之肘，而召外人之侮者自将绝迹，而我国民之所以与外人交涉者，与外人之所以与我交涉者同"①。

诚然，时人之所以对清廷立宪寄予厚望，一方面是看到日本等国通过立宪走向富强的道路，同时这也与列强逼迫、外患日亟等原因不无关系。尤其是近代世界大势为之一变，各国列强外交手段波诡云谲、层出不穷，然而反观我国，"国势衰弱之时，惟恃外交家保全国权，而一二略谙外交之人又置之于无关外交之地，欲外交人才之不消乏也难矣"②。

为改变中国外交的被动局面，培养宪政体制下合格的外交人才，时任外务部候补员外郎的张元济建议设立"外交储才馆"，其"意在搜罗中国奇能异杰识时达变之士，荟聚一堂，合群策群力，各运其灵敏之思想，真实之材力，法律之学识，刚果之手段，出而与英美德法俄日诸强国之外交家，或驰逐于权利之场，或揖让于樽俎之地，何尝非消弭衅端保全国权之助力"③。

如果说这时国人对立宪与外交关系的讨论还仅仅停留在理论层面的话，那么随着1906年南昌教案的爆发，中国知识阶层与趋新人士已经

---

① 《论考察政治之专使大有关系于外交》，《外交报》第136期，1906年3月19日。
② 《论外交人才之消乏》，《新闻报》1906年2月28日。
③ 《论外交不可偏重》，《新闻报》1906年6月17日。另注：对于这一时期清政府外交制度的改革举措等情况，日本宫城教育大学箱田惠子有专文阐述（详见〔日〕箱田惠子：《外交制度改革与驻外公馆——以日俄战争后的人事制度改革为中心》，《第三届近代中外关系史国际学术研讨会论文集》，2010年，未刊，第252—267页）。

开始在事实层面上探索立宪与外交之间的重要关系。

二、"启民智"与"保利权"之议

随着抵制美货运动的持续发展，以及上海公堂案的相继发生，到1906年，中国国民参与外交的行动已经发生广泛而深刻的变化。一方面，不断兴起的文明排外行动强烈地刺激国民参与外交的积极性和自信心。同时，国人通过直接参与外交，对清政府外交政策有了更为清醒的认识，对"中国办外交人员，一则有依赖性质，一则有狃侮性质"的状况早已深恶痛绝，认为"中国外交至今日诚处于危险之地位"，今后与外人交涉，"不必问孰为强国，孰为弱国，而专以我之因应，不失国权，不碍国体，有以剂其平，而无偏重之交际为主"。[①]另一方面，国人所发起的集会、演说和抵制外货等行动虽然使下层民众得到广泛地动员，但也给各国列强造成巨大的震动。各国舆论由此大肆宣扬"中国将有排外之举"，更有甚者，一些媒体还别有用心地制造"黄祸"论调，以此诋毁中国民众挽回利权的排外运动。在这种氛围的渲染下，各国列强纷纷以中国排外自危，由此进一步酝酿对中国排外运动的肆意打压。

面对各国列强的恶意诋毁和攻讦，中国舆论界予以针锋相对的驳斥。1906年2月12日，《中外日报》以《排外驳议》为题发表评论称："近日东西各报，忽发奇异之论，谓中国将有排外之举"，然而中国国民为了维护自身利权，"于外人所要索之款，苟在不应许之列者，即坚持之不稍让，苟为必当挽回之事，即合群策群力以争之，不稍退缩"，此种合理行为，"岂得谓为过当？"[②]况且"排外之思想有文明、野蛮之分"，我国民在参与外交争斗中，只要以"文明排外"相号召，则"团体甚坚，

---

① 《论外交不可偏重》，《新闻报》1906年2月8日。
② 《排外驳议》，《中外日报》1906年2月12日。

主义甚固，而不至酿成交涉"。因此，可以说"排外之思想乃国民之进步，而可以收复利权，保我种族"。尤其是在各国列强的逼迫下，社会各界更应该要振奋文明排外精神，坚决抵拒外来侵略。①

就在中外舆论就"文明排外"进行激烈争论之际，1906 年 2 月 22 日，法国天主教堂神甫王安之以设宴为由，邀请南昌县令江召棠来教堂，面商旧案。商谈中，双方因争执而发生冲突，县令江召棠颈部被利器刺伤，生命垂危。随后，南昌学界于 25 日发起集会并演成暴乱，南昌教案就此爆发。② 南昌教案将"中国之排外"问题再次提上议事日程，围绕该案的交涉，中国国民从维护国家利权的目的出发，与法英等国列强进行激烈角逐。中国知识阶层和趋新人士也从引介和灌输国际法等知识入手，对下层民众进行国民外交知识的教育和宣传，从而使这一时期的"国民外交"思想折射出新的历史内涵。

1906 年 2 月 23 日，即南昌县令江召棠被刺次日，江西巡抚胡廷干致电外务部，将江召棠受伤的原因，以及"此案江令伤由自戕，或有人加功，事在疑似"等情况一一作了汇报。从电报的内容来看，胡廷干意识到此案已使江西各界"士民汹汹不服"，故宣称"已极力开导，不可暴动"。然而，胡廷干并没有采取及时的措施缓和民众情绪，亦不打算将犯案的法国教士王安之等人拘捕讯问，而仅仅委派"署盐道沈曾植"等人调查此事。③

---

① 《论下流社会排外之思想》，天津《大公报》1906 年 2 月 17 日。
② 学界关于南昌教案的研究主要有：马自毅：《1906 年"南昌教案"研究》，《中华文史论丛》2008 年第 2 期；杨雄威：《南昌教案与上海中西报战》，《历史研究》2009 年第 2 期；杨雄威：《"独其一死可塞责"——江召棠之死与清末南昌教案》，《史林》2009 年第 6 期；刘蕾：《"南昌教案"主要报刊资料汇编及研究》，江西师范大学硕士学位论文，2009 年，未刊。
③ 《江西巡抚胡廷干等为南昌县令江召棠在教堂被伤害事致外务部电》（光绪三十二年二月初三日），朱金甫主编：《清末教案》第 3 册，中华书局 1998 年版，第 809 页。

南昌县令江召棠被伐后生命垂危的消息一经传出，"官民慰问不绝于塗，延医诊治鲜效，人民闻讯愤怒沸腾"。江西各学堂学生一律罢课，并以"江西全体学生"的名义，联合商界共同印发传单，宣称将于 2 月 25 日在百花洲沈公祠召开大会，"无论官、商、工、农、学界均请降临"，以"筹商文明抵制办法"①。值得注意的是，从传单的内容来看，无论是以学生为代表的知识分子，还是商界中的开明人士，他们均以"挽回国权"为目的，以实行"文明抵制"为口号，呼吁各界民众"决不暴动"。② 这在某种意义上反映了中国知识阶层和趋新人士在引导国人参与外交时的从容和睿智。

民众集会的消息很快不胫而走，县令江召棠闻知此消息后，"深虑愤激之下，发生意外，以致外交棘手"，为缓和各界民众的激愤情绪，江召棠忍痛写就安慰民众的告示，呼吁大家"不必开会"，以免"匪徒乘机煽惑，授人口实"③。

然而，江召棠的告示并没有遏止民众的愤激情绪。随着事态的急剧发展，江召棠所担心的情况最终成为事实。2 月 25 日，集会如期召开，各界与会人数众多，"官场至者亦不少"。开会伊始，演说者向众劝导，"大致戒勿暴动，须文明争执"④。但是，终因"民情不服，议论沸腾"，致使事态发生急变，绅、商、学、农、工等各界民众的集会示威最终演变成一场大暴乱，并且产生严重的后果："毁法教堂三处，伤害法人六名。波及英国教堂一处，被害英人二名，受伤一名"⑤。暴乱发生后，各

---

① 群力辑：《一九〇六年南昌教案资料辑录》，《近代史资料》总 8 号，第 94、101、102 页。

② 《南昌教案六志》，《时报》1906 年 3 月 4 日。

③ 群力辑：《一九〇六年南昌教案资料辑录》，《近代史资料》总 8 号，第 95 页。

④ 《纪南昌变乱事愤言》，《时报》1906 年 3 月 14 日。

⑤ 《江西巡抚胡廷干为南昌民情不服致毁英法教堂请代奏事致外务部电》（光绪三十二年二月初四日），朱金甫主编：《清末教案》第 3 册，第 810 页。

国在华教士异常惊恐，南昌城郊所有教会人士纷纷逃匿，"美国炮舰爱尔铅努号已向该处进发"，准备出而干预此案。① 与此同时，清政府亦致电江西巡抚胡廷干，命其对参与暴乱的民众，"严拿首要，按律惩办"②。显然，在案发之初，无论是各国列强还是清政府，均对普通民众实施强行打压的策略。

与各国列强及清政府形成鲜明对比的是，中国知识阶层和趋新人士从"文明排外"的角度出发，对此次暴乱的原因进行深入分析，对外国舆论的肆意污蔑予以坚决驳斥，并在深刻反省"文明排外"思想的基础上，对今后国民文明参与外交予以大力引导。

首先，中国知识阶层和趋新人士深入分析国人因民教冲突而导致"排外"的原因，认为：一是中国社会各阶层民众的外交知识和能力参差不齐，能够"明通大局，晓然于中外情势者，固居少数，其与外人交接，于国际公法私法瞭然于胸底者，更觉寥寥无几"③。可以说，国人昧于外情的现状是导致近代中国民教冲突的首要原因。二是近代各国在华教堂林立，外国传教士借助不平等条约中的特权，肆意强占土地，干预诉讼，欺压百姓。尤其是天主教的信徒，"以争政权、握利柄为二大事，要结官吏，争执产业，袒护徒党，以必胜为期"，从而引起中国民众的强烈不满，中国国民与外国传教士之间的矛盾因此而不断累积。④ 三是各国传教士在华传教时，"徒广其收纳，流弊逐渐增多，尝见有入教者，平时为乡里所鄙弃，一署教民之头衔，遂助其凶焰，长其凶锋，侈然而无所顾忌，把持官府，武断乡曲，皆可以任自为"，从而给社会的和谐

---

① 《南昌大教案》，《时报》1906 年 2 月 27 日。
② 《奉旨悉英法教堂被扰著胡廷干督饬严拿保护事》（光绪三十二年二月五日），中国第一历史档案馆编：《清代军机处电报档汇编》第 3 册，第 116、117 页。
③ 《论中国排外之风说》，《顺天时报》1906 年 2 月 27 日。
④ 《论南昌教案》，《外交报》第 137 期，1906 年 3 月 29 日。

与稳定造成十分不利的影响。在上述三方面因素的共同作用下，国人对外国传教士"始焉厌恶之，继焉仇视之，终焉仇视中（国）人之入教者，转而仇视传教之外人，此教案所由生，排外之风潮所由动也"①。

其次，中国知识人士对国外舆论的肆意污蔑予以有理有据地驳斥。1906年2月28日，《时报》主笔陈冷发表题为《论南昌教案》的时论，对"外人力诬我国人排外之日而有此南昌教案"的说法予以有力反驳。陈冷指出：南昌教案中国人排外之举，推原其因，其咎在于法国教士王安之诱杀南昌县令江召棠，因此"他事皆得以排外诬我，而此事实无丝毫可诬之理也"②。

此外，中国知识阶层和趋新人士还对文明排外思想进行深刻反省，并且借助报刊舆论，积极引导下层民众"文明排外"，避免"野蛮之暴动"。一方面，中国知识阶层和趋新人士极力劝导国民在排外中"不可暴动"。陈冷对国人在南昌教案中演成野蛮暴动的事实非常痛心，尤其是下层民众在此案中，因县令"被杀而亦以杀报之，已令人有所藉口，况为法国人所杀，而杀英国人以报之，为天主教士所杀，而杀耶稣教士以报之，非特为人藉口，且于理亦大悖矣"。下层民众在排外中常常"激于一时之愤动"，导致"其始可以责人，而其终反为人责，其始强者乱也，终弱者无能也"的尴尬局面。③

诚然，下层民众在南昌教案中受到外国传教士的挑衅和影响，使其"激之以不得不暴动，迫之以不得不暴动，辱之以不得不暴动，怒之以不得不暴动，诱之以不得不暴动，畣之以不得暴动，奖之以不得不暴动，助之以不得不暴动者"。然而，排外分"文明之暴动"和"野蛮之

① 《论中国排外之风说》，《顺天时报》1906年2月27日。
② 《论南昌教案》，《时报》1906年2月28日。
③ 《论南昌教案》，《时报》1906年2月28日。

暴动"，"中国人无暴动之智力，而有暴动之形质"，因此常常将"文明"之举演化成"野蛮"暴动，"今中国野蛮之暴动久受巨创，文明之暴动已屡失败，处今日之时局，中国固万不能再暴动也"。①

另一方面，中国知识人士还积极教育和引导国民实行"文明排外"。通过抵制美约运动、上海公堂案之争以及南昌教案的排外举动，时人有感于"迩来民气少昌，渐有与外人争权之思想"，遂提出"此为国民全体出于自卫之计"，"皆吾民权利思想之见端"。更为重要的是，时人已深刻地认识到："中国之教案非宗教之问题，而政事之问题"，"欲民之无仇教，必先启其愚而救其贫"②。

需要补充的是，京中言官群体针对"外国人频言中国将有排外之举动"一说，亦纷纷发表意见加以反驳和澄清。2月25日的暴乱发生后，国外一些舆论大肆诋毁中国排外风潮四起，"深虑再肇拳匪之乱"，美国因此还调兵舰来华，对此，京中各大员开会商议对付办法，决定"电致驻美梁使及各出使大臣，令向各国声明，近日所传中国有意排外之说实属无稽"③。

3月1日，南昌县令江召棠因伤势过重医治无效而死亡，这使得南昌教案的交涉更加棘手，清政府为此专门委派天津海关道梁敦彦协助交涉。江西巡抚胡廷干闻知江召棠死亡的消息后亦"悚惶万状"，他一面向清政府外务部奏报，称县令江召棠系"自刎"而亡，同时还派员四处"缉获二十余名"中国疑犯，却对涉案的天主教教民不予查拿。④ 更有甚者，有传言称"巡抚胡鼎臣（廷干）欲任捕数人，杀以塞外人之责"，

① 《论中国人近日不可暴动》，《新闻报》1906年3月1日。
② 《敬注十一日谕旨》，《时报》1906年3月9日。
③ 《电报一》，《时报》1906年2月28日。
④ 《江西巡抚胡廷干为南昌教案各情请代奏事致外务部等电》（光绪三十二年二月初七日），朱金甫主编：《清末教案》第3册，第812、813页。

对此，负责该案审查的沈曾植等人力劝胡廷干不可滥杀百姓，并"力争抗论，不少屈挠"。① 显然，胡廷干的"媚外"之举引起国人的强烈不满。②3月5日，《新闻报》刊载时论愤怒地表示：江西巡抚胡廷干身为"封疆大吏，不能照例办事，对于内则为失职，对于外则为失权，失职失权应当革职"③。《时报》和《岭东日报》亦刊载同名文章，指责胡廷干以"自刎"二字"委曲一江召棠，可以省交涉，可以媚外人"，然而此举一出，"百姓大哗，于是有初三之事，于是我中国始终受绌于自刎二字而不得伸"④。

与此同时，京中言官群体坚决否认"自刎"一说，并通过建言献策的方式向清廷施压，对案件的交涉进程产生重要影响。3月7日，翰林院侍读学士恽毓鼎在呈清廷的奏折中为国人在教案中的义愤之举作了辩护，对江西巡抚胡廷干等人在交涉中专为"息事求和之迁就"态度予以严厉批评，要求外务部认真办理此案，并强调"邦交固当兼顾，民心尤不可重违"⑤。

3月22日，兵科给事中大臣左绍佐在上奏中详细分析案件原因、经过和各方责任，认为"江西天主教士谋杀南昌知县"一事属实，他杀之说较为可信，至于事后的民众暴乱一事，"推原祸始，若天主教士无此悖乱之举，江西百姓何至有此暴动，耶稣教堂何至受此波累？"因此，

---

① 许全胜：《沈曾植年谱长编》，中华书局 2007 年版，第 316 页。
② 当时舆论盛传江西巡抚胡廷干"媚外"之说，据《时报》转自《京报》的一则消息称："赣省京官以南昌一案系由胡中丞媚外所酿而成。查江令被戕后，王安之犹屡谒抚辕，毫无顾忌，百姓见王安之逍遥法外，气焰逼人，始激而有此暴动，中丞实不能辞其咎，闻连日会议，联名奏参。"（引自《南昌大教案三十志》，《时报》1906 年 3 月 31 日）
③ 《论办江西教案宜急挽主权》，《新闻报》1906 年 3 月 5 日。
④ 《论胡抚对付南昌教案之谬》，《时报》1906 年 4 月 19 日；《论胡抚对付南昌教案之谬》，《岭东日报》1906 年 5 月 2 日。
⑤ 《奏陈南昌教案办法折》（光绪三十二年二月十三日），恽毓鼎著，史晓风整理：《恽毓鼎澄斋日记》，浙江古籍出版社 2004 年版，第 70、71 页。

清政府应当另委熟谙"外交之事"的湖广总督张之洞前去"据理坚持，以伸中外之公律"。①28日，商约大臣吕海寰亦上奏指出：南昌教案，"外焰日张，民气益愤。究其本源，未始不由于教案初起时，办理未能悉协机宜，而又敷衍因循。往往轻案酿成重案，一星之火可以燎原。上损国权，下贻民困"②。4月3日，御史王步瀛在其奏折中将矛头直指负责此案交涉的胡廷干、梁敦彦等人，称其办理教案"不力，恐误事机"，要求"另简重臣，前往查办，以成信谳而维大局"③。

值得一提的是，在南昌教案的交涉过程中，京中言官不断向清政府递呈奏折，从奏折的内容来看，他们不仅认为此案关系到国体和国权，而且是一起涉及中、法、英、美等国的"国际交涉"。1906年3月8日，御史蔡金台在呈清廷的奏折中称：此案因法教士诱杀县令而起，与以前的教案不同，查"各国法律，以杀人为重罪，而杀官尤必加等"，"我势虽弱，国体必不可亵，敌情可畏，人心尤不可失"。鉴于列强外交手段变化多端，"未必遽肯认错。如竟相持不下，可与约付海牙万国和平公会酌议"④。13日，御史张瑞荫在其奏折中提出：南昌教案，"教士戕官，平民仇教，争论未已"，致使"江西之案已成国际交涉"，今日欲筹解决办法，应当仿各国公例，与教皇直接交涉。⑤

与此同时，中国知识人士亦认为："此次江令之案乃国际之交涉，

---

① 《兵科给事中左绍佐奏陈江西教案祸起天主教士请分别办理折》（光绪三十二年二月二十八日），朱金甫主编：《清末教案》第3册，第826—829页。
② 《办理商约事务大臣吕海寰奏为教案要索日甚宜考各国教规教律会订专约折》（光绪三十二年三月初四日），朱金甫主编：《清末教案》第3册，第832—835页。
③ 《御史王步瀛奏为承办江西教案各员不力请另简重臣折》（光绪三十二年三月初十日），朱金甫主编：《清末教案》第3册，第842、843页。
④ 《御史蔡金台奏陈谨拟江西教案扼要办法折》（光绪三十二年二月十四日），朱金甫主编：《清末教案》第3册，第817页。
⑤ 《御史张瑞荫奏陈教案滋多请仿各国公例与教皇办理折》（光绪三十二年二月十九日），朱金甫主编：《清末教案》第3册，第824页。

而非民间之问题。"① 为此,他们还从维护国家权利的目的出发,提出:"虽暴动之事其咎不尽在中国人,有为人所激而中国人不得不暴动者,有为人所煽而中国人不能不暴动者。然国力不敌,一旦暴动,适慰其阳好阴图之怀。"② 因此,国人欲收回"治外法权",必须先使外国人相信中国人有文明思想,而无野蛮举动。时人将南昌教案视为国际交涉案件,这无疑为后来对国际法和外交知识的倡导起到重要的推动作用。

需要指出的是,随着南昌教案交涉各方争论日趋激烈,一些抱有革命思想者借机将矛盾的焦点指向清政府的内外政策。1906 年 4 月 5 日,朱执信在《民报》发表《驳法律新闻之论清廷立宪》,批评清政府立宪不是为了"对外"抵抗列强,而是在于"对内"缓和矛盾,"其言之意,固在名,而不在实也。惧民之昌,则己之薄,因予之口惠,销其锐气,奖以空名,而揽其实权"。故欲求"基于国民精神立宪制之实施",必不可得。③ 而在《论满洲虽欲立宪而不能》一文中,朱执信更是直截了当地称:"夫欧美孰有不革命而能立宪者,况中国之立宪不可同于欧美也。"今日"满洲虽欲立宪而不能","中国立宪难。能立宪者,惟我汉人。汉人欲立宪,则必革命"④。

与此同时,胡汉民亦对清政府严禁学生"干预外交"的上谕,做了针锋相对的驳斥。⑤ 一方面,胡汉民认为:"晚近我国民排外之观念,与

---

① 《南昌教案实在情形详述》,天津《大公报》1906 年 3 月 21 日。

② 《论中国不可恃人》,《新闻报》1906 年 4 月 3 日。

③ 《驳法律新闻之论清廷立宪》,《民报》第 3 号,1906 年 4 月 5 日。

④ 广东省哲学社会科学研究所历史研究室编:《朱执信集》上册,中华书局 1979 年版,第 1 页。

⑤ 陈宝琛等纂:《清实录·德宗景皇帝实录》第 60 册,第 555 卷,中华书局 1987 年影印本,第 363、364 页。

前兹排外之观念有绝异者，前兹之排外，锁国之主义也，内中国而外夷狄之思想也。今兹之排外，则浸进为权利之主张。"尤其是在内忧外患的时局下，"苟为一国国民者，必不能无是思想"。另一方面，针对清政府对学生"干预外交、妄生议论"的指责，胡汉民反诘道："夫国际交涉，亦只当局者任其折冲，学生何人何拳何勇，而能干预者?"况且，"凡国交涉，主张自国国权，当事者有以国民之舆论为后援者矣。"然而，清政府对外交涉始终是屈辱退让，屡屡导致国家丧权失利，对此胡汉民愤怒地表示："夫以其激励国民排外心如彼，而其所以喻止排外者又如此，故吾人为国民深计熟虑，而得根本解决之惟一方法曰：欲达吾人主张权利之目的，则莫如扑满革命。"①

　　面对社会各界的强大压力，清政府不得不对南昌教案交涉的相关事宜做出新的调整：一方面，清政府接受京中大臣的建议，于 3 月 28 日另派湖广总督张之洞调查此案。另一方面，清廷颁布谕旨，将办理此案不力的"江西巡抚胡廷干，著先行撤任，布政使周浩另有旨察办，按察使余肇康，于重要刑案，未能立即讯验，著先行交部议处"②。至此，关于南昌教案的交涉虽仍有诸多困难，但已开始向议结的方向迈进。随着全国各界要求立宪的呼声不断高涨，各方的关注点亦发生重大变化，即从对以文明排外为特征的国民参与外交的议论，转向对下层民众国民外交知识的灌输与教育。

　　随着张之洞等人对南昌教案调查工作的深入开展，不久案件就有了初步结果。通过邀请美国法医开棺验尸，调查者发现"横直两伤，后伤又重，是江令实死于加功，一伤由于自割，已无疑义。即前有自刎一

① 汉民：《排外与国际法》，《民报》第 4 号，1906 年 5 月 1 日。
② 《江西南昌教案巡抚胡廷干办事不力著撤任》（光绪三十二年三月），《光绪朝东华录》第五册，第 5500 页。

伤，江令手书，亦云由王安之所逼"①。4 月 27 日，张之洞在给清政府军机处的电文中称：南昌教案能否得到公正处理，实为"国体所关，民心所系"，此案"无论与法人如何议结，总不能归咎江令，虽不能责抵偿于外人，尚可存公论于中国，俾日后可为江令奏请优给恤典，以励爱民捐躯之良吏，庶足以存国体而服民心"②。至此，南昌县令江召棠被法国教士王安之杀害之事实似已真相大白。

然而，法国驻中国全权公使吕班（Pierre René Dubail）不但不肯承认教士伐官之事，反而向清政府提出"惩官、办犯、偿款"等无理要求。对此，清政府外务部不但没有严词拒绝，反而做出妥协的姿态，这无疑激起中国朝野的强烈不满。5 月 10 日，京中言官蔡金台在上奏中称"愿与同乡绅民商请外洋律师作为臣民诉讼，专为江故令力与争持，即由朝廷特派大臣，并请法廷派员公同审讯，以全国体之尊崇，而免国际之交涉"。③此外，翰林院、商部、吏部、户部、礼部、兵部、刑部以及工部等京中要员联名上奏，认为法国教士"方力求我之法律保护而乃戕杀我之法律保护人，是即藐视我之法律而妨害东亚之平和，其影响且将及各国，是即各国法律之公敌也。闻美日诸邦，均不直法，即英国议院，亦颇持公论，若竟含糊了结，不但激动众怒，且益启外人轻视之心。"④曾任军机大臣的荣庆亦因为此案"公理不伸，国权不振，无力补救，为之气塞!"⑤

---

① 《湖广总督张之洞为奉旨查明江召棠致死情节事致军机处等电》（光绪三十二年三月二十五日），朱金甫主编：《清末教案》第 3 册，第 853—855 页。
② 《致军机处》（光绪三十二年四月初四日），苑书义等主编：《张之洞全集》第 3 册，第 2288—2290 页。
③ 《御史蔡金台奏陈愿请外洋律师诉讼片》（光绪三十二年四月十七日），朱金甫主编：《清末教案》第 3 册，第 866 页。
④ 《左都御史寿耆等奏为代递编修吕佩芬等公呈江召棠被伐折》（光绪三十二年四月二十八日），朱金甫主编：《清末教案》第 3 册，第 886—888 页。
⑤ 谢兴尧整理：《荣庆日记》，西北大学出版社 1986 年版，第 100 页。

　　相对于京中言官的委婉之辞，中国知识人士的言论则格外激进。《时报》主笔陈冷一方面批评清政府外务部徒为"办理国际交涉之机关"，凡关涉国家利权之事无一争回者；另一方面他认为："今我国人每见我外交当局者之失败也，辄以为政府不足恃，不如由我民间自行办理"，故有蔡金台通过"民间酬资聘延骋"外国律师解决争端之举。[①] 既然"政府不足恃"，那么普通国民是否能够通过外交的方式挽回国家利权呢？对此时人进行了深入地分析和探讨：

　　1906 年 2 月 17 日，天津《大公报》一篇题为《论下流社会排外之思想》的文章表示：中国"下流之社会向苦于漫无觉察，不识排外为何语，视国家如传舍而已，今则习闻报纸之膡言，学会之演说，排外思想怦怦欲动"，然而在排外运动中仍不免沦为野蛮暴动，可见"开通民智之为难也，开通下流之民智为尤难也"[②]。3 月 20 日，《中外日报》刊载《论宜开通下流社会之知识》一文，提出：中国国民"虽然众则众矣，盛则盛矣，此四百兆中能有国家思想者几人？能明今日时局者几人？能略受普通教育而具有谋生技能者几人？此聊聊可以指数者也"。"海内教育家"必须对下层民众"既开通其知识，又引其感情"，如此方能振奋国民外交精神，维护国家利权。[③]31 日，《中外日报》的一篇时论就南昌教案中的野蛮排外问题，做了较为深刻地反思："吾国数年以来，所蕞之大祸，皆由上流社会所抱文明之思想，一为下流社会之所得，皆成野蛮之举动"，然究其原因，在于国人由"不知国家之义"而至"不能保国家之利权"。特别是"我国上流社会与下流社会情事暌隔，绝不相通，一切思想举动截然各异，其知以利权失堕为忧者，仅仅上流社会之

---

① 《电报一》，《时报》1906 年 5 月 17 日。

② 《论下流社会排外之思想》，天津《大公报》1906 年 2 月 17 日。

③ 《论宜开通下流社会之知识》，《中外日报》1906 年 3 月 20 日。

少数"①。因此一旦发生排外之事,最终难免演化成下层民众无意识的野蛮暴动。

显然,时人已经较为深刻地认识到外交问题事关国家利权,故能够积极地参与对外交涉,一方面以富有针对性的舆论监督政府外交,另一方面则在外交中与政府保持一定的互动。对于这一情况,1906 年 7 月,即南昌教案议结后不久,熊希龄在写给时任清政府军机大臣的瞿鸿禨的书文中,亦不无感叹地表示:"民间与政府实有相反相成之势,设使当日一任民间所为,政府不为阻止,必致酿成战局,国之亡也,不可知矣。然则今日国家之安危,固全系于外交问题也。"②

三、预备立宪与"开国民外交之常识"

从以上对中国国民参与外交的分析可以看出,虽然近代国人的国民意识已经有了较大进步,他们对外"则可竞争,则可知耻,则可公愤,则可自治自强,以至于文明之排外均无不可",但由于缺乏国民外交知识,以至"暴动之力日益膨胀,而无所范围,登野蛮之舞台,而演铁血之惨剧"③。针对这一情况,《外交报》从国际公法的角度,做了较为深入的阐述,称:按照国际公法,两国之间"惟公使与政府有外交,而其他之外人,则皆受治于国权之下,与本国人无异,故自外部而外,其各地方官皆无外交责任者也。我国外人之来者,无论何人皆不受我国之法律,故有一外国人入境,即无异有一外国之国家入境,以各时各地而皆攒聚无数外国政府之代表人,此其事必不能治者也"④。可见,在时人看

---

① 《论使中外不和之蟊贼》,《中外日报》1906 年 3 月 31 日。
② 《条陈外交危迫进呈策见上瞿鸿禨书》(1906 年 7 月),周秋光编:《熊希龄集》上册,湖南出版社 1996 年版,第 134—137 页。
③ 《南昌教案记略》,天津《大公报》1906 年 4 月 13 日。
④ 《论媚外之害》,《外交报》第 141 期,1906 年 5 月 8 日。

来，造成这一情况的根本原因在于普通国民缺乏外交常识，尤其是下层民众，由于国际法等知识十分匮乏，以致在对外交涉中常常变主动为被动，陷入受人指责的尴尬境地。

为此，中国知识人士开始注意对下层民众在法律知识和外交常识上的教育和宣传，《政法杂志》《北洋法政学报》以及《宪政杂志》等一大批刊物陆续被创办。值得注意的是，这一时期"国际法"、"国际公法"以及"治外法权"等词汇，在各类报刊上出现的频率极高，而国人在宣扬国际法和外交知识时，常常借助日本的理论或著作。如梁建章在阐述促进国民外交意识应当大力倡导国际法教育的观点时，引用了日本法学博士中村进午的相关理论，称："法学博士中村进午氏尝云：万国交通，文明利器，互求进步。国际交涉日益频繁，欲致其国于隆盛而保其安宁者，势不能不教国民以国际公法之学"①。

事实上，近代国人的外交思想和法律意识等受到日本的重要影响，这已引起了当今学界的关注和重视。美国历史学者任达在《中国，1898—1912：新政革命与日本》中提道：1901 年至 1910 年的"新政革命"是以清政府为中心的知识与制度革命，它"很大程度上得力于日本"，而在 1898 年至 1907 年的"黄金十年"里，"中国以日本为楷模，按照日本的方式与步骤，全面进行近代化改革"②。

固然，培养国民外交意识，首先要使普通民众具备国家观念和权利意识，使其了解各国情况、熟察世界大势。对此，《时报》一篇署名"上元顾奎"的文章认为：近年来，"抵制美约也，大闹公堂也，南昌教案

---

① 梁建章：《国际法规提要》，《政法杂志》第 1 卷第 3 号，1906 年 5 月 13 日。
② 桑兵：《黄金十年与新政革命——评介〈中国，1898—1912：新政革命与日本〉》，《燕京学报》新 4 期，1998 年；[美] 任达：《新政革命与日本：中国，1898—1912》，李仲贤译，江苏人民出版社 1998 年版。

也，自表面视之，是民气固为之一振，然每因野蛮举动以牵动别国之交涉"，导致陷入被动和失利的局面，然而究其根本，是国民与外人交涉时"无常识之故"，解决办法是"今日亟宜多创浅易之白话日报"，使外交知识能够在下层民众间得到宣扬。① 无独有偶，《新闻报》一篇题为《论急宜创办开通下流社会之报纸》的文章亦鉴于中国报纸"宜于上中之人，而不适于下流社会"的情况，呼吁创办浅显易读、适合知识程度不高的下层民众阅读的报纸。该文还历陈南昌教案国民因"江令被刺，波及英人，杀教士，毁教堂"，此种野蛮举动足以证明我国下层民众的参与外交意识亟待提高，为此，"开通下流社会之报纸急宜广出，而不可一日缓也"②。

随着中国内忧外患时局的不断深化，国人要求立宪的呼声也日益高涨，在此背景下，中国知识界人士展开关于预备立宪与国民外交关系问题的进一步探讨。1906 年 7 月 19 日，一篇题为《谨告预备立宪之外务部》的文章表示："专制之国，外交之全权操之于上，立宪之国，外交之方针定之自下。……立宪国之外交事宜，无论先商于公众与否，要必时时俯察民情，培养民气，而不能由一二执政者任意高下，致以一政之疵，牵动宪政之全局也。"中国实行宪政，则国民知识渐开，民志渐固，民气渐强，国民"足以为外交家之后盾"③。那么，维护国家主权、挽回已失利益的愿望就可以实现。8 月 29 日，《广益丛报》亦指出，在立宪国家，"外交者，一国国民之外交也。国民不能人人立于直接国际之地位，故托此数人者，以代表之，而外交之职以立"④。日本及欧美

---

① 《论今日亟宜多创浅易之白话日报》，《时报》1906 年 5 月 13 日。
② 《论急宜创办开通下流社会之报纸》，《新闻报》1906 年 7 月 8 日。
③ 《谨告预备立宪之外务部》，《新闻报》1906 年 7 月 19 日。
④ 《南昌教案议结感言》，《广益丛报》第 115 号，1906 年 8 月 29 日。

国家无不因立宪而国势强大，其中之奥秘在于国家外交机关代表全体国民的意志，全体国民为外交官的后盾，故在与他国交涉中常立于不败地位。

1906 年 9 月 1 日，清政府颁布《宣示预备立宪谕》，正式宣布"预备立宪"的开始。随后，中国知识阶层和趋新人士对预备立宪与国民外交之间的关系进行热烈探讨。雷奋认为国民知识水平的高低、国民政治思想进步与否，与一国宪法的文明程度有着重要联系。"国民之知识高尚者，则其宪法之成立难而迟。何也？以其所要求者难副也。国民之知识幼稚者，则其宪法之成立易而速。何也？以其所希望者易满也。是故国民之政治思想愈发达，则其成就之宪法愈文明，而其所经由之困苦艰难亦愈甚。"[1] 罗普亦在《庶政公诸舆论释义》中强调舆论对于维护国家宪政的重要性，指出立宪国的舆论机关，尤其是报馆，要承担起增进国民宪政知识，"以指导国民、监督政府为天职"。[2]

应当指出的是，当论及时人探讨"预备立宪"以及培养国民外交意识等问题时，《外交报》所刊载的《论国民当略知外交》一文不容忽视。该文称述：

> 自预备立宪之诏即下，寰海熙熙，如登春台，今日以后之办民，非复若前日已往之国民矣。前日之国民，必事事待理于朝廷，今日之国民，当人人自肩其责任。
>
> 欧西学者讲求外交，有公法私法之分，而皆以国际名之，公法者，国与国相交涉者也，私法者，此国之民与彼国之民相交涉者也。公法各国皆同，私法各国互异，我国则混而一之，漫无区别，且以

---

① 雷奋：《宪法界说》，《宪政杂志》第 1 期，1906 年 12 月 30 日。
② 罗普：《庶政公诸舆论释义》，《宪政杂志》第 1 期，1906 年 12 月 30 日。

中外法律之殊，无术焉以通其邮，于是凡外人之入居内地，以私人资格与我民相交际者，钱债之往来，田产之争讼，彼皆得挟其公使领事之国力，协我以不得不屈之势，而区区无足重轻之事，遂足为两国失和启衅之端矣。即果穷因，实由我国民无外交之通识而已。

惟无外交之通识也，故一切关系外交之事，无不率然为之，其无意识之举动，斯无论已，明明其曲在彼，而可以争执我国权者，亦莫不掉以轻心，行以私意，下之则殖祸于地方，上之则贻忧于君父，而惟使彼族之势力益膨胀焉。征之近事，若工约之抵制，若公堂之暴动，或南昌之教案，皆其明效大验者也。

然则讲明外交之故，以启导吾民，非今日教育家所当从事者哉，谓宜于中等学堂增外交一科，使知外交事理，开此日之常识，立它年之基址，庶几人人切国耻而戒虚骄，教祸之烈，其有豸乎？

要之，吾国今日国权扫地尽矣，条约文告日日言保护，而外人不信，有时至重惩本国人以谢外人，而外人愈不信。今者变政伊始，恢自主之法权，其亟亟矣。顾欲恢国权，非去外人之裁判权不可，欲去外人之裁判权，非更定法律不可，欲法律之众信而有效，非开国民外交之常识不可。识时务者，倘不菲斯言也耶。①

显然，该文从介绍欧美国际法知识入手，提倡"开国民外交之常识"，此举不仅顺应当时立宪运动的潮流，而且弥补"国民无外交之通识"的缺憾。由此可见，在当时，实行"预备立宪"、开通"国民外交之常识"与维护国家利权三者的关系是密不可分的。对此《外交报》还

① 《论国民当略知外交》，《外交报》第160期，1906年11月11日。

于 1907 年 1 月 18 日刊发时论进一步加以阐释道："立宪之举，虽不属于外交，然吾国之立宪实发源于外交，而其究竟亦必影响于外交，有非可专以内政论者。"时人向往立宪还在于，"吾国而能立宪，则根本既坚，今日教案、路约、矿约之事，一经收回治外法权即可永不复见"。因此，"中国立宪其影响必及于外交"，促进国民参与外交的主动性以及国民外交意识的形成。①

需要说明的是，国人在表达对"预备立宪"、"外交"以及"开国民外交之常识"等问题的看法时，有其各自的目的。总的来说，一批具有革命思想者借助国人排外热情高涨之机，志在推动和引导国民反抗清政府的专制统治，他们对清政府外交政策的尖锐批评即是其表现之一。而中国知识阶层和趋新人士感愤于南昌教案国权的沦丧，主张通过开通下层国民外交常识，挽回国家利权。虽然目的不一样，但两股力量均为促进国民外交知识的传播起到重要作用。

第二节　江浙铁路风潮与"立宪的国民之外交"

时至近代，伴随着各国列强对中国侵略的加深，中国国民的国家观念、权利意识和对外思想发生重要变化，即知识阶层和开明绅士积极联合下层民众，他们互为倚靠、团结一致，共同为挽回路矿利权与各国列强进行顽强的斗争。

1906 年 9 月 1 日，清政府颁布预备立宪的谕旨后，国人要求开国会、设议院以实行宪政的呼声愈来愈高。在此背景下，中国"国民外交"的思想和内涵进一步融入"立宪"的思想和特色。这一融合的趋势伴随

---

① 《论立宪与外交之关系》，《外交报》第 167 期，1907 年 1 月 18 日。

着江浙铁路风潮①的发端，表现得尤为生动和具体。

一、议废路约前后的立宪与国民参与外交

早在 1898 年 7 月 26 日，英使窦纳乐（Claude M. MacDonald）便向清政府提出包括苏杭甬铁路在内的"五路承筑权"照会，称"如中国因准英民修筑铁路，或帮修铁路，或承办他项公建工程，如有他国向中国有攻占之举，本政府应行帮助中国相敌"②。在英国的利诱和威逼下，清政府迫于外交压力，遂派盛宣怀与英国怡和洋行商讨订约事宜。同年 9 月 1 日，盛宣怀与怡和洋行订立《苏杭甬铁路草约》，规定由英国承办江苏省苏州至浙江省杭州及宁波的铁路，并要求在"草约签定后，怡和当从速派工程司测勘苏浙、浦信各路"③。

然而，此后由于义和团运动的爆发，以及英国国内和国际战事的影响，英方遂将草约搁置，测勘一事迟迟未予办理。在此情景下，1903 年 5 月，浙江绅商李厚祐等人致函时任中国铁路总公司督办的盛宣怀，宣称浙江商董已集资约七十万洋银，要求承办杭州拱宸桥至江干的铁路修筑事宜。盛宣怀接到函电后，于 5 月 24 日向英国银公司代理人璧利

---

① 学界关于江浙铁路风潮相关问题研究的论著，主要有：黄铁琮：《1907—1908 年间江浙人民反对苏杭甬铁路借款的斗争》，《史学集刊》1957 年第 1 期；黄文：《晚清沪杭甬铁路对英借款刍议》，《牡丹江师范学院学报》（哲社版）2007 年第 4 期；胡进：《江浙绅商与铁路风潮（1905—1908）》，苏州大学硕士学位论文，2008 年，未刊；杨娟：《绅商阶层与苏杭甬铁路风潮评述（1905—1910）》，华中师范大学硕士学位论文，2008 年，未刊；马陵合：《江浙铁路风潮中代表入京问题考评》，《浙江教育学院学报》2008 年第 1 期；陈晓东：《沪杭甬铁路风潮中浙路公司的维权斗争》，《苏州大学学报》（哲学社会科学版）2008 年第 5 期；苏全有、申彦玲：《袁世凯与苏杭甬风波》，《重庆交通大学学报》（社会科学版）2009 年第 6 期。

② 宓汝成：《中国近代铁路史资料》第二册，中华书局 1963 年版，第 432 页。

③ 盛宣怀：《愚斋存稿》卷 33，第 5 页，沈云龙主编：《近代中国史料丛刊续编》，第 13 辑，台北文海出版社 1975 年版。

南（Byron Brenan）致函，称苏杭铁路现有他商请办，势难久待，自此
函订之日起如六个月内再不勘路估价，则有关此路的合同一律作废。[①]
在盛宣怀发表声明后，英方仍不履行草约规定的各项事宜。而此时，在
江浙绅商要求自办铁路的声浪中，浙江铁路公司于 1905 年 7 月宣告
成立，随即社会各界要求废除路约以及收回铁路利权的运动逐渐酝酿
起来。

诚然，国人要求自办铁路呼声的日益高涨与国民的国家思想和权利
意识的不断进步有着重要联系。1905 年 10 月 9 日，《中外日报》的一
篇时论指出，苏杭甬铁路利权关系全浙人民的生命和财产安全，今日
国人欲保全铁路利权，"必先撤销苏杭甬铁路之草约"，并称该约既然
是草约，而且英方自行违背草约，中国人民自然有理由要求废除此约，
为此呼吁"政府握其机，有浙人盾其后"，上下一致，共同努力，废除
此约。[②]11 月 3 日，苏州商务总会亦致电江苏巡抚称：各绅董"现在正
筹挽回利权，况苏杭甬铁路所立系是草约，其中窒碍甚多……应请将所
立之苏杭甬草约作废"[③]。11 月 8 日，浙江绅商汪叔明、孙耦耕等人发动
全浙绅商及浙江高等学堂师生，开会集议废除草约办法。会上，孙耦耕
向众人疾呼："浙路自办，为全省命脉，凡属浙人皆当助力，我杭甬铁
路不过草约，岂有不可废去之理？约之能废不能废，全视吾浙人能力如
何。吾浙人万众一心，合力坚拒，断不可全诿之政府。"同时，与会人

---

① 关赓麟：《交通史路政编》，交通部铁道部交通史编撰委员会 1935 年出版，第 3661 页。
② 《论苏杭甬铁路必当自办》，《中外日报》1905 年 10 月 9 日。
③ 《收江苏巡抚》（光绪三十一年十月初七日），《苏杭甬铁路档》，光绪三十四年线装铅印本，
   第 25 页，藏于国家图书馆文津街分馆普通古籍阅览室。另：江苏巡抚陆元鼎收到函电后，
   于 11 月 16 日电告外务部称，苏州商务总会"现在在筹挽回利权"，查商务总会所述情形
   属实，请外务部会同督办铁路大臣盛宣怀，"速将草约作废，以顺舆情而维大局"（参见
   《江苏巡抚陆元鼎致外务部咨呈》（1905 年 11 月 16 日），中国第一历史档案馆、海峡两
   岸出版交流中心编：《清宫辛亥革命档案汇编》第 17 册，第 266、267 页）。

士因该草约"时阅数月，迁延不废，浙人早动公愤"，遂决定以"全浙绅商"名义致电外务部，宣称浙省人民有能力自办铁路，要求将苏杭甬草约予以废除。①

显然，在各国列强争办中国铁路的背景下，国人已经意识到"铁路所至之处，即其权力所及之处，主权一失，方且牛马惟命，奴隶惟命"，故大力号召"全国人民皆宜视铁路为至可宝贵之利源"，"入路股即以保主权，保主权即以保富"②。在此背景下，江苏铁路公司于1906年4月宣布成立，而在主持该公司事务的张謇等绅商的带动下，江苏民众要求自办铁路的热情愈加高涨。

值得一提的是，与江浙绅商相比，青年学生作为新兴社会力量的代表，他们具有强烈的主权意识和爱国热情，能够从维护国家民族利益的角度出发，以独特的政治眼光和细致入微的分析手法，对列强侵略做出合理的评析和论述。尤其是接受西方宪政思想的中国留学生，他们在倡导铁路利权的收回中所起到的作用，不容忽视。1906年5月13日，浙江留日学生一篇题为《苏杭甬铁路草议之解决》的时论指出："外人之夺我权利也，其手段有种种，而要以阴持其政治上之实力，外冠以法律上之空文"，以此压制我国"志薄行弱、智短识浅之国民"。由于国民缺乏国际法常识，往往对国际条约和非国际条约不加分别，无论公约、私约、正约、草约等均等同视之，而"今者苏杭甬草议问题又起矣，英商怡和洋行欲以此而迫我外部及浙抚改订正约，得此自苏至甬之铁路敷设权。夫草约之早已无效，尚稍有法律智识者皆能判断"，因此要求无条件废除草约，将苏杭甬铁路收回自办。③

① 《记浙江全省绅商开会集议废杭甬铁路草约事》，《中外日报》1905年11月12日。
② 《论路股之获利》，《中外日报》1906年4月9日。
③ 《苏杭甬铁路草议之解决》，《政法杂志》第3号，1906年5月13日。

1906 年 9 月 1 日，清廷发布预备立宪上谕，宣布仿行宪政。为响应清廷的立宪号召，张謇、郑孝胥、曾铸等人于 23 日发起成立"宪政研究会"。10 月 21 日，宪政研究会改名为"预备立宪公会"。[①]12 月 16 日，预备立宪公会召开第一次正式大会，郑孝胥在会上强调立宪对国人"排外之知识"的重要作用，认为"从前中国仅有苟安之知识而已，一变而为排外之知识，再变而为变法之知识"，国民缺少外交知识，故"因排外、变法两端演出无数恶剧，遂将国家运命推入极危险之地位"，当此预备立宪之时，知识界人士必须唤醒下层民众的参与外交意识，"增长其救危履险之知识，以保国家之运命，然后可以有挽回之一日"[②]。

诚然，在内忧外患的时局下，中国知识人士已经在救亡运动中清醒地认识到，国民不但要顽强地反抗西方列强的侵略，而且要不断地吸取来自西方的先进文明，既要克服本民族反帝思想中负面的心理障碍，又要充分吸收西方宪政思想，从而以更加积极的心态迎接外来文明、应对外来侵略。在对中国立宪的态度上，一些知识人士和趋新士绅看到"东西各国政治之改革，其主动之力均在下而不在上"，因此提出我国欲求立宪，必须联结和发动下层民众，而"不可仅恃政府"。[③]1907 年 2 月 3 日，《申报》刊载的一篇时论在论及预备立宪与外交的关系时，对立宪与国民外交的重要联系做了简要论述，称"吾国之立宪实发源于外交，而其究竟亦必影响于外交"，故欲求我国外交问题之解决，必须实行立宪，"宪政之能立不能立，则不系乎政府，而系乎国民"，为此全体国民需要积极地参与政治和外交。[④]

---

① 劳祖德整理：《郑孝胥日记》第 2 册，中华书局 1993 年版，第 1058、1061 页。
② 《记宪政研究会成立事》，《中外日报》1907 年 1 月 23 日。
③ 《论立宪不可仅恃政府》，《申报》1907 年 2 月 3 日。
④ 《论立宪与外交之关系》，《申报》1907 年 2 月 3 日。

从当时的情况来看，国人向往宪政固然有其深刻的时代背景，一方面，伴随着国民的国家思想和权利意识的不断进步，时人已经意识到："人民对于国家，如有义务权利，而后能尽人民之范围"，然而才能奠定立宪的思想基础。① 另一方面，在中国国权被侵、利益丧失等的强烈刺激下，中国国民尤其是各地绅商，愈加重视对铁路、矿山等的所有权。特别是铁路利权，关系国家主权和领土安危至重且大。对此，一位署名"灵瑞"者甚至发文提出："铁道者，夺中国利权无上之指南针也"，今日铁路"自办则权自我操，可以促商业之发展，可以杜利权之外溢，不能制人，或不至被制于人。外人办，则反客为主，路权既失，而一切之利权随之"②。

在近代中国传统社会，各地绅士介于清政府和下层民众之间，对上可以直面清廷要员，传达舆情；向下可以广泛联络各界民众，使上情下达。因此，可以说"地方之办事必有绅士，犹舞台之演剧必有正角也"③。这在国民要求废除苏杭甬草约的行动中体现得尤为生动和具体，即地方绅士积极联结和发动各地民众，充当废约行动的引导者和中坚。一方面，浙江十一府绅士联名向清政府上奏，申明草约应当作废的理由，陈述全浙上下为废除该约而"群情震骇"的情况，要求清政府当此预备立宪之时，"宪法正在订咨"，万不可循英人要求，与其签订正约。④ 另一方面，由于绅士阶层对清政府有着某种程度的依附关系，在发动民众废除草约的行动中，他们对下层民众加以劝勉，力求文明，避免暴动，并且尽量使国民要求废约的行动限制在和平请愿的范围

① 《论人民与国家之关系》，《岭东日报》1907 年 4 月 11 日。
② 灵瑞：《各国于中国路矿航业之经营》，《牖报》第 1 号，1907 年 4 月 13 日。
③ 《论绅士与地方之关系》，《盛京时报》1907 年 4 月 14 日。
④ 《浙江十一府绅士为路事请浙抚代奏公呈》，罗家伦主编：《江浙铁路风潮》，中国国民党中央委员会党史史料编纂委员会 1968 年版，第 39—42 页。

之内。

与地方绅士相比，以报界人士为首的中国知识阶层的言论则相当激进。1907 年 6 月，天津《大公报》连续刊发时论，阐述其对宪政之下国民与政府相互关系问题的看法。文章称："在立宪之国，曰政府者国民之政府也，政府不良则国民得以其意变置政府。"在中国，"国民近来最大之希望无如立宪，然自预备立宪宣布以来，事事适得其反"[1]。值得注意的是，该文还将上述问题与国民自办铁路的要求联系起来，称政府既然已经允许国民自办铁路，然而苏杭甬铁路草约迟迟不宣布作废，当此预备立宪之时，"国民本也，政府末也"，"政府其不可望矣，无已其望之我国民"，全体国民宜力争苏杭甬草约早日废除，将此路收回自办。[2]

不仅是地方绅士和知识人士，位于清政府中枢的一些京中大员亦试图通过舆论宣传，使国民"明悉国政"，主动参与政治、外交，以此"造成国民之资格"，打下"预备立宪之基础"。1907 年 4 月，御史赵炳麟奏请清廷"参用东西各国官报体例设立官报"，以"使绅民明悉国政，为预备立宪基础之意"[3]。在时人看来，"报纸者，一国之命脉也，政界引导之方针也，国民幸福之机枢也"，可见报刊舆论对国家政治和外交有着重要影响，尤其是在预备立宪之时，报刊宣传对于培养国民的宪政意识、开通国民外交思想等方面所起到的重要作用，不言而喻。[4]

此外，时人还对立宪政体下舆论在国民参与政治和外交中的重要作用进行深入探讨。1907 年 7 月 10 日，一篇题为《国民主义》的文章在

---

[1] 《论责望政府》，天津《大公报》1907 年 6 月 8 日。
[2] 《论责望国民》，天津《大公报》1907 年 6 月 9 日。
[3] 《御史赵炳麟奏开设官报以造成国民之资格》，《光绪朝东华录》第五册，第 5648、5649 页。
[4] 又星：《报界与政界之关系》，《振华五日大事记》第 1 期，1907 年 4 月。

谈及该问题时借用日本学者齐藤隆夫的理论，称"日人齐藤隆夫有言：立宪为舆论政治，然则舆论者政治之母，而主持舆论者，又舆论之母，舆论不自生，视有母否耳"。不仅如此，该文还详细阐述日本宪政成立时舆论对国民思想的影响和作用，提出中国当此外患频仍、利权丧失之时，各民族应当视中国为"共同有之一国家"，全体国民团结一致，共同对外。值得注意的是，该文在宣扬"国民主义"时特别指出，其所倡导的"国民主义者，非民族的国民主义，乃国家的国民主义"①。显然，舍去"民族"这一口号，而置以"国家"的名义，将包括汉、满、蒙、回、藏等各族人民联结起来，形成最广泛的战线，共同对抗外国列强，这对于内忧外患日益深重的中国而言，无疑是一个较为合理、明智的选择。

由此可见，在近代收回利权运动的推动下，国人围绕苏杭甬铁路草约的废除问题予以口诛笔伐，为收回苏杭甬铁路承办权实施广泛地民众动员。随着预备立宪时代的到来，中国知识人士和趋新士绅主动向下层社会宣传宪政思想，启迪普通国民的外交知识，从而为实现"立宪的国民之外交"打下坚实的思想基础和组织基础。

然而，随着时局的发展，在英国新任驻华公使朱尔典（John Newell Jordan）的一再催促下，中英关于苏杭甬铁路的交涉发生重大变化。1907 年，袁世凯派外务部侍郎汪大燮办理此路交涉。8 月 2 日，汪大燮秉承外务部意旨向英方提出三项变通办法：（一）废除路约，由江浙两省筹款赔偿英国银公司之前的费用；（二）此路苏杭一段由中国绅商承办，杭甬一段归英国银公司接办；（三）借款筑路分为两事，即由中国筑路，所需款项向英国筹借。②经过双方协商，英方表示愿意接受第三种方案，即由中国向英方借款修筑苏杭甬铁路，四天后，英国银公司

---

① 直觉：《国民主义》，《牖报》第 4 号，1907 年 7 月 10 日。
② 宓汝成：《中国近代铁路史资料》第二册，第 850 页。

代理人熙礼尔（E. G. Cillier）向外务部提交包括中国借英款筑路，"利息按常年五厘"，"总工程师及总管帐，择用英人"等要求在内的借款办法。① 如此一来，英方"则已就借款立说，于造路借款分为两事之本意大致就范"，而实际上是通过借款控制该路的修筑权。② 中国爱国人士以及江浙人民与闻借款消息后异常激愤，随即发起反对向英方借款的"拒款运动"。

二、拒款运动与"国民的外交之时代"的到来

如果说国人关于废除《苏杭甬铁路草约》的运动主要表现为集会抗议或函电声讨之类的口诛笔伐，那么从1907年10月起的拒借英款运动，则反映了江浙人民乃至全体国民抵抗列强侵略的英勇气概以及维护国家利权的坚强决心。

中英借款办法达成后，10月2日，外务部分别致电江苏巡抚陈夔龙和浙江巡抚冯汝骙，告以苏杭甬铁路一事经与英使协商，将借款造路分为两事，强调路归中国自办，权自我操，但中方必须向英国银公司借款150万镑。然而，此借款办法却遭到地方官绅以及江浙人民的强烈反对。一方面，时人斥责清政府借外债之举，损害国家利权，"废弃国家特许成约"，为此强烈要求清廷放弃借款。③ 另一方面，国人严厉谴责英方此举"阳以借债为名，而阴以攘夺其实"，呼吁各界民众共同"保全国家之主权"④。16日，王文韶领衔浙江全体士绅为拒款事致电外务部，声称此路"全浙招股三千万，先已收缴五百万，次第扩充，则次第

---

① 宓汝成：《中国近代铁路史资料》第二册，第851、852页。
② 汪大燮撰：《苏杭甬路案说帖》，光绪三十三年线装铅印本，第16页，藏于国家图书馆文津街分馆普通古籍阅览室。
③ 《论苏杭甬铁路援引津镇外债成议之失当》，《神州日报》1907年10月5日。
④ 《论苏杭甬铁路事》，《申报》1907年10月7日。

收缴，股款尽足敷用"，而外务部却与英国商议借款筑路，江浙人民"一闻此耗，股东非股东，商市动摇，人心惶惑，韶等关于近事，更惧债权他属，路权随之"，为此要求废除草约，拒绝借款。①21 日，作为中国知识阶层和趋新士绅表达外交观点的《外交报》亦刊登题为《论苏杭甬铁路借债之不可许》的时论，警告清政府向英方借款不但有损中国利益，而且此后"外交之困难，恐将愈出愈甚"，其结果必将使国民"摧其倚赖朝廷之志，而益坚其仇洋排外之谋"②。

鉴于国民拒款声浪日益高涨，为缓和舆情，清政府立即发布上谕称："外交首重大信，订约权在朝廷。苏杭甬一路，前经总理衙门允许英人承修，嗣复立有草约在案。……江、浙所集股款，亦不敷尚巨，势难克期竣工。英人迭次执言，自未可一味拒绝，尽弃前议，致贻口实，另生枝节。现经外务部侍郎汪大燮等与英人议明，将借款及造路分为两事。权自我操，较原议已多补救。"③然而，清廷的上谕却激起江浙两省人民的极大愤慨，直接引发一场影响深远的拒款运动。

10 月 22 日，浙江绅商迅速组织召开全省拒款大会。此次大会直接以"国民拒款会"命名，与会者包括绅、商、学等各界人士，旨在发动和联结社会各界人士为拒款一事出谋划策。值得注意的是，在当天召开的"国民拒款会"上，国人自发提出："此次抵制借款应由绅、商、学界用正当文明办法，须强制无意识之举动。"④张让三在大会演说中进一步指出：江浙铁路拒款一事"必须合官、绅、商、士、民之全力以与外人争"，同时亦希望国民的行动"必出于和平，切勿暴动"，即采取文明

---

① 《为苏杭甬铁路草议系英商自废事》（光绪三十三年九月十日），中国第一历史档案馆编：《清代军机处电报档汇编》第 33 册，第 477 页。
② 《论苏杭甬铁路借债之不可许》，《外交报》第 191 期，1907 年 10 月 21 日。
③ 宓汝成：《中国近代铁路史资料》第二册，第 856 页。
④ 《补录杭州拒款会办法》，《中外日报》1907 年 10 月 27 日。

排外的办法，达到拒绝英款、自行筑路的目的。与此同时，王孚川在大会发言中亦强调"此次拒绝外款，以国民资格合力争阻"[1]。可见，此次大会上与会者直接以"国民资格"相号召，以文明排外相劝勉，这在某种意义上反映了国民参与外交斗争时主体意识的增强以及在外交策略上的明显进步。

"国民拒款会"的召开引起社会各界的广泛关注，经过各大报刊舆论的宣传和报道，拒借英款、自行筑路、挽回铁路利权的呼声在社会上产生积极影响，社会各界人士也以不同方式，纷纷表达对国民拒款的支持以及对清政府借款的反对。就在"国民拒款会"召开的第二天，浙江路校全体学生致电外务部，声称"集浙款办浙路，尽足支持，英人要贷，显夺路权，生等厕身路校，关系尤切，他日学成，断不甘为外人驱策"，表达路校学生拒绝英款，以图挽回国家利权的坚强决心。[2]

在各界人士发给清政府的拒款函电中，江苏士绅杨廷栋的《上外务部书》颇值得一提。该函电首先剖析清廷与英方签订借款条约的不妥，认为所订条约系个人行为，不能当成一起"国际交涉"。其次，解释国民拒款行为出于挽回利权、维护国权之目的。短短几个月以来，国民为挽回铁路利权争相认股，他们之所以能够这样做，是因为在他们看来，争路权就是争国权，"争国权则能保国权"，"故此次争持，非仅持股东资格而争本利，皆以国民资格而求无丧失我国权也"。另外，函电还强调抵制英款关乎"民心"，而民心是否向背又直接影响到"外交"大局。"天下固无无民之国"，我国号称有民四万万，在世界各国当中可谓洋洋大国，然而国势强弱不仅在于国民数量的多少，更在于举国上下是否能

---

[1]　《纪国民拒款会开会详情》，《中外日报》1907 年 10 月 25 日。

[2]　《为乞拒英人浙路贷款事》（光绪三十三年九月十七日），中国第一历史档案馆编：《清代军机处电报档汇编》第 33 册，第 498 页。

够团结起来、一致对外。正所谓：民心不可失，"有民而失民心，则其势有不忍以言语尽者矣"。故此次拒借英款一事，"与其离散民心以迁就外交，……不如决裂外交以团结民心"①。杨廷栋的拒款意见书表明，一些地方士绅对国民参与外交的关切和重视，这无疑为今后地方士绅发动和联合下层民众共同参与外交奠定基础。

从当时的情况来看，国人反对清廷借款不仅表现在集会抗议和函电声讨上，而且通过踊跃筹款、积极认股等实际行动来挽回铁路利权。伴随着国人拒借英款运动逐渐向纵深发展，中国知识阶层和趋新士绅亦通过其强有力的舆论和行动，对国民参与外交予以有力引导：

其一，中国知识人士将路权与国家利权联系起来，认为借款即路亡，路亡即国亡，为此大力号召全体国民共同参与拒借英款的外交斗争。为鼓动社会各界人士参与拒款，一些知识人士还在报纸刊发告示，告以"借款定矣，外部奏矣，路权去矣，吾浙亡矣"，浙亡则国亦随之而亡，如今各界人士当速谋挽救，"路权之去不去，吾浙之亡不亡，其权不在外部，不在政府，亦不在外人，仍在吾国民"②。国家危亡关乎每一个国民的个人安危，国家与国民利益，两者相互联系、二而为一，只有全体国民联合起来，共同反对借款，路权才能收回，国权方能稳固。

在拒款运动中，青年学生们非常注重以演讲、劝说等比较直接的方式鼓动下层民众，宣传效果较之报刊、信函等更佳。尤其是归国留学生们，在当时如"向中国内地旅行，则到处见有穿半洋式衣服之学生，此项学生皆极具爱国之热诚，誓欲得全其祖国，而使免外国之侵略"。尤其是苏杭甬铁路自办运动发起以来，"此利权收回之主义，其始即为彼少年学生之所倡导，既而此风潮滔滔，然遍布于全国，因而运动甚为

---

① 《上外务部书》（江苏民人杨廷栋），《江浙铁路风潮》，第 286—293 页。
② 《敬告吾浙同胞》，《中外日报》1907 年 10 月 28 日。

剧烈"①。同时，为引导下层民众参与外交斗争，学生们常常将国家利权与民众的实际生活联系起来，以此启迪民众的权利意识，激发民众的国民思想。

诚然，江浙铁路风潮起因于国民倡办铁路，这与学界的大力推动有关，同时亦与知识阶层对下层民众铁路利权等知识的启发不无关系。在《浙江国民拒款公会普告天下启》中，"浙江国民拒款会"从国家与国民的二元关系出发，对"路权不完，国权损失"，以及"路权所在即国权所在"等观念作了全新的阐释。该启示明确表示："铁路以谋交通便利启发富源为目的，而实有国家性质。"既然铁路利权具有国家性质，而国家由全体国民组成，那么"铁路所有权应属于内国，为吾国民之特有权"。②

如果说上述启示是从宏观上对国民的铁路利权思想做了阐释，那么江苏教育总会下属的法政讲习所刊发的《敬告苏浙人士劝入路股书》，则专就江浙两省人民反对苏杭甬铁路借款一事当中的路权、民权与国权的三位一体关系，做了细致而全面的论述。文章称：自苏杭甬铁路借款之议起，政府强迫国民，然而苏杭甬铁路关乎全浙人民的生命安危，路权失则国家利权随之丧失。因此，争路权即是争民权，争民权即是争国权。③

其二，学生和地方士绅在拒款运动中发挥了重要作用，他们一方面联结和发动下层民众向清政府请愿，要求撤销借款之议；另一方面，他们还通过演说、张贴告示、散发传单等方式引导下层民众文明对待，切勿野蛮排外。其中，地方士绅中的开明分子和趋新人士在运动中表现得

---

① 《苏杭甬铁路问题外情参照之资料》，《时报》1907 年 10 月 29 日。
② 《浙江国民拒款公会普告天下启》，《中外日报》1907 年 11 月 2 日。
③ 《敬告苏浙人士劝入路股书》，《中外日报》1907 年 11 月 5 日。

尤为活跃,特别是他们当中与报馆关系密切的人,成为引导国民文明参与拒款斗争的重要力量。

在浙江"国民拒款会"首先发起组织后,江浙两省的地方拒款会也随之纷纷成立。10 月 29 日,《时报》刊发《忠告国民拒款会》一文,就拒款运动中的文明排外等问题进行评述。文章称自古以来,中国国民"未有以文明之法律与政府相抗于平等之地位者,有之其自国民拒款会始",国人欲以文明办法相抵制,不但要团结两省民众,同时应该注意到"苏杭甬路事非江浙两省之问题,而吾全国之问题也"[1]。为此,应当发动全体国民,以国民拒款会为中心,通过筹款和认股等方式,自行解决筑路的费用问题。

同时,学界还从中国现实需要以及当前局势出发,在反对借款运动初期倡导文明抵制。10 月 31 日,江苏铁路学堂召开拒款大会,会后刊布的公启称:"抵制之法有二:一为决裂之抵制,一为和平之抵制。决裂之抵制则必起争端,我国右文已久,枪炮不良,无以为力;和平之抵制则惟有早集股款,亟行筑造,使英人无可藉口,似较前法为得。"[2] 而在 11 月 10 日召开的国民拒款会上,与会的学界人士联合商界,共同就"此番之事切不可暴动,致成国际交涉"等决议达成一致意见。[3] 固然,江浙铁路利权能否收回自办,不仅激起国内学生的义愤,同时也牵动着海外留学生的心。在日本神田锦辉馆这个中国留日学生的集会地,留学生们纷纷为抵制借款出谋划策,江苏留日学生辛汉在集会中提议:大家必须"以文明手段要求政府即行取消成议,而万不可出以暴动,致再酿国际问题"[4]。

---

① 《忠告国民拒款会》,《时报》1907 年 10 月 29 日。
② 《长元吴公立高等小学堂全体学生公启》,《中外日报》1907 年 11 月 5 日。
③ 《江浙路权问题》,《时报》1907 年 11 月 10 日。
④ 《记留日苏浙学生集议拒款事》,《中外日报》1907 年 11 月 12 日。

在当时，中国学界人士在拒款运动中的反应和行动较之其他民众更为积极，而留学生在运动中所起到的重要作用更是显而易见。

与此同时，马相伯、张謇等地方士绅由于与清政府的特殊关系，在拒借英款运动中，他们始终倡导文明对待，并力图将运动限制在筹款入股、合法请愿的范围之内。为发动地方士绅踊跃筹款，在江苏士绅召开的立宪公会上，"马相伯君挥泪演说，当场集股三十万元"，为地方士绅积极筹款做出表率。不仅如此，马相伯还大力呼吁："江浙全体国民振臂合群，投袂继起，不论大小团体及商业各会馆、各公所，果能尽如前日认股诸君之踊跃，千万巨资数日可集，外债问题不解自决。"① 值得一提的是，在当天的集会上，马相伯等人就借款一事"痛陈利害，座中闻者多有泣下"，而集会情况及演说内容经报纸传载后，立即引起国人的强烈反响。各界民众就反对借款一事"奔走骇汗，互相警告，急电纷驰，迸力抵抗，开协商之大会，订拒款之妥章"，从而为推动国民外交时代的到来奠定良好的群众基础和思想基础。②

其三，中国知识人士从"外交"和"舆论"的关系入手，借助报刊媒体，对清政府内外政策的丧权失利予以尖锐地批评，并以此号召国民为争回铁路利权而参与外交斗争。尽管苏杭甬铁路经商部批准，允由江浙人民自办，然而外务部却坚持与英方达成借款办法，此举无疑激起国人的强烈不满。人们纷纷斥责清政府借外债而"灰全国之民气，以见好于外人，外人知其然也，乃在在利用我政府，以压制我国民"③。对于主持借款交涉的外务部，《中外日报》的评论称，此事"关涉外交"，外务部"不以舆论为后盾"，执意向英方借款，"外务部对于苏浙铁路，诚可

---

① 《忠告江浙绅商士民》，《中外日报》1907 年 11 月 2 日。
② 《论外债之借得不偿失而于苏杭甬铁路尤为显而易见》，天津《大公报》1907 年 11 月 12 日。
③ 《论政府最近之政策》，《神州日报》1907 年 10 月 17 日。

谓自弃其民者矣"①。《时报》亦刊发时评，严厉斥责外务部"以强硬外交之手腕对待我国民"，却不敢拒绝英国借款。②报刊媒体的宣传鼓动掀起强大的舆论浪潮，对此清政府官员亦不敢轻视，浙江巡抚向外务部报告时也认为借英款之事"舆情万难应允"。③而在国内舆论界的批评声浪中，作为借款交涉主要负责人的外务部侍郎汪大燮，也因此成为众矢之的。10月22日，《新闻报》的一篇评论更是直呼其名，称其身为浙人，"与浙路有至切之关系"，"今日又躬居外交之地位"，然而却因借款一事，将江浙铁路利权丧失殆尽。④

1907年10月25日，浙江铁路学校学生邬刚因痛恨清政府借款之举吐血而死，浙路副工程师汤绪亦因此事绝食而亡。邬、汤两人的殉路迅速激起全国民众的悲愤情绪，各地函电飞驰，声称国民为江浙铁路"义愤捐躯，海内人心愈形愤激，恐酿交涉巨变，牵动全局"，为此清廷必须将借款事宜"收回成命，以靖人心"⑤。京师大学堂江浙学生陈锡畴等人亦称，国民为维护铁路利权"有愤激而死者，中国民气如此可用，列强闻之当亦少戢短论邦交，则彼曲我直，正宜据理力争，论舆情则悲仇哀鸣，尤宜曲加矜恤，若率应无理之求，致启狎侮之渐，已非外交之福"，且恐"酿成莫大交涉，东南大局何堪设想"⑥。

与此同时，一篇署名"全浙士民"的时论还罗列汪氏"十大罪状"，

① 《论国家不可自弃其民》，《中外日报》1907年10月24日。

② 《时评》，《时报》1907年10月25日。

③ 《浙江巡抚信勤致外务部电报》（1907年10月25日），中国第一历史档案馆、海峡两岸出版交流中心编：《清宫辛亥革命档案汇编》第33册，第2页。

④ 《再论苏杭甬铁路借款事》，《新闻报》1907年10月22日。

⑤ 《为江浙铁路勒借外款乞收回成命事》（光绪三十三年九月二十六日），中国第一历史档案馆：《清代军机处电报档汇编》第33册，第523页。

⑥ 《大学堂江浙学生陈锡畴等呈文》（1907年11月20日），中国第一历史档案馆、海峡两岸出版交流中心编：《清宫辛亥革命档案汇编》第34册，第14页。

严斥其借款丧权，罪不可恕。① 更有甚者，有传言称将掘其祖宗之坟墓，以平民愤。② 国人富有针对性的言论无疑是对清政府内外政策的严厉批判。值得注意的是，在借款运动初期，一些知识人士在对清政府的内外政策表示强烈不满之时，还对其立宪政策表示质疑，认为清政府既然宣布预备立宪，就应当"于国际交涉之困难问题发生时，并可藉舆论为援助，以人民为后盾"，然而"我国政府则不然，惟恐人民之有助于国家，上则饰词蒙蔽朝廷，下则不顾舆论，施诈欺专断之术以图一己之私利，而置国家前途于不问"。因此，清政府立宪之诏颇令时人怀疑。③

不仅如此，自江浙铁路风潮发生以来，从废约运动到拒款运动，国民奋力争回国家利权，然而清政府却屡次压制国民、出卖利权。11 月 14 日，《时报》社论高呼"政府之不可恃"，"今日舆论一致，人人皆欲推倒日政府，而别建一有责任之政府"等口号，显然，清政府外交政策的丧权失利已经激起国人的强烈不满。④

既然"政府之不可恃"，那么在外患日亟、国难当头之时，应该依靠谁来挽救国权？对于这一问题，蒋智由在对国民参与外交斗争的深刻反思中，敏锐地察觉到国民外交时代的到来。11 月 15 日，他在《政论》以《国民的外交之时代》为题发文指出：

---

① 《浙人布告外务部侍郎汪大燮十大罪状》，浙江省辛亥革命研究会、浙江省图书馆编：《辛亥革命浙江史料选辑》，浙江人民出版社 1981 年版，第 284—286 页。

② 《杭州公愤社致汪侍郎电》，《江浙铁路风潮》，第 78 页。另注：面对浙江民众如此激愤的言行，汪大燮不得不草拟《苏杭甬路案说帖》，广为散布，力图辩解，说帖称："浙江铁路公司总理汤蛰仙京卿上军机处、农工商部、邮传部一电，以沪杭甬铁路借款事坐燮以捏造书函之罪，一则曰误路，再则曰误路，沪杭甬为江浙铁路中之段，事关桑梓，燮亦浙人，苟能为力，讵不为乡里计？"（引自汪大燮撰：《苏杭甬路案说帖》，光绪三十三年线装铅印本，第 23 页。藏于国家图书馆文津街分馆普通古籍阅览室）。

③ 《预测强勒借款后现象并政府所负责任以忠告政府》，《中外日报》1907 年 11 月 6 日。

④ 《拟鸠合国民开办全国矿路总会说》，《时报》1907 年 11 月 14 日。

凡物之至其时也，必有种种征候之发现。国家亦然，往古之时，国民无预于一国之外交者，外交之事，皆以国君当之，而近日之国家反是，凡外交无不以国民为其主宰之原动力。……中国以铁道之借款，起而抗拒之，而其原动力，亦出于国民，则中国国民之外交也。夫中国国民久驯扰于专制政体之下，于内政、于外交向不敢顾问，近则干预内政之征候，其气力尚至薄弱，而干预外交，其气力渐强，如前年之拒美约，今年之拒英款，皆其征候之特著者。

吾于是欲为我政府告曰：我国人之于外交既有如此之自觉心，则今后政府之办外交，决不可改变其方针，而用向来专擅的、秘密的、糊涂的、欺饰的之惯习法。盖此类之外交已为我国民今日程度之所不能容，徒能惹起一大冲突之风波，政府将自堕其尊严而寻烦恼已耳。然其道奈何？曰今后之办外交，其着眼点不可不专视为政府的，而当视为国民的。既视为国民的，不可不以外交之问题，先求得国民之同意，而以国民为外交之后援。①

需要说明的是，尽管蒋智由在上文末尾的附识中表示，其有关国民外交的言论参照日本政治学者小野冢喜平次的《政治学大纲》，但其言论并非是原样照搬或直接转载，而是将国民外交理论与中国国民的拒款运动结合起来，认为国民通过参与拒借英款的外交行动，培养国民"外交之自觉心"，有此基础，中国才能"渐进国民的外交之时代"。

随着中国社会危机逐渐深化，国民反对借款的运动亦日益紧迫起来。一方面，国民踊跃筹款，地方士绅积极认股，民间资本已经筹措到一定的数量，国民要求拒款的呼声亦因此而愈发高涨。另一方面，清政

---

① 《国民的外交之时代》，《政论》第 2 号，1907 年 11 月 15 日。另：该文亦被大公报全文转载（详见《国民的外交之时代》，天津《大公报》1908 年 1 月 23 日）。

府却对借款一事迟迟不做表态，并且对国民的拒款要求和行动视而不见，从而使国民与政府之间的矛盾越积越深，两者逐渐形成尖锐对立的局面。在此情形下，主持清政府外务部事务的袁世凯提出江浙两省派代表入京的建议，而两省人民举派代表入京遂成为江浙铁路风潮由盛转衰的重要转折点，围绕代表入京相关问题的讨论，国民对"立宪的国民之外交"这一提法做出新的诠释和演绎。

三、代表入京之议与"立宪的国民之外交"

诚然，中国国民外交思想的递嬗演进是和中国社会危机的不断深化错综复杂地交织在一起的。自江浙铁路风潮爆发以来，从议废路约到拒借英款，一大批致力于政治和社会变革的中国知识人士成为争回国家利权、挽救国家危亡的探索者。其中，中国知识人士和一些趋新士绅寻求立宪救国道路即是这一探索过程中的重要一环。

国人之所以产生开国会、行宪政的意愿和要求，一方面与中国内忧外患的时局不断深化有关，同时亦与国民的国家思想和权利意识的不断进步等原因不无关系。尤其是近代以来，我国"采矿权也，开铁路权也，海关税权也，自轮船行驶权也，租界之领事裁判权也，国家所视以存亡之关键者"，无一不受到各国列强的侵犯，以致中国利权受侵，国权沦丧，人民生活痛苦不堪，这无疑给国民的心理造成强大的刺激。[1]

为扭转中国外交失利局面，挽回国家利权，中国知识人士和趋新士绅积极寻找解决问题的突破口。在西方宪政思想的影响下，他们试图从立宪的角度出发，通过实行"立宪以救危亡"。鉴于江浙铁路风潮发生以来，清政府"外交失策，自促危机，加以列强包藏祸心，协以谋我，

---

① 枫浦：《论宪政与国会》，《牗报》第 6 号，1907 年 10 月 7 日。

硬用其攘夺手段",侵犯苏杭甬铁路利权。如今欲图挽回,必须有待于"议院之设、国会之成以及新内阁之组织"①。议院设则国会成,国会成则宪政立,宪政立则国权保,然而欲达此目的,"非合全国之人民齐心一致以图之不可,非合全体之人民对于国家负监督政府之责任不可"②。可见,在时人看来,能否开国会、行立宪,是关系到国家生死存亡的大事。

在国内要求立宪呼声日益高涨的背景下,1907年10月7日,梁启超等人创办《政论》,作为宣传宪政知识、表达宪政理念的舆论机关。与此同时,梁启超等人还积极谋划政闻社的创立。在《政闻社社约》中,梁启超明确提出:"对于内政外交,指陈其利害得失,以尽国民对于国家之责任心。"③而在《政论》第一期的《政闻社宣言书》中,他进一步将政闻社的宗旨界定为:"使国民具足政治上之能力",使中国早日成为立宪国家。为此,"吾党所主张者,国会既开之后,政府关于外交政策必咨民意然后行,即在国会未开以前,凡关于铁路、矿务、外债,与夫与他国结秘密条约、普通条约等事件,国民常当不怠于监督,常以政治团体之资格,表示其不肯放任政府之意思"④。

在各方的积极筹备下,10月17日梁启超、蒋智由、徐公勉、黄可权等人在日本东京召开政闻社成立大会。一方面,会议针对苏杭甬铁路问题,研究对付之法。蒋智由建议由政闻社派员"至沪联络两省铁路公司,力图抵抗",此议得到全体社员的一致赞同。⑤另一方面,梁启超等

① 《速立宪以救危亡论》,天津《大公报》1906年10月15日。
② 《论国民宜预结团体以开国会》,《时报》1907年10月10日。
③ 《政闻社社约》,中国史学会主编:《辛亥革命》第4册,上海人民出版社2000年版,第116页。
④ 《政闻社宣言书》,《政论》第1号,1907年10月7日。
⑤ 《政闻社开会纪事》,《政论》第2号,1907年11月15日。

人还在会议的演说中表明其推行宪政的决心。而被举为政闻社总务员的
马相伯则进一步提出："政闻社者，非一二人创立之政闻社，实全国同
志共同组织之政闻社"，为此社员们应该积极向广大国民宣传宪政知识，
培养国民监督政府的能力和意识。① 梁启超亦在大会演说中说：处今日
立宪的时代，"无责任之政府，斯为大敌，当以改造无责任之政府，建
设理想之政府为惟一之目的，而其进行之方法，一在舆论一致，而以报
馆为下手之方法"②。作为资产阶级立宪派政治团体，政闻社试图仿照立
宪国家，通过召开国会、组织议院等方式，监督政府的内政和外交，这
在当时得到许多知识人士的赞同和响应。

　　与此同时，中国知识阶层和一些亦官亦绅的人士也就要求立宪之事
上书清廷。10 月 5 日，湖南官绅熊范与、法部主事沈钧儒等人在联名
上书中称："国家之强弱，常以国民之国家思想与政治能力为标准"，中
国国民受制于专制政体之下数千年，其国家思想至为薄弱，其政治能力
亦极其低下，以致今日"上下之隔阂不通，人民之后援不起，则他人以
君民一体相逼而来，我惟以政府数人支持应付，即令外交强硬，军备扩
充，亦安有能操胜算之理"。"为今之计，惟有即行开设民选议院，以启
发人民之国家思想，增益人民之政治能力，……为人民者既身当参预国
政之冲，自必有休戚相关之感，而后国家大计始有可图。"③18 日《中外
日报》刊载的《民选议院请愿书》亦提出：国民无参与政治、外交之权，
以致今日"上下之隔阂不通，人民之后援不起"。然而，"世局日新，国
家生存之竞争益归激烈，非上下同负责任则国力不厚，无以御外侮而图

① 《政党之必要及其责任》，朱维铮主编：《马相伯集》，复旦大学出版社 1996 年版，第
　 70 页。
② 《记政闻社开成立会事》，《中外日报》1907 年 10 月 26 日。
③ 《湖南即用知县熊范与等请速设民选议院呈》，故宫博物院明清档案部编：《清末筹备立宪
　 档案史料》下册，中华书局 1979 年版，第 610、614 页。

自存；非人民参预政权，则国本不立，无以靖内讧而孚舆望"①。

值得注意的是，国人在阐述其立宪的意愿和要求时，注意将其与反对借款问题结合起来，认为清政府关于"苏杭甬借款一事，实足以败宪政之初基而危国本，灰营业之众心而穷国计，阻侨民归国投资之热诚而离国人之心"②。显然，清廷借款之举与其立宪之诏背道而驰，国人对清政府借款筑路有理有据的驳斥，无疑是对清政府立宪意旨的质疑和否定。

为缓和舆情，化解国民与清政府之间的矛盾，10 月 28 日，在袁世凯的主持下，外务部致电两江总督端方、江苏巡抚陈夔龙以及浙江巡抚冯汝骙，以"苏杭甬铁路一案颇多误会"为由，请其转电江浙铁路公司公举代表入京，届时外务部将"档案原委详细指示，以释群疑。"③ 外务部的入京要求引起社会各界的广泛关注，尤其是国内舆论界，对此意见纷纷，反应不一。《新闻报》对此明确表示反对，称"借款之举已成铁案，虽有代表亦难挽回"，推测外务部此举是"运其巧猾之口舌出其专制之面目以对付之，正可用为外部借款之代表，而决不许其为国民拒款之代表"④。

然而，《中外日报》的态度却截然相反，认为外务部"因舆论激昂之故，渐有欲与苏浙士绅和衷商办之意"，"而尤有进者，国民与政府争执，而政府令举代表入京面议，实以此为第一次"⑤。不仅如此，该报还连续刊载时论，详述公举代表进京的好处。一方面，该报从国民参与政治和外交的角度，认为公举代表入京可以使国民反对借款的要求上达政府，从而"使政府可藉代表者之舆论，自卸其责于英使"。随着反对

---

① 《民选议院请愿书》，《中外日报》1907 年 10 月 18 日。
② 《论浙路勒借外债之弊》，《中外日报》1907 年 10 月 25 日。
③ 《为请公举绅商数人来京以咨路事以释群疑事》（光绪三十三年九月二十二日），中国第一历史档案馆编：《清代军机处电报档汇编》第 33 册，第 511 页。
④ 《论外部令江浙举代表入京》，《新闻报》1907 年 11 月 9 日。
⑤ 《论外部令苏浙士绅派代表入京事》，《中外日报》1907 年 10 月 31 日。

借款运动的不断发展，江浙人民对列强侵犯苏杭甬铁路利权之举早已深
恶痛绝，绅、商、学界的不满情绪更是日益高涨，为此该报建议："外
交之最后手段必藉人民之舆论为后援，以自卸其责任，此为各国外交家
所惯用之手段"，如果外务部在此危急关头，"思借人民代表之舆论，以
折英使之要求，而可自卸其责"。另一方面，该报还对立宪与国民参与
外交的关系做了较为深入的阐述，其论说颇具新意。11 月 13 日，该报
刊发《江浙人民应派代表入都协商路政之关系》一文明确提出，代表入
京"为政府令人民参预政治之始基"，当前"我国民所希望立宪者，不
过为参预政权，今政府已令人民参预外交上重大之事项，即为人民获得
参预政权之始"①。

　　《中外日报》有理有据的论说显然赢得更多的赞同，1907 年 11 月
13 日，江苏铁路公司率先开会集议选举进京代表之事。当天，公司召
开股东特别大会，到会者一千二百余人。张謇在会上首先就代表入京与
立宪的重要关系作了阐述，称当今"立宪方始萌芽，此次代表到京即是
人民参预政权之始，若不派去，反蹈放弃之咎，且今之代表系不借款之
代表，并非商量借不借之代表，众皆赞成"。随后，与会者就入京代表
以公司名义抑或以国民名义进行辩论。关于此议，张元济和马相伯两人
当场宣布意见，称"公司举代表范围小，国民举代表范围大。范围既大，
力量较厚"。且"此次拒款集股多非公司中人，故以全省国民为宜"②。此

---

① 《江浙人民应派代表入都协商路政之关系》，《中外日报》1907 年 11 月 13 日。
② 对于以公司名义抑或以国民名义派代表入京问题，当时人们争执颇为激烈。一方面，杜
　　亚泉、邵义等人赞成以公司代表名义入京，而马相伯、张元济等人坚持以国民代表名义，
　　双方经过反复辩论，最后决定推举王文韶为江、浙两公司代表。至于国民代表人选，则
　　由江、浙两省联合协会电询地方团体后，再行决定。关于这一问题的讨论，反映了时人
　　在"国民"性质问题上的思考，这无疑为增进国民的主体意识以及促使国民自我觉醒等
　　方面，起到了一定的作用。

外,确定代表人选作为会议最重要的一个环节,经"当场议决民选,公推王文韶为代表,许鼎霖、杨廷栋、雷奋随行"①。15 日,浙省铁路公司亦召开股东大会,会议通过投票方式决定派代表入京。

在国人就代表入京问题进行激烈讨论之时,中国知识人士还就立宪国家的国民外交的内涵做了全新的阐释。11 月 15 日,《粤西》一篇题为《争回利权之一班》的文章指出,当此中国预备立宪时代,"外交政策常视其国民气之强弱为标准,吾愿吾广西同胞,推而至于各行省同胞,勿徒倚赖于官吏,各具一权利丧勿宁死之念头,联合一大群为政府外交之后盾,以保守现有之权利及争回已失之权利"②。同日,蒋智由亦以"观云"为名在政闻社机关报《政论》发文,对"立宪的国民之外交"做了详细的论述,文章称述:

> 中国今日其利害关系之急迫性,不可挽救性,殆无过于外交者。故外交权为吾国人今日之所必争,而与各国国民之对于外交,其所以处之地位不同,则时势所以造成,而国民当有因时势而发生其作动之观念者也。至于政府又不可不有国民的外交之觉悟,盖今日国际竞争之事,必以国民为极大之后援,故政府当进而养成国民之外交后援力,以为解决外交困难惟一之法。不然,而认为政府的外交非国民的外交,则政府必外之为各国之所以迫,而内之为国民所怨,外交失败,而一己之权位亦摇,政府诸人纵不为国人之祸福计,独不为一己之利害计乎?吾愿经此次之事变,于一方则国民必进而求有参与外交之权,于一方则政府亦可知外交不与国人之害,而与国人之利,扫除其所以谓专制的朝廷外交之误想,一变而为立

---

① 张树年主编:《张元济年谱》,商务印书馆 1991 年版,第 72 页。
② 《争回利权之一班》,《粤西》第 1 号,1907 年 11 月 15 日。

宪的国民之外交。①

显然，蒋智由的上述观点表明：实现"立宪的国民之外交"，其前提在于国民有参与外交的觉悟和意识，其关键在于国民外交为政府外交的助力和后援，其目的在于挽回国家的利权。同时，这一观点亦在《中外日报》《大公报》《申报》等的时论中得到进一步体现。

对于如何实现"立宪的国民之外交"问题，天津《大公报》的社论明确提出"开国会以为外交之助力"的观点。11 月 16 日，该报刊发《速开国会以为外交助力说》称："今日政府办理交涉之困难概可见矣。夫欲免其困难，果有何道以处此，曰其惟速开国会，公然予国民以干预政务之权"，"国会既开，则国民全体之代表以立，国民全体之代表既立，则政府对于外国之要求，若不经国会承诺，则不得承诺，外人亦不能迫令政府抗违国会之意见而承诺之。如此则政府对于交涉之困难有所推卸，庶不致因外人之强迫而损失国权，此国会可以为外交助力之明效大验也"。尤其是江浙铁路风潮发生以来，从国民的废约运动到拒借英款运动，足以表明我国"国民程度日高，政治思想日盛"，故应当趁此时机"即速请求朝廷召开国会，虽宪法犹未规定，不妨即以国会为实行立宪之始基"②。

由此可见，中国知识人士和趋新士绅就立宪与国民外交问题进行广泛议论。然而，报刊上的长篇宏论仅是学理上的空谈，要想挽回江浙铁路利权，实现"立宪的国民之外交"，就必须立即付诸行动。为此，以政闻社为代表的社会团体开始行动起来。该社积极联络东京留学界及横滨商界人士，针对苏杭甬铁路事件，开大会讨论挽救之法。由于"江浙

---

① 观云：《订约权在朝廷之误想》，《政论》第 2 号，1907 年 11 月 15 日。
② 《速开国会以为外交助力说》，天津《大公报》1907 年 11 月 16 日。

路事均以无监督机关所致，故为国家根本计，莫若速开国会，而政闻社既为政治团体，于国会运动万不容少缓"。全体国民应当"同尽国民之天职"，力争国会之召开。为此，大会决定"先遣数人往沪，以助江浙两省之力争，十日内外，再将本社迁沪，以为国会之运动"①。政闻社的决议表明：中国知识人士和趋新士绅已初步谋划将立宪的国民外交理念应用于挽回利权的行动之中，这无疑是国人实践"立宪的国民之外交"的开端。

值得一提的是，12月4日，苏浙铁路协会在上海斜桥商学公会开特别大会，与会者就国民参与外交及其与政府的关系等问题进行演说。雷奋首先发言说："今日苏浙集股踊跃，正足见民气之发扬，外部当知民气如此，不仅可用之于江浙铁路问题，如外部能善用民气竭力转圜，则国民一片愤激之心"，成为外交之助力。苏路公司代表许鼎霖亦称："国家无民气则亦断不能兴，政府端宜利用此民气以为外交后援，断不可以压抑为事。"②可见，国民在挽回铁路利权中所表现出的坚强决心赢得苏浙士绅的一致认同。需要补充的是，此次大会还专门邀请浙江巡抚冯汝骙以及由袁世凯指派的负责处理借款问题的梁敦彦参加会议。在会上，雷奋、许鼎霖等人力劝清政府利用民气为外交后援，江浙士绅们的现场演说在某种意义上对清政府外交官员所产生的触动可能更为直接，而这亦是国人实践和演绎"立宪的国民之外交"的重要尝试。

四、舍"国家的外交"而为"国民的外交"

随着江浙铁路风潮的不断演进，列强对中国铁路利权的侵略激起国人强烈的愤慨，清政府丧权辱国的外交政策更是造成国人极大的屈辱

---

① 《记留日学商界集议拒款事》，《中外日报》1907年12月1日。
② 《苏浙铁路协会请浙抚莅沪道莅谈详情》，《盛京时报》1907年12月5日。

感。面对外国列强和清政府的双重压迫，中国知识阶层和趋新人士由此重新审视政府和国民在外交中的主从地位，并且做出民族生存方式的抉择，即"舍国家的外交政策而为国民的外交政策"。

如果说在江浙代表入京前，国人受制于清政府庶政公诸舆论、凡事俯顺舆情的立宪之诏，对清廷立宪仍抱有一定的希望。一些有志之士因此向清廷请愿和上书，告以"绅民之足以援助外交"，劝说清政府"利用民气以为外交之后援"，以争回江浙铁路自办权。[①] 那么，在代表入京事情发生重大转折后，国民对清政府的内外政策予以尖锐地批评，并进而在对国民外交与政府外交（或国家外交）加以取舍的基础上，对中国国民外交的内在含义做出新的解释。

1907 年 12 月 10 日，张元济、孙诒让代表浙路公司，王同愈、许鼎霖代表苏路公司一同乘船启程赴汉口，然后改坐火车进京。18 日代表们抵京。翌日，四位"代表谒见外务部尚书袁世凯，历陈两省民情固结"，希望清廷能够主持大局、力挽路权。[②] 然而，袁世凯以"国势积弱，外交棘手"为由，坚决表示"废约之事决难办到，毋庸再议"，并且要求代表们到外务部查阅档案。[③]

如前所述，江浙人民要求废除《苏杭甬铁路草约》的重要依据，是 1903 年 5 月 24 日盛宣怀致电英国银公司代理人璧利南时，称"六个月之内再不勘路估价订定合同"，则"所有以前合同一概作废"的信函，

---

① 《论政府防范绅民之非计》，《申报》1907 年 11 月 20 日。另：1907 年 11 月 22 日，江苏士绅杨廷栋与 150 人联名致函外务部，告诫其慎重交涉而维系"民心"，称"有民而失民心，甚遭民心之怨击，则其势有不忍以言语尽矣。有如此大好民心而不能利用，顾乃摧折之，岂谓小民可欺而权利荣誉可以常保邪？"（参见《各省留沪民人杨廷栋等致外务部信函》（1907 年 11 月 22 日），中国第一历史档案馆、海峡两岸出版交流中心编：《清宫辛亥革命档案汇编》第 34 册，第 56 页）

② 张树年主编：《张元济年谱》，商务印书馆 1991 年版，第 73 页。

③ 《浙路代表之困难》，《中国日报》1907 年 12 月 23 日。

江浙人民遂以六个月过后路约作废为由要求自办铁路。然而，1907 年 12 月 11 日，盛宣怀在上军机处的密折中首次披露事情原委，原来在 1903 年 5 月 31 日，盛宣怀曾 "接璧利南复函称，杭甬及浦信铁路各节当经函达英公司，以贵大臣愿早订合同不再延缓，至来函限以六个月订立合同，此节碍难照办"①。即江浙绅商要求自办铁路最重要的法律依据，因中英公司在复信中表示 "不能指为默认"，而难以成立。② 代表们由此陷入无以为据的困境。

1908 年 1 月 7 日，代表们再赴外务部，袁世凯更是 "提出所谓'邦交、民心两面兼顾'之'部借部还'方案"，即借款合同由邮传部与英国银公司订立，该借款全部由邮传部担保，作为邮传部资助，要求江浙公司聘请英国工程师一人，公司筑路所需材料须向英国购买。"部借部还" 的方案提出后，代表们颇感失望。10 日，苏浙铁路公司宣布撤销代表。23 日，张元济与王同愈返回上海。2 月 5 日，张元济发表公启："谢辞浙路公司各事。"③ 随着入京代表们陆续返回，以及相继辞去代表资格，江浙人民挽回江浙铁路修筑权的努力遂宣告失败。

江浙铁路风潮的急剧衰退，铁路利权的丧失以及清政府借款的逼迫，使国民与清政府之间的矛盾愈加尖锐，中国知识人士由此开始对清政府内外政策的无情批判。1907 年 11 月 17 日，《顺天时报》的社论愤怒地表示，国民奋力争回江浙路权，清政府却 "以利权授之人"，国家

---

① 盛宣怀：《愚斋存稿》卷 14，第 2 页，载沈云龙主编：《近代中国史料丛刊续编》第 13 辑，台北文海出版社 1975 年版。

② 上海市图书馆编：《汪康年师友书札》第 1 册，上海古籍出版社 1986 年版，第 964 页。

③ 张树年主编：《张元济年谱》，商务印书馆 1991 年版，第 74、75 页。值得一提的是，张元济等人无功而返引起了人们的不满。1908 年 2 月 12 日，孙廷献在《申报》上刊发启事，斥责张元济虽 "慨然愿为国民代表"，却 "中道忽变，托故先归，逍遥事外"。对此，张元济不得不致函孙廷献说明事因，并在《时报》刊登告白，以澄清事实（参见张元济：《张元济全集》第 1 卷，商务印书馆 2007 年版，第 390、517 页）。

"路权之丧，大抵由政府外交之失"。为此警告清政府，国家"利权之失愈大，而人民之于政府，起而猛省反对者，故侮蔑之尤甚"①。12月19日，《时报》一篇题为《论政府近日对内对外之方针》的时论称："苏杭甬铁道本吾民收回自办之路，乃政府忽以迅雷不及掩耳之手段借款于英人，事前既不闻商量，事后又不筹补救"，江浙人民力图挽回，却遭到清廷的无情压制，"为外交之后援者国民也，政府宁尽丧其权利，而不恃国民以为后援"，清政府对内压制、对外屈服的方针必将遭到全体国民的共同反对。②

12月31日，温雄飞在《云南》杂志发表《国民势力与国家之关系》，就国民在外交中的地位和作用作了新的阐释："国家既以国民为主体，国民之活动即国家之活动，凡国家对于外部进行之方针，与对于国际纷争之问题，必举全国之精神毅力，以为对待要挟之具，则外交之原动力在乎国民，以监督当局者之谬误，补助当局者之不足，而为国民主观的解决。"尤其是当前我国政府外交不足恃，国民欲维护国家利权，就必须"舍国家的外交政策，而为国民的外交政策"。不仅如此，在对清政府外交政策的大力批判之时，作者更是直截了当地称："非外人之能攘夺我民之权利，乃政府盗卖我民之权利，以致外人之攘夺；……今日欲保存权利，必先抵制外人，欲抵制外人，必先抵制政府。"③

"欲抵制外人，必先抵制政府"，"舍国家的外交"而为"国民的外交"，这是国人对清政府外交的彻底否定，揭示时人在列强和清政府的双重压迫下，做出民族生存方式的革命性抉择。1908年1月4日，浙江留日学生发布《哀告浙江同胞意见书》，呼吁国人"绝依赖政府之心，

---

① 《论外交与内政不可相戾》，《顺天时报》1907年11月17日。
② 《论政府近日对内对外之方针》，《时报》1907年12月19日。
③ 《国民势力与国家之关系》，《云南》第11号，1907年12月31日。

而自重国民之资格,以积极的行动对抗政府"。①17 日,《新闻报》亦刊载时论,揭露清廷宣布立宪以来,"学生之干政有禁,人民之结社有禁,志士之演说有禁,报馆之记载亦将假法律以为禁",以致国民"无丝毫可以自主之权",清政府的内外政策表明,其"于立宪前途愈去愈远",国民欲以立宪挽回利权的愿望则已落空。②

2 月 19 日,《神州日报》一篇题为《论国民参与外交之应急手段》的社论提出,虽然过去"吾国政府外交失败之原因者,必归罪于无鞭策政府之监督机关,惟无监督机关,故政府得以国民权利与国家主权悉供外人之取携而无所于靳",于是国人寄希望于开国会,以"参与外交",然而却"为政府所不乐闻"。就江浙铁路问题而言,国民欲收回铁路利权,清政府却以"订约权在朝廷",而置国民要求于不顾。可见,国民与清政府在立宪问题上形成"上下相持"的状况,"国民参与外交"已势在必行。③

28 日,《云南》杂志再次刊发温雄飞的《国民势力与国家之关系》续文,对提倡"国民的外交"原因做了进一步论述,认为"国家对外之行动必以国民为主体",即国民立于外交的主体地位,"必先养成国民公法的能力与铁血的能力,俾成为独立自营充内抗外之国民,有政府之依赖国民,无国民之依赖政府,去独裁主义一变而为共决主义,舍国家的外交政策一变而为国民的外交政策"④。

就在该文发表七天后,3 月 6 日,清政府外务部、邮传部与英国银公司签订《沪杭甬铁路借款合同》,规定:(一)借款总数为英金一百五十万镑,年息五厘;(二)借款用于修造沪杭甬铁路,由英国银

---

① 《哀告浙江同胞意见书》,《时报》1908 年 1 月 4 日。
② 《论吴某请抑民权之误》,《新闻报》1908 年 1 月 17 日。
③ 《论国民参与外交之应急手段》,《神州日报》1908 年 2 月 19 日。
④ 《国民势力与国家之关系》,《云南》第 12 号,1908 年 2 月 28 日。

公司代购洋材料和机器；（三）须聘英国工程师一人。① 中英借款合同的签订表明江浙人民挽回铁路利权的努力彻底失败，国人在痛失利权之余，无不对清政府内外政策的丧权辱国表示强烈愤慨。

综而观之，从江浙铁路风潮的发动，至高潮迭起，再到逐渐回落，国民通过废约运动、拒借英款和派代表入京等行动，直接站到对外交涉的风口浪尖，不但为预备立宪时期的国民外交做了全面地阐释和演绎，而且对国民外交之主体地位赋予新的内涵。

第三节　二辰丸案前后的国民外交与政府外交

1907 年前后，"国民外交"与"立宪"及"国会"等问题的交织体现人心所向，清政府也于是年 10 月颁布筹设谘议机关的谕旨，表现出召开国会、仿行立宪的姿态。然而，一波未平，一波又起，江浙铁路风潮还未完全平息，国人对清政府内外政策的议论之声仍然沸沸扬扬，在此背景下，二辰丸案于 1908 年 2 月初爆发。② 围绕二辰丸案的交涉，中日葡三方展开激烈的外交角逐，"国民外交"在二辰丸案所产生的巨大社会危机中表现出新的内涵和特点。与此同时，清政府在交涉中的妥协退让激起国人的强烈愤慨，随着二辰丸案所引发的抵制日货运动的持续进行，国民开国会、设议院的要求亦日益强烈，并进而提出开国会以行国民外交的响亮口号。

然而，粤商自治会等团体发起的文明抵制日货运动却遭到清政府的

---

① 《沪杭甬铁路借款合同》，《商务官报》第 4 期，1908 年 3 月 27 日。

② 当前学界关于二辰丸案研究的论著有：张海伦：《经济低度发展对抵制日货的制约——以1908 年抵制日货为例》，《黑龙江史志》2009 年第 16 期；朱昭华：《清末中葡澳门勘界谈判研究》，《五邑大学学报》（社会科学版）2010 年第 1 期；陈正权：《突发事件与政府外交：1908 年"二辰丸案"的思考》，《吉林广播电视大学学报》2010 年第 6 期。

严厉打压,国人要求开国会以监督政府、参与外交的请愿活动亦被清政府一律查禁,从而使国民通过"开国会"以监督政府、实行"国民外交"的思想和行动发生重大变化。

一、二辰丸案的发端与中外交涉

1908 年 1 月 26 日,从日本神户出发的日本商船二辰丸(Yatsu Maru)号抵达香港,1 月 30 日该船开往澳门。清政府通过侦探得知该船装有大量军火,准备在澳门附近起卸。2 月 5 日,广东水师巡逻时发现停泊在澳门附近的大沙沥海面上准备卸货的二辰丸号商船,遂将其截获。广东水师巡弁李炎山等人将商船上人员及军火全部扣留,并且撤去轮船上悬挂的日本国旗。

2 月 7 日,两广总督张人骏致电外务部,称日商船二辰丸号装有枪二千余枝,子弹四万余发,到中国海面卸货,经查验发现并无中国军火运营护照,显然是一起军火走私案,现已将船暂扣,请示办理。① 10 日,外务部复电肯定张人骏的做法,认为日本商船既然私运军火,只需"照章办理,本部毋庸照知日使"②。

然而,日本和葡萄牙两国政府却极力干预该案。2 月 10 日,在日本外务大臣林董的指使下,日本公使林权助向清政府提出抗议,称该船有日本神户港务部许可书,并得到澳门方面的许可,指责中国巡弁扣留船只是无理之举,要求将该船速行释放。③ 18 日,葡萄牙驻华公使柏德罗、总领事穆礼时亦照会外务部,声称二辰丸所泊海面为葡国海域,中

---

① 《收粤督张人骏电》(光绪三十四年一月六日),《清代孤本外交档案续编》第 17 册,第 7453、7454 页。
② 《发两广总督》(光绪三十四年一月九日),《清代孤本外交档案续编》第 17 册,第 7461 页。
③ 《第二辰丸差押处分二関スル》,日本外交史料館所藏外務省記録,アジア歴史資料センター復製,Reel No.48。

方此举"有碍葡国主权"，要求"粤督将军械交回及将二辰丸释放"①。

显然，日方借助葡萄牙公使的力量，欲在案发地点为葡国海域上做文章。对此，两广总督张人骏从容反驳，态度十分坚决。一方面，他于2月17日再次致电外务部，详述该案缘由，称二辰丸商船私运军火的人证、物证俱在，"始将该船扣留，自应照关章会讯，分别办理"②。另一方面，他还亲自照会葡萄牙总领事穆礼时，向其严正宣告："该商船违犯约章，运送禁物，既在中国水面，自应照章由税司秉公讯断"③。

尽管张人骏据理力争，要求按照海关章程进行审理，表示决不让步，但是日方却极力狡辩，态度十分强硬。同时，清政府外务部迫于日葡两国压力，也以二辰丸船起卸军火，"虽已预备，究未实行"为由，催促张人骏"从速议结"④。在日方的一再恐吓和威逼下，3月3日，外务部更是电告张人骏说：二辰丸号商船，"惟扣留愈久，恐索赔愈巨，并虑肆其强权，别生枝节"，要求张人骏速将此案通融办理了结。⑤

在日本和葡萄牙方面的巨大外交压力下，清政府的态度一再妥协。3月6日，外务部照会日本公使时称，对二辰丸案中国官员"撤换日本国旗事，表示歉意"，为此"即将办事失当之员弁加以惩戒，以表

---

① 《本馆特电》，《香港华字日报》1908年2月22日。
② 《收粤督张人骏电》（光绪三十四年一月十六日），《清代孤本外交档案续编》第17册，第7483—7485页。
③ 《两广总督张人骏为第二辰丸号被扣事复商总领事穆礼时照会》（光绪三十四年一月二十一日），葡萄牙外交部档案馆等编：《葡萄牙外交部藏葡国驻广州总领事馆档案》第4册，广东教育出版社2009年版，第4447—4451页。
④ 《发两广总督电》（光绪三十四年一月二十一日），《清代孤本外交档案续编》第17册，第7503、7504页。
⑤ 《为询扣留日本轮船辰丸号曾否解放事》（光绪三十四年二月一日），中国第一历史档案馆编：《清代军机处电报档汇编》第24册，第3页。

歉忱"①。然而,日使林权助仍表不满,并且于当天向外务部提出无条件释放商船、向日方道歉、惩罚涉案中国官员和对日赔偿等四项要求。此外,林权助还威胁称,中方必须"迅速表明应允",接受以上条件,否则日本将"下适当之手段",以彻底解决该案。②

正当二辰丸案交涉朝着不利于中国的方向发展之时,中国知识阶层和爱国绅商对此次危机表现出极大的关切,他们在报刊发文,对日本的无理之举表示坚决地抗议,对清政府外交政策的丧权辱国予以强烈地谴责。2月24日,《申报》时论认为:二辰丸案交涉表明,"政府外交之思想愈趋而愈拙,外交之能力愈趋而愈弱,外交之手段愈趋而愈下,惟愈拙也而交涉之事乃愈艰,惟愈弱也而交涉之事乃愈多,惟愈下也而交涉之事乃愈奇"③。

从上述中、日、葡三方的交涉情况来看,两广总督张人骏在案发之初,一面对日方进行有理有据的抗议,同时向清政府外务部说明情况,以期得到朝中大员的支持。尤为可贵的是,面对日本政府的恐吓以及葡萄牙的威逼,张人骏认定日方私运军火至中国海域,坚持将所截军火"充公之议"。④

张人骏的坚决态度得到普通民众的大力拥护。以"粤商自治会"⑤为代表的广东商民,从维护国家利权的目的出发,率先对张人骏的坚决

---

① 王芸生:《六十年来中国与日本》第5卷,生活·读书·新知三联书店1980年版,第153页。

② 《收日本公使林节略》(光绪三十四年二月四日),《清代孤本外交档案续编》第17册,第7577—7586页。

③ 《论政府对日交涉之手段》,《申报》1908年2月24日。

④ 《专电》,《时报》1908年3月7日。

⑤ "粤商自治会",亦称"广东自治会"或"自治会"。该会于1907年两广民众开展反对英国攫夺西江缉捕权时组织成立,制定了《粤商自治会章程》,会长为陈惠普、李戒欺两人,主要成员有陈基建、陈竹君、罗少翱等(参见邱捷:《辛亥革命时期的粤商自治会》,《近代史研究》1982年第3期)。

态度表示支持。粤商自治会感愤于日本政府的无理要求以及清政府的妥协退让，决定立即采取行动，予清政府的对外妥协态度以坚决地反对。一方面，该会陈基建等人联名致电外务部，要求立即拒绝日方要求，坚决维护国家利权；另一方面，该会为争取国际社会的同情和支持，不但"发电于外国及各省求为后援"，还从舆论出发，在国内外各大报纸刊发文章，详述二辰丸案前后经过，"以表明捕拿辰丸于国际法上实属全然正当之行为"①。3月6日，该会自行"集众会议，务助张督力争"②。翌日，粤商自治会再次集会，《广州七十二行报》编辑罗少翱等人当众演说，"痛驳总税务司节略十七条"，并就"葡日两使硬指二辰丸案泊处之珠江大西沥为公海"之事据理力争。值得注意的是，此次集会制定的议案不但认为二辰丸案关涉中国领海权，呼吁国民为维护国家利权"要求政府，坚持力争"，而且"将二辰丸私运军火之证据详细叙明，分寄中外华文报馆，并译作洋文，分寄外国报馆"，从而使事实真相大白于天下，为争取国际社会的同情与支持奠定基础。③

　　然而，正当以粤商自治会为代表的社会各界积极声讨此案之际，清政府却以"借端干预，纠集煽惑"为由，将联名上书的陈基建等人指为"好事之徒"，要求"切实查办"、"严加惩儆"。④ 在对国民的正当要求进行严厉打压的同时，清政府还一再向日本妥协，以求该案早日了结。3月15日，清政府外务部致电两广总督张人骏，命其接受日方的全部要求：（一）误换日本国旗一事，由清政府照会道歉，并将当事中国官员予以处分；（二）将二辰丸号商船即行释放；（三）所扣留的军火由中国

---

① 《论二辰丸事》，《时报》1908年3月18日。
② 《专电》，《时报》1908年3月7日。
③ 《自治会集议二辰丸案纪事》，《申报》1908年3月15日。
④ 《为望饬查粤商陈基建等贸然指责辰丸事件事》（光绪三十四年二月九日），中国第一历史档案馆编：《清代军机处电报档汇编》第24册，第31页。

以日金 21400 元购买;(四)将此案中国失当官员一律惩办;(五)赔偿二辰丸号商船的损失。① 同时,清政府还宣称:二辰丸案与日使"业已协定,无可再议"②。3 月 19 日,清政府在九洲洋面上按协定释放二辰丸号商船,并且鸣炮二十一响,以示歉意。这样,二辰丸案最终以中国妥协的方式"和平"了结。

二、第一次抵制日货运动前后的国民外交

随着二辰丸案屈辱协定的达成,中国知识人士进一步认识到清政府外交政策的丧权辱国,尤其是在二辰丸案发生后,清政府不以国民为外交后援,仅以外务部独担其责,而日本则举全国之力与我国相抗衡,其强弱对比显而易见。对此,《大公报》的时论指出:就国际法知识而言,"外交之所恃以为后援者国民也,有国民之后援而后足以言外交",政府若能"举全国之力以对外,则外人知我外交势力之基础在于国民,不改复肆其恫吓凭陵之惯技,即令外人有所要挟,而我政府以诿之于国民,且国民亦实有足为后援之实力,彼外人者有不敛手以退者乎?"③ 显然,在时人看来,二辰丸案中中国外交之失,在于政府不以国民为外交后援,以至在日本政府的强硬态度下,清政府不得不屈服就范,接受日方的屈辱协定。

在对清政府外交予以尖锐批评的基础上,时人还指出中国"国民之所以不为后援者,非国民之不欲援政府,实政府之先弃国民也"。自二辰丸案交涉以来,国民积极参与外交,"其卫护国权、保全权利之心

---

① 《第二辰丸抑留二関スル日清交涉一件》,日本外交史料館所藏外務省記録,アジア歴史資料センター復製,Reel No.1—0068。

② 《发粤督电》(光绪三十四年二月十三日),《清代孤本外交档案续编》第 17 册,第 7615—7618 页。

③ 《为辰丸事敬告政府》,天津《大公报》1908 年 3 月 18 日。

理，正政府外交之武器也。乃政府者宁使国权尽丧，受侮辱于外人而不辞，而对于此种卫护国权、保全权利之心理，则摧抑之唯恐不力"。尤其是"处今日国民的外交时代"，"国民之所主张者，多理正而词严，政府之所主张者，多丧权而辱国"，然而政府却"于民气则压抑之，于舆论则束缚之，对于内不能为充实发达之分子，对于外自不能为外竞之国民也"。可见，处此"国民的外交时代"，中国"国民外交"的特点，一方面是政府不以国民为外交后援，另一方面则是国民受政府压制而"不欲援政府"，导致"国民与政府之主张不一致"①。显然，在外交日益严峻的形势下，清政府与国民两者背道而驰，愈行愈远。

此外，时人还提出国权能否挽回、利权能否保持，取决于能否开国会以行国民外交。3 月 20 日，天津《大公报》发表《为辰丸事敬告国民》，宣称二辰丸案丧权辱国，其"外交所丧失之权利，乃吾国民之权利也"。为此，呼吁国人积极寻求外交解决办法，"若吾国民对于外交之事始终执一冷淡之态度，微论其他，即此外交失败之一事，已足以亡国而有余矣"②。

诚然，随着近代中国国家观念与国民思想日趋进步，国民感愤于清政府外交失败，亟起而谋挽回之策，于是"所谓民气者、舆论者、电争者、死拒者、开会演说者"纷纷涌现，尽管当时国民外交思想早已萌发，国民参与外交之举亦层出不穷，然而终因清政府的严厉打压而归于失败。为此，时人从二辰丸案的经验教训出发，提出中国外交失败的根本原因在于无国会监督政府。日本"以有国会之故而胜利，我以无国会之故而失败"，在内忧外患日益深化的中国，"果有何善策以挽此已失未失之国权也，无已其惟有求一监督政府之机关，以纠问外交上之责任乎，

---

① 《为辰丸事敬告政府》，天津《大公报》1908 年 3 月 18 日。
② 《为辰丸事敬告国民》，天津《大公报》1908 年 3 月 20 日。

此机关维何？则国会是已"①。可见，虽然国人在此案的交涉中进一步看到清政府外交政策的屈辱，由此表现出国民不愿援助政府外交的倾向，而中国知识人士则从日本外交成功的先例中，探索出开国会以行国民外交的道路，显然，这在某种意义上顺应了当时国内各界人士实行宪政的愿望和要求。

二辰丸案交涉的失败造成国人强烈的屈辱感，清政府外交政策的丧权辱国引发中国社会巨大的民族危机。强烈的屈辱感激起国人不甘于沉沦的自觉心，巨大的民族危机促成国民参与外交的土壤和环境，这样，近代中国第一次抵制日货运动便由此爆发。

以粤商自治会为代表的广大商民首先发起抗议。3 月 19 日，即清政府全面接受日本无理要求的当天，粤商自治会召开全体大会，不但将当天定为"国耻日"，而且当场宣读《国耻纪念会勉词》，激励国民道："我国民今日以穷耻极辱之身，处于跼天蹐地之下，所恃以图存者，惟此不挠之民气，不死之民心而已"②。随后自治会还广发函电，号召国民团结一致，为维护国权发起抵制日货运动。不久，广西、上海、香港、南洋群岛等地的商民群起响应，纷纷召开"国耻会"，宣布实行抵制日货。

从当时的情况来看，各地"国耻会"的陆续召开可谓是抵制日货运动的前奏和推助器。一方面，国人以"国耻会"的名义集会演说，不仅激发下层社会民众的国民性和自觉心，而且能够唤起他们维护国家利权的责任。另一方面，各地通过集会的方式将分散在不同地方的人们召集起来，大家互通声气、彼此劝勉，共同为抵制日货而采取一致行动。从 1908 年 3 月 19 日开始，至 4 月底，各地召开"国耻会"的情况，详见

---

① 《为辰丸事敬告政府》，天津《大公报》1908 年 3 月 20 日。
② 《国耻纪念会勉词》，《香港华字日报》1908 年 3 月 23 日。

表 3–2 所示：

表 3–2：1908 年 3、4 月间各地召开"国耻会"情况一览表

时间	地点	集会团体	演说者	会议内容
3 月 19 日		粤商自治会	陈惠普等	研究和讨论文明抵制日货的办法。
3 月 27 日		粤商自治会	仇春荣、张崧云、李铁尧、黄微孟、陈惠普、徐君勉、陈仪侃、陈荫农、冯觉芸、何恒齐等	呼吁文明抵制日货，要求速开国会，并提出振兴商务等建议。
3 月 29 日	广福医院	佛山七十二行商	罗少翔、谭霸图、陈惠普、陈柱朝、陈章甫、何恒齐、郭仙舟、张崧云等	呼吁国人勿忘国耻，创办工艺厂，文明抵制日货。
3 月 29 日晚	祖庙戏台	佛山七十二行商	霍子常、罗少翔、陈惠普、郭仙舟等	呼吁勿忘国耻，团结各界人士，文明抵制日货，切勿暴动。
4 月 3 日	上海虹口某学堂	旅沪粤人		演说二辰丸交涉始末，呼吁勿忘国耻，振奋民气，挽回国势。
4 月 5 日		粤东女界	刘守初、潘幽芳、余岱宗、简卓亭、袁守英、关仲卿、郑称金、黄五妹等	宣布议案三条：（一）女界同胞亦国民一分子，应当起而实行文明抵制；（二）寻求文明抵制办法，遵守贸易自由原则，为此立即派人调查日货，以便将各国货物分辨清楚；（三）改良国货，增进工艺。
4 月 6 日		粤商自治会	关佐田、李少擎、张崧云、陈柱朝、陈复生等	详细讨论相关议案。
4 月 8 日	和平会社	新会民众		

续表

时间	地点	集会团体	演说者	会议内容
4月10日	新智书社	南海沈村民众	沈植生、刘、潘、余、简、关诸女士等	呼吁国人忍辱图强,振兴实业,文明抵制日货。
4月10日	惠济善堂	浬水墟民众		
4月12日		广东自治会		宣布议案五条,大致内容为:联合各省,要求民选议院;提倡爱国主义,文明抵制日货;设劝工场,改良土货。
4月12日	玄坛庙前戏棚	三水、河口自治研究会	黄少吕、李秉衡、黎捷南、苏亮朋、廖日卿、杜伯祺、张崧云、陈柱朝、李少琼等	呼吁遵守贸易自由原则,实行文明抵制,同时要振兴工艺、改良土货。
4月13日	武庙	西南阖埠商民	朱宴园、张崧云、陈柱朝等	演说二辰丸交涉始末,呼吁国民振兴实业,文明抵制日货。
4月18日		粤商自治会	陈惠普、张镜洲、何恒齐、陈章甫等	主张讲求工艺,振兴实业,实行文明抵制,切勿暴动。
4月28日	旧墟广爱善堂	陈村商民	吴寿垣、黄耀生等	遵守自由贸易原则,坚持文明抵制日货。

资料来源:1908年3月至4月的《香港华字日报》《中外日报》《申报》《时报》《半星期报》等。

　　由表3-2可知,在短短的一个多月时间里,各地自发召开的"国耻会"达十余次,其中由广东商民组织召开的集会次数最多,而粤商自治会、佛山七十二行商及旅沪粤商等商会团体表现最为积极,俨然成为抵制日货运动倡议和发起的骨干力量。

　　值得注意的是,在各地为抵制日货运动所发起的"国耻会"上,广大国民就如何参与外交问题进行激烈探讨,通过大会的演说和讨论,全国"民气大张"。可见，当时各地"国耻会"的召开"确为民力充实之先导"，不但能够使各国列强知道"吾国民诚欲挽救外交之失策"，而且使国人进一步明确参与外交的必要性，从而以更加积极的心态，投身于抵制日货运动。①

在各地民众或团体的行动中，粤商自治会的集议尤其引人注目。该会不仅最先发起集会，还"函致各地商会，提倡抵制日货之议"。② 在该会的广泛联络和大力倡导下，抵制日货之议很快得到各界民众和团体的响应。不仅如此，粤商自治会鉴于当时国人"不得稍有参政权也，仅恃有限之报纸、有数之社会，以为表达舆论，发抒民气之地"的情况，注意借助报刊舆论的力量，对上警示政府，向下引导和发动各界民众。③为此，该会将《广州七十二行报》编辑罗少翱、《半星期报》的总发起人莫梓轮以及《羊城报》编辑谭荔垣等人召集入会，并且以这些报刊为依托，对各地集会、演说、传单、抵制的具体内容和情况及时向社会公布，从而为抵制日货运动向纵深发展奠定坚实的舆论基础。

与此同时，广东妇女界万余人组织召开"国耻纪念大会"。刘守初女士在演说中痛斥日本在二辰丸案上"蔑弃约章，欺藐太甚"，呼吁"女界同胞亦国民一份子"，应当群起加入到抵制日货的外交斗争。④

需要强调的是，在各地集会中，国人都不约而同地倡导"文明对待"。3 月 27 日，粤商自治会召开大会时制定"举办各实业，实行文明对待"等决议，会长陈惠普在演说中亦"以知耻忍辱、振兴实业为劝勉，并戒切勿暴动"。⑤4 月 10 日，在佛山召开的国耻大会上，陈惠普当众"反

---

① 《论国耻纪念会》，《新闻报》1908 年 3 月 23 日。

② 《论抵制外货事》，《盛京时报》1908 年 3 月 29 日。

③ 《论吾国之危状》，《新闻报》1908 年 3 月 31 日。

④ 《粤东女界开国耻大会详情》，《中外日报》1908 年 4 月 12 日。

⑤ 《粤东自治会开特别大会详情》，《中外日报》1908 年 4 月 8 日。

复叙述文明对待之策，约有半时。次为郭仙舟演说切勿暴动，以免为外人所计算"①。12 日，广东三水、河口自治会联合召开"国耻纪念会"，与会人士表示："自后出洋誓不附搭日本邮船，并父诏子，兄勉弟，皆以振兴实业，销流土货为文明对待之后劲。"②

"文明对待"之议不仅体现在集会演说或大会决议中，还出现在各地团体或组织的来往信函中。尤其是粤商自治会，通过广致函电和散发传单等方式，劝导各地民众和团体"文明对待"，"戒无意识之暴动"。③可见，在抵制日货运动之初，国民能够较为自觉地以"文明对待"相劝勉，通过宣扬文明抵制，使抵制日货运动广泛而深入地开展起来。

诚然，二辰丸案交涉的屈辱并未使国民因悲愤而失去理智，"文明对待"之议不仅见诸商界的集会和决议中，而且得到学界、工界、妇女界等的广泛支持和响应，各界民众对此信奉有加，宣传尤力，视为抵制日货运动成败的关键。从当时各界开会集议的情况来看，"文明对待"的具体内容主要包括：（一）将抵制的矛头专门指向日货。为帮助民众辨别日货，各地组织人员展开调查，将有关日货的商品名称、分布地点等情况及时公之于众。（二）提倡国货。呼吁国人通过购买国货来表达爱国情怀，为此大力发动民众或团体督促工界改进国货，并且"请七十二行商速设劝工场，改良土货"，振兴国货。④（三）在抵制日货运动中坚持"文明对待"。"如在街上见有日人沿街叫卖日货，各为其国，热心可嘉，我同胞当敬而效之，尤当恪守买卖自由规则，切切不可以冷语嘲笑，致被藉口，谓我国民有暴动行为，碍我同胞名誉。"⑤

---

① 《佛山续开国耻大会详情》，《中外日报》1908 年 4 月 11 日。
② 《本省大事》，《半星期报》第 3 期，1908 年 4 月 10 日。
③ 《论枭刬小轮案无赔偿日商之理》，《中外日报》1908 年 4 月 5 日。
④ 《广东自治会大会议议案》，《中外日报》1908 年 4 月 20 日。
⑤ 《粤人文明举动》，《香港华字日报》1908 年 4 月 6 日。

　　值得一提的是，在中日关于二辰丸案达成协定的当天，粤商自治会即倡议抵制日货，此举得到旅沪广东商民的热切响应。一时间，上海"各报载有广东自治会因辰丸案决议抵制日货，连络各处，劝诱和众，旋知在沪粤人赞成此事"，同时旅沪两广同乡会电称，"此案有失国权"，计划于 3 月 22 日就抵制日货一事，在"各报纸公告从事"①。

　　显然，上海作为当时中外各国通商往来的重地，其商业运行的畅通与否，将直接关系到社会局势的稳定以及各国列强在华人员安危，故上海民众所倡导的抵制日货行动无疑给清政府造成相当大的触动。尽管国人自始即倡导"文明对待"，宣扬文明抵制日货，但日本政府对此仍持敌视态度，并就取消抵制一事不断向清政府施压。在察觉到上海民众抵制日货的迹象后，清政府连忙致电南洋大臣端方，命其对商民登报抵制日货一事"警告弹压"，叮嘱"如有藉端簧鼓之徒，并应切实饬禁为要"②。

三、"使政府的外交变而为国民的外交"

　　对于广东抵制日货热潮的迭起，日本代理外交公使阿部守太郎极为不安，遂急赴清政府外务部，强行要求将各地抵制日货之事"严为弹压，以防意外"。在日方的压力下，外务部向两广总督张人骏、广西巡抚张鸣岐分致函电，命令将与抵制有关的团体或组织"严查解散，免启事端"。③ 对此，张人骏认为："日本自经此案，名誉大损，各国皆非笑

---

① 《为旅沪粤商登报抵制日货望饬沪道说服事》（光绪三十四年二月十九日），中国第一历史档案馆编：《清代军机处电报档汇编》第 24 册，第 64 页。

② 《为旅沪粤商登报抵制日货望饬沪道说服事》（光绪三十四年二月十九日），中国第一历史档案馆编：《清代军机处电报档汇编》第 24 册，第 64 页。

③ 《为望饬严查时散广东自治会抵制日货事》（光绪三十四年三月二日），中国第一历史档案馆编：《清代军机处电报档汇编》第 24 册，第 79 页。

之。即其本国之报，亦咎政府之办理失当。"可见国人针对此案交涉表达悲愤情绪，以及倡议抵制日货等并非事出无因。因此，对于广东民众抵制日货之举，张人骏并没有按照外务部的意旨出兵弹压，而是以"文明对待"为宗旨对民众加以劝免，并且力图将抵制之举导向"扩充航业，振兴工艺"之类的"通商惠工"的轨道，"以为暗中抵制之计"①。

　　尽管张人骏等地方官员对抵制日货之举表示同情，但清政府却屡次函电要求对国民抵制日货运动予以严厉打压，这无疑激起社会各界的强烈不满，这一时期，包括《时报》《申报》《新闻报》《大公报》《中外日报》在内的各大媒体纷纷刊发时论，严厉谴责清政府内外政策的丧权辱国。《时报》在分析二辰丸案交涉失败的原因时说：各国外交以兵力为后盾，我国外交无强有力的兵力为后盾，"惟有国民之意志与舆论"，政府若以国民为外交后盾，则"列强对之不能毫无顾忌，外交当局者，尚可藉以支撑一二也"②。然而，此案交涉前后，政府既不以国民为外交后盾，国民亦不愿援助政府，究其原因，实在于中国外交官"不谙国际法"，不但缺乏国际法知识，对主权、领土权、领海权等毫无维护之心，而且唯恐国民参与政治和外交，可见"今日外交之危险而由政府酿成之者"③。

　　《中外日报》则从国民参与外交的角度提出："近年吾民渐知心竞，渐能爱国，惟恐国权更有失坠，即不可以为人，将寖致于灭亡，故遇外交将失将坠之一顷，无不振起疾呼，苦诤力谏，既欲以提撕当路，且欲为政府之后盾"，然而清政府在日本的压力下，对私运军火的日本商船"竟至曲顺人意，终至释其船，购其械，鸣谢罪之炮，惩在事之员而

---

① 《致张允中等》（1908 年 4 月 2 日），张守中编：《张人骏家书日记》，中国文史出版社 1993 年版，第 113、114 页。
② 《论二辰丸事》，《时报》1908 年 3 月 21 日。
③ 《论中国今日外交之危险》，《时报》1908 年 3 月 28 日。

后已"①。4 月 3 日，该报甚至公开报道日使林权助与外务部尚书袁世凯关于压制抵制日货的一段谈话。从谈话的内容来看，袁世凯接受日使提出严厉禁止抵制日货的要求，并承诺立即"解散抵制日货之会，并派兵保护日领事署矣，倘有人损害两国之交谊，定必拘罚不贷"②。尽管这段谈话是否属实，现在已无法查证，但清政府对国民抵制日货严厉打压的事实，却是不容置疑的。

《新闻报》时论亦认为：国民"因辰丸之耻，力筹文明对待之法，凡此皆有利于国家而无损于政府者也，乃政府对于粤人抵制之事，犹欲用专制之手段以压制之，若惟恐民气之稍伸而国之不速亡"，政府将国民置于对立面加以打压，尤其是对国民在文明抵制日货中，"仅得以改良工艺之梦想，稍伸其义愤，此其志亦殊可怜，而政府之意乃欲并无此一事而后快"。清政府对国民参与外交之举一律打压，其结果必然是"政府专制之手段愈烈，则人民国家之观念愈薄，外人遂乘隙而肆其毒侮，政府既孑焉孤立，无人民以为之后援"③。显然，政府外交既无兵力为支撑，又无国民为之后盾，一旦与列强发生交涉，其丧权失利则无疑为必然之事。

在对清政府外交政策的尖锐批评声中，粤商自治会的机关刊物《半星期报》的言论颇具针对性。一方面，该刊深刻揭露日本打着"东亚平和"的旗号，却"与欧洲之英俄法等协谋中国"的事实，尤其是在二辰丸案交涉中，日本政府"声言开战以威吓吾国，虽袁世凯有意贻误，藉辞允许而已，激动国民公愤，粤商有此机会，适能提倡工艺，整顿商业，平和恢复此已失之工商权利，乃日人更以蛮威勒政府为之禁止"④。

---

① 《论吾国但有外侮而无外交》，《中外日报》1908 年 3 月 22 日。
② 《日使对于粤省抵制日货之交涉》，《中外日报》1908 年 4 月 3 日。
③ 《论粤省文明抵制之举动》，《新闻报》1908 年 4 月 8 日。
④ 远生：《东亚平和》，《半星期报》第 2 期，1908 年 4 月 7 日。

可见,"东亚平和"之口号只不过是日本自欺欺人之谈而已。另一方面,该刊一篇署名"留东怒发冲冠者"的时论从国际外交原则的角度提出:虽然"国民对于内政之缺点常有攻击政府之权能,而对于外交之谈判则有援助政府之义务",但是清政府对国民参与外交的行动一味打压,对国民的言论一律严厉禁止,以致中国国民与政府成为相互对立的两方,这一情况直接导致中国在对外交涉中处于弱势地位。①

　　一定的社会现象背后往往具有复杂的历史动因。抵制日货运动的倡议发起和迅速蔓延,固然是由清政府外交政策的丧权辱国造成,但也在某种意义上反映了国民参与外交意识的增强。1908年4月21日,天津《大公报》以《所谓的国民的外交者何》为题,以其独特的分析手法,详细阐述国民借助舆论的强大力量,参与外交斗争的可行性和必要性。文章从以舆论手段监督政府外交的角度指出:以往"国民伏屈于专制政体之下,既不知政治为何物,并不知外交为何事,彼政府虽如何专横独断授权于人,我国民从无过问者",虽然"我国民向不知政治为何物也,今则争路有人,争矿有人,争领土权者又有人,舆论之进步者一。我国民向不知外交为何事也,今则抵制美货、抵制英债、抵制各国之工商业,舆论之进步者二。我国民于政府失败之事向无过问者,今则函电交驰以警告政府,开会集议以要求政府,有时政府畏舆论之势力,乃不得不压制之,有时政府知舆论之价值,而不得不曲从之,此舆论之进步者三"。因此,在内忧外患的时局下,国民欲挽回国家利权必须监督政府,欲监督政府则必须提倡舆论、扶助舆论,"而欲提倡舆论、扶助舆论,使舆论得收政治上之效果,则必使人民有干预外交之权"②。

　　在深入探讨舆论与国民外交的重要关系的同时,该报还进一步提出

---

① 《追论辰丸事件以警告政府及一般之国民》,《半星期报》第2期,1908年4月7日。
② 《所谓国民的外交者何》,天津《大公报》1908年4月21日。

"所谓国民的外交者何？""国民对于外交上当道处于如何之地位？我国民对于外交上事务应有如何之权利？"等问题，并且试图对这些问题做出解答。文章指出：中国为专制之国，专制国之民无参与外交之权，而"世界所称为立宪国者，无不承认其国民对于外交上有种种之权利"，因此，欲使国民有参与外交之权，必须实行立宪政治。欲实行宪政，则必先成立国会，"外交大臣之责任乃对于国会之监督而生，国会一日不成立，则政府一日无责任"，从清政府颁布的立宪意旨来看，"将来应采之政体，其为君主立宪既无疑义，然则宪法上缔结条约之权在于君主，而不在于国会"，故即使我国实行宪政，若国民仍然不能监督政府，自然无法全面地参与外交。如此看来，"居今日而欲求外交之不失败，除使政府的外交变而为国民的外交，又岂有他道乎？"[1]

总之，二辰丸案引发的此次运动，乃中国近代第一次抵制日货运动。由于事发突然且声势浩大，加之舆论的推波助澜，短短数月间，运动得到香港、上海、南洋等地民众的广泛响应。从 1908 年 4 月起，运动持续时间达九个月，在经济上给日本造成巨大打击。据统计，在抵制日货运动的影响下，日本对华出口额较上年同期下降 1330 万美元，相当于日本 1907 年对华出口总额的百分之六以上。[2] 因此，运动引起日本政府的惶恐，招致清廷厉行镇压政策的出台。

在交涉失败以及抵制日货运动声势渐大的紧急关头，张人骏却违反朝旨，拒不执行对普通民众的打压政策，反而"迎机利导，勉以振兴工

---

① 《所谓国民的外交者何》，天津《大公报》1908 年 4 月 22 日。

② ［日］菊池贵晴：《第二辰丸事件の对日ボイコット》，《历史学研究》1957 年第 7 期，第 1—13 页；［澳］雪儿简思：《抵制日货：购买力筑就新长城》，《先锋国家历史》2008 年第 10 期，第 30—35 页。另见《1871—1947 年间中国进口贸易价值中各国所占的比重》（严中平等编：《中国近代经济史统计资料选辑》，中国社会科学出版社 2012 年版，第 45 页）中的统计数据。

艺,开拓航业",从而使"粤东民气固结",巧妙地化解案发以来严重的内外危机。①

毋庸置疑,这一时期可谓中外矛盾和中国社会内部危机的集中爆发期。就当时的国内形势而言,"丁末政潮"对晚清政坛的冲击尚未消退,袁世凯、奕劻集团与同任军机大臣的瞿鸿禨之间的权力斗争,则进一步加剧晚清政局岌岌可危之势。而处于清政府和民众舆论夹心层的督抚大员,固然面临着更为严峻的形势与考验。在此背景下,尽管张人骏有效地应对了二辰丸案后的社会危机,但因其被视为袁党,难免被卷入各类政治纷争。在1908年5月21日的家书中,张人骏因陆军部尚书铁良处处与其为难而大为不解,称"以彼与慰翁(袁世凯)有隙,而迁怒于我,抑以粤人抵制日货,而陆军部之留学生欲为倭人报复耶?"同时,朝廷派来查验军务的官员也"多方挑剔",加之宫廷权势的争斗,粤省事务的庞杂,甚至使张人骏萌发"引退"之念。② 由是观之,张人骏在二辰丸案前后的心理动向和行为举措,在某种意义上反映了督抚大员与清政府离心力渐强之势,揭示清政府分崩离析前夕社会矛盾日益尖锐的历史状况。

反观民众层面,通过对政府外交政策的尖锐批评及对国民参与外交的深刻反思,中国舆论界人士已经对清政府的内外政策颇感失望,尤其

---

① 《致张允言等》(1908年6月16日),张守中编:《张人骏家书日记》,第121页。需要指出的是,王芸生在《六十年来中国与日本》中评价抵制日货运动时,提出"排货运动之有始无终"说,1980年三联书店重印该书时,将此说改成"排货运动逐渐冷却"(参见王芸生:《六十年来中国与日本》第5卷,天津大公报社1932年版,第197页;王芸生:《六十年来中国与日本》第5卷,生活·读书·新知三联书店,1980年,第162页)。事实上,此说只是道出了表面现象,却掩盖了其中的重要"隐情",即抵制日货运动并非"有始无终"或"无疾而终",而是运动的重心发生了转移,即由单纯抵制转向了"通商惠工"和"振兴国货"。

② 《致张允言等》(1908年5月21日),张守中编:《张人骏家书日记》,第118、119页。

是在专制政体之下，国民无从监督政府，而清政府对国民参与外交的行动却一律严行打压，其中严令禁止国人集会结社，干预国民抵制日货即是典型的事例。在无可奈何之下，中国知识人士在苦苦探索维护国家利权的道路时，不得不提出"使政府的外交变而为国民的外交"的崭新口号。

第四节　谘议局、资政院与国民外交

一、"开国会"以行"国民外交"之议

在国民参与外交的历程上，近代中国没有经历西欧和日本那样相对完整的宪政实施阶段，在各国列强的侵略下，近代中国的民族危机和社会矛盾日益深化，这使得中国知识阶层和趋新人士把主要精力放在对抗外来侵略和从事参政要求的国民运动上。在他们的发动下，各界民众要求开国会、设议院的呼声不断高涨。这样，国民参与外交的要求与开国会、行立宪的愿望，两者汇合成一股强大的历史洪流，从而使这一时期涌现出大量有关"国会"与"国民外交"相关问题的讨论。

1908 年 1 月 12 日，《中国新报》刊载一篇题为《请开国会之理由书》的来稿，直接提出"惟有国会，则可以举国一致之舆论，为政府外交之后援，对外之精神可以固结，而平等之权利可以抗争。外务大臣有方命辱国者，则国民可据法定机关上奏弹劾"[1]。3 月 26 日，天津《大公报》所刊载的《近来国民之心理》，则从国民参与外交的现实需要出发，认为近年国民参与外交，使"尊重国权、挽回权利之思想渐输入于国民之脑蒂中，每遇一对外问题，无不兢兢于国权之不可丧失，权利之不可

---

① 《请开国会之理由书》，《中国新报》第 9 号，1908 年 1 月 12 日。

外攘",然而,"欲解决对外问题者,必先解决对内问题,未有内政不理而外交能制胜者",所谓解决对内问题,即易专制政体为立宪政体,使"不负责任之政府"成为"负责任之政府"。值得注意的是,文章在谈及如何实现立宪政体时,并没有提及"国会"或"议院"之类的字眼,而是仅仅提出"建设一代表舆论之机关"的建议。①

29 日,《时报》一篇署名"天听"的时评在论及"国民对于外交之事"时,阐述开国会以实现国民外交的观点,认为欲扭转中国外交危局,挽回国家利权,国民必须对政府外交进行有力地监督,尤其是我国"国家无海陆军足以自卫,而外交官又不谙国际法者,可谓国家对于世界无发言权,何足以言外交? 国民无民选议院足以代表舆论监督政府者,亦可谓国民对于政府无发言权",因此欲从根本上解决国民参与外交问题,全体国民必须"以全力要求国会",国会召开则会使国民舆论趋于一致,在与列强交涉中,举国上下才能齐心协力、共同对外。②

诚然,随着国民参与外交的能力和意识的不断提高,尤其是中国知识人士对国际法相关知识的了解不断深入,此时他们已经认识到"外交之效力固全国国民之事,而非君若相一二人之私事也,国际之胜负荣辱,与利害而已矣。……东西各国之于外交也,无不以国民之意旨为转向,合一国之心力以趋之,君若相不过为代表焉"③。西方宪政明确赋予人民参与政治和外交的权力,这引起中国知识人士的无比向往,而在伯伦知理"政党者,国民热心于政治上自然发生之现象,凡为国民者断不可以不加入政党"等思想理念的感悟下,国人意识到:"今之所谓国民运动者只可

① 《近来国民之心理》,天津《大公报》1908 年 3 月 26 日。
② 《论中国今日外交之危险》,《时报》1908 年 3 月 29 日。
③ 《论立宪可以抵御外患》,《时报》1908 年 4 月 7 日。

谓之权利的运动，而不可谓之政治的运动"①。只有通过政治的运动，获得参与政治和外交的权利，监督政府的内外政策，才能根本维护国家利权。

由上述可见，在国人提出参与政治和外交的口号时，一些知识人士表现出对西方宪政的追求与向往。他们不仅注意吸收西方宪政思想中的固有理论，同时还通过演说、译著等方式向国人广泛宣传宪政知识。1908 年 4 月 10 日，作为政闻社编纂科成员之一的王恺宪，将日本进步党领袖犬养毅在政闻社成立会上的演说辞翻译成文，并在《政论》上以《各国之宫廷外交》为题刊发，文章称："外交分为四种：一政府外交，二宫廷外交，三官僚外交，四国民外交。政府外交者，在国家正式之外交官，国民外交者，在一般之国民。"② 通过对政府外交与国民外交的综合比较，王恺宪进一步认识到国民外交为全体国民总体之外交，较之政府外交以三数人当外交之冲，国民外交不但力量更强大，而且易于在对外交涉中掌握主动权，赢得外交的胜利。

值得注意的是，国人在对西方宪政表示向往的同时，还大力倡导"开国会"以行"国民外交"，其中保皇派和立宪派人士起到重要的推动作用。1908 年 3、4 月间，康有为在给梁启超等人的信函中，详细讲述开国会以行国民外交的具体办法，即由各省公举一二名"外部议员"常驻北京，然后从各议员中选举一人为议长，负责外交全盘之事。在日常外交事务的运作中，"其有决裂之事，由民间任兵筹饷"，而议长和众议员则"以争外交为名，请凡外交之事归民间担任"，"如此为题，合十八省要请之，如此即可隐开国会，明拒外侵，既大得民心，必能大集人望，于国事必有益"③。

---

① 《论国民宜跃起为政治的运动》，天津《大公报》1908 年 4 月 9 日。
② 王恺宪：《各国之宫廷外交》，《政论》第 3 号，1908 年 4 月 10 日。
③ 丁文江、赵丰田：《梁启超年谱长编》，上海人民出版社 1983 年版，第 449 页。

　　固然，将政治制度腐朽、外交观念落后的清政府外交置换成实力雄厚的国民外交，不仅需要进行艰苦的合乎国情的理论创新，同时亦迫切需要国人将国民外交理论付诸实践。而在抵制日货运动的不断推动下，各地民众纷纷召开 "国耻纪念会"，并通过演说、传单和通电等方式，宣扬宪政思想，鼓励 "文明对待"，从而为开启这一实践之路奠定基础。如前所述，在抵制日货运动的诸多团体中，粤商自治会的行动颇具影响力，一方面，该会通过集会演说，号召国民当此 "国步艰难，外交失败" 之时，大家 "各以国民一份子，同怀义愤，出于个人热诚"，要求政府召开国会，实行立宪。另一方面，该会还与 "上海预备立宪公会" 取得联系，双方以 "请开国会相期许"，"联合全国要求民选议院"，为此双方决定先期 "从速组织立宪期成会，函电各省，定期各举代表赴沪，议决联同入京，为切挚之请求"。在时人看来，"立宪者，官与民共负国家责任之谓也，方今外交内政，业脞日多，速开国会，使天下臣民共负责任，以挽危局"①。粤商自治会试图通过开国会、行立宪的方式，使国民与政府共同担当外交之责，这一理念在当时亦得到海外留学生的支持和认同。

　　1908 年 5 月 27、28 两日，在日本东京留学的全体广东籍学生连续刊发《劝告广东全省同胞宜乘时向政府要求开国会及省议会以绝广东后患书》，称："自辰丸之事件发生，政府无能，外交失败，以辱国权者辱我广东，我父老兄弟不能忍此奇辱，乃起而为排日货之举，商界之人辍业以提倡，学界之人停学而运动，乃至其他各等社会之人，莫不同德同心，力谋抵制。" 然而，今日国民 "欲绝今后之外患，当求为根本之解决也。根本何在？ 在于政府，政府之组织不改良，则外交无日不失丧"。显然，在广东留日学生们看来，要想挽回国家利权、谋取外交上的成

---

① 《粤东近事述要》，《中外日报》1908 年 4 月 19 日。

功，必须"改造政府"，而要改造政府，"舍要求开国会以监督政府外"，别无他途。国会既开之后，"则遇一外交之问题发生，国会可代表人民之势力，以为政府之后援，又可代表人民之意思，以为政府之指导"①。

　　将国会开设与否视为解决我国外交问题的关键，这一想法在留学生中颇具代表性。东三省留日同乡会办发表《东三省留学生国会请愿书》，声诉在内忧外患、时势日迫之时必须速开国会，并称"欲占外交之胜利，使全国隐处于后劲之地者，舍开国会无如此健全之能力也"②。6月18日，毛鸿勋在《政论》发表时论，提出中国外交丧权失利的根本原因是政府不受国民监督，认为其解决办法在于召开国会，并称"向使国会已开，外交事件人民得参与其间，日人虽狡亦将惮国民外交之棘手，而不敢轻于一试矣"③。

　　要求开国会、设议院的浪潮不仅席卷全国各地，而且在宫廷内外蔓延开来。1906年6月24日，翰林院编修朱福诜在其奏折中建议，当此"外交多见失败，内政日益纷更"之时，朝廷应当仿效意大利外交家"加富尔外交英法，内结国民"之举，力图振兴。然而欲根本解决我国外交和内政问题，"则非议院、国会不为功"，国会一旦召开，则国民排外必趋于文明，"足为政府之后盾，而决不能碍政府之方针"④。湖南即用知县熊范舆等人亦上书称："今之言对外者动曰外交，曰军备。不知上下之隔阂不通，人民之后援不起，则他人以君民一体相逼而来，我惟以政府数人支持应付，即令外交强硬，军备扩充，亦安有能操胜算之理。……

---

① 《劝告广东全省同胞宜乘时向政府要求开国会及省议会以绝广东后患书》，《时报》1908年5月27日。
② 《东三省留学生国会请愿书》，《时报》1908年8月21日。
③ 毛鸿勋：《二辰丸问题》，《政论》第4号，1908年6月18日。
④ 《侍读学士朱福诜请开设议会以维国势而固人心折》（光绪三十四年五月二十六日），《清末筹备立宪档案史料》下册，第623、624、626页。

所谓民选议院不立，外忧即不能弭者此也。"①

在举国上下要求召开国会的背景下，由政闻社、宪政公会、预备立宪公会和宪政研究会四个团体共同发起的"国会期成会"于1908年7月12日在上海成立，从而正式拉开全国国会请愿运动的序幕。从当时的情况来看，"国会期成会"的成立，一方面，表明在外患日亟的形势下，中国"国民之政治思想日见发达"，人们把国会开设与否视为中国救亡的关键问题，因此国会请愿运动一经发起便得到社会各界人士的广泛支持，广大民众寄希望于国会成立，以扭转我国外交失利局面，挽回国家利权。②另一方面，国人要求开国会以监督政府、解决外交问题的思想理念亦体现在湖南、江西、浙江等地人民的国会请愿书中，各地民众通过上书和发起请愿行动，形成一股强大的"开国会"以行"国民外交"的历史热潮。

值得注意的是，在提倡开国会以行国民外交的热潮中，中国知识人士还格外重视"舆论"的作用。正如《中外日报》所言："舆论为外交之后盾，人民既熟知外交政策矣，苟遇损害，自必有有力之舆论，当政府诸公穷于对付之际，忽有舆论以盾其后，则对付有辞而政府不致为难矣。外交政策之公诸人民，其有利于政府如此。"③《新闻报》时论亦表示："报界固有监督政府、开通国民之天职者也"，尤其是我国国会未开，议院未设之时，对政府的"监督之责任尤惟报界独任之，睹外交之困难而欲为之后援，念宪法之宜亟而欲促其成立"。④

然而，令他们失望的是，清政府为限制国人的言论和参政自由，于

---

① 《湖南即用知用熊范舆等请速设民选议院呈》（光绪三十三年八月二十八日），《清末筹备立宪档案史料》下册，第610页。
② 《祝国会期成会成立之前途》，《中外日报》1908年7月16日。
③ 《论今后外交政策宜公诸人民》，《中外日报》1908年4月22日。
④ 《正告政府与报界》，《新闻报》1908年4月23日。

1908 年 3 月 11 日颁布实施《结社集会律》。三天后，宪政编查馆上奏的《报律》亦颁布实行，这无疑是对国人在国会未开之时，借助舆论监督政府美好愿望的沉重打击。不仅如此，清政府还于 7 月 25 日和 8 月 13 日连发两道谕旨，以"托名研究时务，阴图煽乱，扰害治安"为名，将带头上书要求"三年内召开国会"的政闻社成员陈景仁"查传管束"，并且将政闻社"严行查禁"。①

政闻社的被查禁对国人造成巨大的触动，时人由此对开国会以行国民外交的愿望相当悲观。在当时的情况下，国民借助舆论参与外交无望，要求开国会的愿望亦无法实现，无奈之中，国人将矛头再次指向清政府。1908 年 6 月 30 日，天津《大公报》发文直接指出："今日者举国上下皆知立宪之必要矣，皆知国会为立宪之急务矣，然其所以不能实行立宪，以致国会成立者，岂我国民不知立宪国民之义务哉，乃其不知立宪国民之权利，而依赖政府之心尚未删除净尽耳。"②7 月 8 日，周维翰亦在《政论》上刊文表示："夫对外之行动，岂惟恃一二外交官为原动力已哉？实以一般国民为其原动力，故夫欧洲民族一遇交涉问题，则不惜牺牲其生命财产以为政府之前驱。近时之日本亦然，所谓国民的外交

---

① 丁文江、赵丰田：《梁启超年谱长编》，上海人民出版社 1983 年版，第 468 页。事实上，政闻社被查禁的一个重要原因是该社与保皇派人士有密切联系。梁启超直接参与了政闻社的筹设和发起工作，而同属康门弟子的徐勤、麦鼎华、伍庄等人还在香港掀起一场声势浩大的抵制日货运动，这无疑会引起日本政府的注意，招来清政府的敌视。1908 年 5 月 25 日，日本通商局长石井密电神奈川县知事，命其对"带头发起广东抵制（日货）运动"的梁启超行踪，以及"与其相来往者之行动亦应暗中特别注意"（引自《广东抵制运动相关人士梁启超之行动》（1908 年 5 月 25 日），章开沅等编：《辛亥革命史资料新编》，湖北人民出版社 2006 年版，第 127 页）。而为了平息香港的抵制日货运动，清政府外务部与香港英政府方面商议，将带头抵制日货的"伍宪子、徐勤等八人驱逐出境"（引自《为香港英官查出抵制日货者并驱逐出境事》（光绪三十四年十一月八日），中国第一历史档案馆编：《清代军机处电报档汇编》第 24 册，第 201 页）。

② 《专制国人民之程度》，天津《大公报》1908 年 6 月 30 日。

政策是也。"然而，我国政府外交政策却是对内压制国民，对外"割地赔款"。①7月14日，《南洋总汇新报》在呼吁国人加入"国会期成会"时提出："洞察吾中国之前途，知非组织国会，万无可以救国之理，而组织国会，万无可以倚赖政府之理。"②8月1日，《外交报》亦刊发《论国会为治外交之本》，认为虽然中国外交"非有国会以盾乎其后，必不能伸国体而戢戎心"，但是察政府立宪之意，无不令人悲观，尤其是自立宪之谕发布以来，国民求之愈亟，政府应之愈缓。③24日，李岳瑞亦以"惜诵"为名，在提出"国会为外交之主体"的说法时，对清政府的外交政策表达强烈不满。④

由此可见，尽管清政府束缚国民言论和集会自由的行动，则使人们深切感受到"满洲政府之政策，实欲箝制国民之口舌，使之不言，而严办政闻社社员，不过借端而已"⑤。但不可否认的是，以立宪派人士为代表的中国知识阶层仍抱定立宪目标，对开国会以行立宪的宗旨契而不舍、决不放弃。尤其是在当时中国特殊的内外环境下，时人以开国会的方式实行国民外交的愿望变得更为迫切。

二、谘议局与外交议案

五大臣出洋考察回国后，宫廷内外关于实行宪政的议论甚嚣尘上。在此背景下，时任两广总督的岑春煊于1907年6月10日陈递奏折，提出"改更外省官制及设立资政院"，"开都察院会议以代下议院及各省设谘议局会议"的建议，并强调欲实行立宪政体，必须使上述建议"见诸

---

① 周维翰：《国权论》，《政论》第5号，1908年7月8日。

② 与之：《论国民皆宜加入国会期成会》，《南洋总汇新报》1908年7月14日。

③ 《论国会为治外交之本》，《外交报》第216期，1908年8月1日。

④ 《论国会为外交之主体》，《时报》1908年8月24日。

⑤ 丁文江、赵丰田：《梁启超年谱长编》，上海人民出版社1983年版，第473页。

事实"①。值得一提的是,8月12日,掌江西道监察御史徐定超在上奏时,亦对岑春煊的建议表示赞同,他还开列设立此类议院的六大好处,称此举不但能保护海外华侨,而且将有助于"维人心弭民变"。②

京师内廷的奏折不断,社会舆论要求开设议院的呼声也日益高涨,这无疑促使清廷加快筹设各省谘议局的步伐。1907年10月30日,清政府下达"著各省速设谘议局谕",谕旨称将"于京师设立资政院以树议院基础",为此先期"著各省督抚均在省会速设谘议局","将来资政院选举议员,可由该局公推递升"③。由此揭开全国各地筹设谘议局的序幕。

清廷谕旨的发布再次激发国人对立宪政体的向往,借助报刊舆论人们纷纷表达见解和看法,其中张家镇在《创办谘议局私议》一文中称:"设立谘议局之谕下,我国民气又为之一振,以为舆论将有采取之所也",而谕旨中"限各省谘议局于一年内一律办齐,则正我国民发表舆论与闻政事之第一入手处也",今后国民在参与外交时,以议员为前导,有谘议局为后盾,如此可以"鼓我国民之气,集我国民之力,结我国民之团体,苟得一间再与力争,必达其目的而后已"④。

1909年10月14日,各省督抚秉承清廷谕旨,经过一年左右的筹备后,纷纷召开谘议局成立大会。包括奉天、吉林、黑龙江、直隶、江苏、安徽、江西、浙江、福建、湖北、湖南、山东、河南、山西、陕

---

① 《两广总督岑春煊奏请速设资政院代上院以都察院代下院并设省谘议局暨府州县议事会折》(光绪三十三年四月三十日),《清末筹备立宪档案史料》上册,第498页。
② 《御史徐定超请速设议院保护华侨以维人心弭民变折》(光绪三十三年七月初四日),《清末筹备立宪档案史料》下册,第603页。
③ 《著各省速设谘议局谕》(光绪三十三年九月十三日),《清末筹备立宪档案史料》下册,第667页。
④ 张家镇:《创办谘议局私议》,《预备立宪公会报》第13期,1908年8月24日。

西、甘肃、四川、广东、广西、云南、贵州等省在内的谘议局均选举议长、副议长及议员。随着各省谘议局的顺利筹设，谘议局第一次常年会亦相继召开。在各省谘议局第一次常年会上，督抚大员与议员们详细探讨各项议案，其中关于外交的议案自然成为考察的重点。[①] 而在广东谘议局第一次常年会上，围绕澳门勘界问题[②] 的探讨和争论，为研究谘议局议员与国民参与外交的关系问题提供生动的案例。

澳门界务问题由来已久。二辰丸案发生后，驻澳葡萄牙公使借澳门地界尚未划清之机，替日方私运军火一事大肆狡辩，此举令广东民众深恶痛绝。自 1907 年底起，广东各地绅商民众纷纷提出划清澳门界线的要求。1908 年 3 月 8 日，香山县绅商学界代表举行集会，一致决定成立"香山县勘界维持会"，并且制定解决澳门划界问题的对策。与此同时，广州亦成立"勘界维持会总会"，通过在香港成立分会以及广泛联络包括广东自治会在内的各界团体，民众要求解决澳门勘界问题的呼声不断高涨。

从 1909 年 11 月 8 日起，广东谘议局召开第一次议事会议。借广东谘议局召开会议之机，香山勘界维持会代表杨应麟、陈德驹致函谘议局，条陈"澳门勘界一事，节节失败，危机在即，人心惶惶"的状况，呼吁"澳门勘界事关外交"，提出根据"谘议局章程廿一条十二项，有

---

① 根据一篇题为《各省谘议局议案记略》文章的统计，在各省谘议局第一次常年会上，包括直隶、吉林、山东、浙江、广东、福建等省在内的议案中，均有外交类议案的出现（参见问天：《各省谘议局议案记略》，《东方杂志》第 13 期，1910 年 2 月 4 日；问天：《各省谘议局议案记略》，李振华辑：《近代中国国内外大事记》（宣统元年十一月），沈云龙主编：《近代中国史料丛刊续编》第 67 辑，台北文海出版社 1979 年版，第 1086—1104 页）。

② 学界关于澳门勘界问题的研究，主要有：黄鸿钊：《清末澳门的勘界谈判》，《南京社会科学》1999 年第 12 期；齐凯君：《浅析宣统元年中葡澳门勘界谈判失败的原因——从国际法的角度》，《陕西教育》（高教版）2008 年第 10 期；朱昭华：《清末中葡澳门勘界谈判研究》，《五邑大学学报》（社会科学版）2010 年第 1 期。

收受自治会或人民陈请建议事件之规定"，要求会议"全体议决遵照谘议局章程廿一条规定，提出澳门勘界一案"，即强烈要求谘议局将澳门勘界问题列入会议议案。对于香山勘界维持会代表的来函，广东谘议局议员们在大会讨论中亦认为，澳门勘界问题事关外交，"本局对于外交事件，虽不能议决呈请执行，而可以议决请采择"，故同意"将勘界事宜列入十月初四日议事日表，以征各议员意见"。与此同时，为慎重起见，广东谘议局大会还提出"外交应守秘密，宜交审查会密议"的建议。①

按照谘议局先前制定的议事日程，各议员于 11 月 16 日在大会上专门讨论澳门勘界一事。与前一次讨论所不同的是，此次大会上各议员们积极建言献策，就如何解决澳门勘界问题进行激烈探讨。其主要内容包括以下方面。

首先，议员们结合澳门勘界问题，对谘议局议员在外交中应有的职责进行自我反省，并且提出将勘界问题定为外交议案，以备将来正式议决。广东谘议局第三号议员发言称："盖外交全恃民气，舆论者民气之发生，而谘议局则舆论之代表也。"为此，关于澳门勘界问题，"此事关系重大，即无香山勘界维持会之请愿，亦须提出议案"，共同协商外交应对之法。②

其次，一些议员就澳门勘界问题中政府外交与国民外交的关系问题进行初步探讨。一方面，有议员尖锐地指出：澳门界务问题，清政府实行秘密外交政策，导致此事交涉愈形复杂，"政府已放弃失策于前，今

---

① 《香山勘界维持会来函》，广东谘议局编：《广东谘议局第一次会议报告书》，粤东编译公司铅印本宣统元年。引自桑兵：《清代稿钞本》第 49 册，广东人民出版社 2007 年版，第 165—167 页。

② 《第三件澳门勘界事》，广东谘议局编：《广东谘议局第一期会议速记录》，广东法政学堂印刷所铅印本宣统二年。引自桑兵：《清代稿钞本》第 49 册，第 273 页。

又欲秘密败事于后",然而国民绝不允许清政府再度实施秘密外交,谘议局议员们作为国民之代表,应当将此事形成外交议案,若"此事不认为议案,是失代表舆论之责任",那么实行国民外交之议就无从谈起。同时,大会第五号议员亦称,清政府在对外交涉中,应当引导国民参与外交,"恃民气以为后盾"。而第三十九号议员则表示,谘议局在对外交涉中代表广大国民的外交意愿和诉求,因此对于此事议员们应该速"筹对待之策"。而为了广泛联络和发动各界团体,他还积极建议:"拟函致香山勘界维持会,通知总会开特别会研究此事方法。"①

此外,由于澳门勘界问题关涉外交,有议员提出:"此事重大,关系全国,须联合各省谘议局协商办法。"此议一出,与会者"全数起立",议长和议员们一致表示赞同,这在某种意义上反映了谘议局议员们面对外交问题时一致对外的意志和决心。②

值得一提的是,当时关于政府外交与国民外交关系问题的探讨,不仅出现在广东谘议局大会上,各地舆论也以现实外交问题为依托,纷纷表达对这一问题的观点和看法。就在广东谘议局上述会议结束两天后,《南洋总汇新报》刊发题为《论外交家当以民气为后盾》的文章,称:"民气者乃拥护政府与外交家之卒徒,非攻击政府与外交家之强敌,乃援助政府与外交家之良友,非睢盱政府与外交家之豪客也。""今日之外交,非以民气为后盾,则万万无能收善果之理。"尤其是"澳门划界"等问题出现后,政府"愈不能不倚民气为强援",以国民外交为后盾,如此政府外交方能获得成功,我国外交失利局面才能得到扭转。③

---

① 《第三件澳门勘界事》,广东谘议局编:《广东谘议局第一期会议速记录》,广东法政学堂印刷所铅印本宣统二年。引自桑兵:《清代稿钞本》第49册,第273页。

② 《第三件澳门勘界事》,广东谘议局编:《广东谘议局第一期会议速记录》,广东法政学堂印刷所铅印本宣统二年。引自桑兵:《清代稿钞本》第49册,第273页。

③ 《论外交家当以民气为后盾》,《南洋总汇新报》1909年10月18日。

　　然而，中葡关于澳门勘界问题的交涉可谓十分艰难。清政府派遣曾任云南交涉司的高而谦为澳门勘界大臣，葡方谈判代表则是曾任葡属东非殖民地总督的马楂度，双方谈判历时四个月之久，其间"划界维持会"等团体亦参与论争，却终因高而谦以"失地利丧海权之条约"为原则，向葡方做出巨大让步。① 高氏此举引起国人的强烈反对，同时清政府外务部亦对交涉结果予以否定，中葡澳门勘界问题的谈判遂暂告破裂。

　　纵观这一时期各省谘议局关于外交议案的探讨和处理情况，总体而言各省议员大都能顺应民众诉求，在提出相应解决方案时，能够与下层民众一道共同为维护国家利权做出努力。而反观各省督抚，在处理外交议案时，往往秉承清廷意旨，以凡"外交事件，不宜向局外人宣布，以昭慎重"为由，不但死守外交秘密政策，而且告诫谘议局"各议员共守秘密主义"②。因此，包括澳门勘界问题在内的诸多外交议案，往往因议员与督抚们相持不下，而不得不按章提交给宪政编查馆或资政院讨论解决，澳门勘界问题即是其中一例。③

　　可以说，清末仿照立宪国而设立的各省谘议局，其议员与督抚大员们在处理外交议案时几乎相互背离的态度，在某种意义上反映了晚清知

---

① 六六：《宣统元年之结局与宣统二年之将来》（1910 年 2 月 16 日），章开沅等主编：《辛亥革命史资料新编》第 5 册，湖北人民出版社 2006 年版，第 155 页。

② 《巡抚部院札复前案质问关于外交各案文》（宣统元年十月初十日），杨鹏程编：《湖南谘议局文献汇编》，湖南人民出版社 2010 年版，第 476 页。

③ 根据宪政编查馆于 1908 年所拟定的《各省谘议局章程》称："谘议局议定可行事件，呈候督抚公布施行。"同时，"谘议局于督抚交令复议事件，若仍执前议，督抚得将全案咨送资政院核议"（参见《宪政编查馆等奏拟订各省谘议局并议员选举章程折》（光绪三十四年六月二十四日），吴剑杰主编：《湖北谘议局文献资料汇编》，武汉大学出版社 1991 年版，第 13 页）。在这看似相互牵制的章程背后，督抚大员往往掌握着绝对的主导权，而关于澳门勘界问题的议案，由于广东谘议局议员与督抚相持不下，最终不得不于 1910 年 10 月资政院召开第一次常年会时提交会议讨论（参见《资政院第一次常年会议录》，宣统三年线装铅印本，藏于国家图书馆文津街分馆普通古籍阅览室）。

识和制度转型时的不适应性。值得注意的是，这一时期清廷正谋划官制改革，包括清廷权力中枢及各省督抚在内的各界人士为权限问题闹得沸沸扬扬。对此，有识者指出："清季官制改革，原拟以东西洋立宪国政体为参照，将内外官改造为中央与地方官制，但内外与中央、地方并不对应，尤其是直省督抚司道，很难安置妥当，于是有中央集权与地方分权两种模式的权衡取舍或兼容并济。相关各方因利益差别而态度分歧，对所涉中外历史和规制的解读各执一词，各种引经据典的意见、方案、说词，令人眼花缭乱。纷纷扰扰数年，始终悬而未决。"①

显然，这种"悬而未决"的状况也是议员们履行其代表广大国民职责时的巨大障碍，尤其是在处理外交问题时，由于其牵涉面往往是数省甚至全国民众，故议员们在外交问题中的如何取舍必将成为影响晚清时局走向的重要动因之一。对此，一篇题为《论谘议局不当受制于督抚》的时论一针见血地指出：自各省谘议局开设以来，"其权限之缩小，乃并不如一府厅州县之地方官也"，"议会，议政者也，而督抚，则行政者也。系统本非同出一原，而责任又判然两事，乌得以彼驭此而任其相侵越相牵制哉？是故议会对国民而负责任者也，行政之有司又对议会而负责任者也。以议会监督官吏则闻之矣，以官吏而监督议会则吾未之前闻也"。为此，文章严正呼吁各省谘议局议员："有代表国民之责者，同心合力以争之。争而不得，则宁废谘议局不设，而决不可俯首下心以受疆臣之挟制。"②

与此同时，这一时期的全国国会请愿运动也正如火如荼地进行着。1910 年 1 月，各省请愿代表到达北京，由都察院代呈直隶谘议局议员孙洪伊等人的请愿书，请愿书称："苟有国会，则国际交涉无论如何困

---

① 关晓红：《清季外官改制的"地方"困扰》，《近代史研究》2010 年第 5 期。
② 《论谘议局不当受制于督抚》，《广益丛报》第 231 号，1910 年 5 月 9 日。

难，政府即有不得已之衷，不能尽喻于国民者，国会犹可以代白，国民即有不可忍之痛，不能直达于政府者，国会亦可与代陈。……此国会之关于外交，一日而不可缓者也。"① 而在都察院代递文耀等人的呈书中，则直接称赞："立宪国之于外交也，莫不以政府为先锋，国民为后劲，势厚力宏，其手腕之强硬，权力之伸张也固宜"，批评"我国之外交，只恃一二外交官，以口舌强辩之功，为樽俎折冲之用，无国民为之后援"。为此强烈要求早日召开国会，"使国会成立，则人民有代表机关，以为政府之后盾"②。如此国民外交与政府外交方能协同合作，共同谋取外交之成功。

然而，各省谘议局代表的请愿上书却被清廷以"我国幅员辽阔，筹备既未完全，国民智识程度又未划一，如一时遽开议院，恐反致纷扰不安"为由无情拒绝。③ 在当时，各省谘议局受督抚限制的状况仍然没有得到改观，议员们要求速开国会的请愿亦遭拒绝，在此情形下时人纷纷表示抗议和不满，其中一篇署名"天民"的文章称："议院政治本以国民监督政府为原则，而我国之趋势，则国民转听政府之指挥"，各省谘议局开幕以来，针对外交问题，议员与国民应对于下，清政府却与督抚大员争执于上，而在"宣布立宪年限以后，国民死而政府死，国家亦遂日趋于死。一年以来，国民无丝毫之进步，内政无丝毫之整理，外交有无穷之失败，大政无一定之方针"。④

---

① 《都察院代递孙洪伊等恳请速开国会呈》（宣统元年十二月二十日），《清末筹备立宪档案史料》下册，第 639 页。

② 《都察院代递文耀等恳请速开国会呈》（宣统元年十二月二十日），《清末筹备立宪档案史料》下册，第 643 页。

③ 中国第一历史档案馆编：《光绪宣统两朝上谕档》第 35 册，广西师范大学出版社 1996 年版，第 523 页。

④ 天民：《论国民宜同取帝国主义促宪政速成以救国》（1910 年 1 月 15 日），章开沅等主编：《辛亥革命史资料新编》第 5 册，湖北人民出版社 2006 年版，第 146、147 页。

清廷拒绝国民速开国会的请求，无疑是对立宪派人士及各省议员的沉重打击。而各省谘议局受制于清廷及督抚大员，其关于外交议案的讨论和决策，往往因各省督抚的相持不下而成为一纸空文。更为重要的是，各省谘议局议员参与外交的困境与无奈才刚刚开始。

三、清末议员参与外交的困境和结局

如上所述，尽管谘议局议员参与外交的意愿和行动因清廷及各省督抚的掣肘而陷入重重困境，但在云南片马问题出现后，以云南省谘议局为代表的议员们出于对国家和民族利益的维护，毅然参与到对外交涉中来。[①] 时至1910年底，清政府在中国边疆地区推行的新政延伸到川滇边区，这引起英国殖民者的忧虑，为维持英国在华利益，由英国控制的缅甸政府决定派密支那副专员赫兹（W. A. Herts）率领英国远征队，于1910年12月开赴云南片马地区，"片马事件"由此爆发。[②]

英国入侵云南的行动激起国人的强烈抗议，云南省谘议局亦成立"保界会"，并"通告各省"，称"政府畏葸之深"，国民应当自谋"文明办法"，实行坚决地抵制。[③] 随后，谘议局还推举周钟岳和李子畅两人赶赴北京，"请外部与英使严重抗议"[④]。

在云南省谘议局的大力号召下，云南商界人士首先起而响应，他们

---

① 学界关于云南片马问题的研究，主要有：杨昌泰：《英军入侵云南与清末片马事件》，《衡阳师专学报》（社会科学）1992年第1期；朱昭华：《清末片马事件的发生及其影响》，《史学月刊》2005年5第12期；张子建：《关于"片马事件"的研究》，《云南民族大学学报》（哲学社会科学版）2008年第5期。

② Government of India to the Earl of Crewe, January 4,1911, *Confidential British Foreign Office Political Correspondence China Series, 1906–1919*, Reel 68, p.23.

③ 《滇边交涉中之民气》，《新闻报》1911年2月22日。

④ 周钟岳：《惺庵回忆录》，《云南文史资料选辑》第3辑，云南省文史资料研究委员会1963年版，第137页。

不但召集紧急会议，呼吁广大商民抵制英货，而且"通函省外各商一体办理"①。与此同时，"蒙自、云南、昭通、大理、临安、普洱等处绅民一律不购英货，以示抵制"。此外，远在日本东京的中国留学生亦向全国通电，声称"俄迫伊犁，英占片马，法强索滇矿"，长此以往，中国利权恐将丧失殆尽。为寻求挽救之策，留日学生决定"设立救亡机关"，呼吁国人"组织国民军，以救灭亡"②。1911年2月26日，东京留学生召开全体大会，发起组织"国民会"，并发表声明，将其宗旨与计划公之于众。③与会学生明确提出"讲求对外政策"的口号，并一致赞同"设法警告内地及各省谘议局拒绝此约"的建议，表现出参与外交的强烈愿望与决心。同时，为将上述决议付诸行动，使各国"知吾国学生尚有团结之力，人心未死"，众留学生决定立即发起"示威的运动"④。

值得注意的是，在应对片马危机时，云南谘议局议员还注意发动和引导普通民众共同参与外交。云南人闵德修"以识时务见称于乡人"，为发动广大民众共同应对片马交涉而撰写《片马紧要记》，并且将此书印刷成册，广为发行。对此云南谘议局副议长段宇清、张世勋两人分别为该书作序。段宇清在序中盛赞闵氏："协同组织云南保界会以维持国界界务，又集资以印游记，其用心可谓劳而且尽矣。予时滥竽云南议长之席，获睹是编憭然于片马一隅，关系于吾国者綦重，而隐急图所以保之，特是兹记之出也。"⑤而在闵德修致云南谘议局的信函中更是呼吁："凡我滇

---

① 《滇边交涉中之民气》，《新闻报》1911年2月22日。
② 《专电》，《时报》1911年2月28日。
③ ［澳］骆惠敏编，刘桂梁等译：《清末民初政情内幕——〈泰晤士报〉驻北京记者、袁世凯政治顾问乔·厄·莫理循书信集》上卷（1895—1912），知识出版社1986年版，第725、726页。
④ 《东京留学生大会》，《时报》1911年3月11日。
⑤ 段宇清：《片马紧要记叙》，《清代边疆史料抄稿本汇编》第37册，线装书局2003年版，第388、389页。

人，当此立宪时代，正宜发言力争，勿使外观者谓我云南真无人也。一争不能则再争。再争不能则屡争。一千七百万之云南人，一十四府之议长议员，亦皆合力以争。"① 闵德修作为一个普通民众，其与谘议局相互协作、共同应对外交的行动，在某种意义上反映了普通民众对谘议局议员的支持和认可，同时这也为谘议局议员参与外交提供坚强后盾。

随着云南片马问题的不断恶化，能否妥善解决此案不仅直接关系到西南边陲安危，而且影响到整个国家和社会的稳定。对此，近在咫尺的四川省谘议局，在其讨论"改正官报体例"议案时，决定将"边藏交涉事务"列为官报重要内容之一。② 而其机关报《蜀报》的《发刊词》亦宣称，该报宗旨为"使政治思想普及于吾蜀，造成健全之舆论，直接而为本省谘议局之补助，间接而裨益政府之实力进行，以促国会之成立者也。"③ 在谈及谘议局的责任和义务时，黄言昌还在该报刊发时论称："谘议局者，非所谓集全川天民之秀杰，为百四十八州县之代表，而受一万万人民生命财产之委托者乎？是谘议局者，实荷维持全蜀人民生命财产之天职者也。"④

1911 年 3、4 月间，片马交涉再度告亟，云贵总督李经羲数次致电清廷。在函电中，李告称英占片马后，云南全境危在旦夕，对此清政府军机处仅做出"著外务部知道"的表态。⑤ 当李氏因片马交涉"事

---

① 闵德修：《致谘议局转呈督宪书》（1911 年 8 月），《清代边疆史料抄稿本汇编》第 37 册，第 417 页。

② 四川督署审查科编：《四川督署会议厅宣统二年审查谘议局议案汇编》，宣统三年线装铅印本，第 18 页，藏于国家图书馆文津街分馆普通古籍阅览室。

③ 叶治钧：《发刊词》，《蜀报》第 1 年第 1 期，1910 年 6 月 19 日。

④ 黄言昌：《论谘议局宜派员调查西藏以决存亡问题》，《蜀报》第 1 年第 6 期，1910 年 11 月 2 日。

⑤ 《奉旨英占片马饬部坚持等著外部知道事》（宣统三年二月初九日），中国第一历史档案馆编：《清代军机处电报档汇编》第 3 册，第 534 页。

机危迫，请调左江镇总兵陆荣廷，挑带劲旅四五营迅速赴滇，以资控摄，并由滇给饷"，以求支援时，清廷却依然敷衍了事。① 这一时期，云南谘议局亦多次致电清政府，"请指拨饷械，团练民军，并电恳资政院开临时会"，以商讨外交应对之法。然而，谘议局的来电颇令清廷大员们惶恐和不安。对于云南谘议局的来电，清政府一方面答以"资政院并无干预兵政、处决国际交涉之权"，此事"只宜密筹对待，讵可自相惊扰肆意沸腾"。另一方面还电告云贵总督李经羲，斥责谘议局议员之言论是"强以乌合之众挑衅强敌"，命其对诸议员"多方劝谕，勿令变生意外"。② 云南谘议局议员们维护边疆安危的请愿由此受到沉重的打击。

鉴于"英人驻兵片马，以逼滇藏边境，滇省飞电告急，其影响且及于四川"的危况，身为四川省谘议局议长的蒲殿俊颇感焦虑，在其题为《流年之慨》的时论中，蒲殿俊历陈各省谘议局成立后，因"宪政编查馆与督抚一气相应，曲解章程以扼之，捏造黑白以劾之"，使议员们无法正常行使参与外交之权的状况。痛斥资政院设立后，军机处协同宪政编查馆，"遇事梗沮于中，而风示无心肝、无廉耻之人诋諆于外"，致使资政院议员不能顺利参与外交，然而我国外交之机却被一误再误，国家利权亦因此不断丧失。显然在蒲殿俊看来，为将来成立国会而筹设的谘议局和资政院早已失去其应有的职权和地位，如此一旦国会成立，"将来国民能否举其实以监督政府，固当决于吾国民之能力，然政府则早以第二资政院待之无疑也"。对此，蒲殿俊不禁感叹道：议员与国民力抗

---

① 《奉旨片马界务请与英使交涉著外务部知道事》（宣统三年三月十二日），中国第一历史档案馆编：《清代军机处电报档汇编》第 3 册，第 552 页。

② 《为英占片马案只宜密筹对待等事》（宣统三年三月十五日），中国第一历史档案馆编：《清代军机处电报档汇编》第 3 册，第 554 页。

外敌，而"政府其与吾为对者也"①。

应当指出的是，尽管时人出于维护国家利权的考虑，仍然倡导"国民不可放弃应有之责任"，为此大力呼吁国人积极"参预外交"，但是通过对比中外政府在对待国民外交时的不同态度后，时人已经清楚地认识到：在外国，一遇交涉，"他国出以强硬手段，国民亦可出其死力，以为政府之后援"。而在我国，"国民鉴于危亡之惨，奔走号呼，共谋抵制，乃政府仍守其秘密宗旨"，在对外交涉中丧权失利。② 可以说，经过历次丧权辱国外交的沉痛打击，国民对清政府外交政策已经失去信心，而清政府以设议院、开国会为基调的立宪举措亦在这种背景下逐渐被国人所抛弃。

时至 1911 年 5 月，清政府宣布实行责任内阁制，成立以庆亲王奕劻为总理大臣的十三人内阁，其中满洲贵族占九人，汉族官僚仅为四人，显然这是一个以皇族为中心组成的内阁，此内阁一经成立便遭到时人的严厉批评，清廷立宪之假象亦为人们所窥破。6 月 22 日，湖北谘议局副议长张国溶发表《通告全国人民书》，痛斥清廷"今日之内阁实为皇族内阁"。而从此文激愤的言辞来看，最令其感到困惑的是，清廷既然实行责任内阁，则"今日阁制既明定担负责任，资政院常会时内阁尚能以不负责任对付资政院乎?"而自清廷宣布立宪以来，"人民希望宪政之心日益高，政府所持之政策乃日见其不可恃"，尤其是在外交方面，清政府"主张外交政策者，不外延宕与退让两途"，"今日片马交涉实由延宕所致"，故"今日外交政策，仍媚外政策耳。此新内阁政策之不可恃者"③。

---

① 蒲殿俊：《流年之慨》，隗瀛涛、赵清主编：《四川辛亥革命史料》上册，四川人民出版社 1981 年版，第 165—168 页。
② 《论国民不可放弃应有之责任》，《广益丛报》第 265 号，1911 年 5 月 18 日。
③ 张国溶：《直省谘议局议员联合会报告书》（宣统三年五月二十六日），吴剑杰主编：《湖北谘议局文献资料汇编》，武汉大学出版社 1991 年版，第 678—685 页。

毋庸置疑，在皇族内阁成立后，包括湖北省谘议局副议长张国溶在内的广大国民，对清廷立宪政体的美好愿景随之破灭，由此所产生的失望和悲愤之情显而易见。随着四川保路运动的兴起，晚清政府已处在濒临覆亡的边缘，此时国人对清政府外交政策的批评和指责亦在全国上下漫延开来。在此背景下，资政院在召开第二届常年会后，亦随着清王朝的倒台而消亡。而各省谘议局亦在辛亥革命时期各省独立的过程中，成为革命的发动者和组织者。① 至此，如昙花一现般的晚清议员参与外交图景随之成为历史。

诚然，清末谘议局和资政院犹如昙花一现般宣告解散，国民直接参与政治和外交的美好愿望亦随之破灭，但不可否认的是，清末立宪运动对国民宪政思想的熏陶以及宪政知识的普及等方面意义深远，可以说是造就民初国会思想的基础，并为民初国会政治的确立起到承前启后的作用。

---

① 于伯铭、冯士钵：《清末的谘议局》，《社会科学战线》1983 年第 1 期。

第四章
政党、政治与国民外交

第一节　从"主体"到"后盾"

在 2004 年复旦大学举办的"北洋时期的中国外交"国际学术讨论会上，日本北海道大学法学研究科博士生廖敏淑以《清末到巴黎和会时期的国民外交》为题撰文指出："无论如何，清末到巴黎和会时期，与五四以后乃至现代对于国民外交的定义各不相同、'国民外交'的定义依时流变的事实，应是毋庸置疑的。"① 那么，此处所谓的"国民外交"定义，究竟是后来者的自我界定，还是当时人的一种表达呢？

傅斯年在《史学方法导论》中说："假如有人问我们整理史料的方法，我们要回答说：第一是比较不同的史料，第二是比较不同的史料，第三还是比较不同的史料。"② 显然，在不同的历史时期，"国民外交"的具体内容及其重心各不相同，而要把握"国民外交"一词在近代不断演化和流变的历史路径，就必须从具体的历史事实出发，对前后的史料进行

---

① 廖敏淑：《清末到巴黎和会时期的国民外交》，金光耀、王建朗主编：《北洋时期的中国外交》，复旦大学出版社 2006 年版，第 272 页。
② 欧阳哲生主编：《傅斯年全集》第 2 卷，湖南教育出版社 2003 年版，第 308 页。

反复的对比和考证。近代中国边疆危机的产生，则为选取这一考察视角
提供客观条件和基础。

一、清末国民外交的"主体"地位

早在 1907 年 7 月 30 日，日俄两国达成第一次密约，分别划分两国
在中国东北及外蒙古地区的势力范围后，又于 1910 年 7 月 4 日签订第
二次协约，即《日俄协约》。[①] 在中国内忧外患的局势下，《日俄协约》
的签订无疑加剧中国的边疆危机，包括东北、外蒙古、西藏、云南、新
疆等地在内的中国广大领土和主权，成为俄、日、英、法等国争夺的目
标，而由此产生的中俄外蒙古问题、中日满蒙问题、中英疆藏问题等，
成为摆在清政府面前的极具挑战性的外交难题。

在中国边疆危机一触即发的紧急关头，国人表现出对国家外交事务
的高度关注，这一表现首先反映在对政府"秘密外交"政策的抨击和批
评上，而包括国内新闻记者、知识人士以及广大士绅在内的社会民众，
由此展开激烈地议论。

1910 年 1 月，《时报》连续刊载《某星使奏外交事应公诸舆论疏》，
指责清政府在外交中"秘密而不与人商"，中国"外交大小事无不以秘
密而失败"，为此要求清政府今后将"外交事宜应公诸舆论"，根本改变
秘密外交政策。[②]25 日，《新闻报》的一篇时论指出，中国"数千年来
外交之主体唯知有君而不知有民"，然而"外交之主体何在乎？在国民
而已。外交之目的何存乎？在保民而已"。国民应当积极参与国家外交

① 《各国对外政策关系杂纂／支那ノ部》，日本外交史料馆所藏外务省记录，アジア歴史資
料センター復製，Reel No.1—0109。
② 《某星使奏外交事应公诸舆论疏》，《时报》1910 年 1 月 24 日；《某星使奏外交事应公诸
舆论疏》，《时报》1910 年 1 月 25 日。

事务，发挥国民在外交中的主体作用。[①]30 日，都察院在代递文耀等人
的上奏时，亦提出："我国之外交，只恃一二外交官，以口舌强辩之功，
为樽俎折冲之用，无国民为之后援"，以至我国一与外人交涉，均最终
归于失败。[②] 显然，秘密外交在对外交涉中有着非常严重的负面作用。
对此，陈冷在评论清政府"秘密外交"时说："外交秘密一次，则权利
丧失一次，国民亦叫苦一次"，国家利权丧失的直接原因是清政府实行
秘密外交，国民对秘密外交的不满在某种意义上增强了其对清政府的不
信任感。[③] 可见，在时人看来，清政府不仅应当将外交诸事公之于众，
使国民知晓对外交涉情况，而且要发挥国民在外交中的"主体"作用。

随着中国边疆危机逐渐向纵深发展，国人还把对清政府"秘密外
交"的批评与具体事实联系起来。1910 年前后，清政府在西藏推行的
新政引起达赖的不安，尤其是川军抵达拉萨后，达赖与伦钦夏札等人逃
到印度，以寻求英国方面的"保护"。对此，清政府宣布革去达赖名号，
英方则借机支持达赖把西藏从中国分裂出去的意图，由此全面挑起西藏
问题。1910 年 3 月 2 日，《盛京时报》的社论从分析西藏危机的现状出
发，强调该事"牵涉外交，事事当按国际法以为对付"，清政府必须慎
重交涉，将外交诸事公之于众，而不应当委"任一二无识者"，更不能
实行秘密外交政策。[④]24 日，《新闻报》的一篇社论则直接表示：政府"对
于外交事件，无不持秘密之政策，动辄缔制报纸，禁其登载要闻"，以
致国民无法了解外交形势，故要求清政府当此"疆场多故之时代"，必
须根本改变秘密外交政策，使外交之事公诸舆论，为广大国民共同参与

① 《论外交当以民气为重》，《新闻报》1910 年 1 月 25 日。
② 《都察院代递文耀等恳请速开国会呈》（宣统元年十二月二十日），《清末筹备立宪档案史
　 料》下册，第 643 页。
③ 《时评一》，《时报》1910 年 2 月 24 日。
④ 《藏事借箸》，《盛京时报》1910 年 3 月 2 日。

外交提供条件和基础。①

　　1910 年 7 月 4 日，日俄两国签订第二次密约，即《日俄协约》。协约规定，双方承认彼此在中国的势力范围，承诺互不干涉对方势力范围的利益，协约的签订在某种意义上进一步加快了日俄两国在中国的侵略步伐。②《日俄协约》签订的消息传出后，中国舆论一片哗然。9 日，《新闻报》一篇题为《论日俄协约》的社论称：协约必将使中日满蒙问题、中俄外蒙古问题的交涉变得更为艰难，为此呼吁国民"急图挽救之策"，起而参与对外交涉。③"国会请愿同志会"亦发表《为日俄协约泣告国民书》，申诉"今日国家已亡，主权已丧，土地已削"，日俄密约关系中国存亡，国家领土主权遭到严重侵犯，然而清政府官员却唯恐"触犯强国之怒，有碍于目前之禄位"，当此危急存亡之秋，全体国民必须团结起来、共谋抵制。④

　　不仅如此，在国内舆论界的推动下，各界人士纷纷自发组织起来，成立各类民间组织或团体，以此维护国家主权和领土完整。其中，"保蒙会"的发起成立引起社会各界的广泛关注。7 月 17 日，陈冷发表题为《保蒙会》的时评，指出清政府的蒙古政策"谋之数年而无效"，《日俄协约》的签订使中俄外蒙古问题变得更为棘手，当前之计唯有"藉保蒙会之力"，"集合蒙古之人，发生蒙古之事"，力图解决中俄蒙古问题。⑤显然，《日俄协约》的签订引燃了中国国民参与外交的导火索，一方面国人以强有力的舆论反对协约对中国主权的侵犯，另一方面国民借助团体的力量，抨击"政府外交"，捍卫国家主权和领土，并由此产生较为

---

① 《论政府措置藏事之遗议》，《新闻报》1910 年 3 月 24 日。

② 《日露協約》，日本外交史料館所藏外務省記録，アジア歴史資料センター復製，No.90。

③ 《论日俄协约》，《新闻报》1910 年 7 月 9 日。

④ 《国会请愿同志会为日俄协约泣告国民书》，《新闻报》1910 年 9 月 6 日。

⑤ 《保蒙会》，《时报》1910 年 7 月 17 日。

广泛的影响。

值得一提的是，国民通过组织团体直接参与外交，这引起国际社会的关注和重视。7月31日，《盛京时报》以《对付中国之国民的外交》为题，译载日本《时事新报》的一篇社论。该文从日本的利益出发，认为日俄协约之目的是为了"维持满洲之现状"，批评"中国排日论者"一面煽动舆论、一面攻击"政府外交"，以致"酿成排日思想"。为此要求日本政府采取应对措施，并对中国"所谓国民的外交者，不可一日付之忽睹者也"①。

上述日本针对中国"国民外交"的言论引起国人的高度警觉，尤其是中国知识人士，自觉地从中外"国民外交"概念的对比中，深刻认识到两者的根本区别在于：在国外，"夫外交者，国民团体之事，国民不能人人与于外交之事，不得不委诸之数人之手，以期行将之利便"，国民与政府共谋外交之胜利。然而，在中国，当此外患频发、边疆告急之时，清政府却无视国人要求，继续执行秘密外交政策。"吾国外交，乃别于国民，自为一事，其利也，政府享之，其害也，人民受之。"② 显然，清政府与国民在外交上针锋相对，这与外国政府与国民共谋外交的情况相比较，两者形成强烈反差。

时至1910年年底，云南片马交涉接踵而至。在短短数月间，全国各界民众成立许多团体或组织。应当指出的是，在这一时期成立的诸多团体和组织中，由商团公会发起成立的"全国商团联合会"和"义勇队"，颇具影响力。1911年3月12日，商团公会在上海召开特别大会，决定"拟先立一全国商团联合会"，以联合会为基础，广泛开展各地商团的组织工作，待各地商团成立后，"再行组织义勇队"。值得一提的是，此次

---

① 《对付中国之国民的外交》（译《时事新报》），《盛京时报》1910年7月31日。
② 《论我国外交力守秘密之无当》，《盛京时报》1910年8月6日。

会议特别邀请宋教仁进行演说，其从国民参与外交的角度提出，片马问题、云南划界问题、蒙古伊犁问题等均"关系外交"，牵动中国全局，呼吁国民积极参与对外交涉，"思所以为政府之后援，并思国民力所能办之事"，力争维护国家主权和利益。显然，在宋教仁看来，"国民外交"应当成为"政府外交"的"后援"，而这与当时"国民外交"为"主体"的主流说法颇有出入，因此宋教仁的演说引起与会人士的不满，"台下有起立者"，以致演说尚未结束，"宋君遂即此终止"①。显然，在当时国民外交的"主体"地位已为更多人所接受。

在外患日亟的情形下，国人展开"国民外交"与"政府外交"关系的激烈探讨。北京同志会在《告全国同胞书》中表示，"先进各国对于政府外交之不可恃者，往往以国民之外交补救之"，何况今日我国政府外交丧权辱国至此等地步。②3月14日，《时报》社论在称赞国民组织团体、积极参与外交的同时，亦警告国民"及早觉醒，不生依赖政府之想"③。此外，东京留学生在致国内各省谘议局的急电中亦称，今日俄侵伊犁、英占片马、法强索滇矿，我国边疆危机日益深化，然而"政府无望"，国民只有自行"组织国民军，以救灭亡"④。显然，国人在片马事件的逼迫下，已经纷纷组织起来，表现出参与外交的强烈愿望，而从当时的舆论状况来看，大家均不约而同地将"国民外交"置于"主体"地位，这一方面表明国人对国民在外交中的作用有着独到的认识，同时亦在某种意义上反映了国民对政府的不认同态度。

事实上，在清末内忧外患的时局下，清政府与国民常处于针锋相

---

① 《全国商团联合会记》，《时报》1911 年 3 月 13 日。

② 《北京同志会布告全国同胞书》，《时报》1911 年 3 月 12 日。

③ 《再论沪商组织义勇队事》，《时报》1911 年 3 月 14 日。

④ 喜马拉耶：《英国派兵占据片马问题》，《南风报》第 2 期，1911 年 3 月 15 日。

对的状态。究其原因，则正如孙中山所指出的：一方面，日、俄、英、德、法、美等国列强对中国领土和主权虎视眈眈，"日并高丽，而与强俄协约，满洲、蒙古势已不保。英窥其隙，今已进兵卫藏，置防缅边，西鄙之亡，又可日计。德之于山东，法之于云南，铁路所过，蹂躏无完土。美于中国土地无所侵占，不能恣虐，特倡保护领土之美名，包揽其公债"；另一方面，清政府实施欺内媚外的政策，"满洲政府方醉生梦死，昏不知觉，于日、俄、英、德、法则默认之，于美则欢迎之。对于国民，诡名立宪，以为欺饰，其实则剥夺国民种种权利，以行其中央集权之实"①。

在此背景下，清政府不仅对国民参与外交持敌视态度，而且严厉禁止国民军、义勇队等团体的组织和行动。4月13日，军机处致电云贵总督李经羲时，指责国民组织团体之举是"以乌合之众挑衅强敌"，诡称云南谘议局编练民军的要求是"自相心惊扰，肆意沸腾"，故命令其对国人举动多加防范，以免"变生意外"。②如果说清政府对谘议局的议论和举动只是加以劝导，而并未予以军事上的干预的话，那么对留日学生组织的国民军以及上海绅商发起的义勇队则直接以军事手段进行打压。特别是留日学生组织国民军的行动，引起清政府的惶恐和不安。在留日学生大会召开后，驻日大臣汪大燮急电清政府称，学生"此等举动不足救亡，实足速亡，且恐内有革匪从中煽惑，欲借端肇乱"，通电还建议清政府立即"通电各省督抚，严行禁止"。清政府收到电报后，政务处、学部、陆军部"赶速通电各省查禁"。不久，国内各省布置妥当，

---

① 王建朗主编：《中华民国时期外交文献汇编（1911—1949）》第1册，中华书局2015年版，第51页。
② 《为英占片马案只宜密筹对待等事》（宣统三年三月十五日），《清代军机处电报档汇编》第3册，第554页。

尤其是"北洋陆军各镇，已加意防范，分派宪兵赴各营队密查"，从而使留日学生挽救国家危亡的行动遭到严重打击。①

在遭到清政府的严厉打压后，留日学生们义愤填膺，遂以"留日全体学生"的名义，向全国发出《中国危亡警告书》，宣称"吾国民于政府真无望矣！"如今国民唯有去依赖政府之心，亟起而自谋外交。② 在留日学生的感召下，国内舆论界亦纷纷起而响应。27 日，《时报》刊载题为《论国民亟宜要求参预外交之权》的社论称，在美国、德国、法国、意大利、瑞士等国，"国民有参预外交之权"，而我国国民无参预外交之权，中外差异悬殊的根本原因，在于各国有"议会之制度"，维护国民参与外交的权力，而中国却没有。为此，该文借用日本政治学者小野冢喜平次的"国民外交"理论，称：

> 日本小野博士之论外交政策也，曰外交政策当为国民的，不当为政府的。盖外交之原动力在于一般国民，若秘不与闻，而仅仰二三外交官之行动，则国民冷淡于外交，徒袖手旁观，不特当局者运其少数之意见，未必达于完全，即自外国视之，知其基础不免于薄弱，而必成外交之困难，故以原动力归之国民，而后外交官之对付，可期永远之胜利矣。③

不仅如此，上文还旗帜鲜明地提出：中国"国民外交"与欧美及日本等国有着巨大差异，其中最突出的是"我国今日政府之不足恃"。尤其是清政府对内压制、对外妥协的屈辱政策，使得国民在某种意义上愈

---

① 《防国民军甚于防敌》，《新闻报》1911 年 3 月 19 日。
② 《中国危亡警告书》，《新闻报》1911 年 3 月 19 日。
③ 《论国民亟宜要求参预外交之权》，《时报》1911 年 3 月 27 日。

加不认可政府，因此，"吾民对于政府真可宣言其不信任，而急须自进而谋参预外交之权"①。

在各界舆论的批评声中，《国风报》则将矛头直接指向清政府，其言论可谓是相当激进。3 月 30 日，梁启超以"沧江"为名在该刊撰文提出：中国"国民外交"的前提是解决"对内问题"，"今我国对内问题不解决，而徒日日鼓吹对外论，推其效果之所极，不过多发起几处国民军，多成立几个拒款会耳"。应当指出的是，该报所倡导的"对内问题"，即指推翻清政府的专制统治。② 不仅如此，同为康门弟子的汤叡以"明水"为名在该刊发表社论，不但斥责清政府为"恶政府"，而且喊出"必当推翻此穷凶极恶之政府，而后他事有可着手"的口号。③ 既然清政府不足恃，那么挽救国家危亡的重任自然由国民担当。对此，天津《大公报》的社论大力呼吁国民起来参与外交斗争，为此该报还专门就国民"参预外交"问题作了详细论述，称："近年以来，国民迫于外界之激刺，始知国家与人民有密切之关系，于是集合团体，共筹对外之方针"，尤其是当此"东三省、蒙古、新疆及滇桂等省纷纷告警"之时，更应当发动国民参与外交，可以说，"全国存亡在此一举，此参预外交之责任，国民所不可放弃者"④。

综上，清末边疆危机的爆发，直接推动国民参与对外交涉，而清政府对国民行动的压制引起国人的强烈不满。在此前提下，中国"国民外交"一方面表现出国民在外交中的主体倾向。另一方面，各界舆论还在"政府外交"与"国民外交"关系和地位的探讨中，纷纷提出政府不可

① 《论国民亟宜要求参预外交之权》，《时报》1911 年 3 月 27 日。
② 沧水：《与上海某某等报馆主笔书》，《国风报》第 8 号，1911 年 4 月 19 日。
③ 明水：《新疆危言》，《国风报》第 6 号，1911 年 3 月 30 日。
④ 《论国民不可放弃应有之责任》，天津《大公报》1911 年 4 月 22 日。

恃，呼吁国民起来承担外交之责，挽救国家危亡。清末中国"国民外交"与"政府外交"在对外交涉中的博弈，使得两者的地位犹如天平两端的砝码，"国民外交"主体地位的不断强化，必将弱化"政府外交"在对外交涉中的地位和作用。随着辛亥年间中俄交涉、中英交涉及中日交涉的日益恶化，清政府迫于外交压力，不得不下令缓办在边疆地区的"新政"，清廷内外政策的屈辱在某种意义上加速了其覆亡的到来。1911年10月10日，武昌起义的爆发，清政府在辛亥革命的激流中彻底覆亡，新的中华民国临时政府随即成立，中国"国民外交"与"政府外交"在对外交涉中的地位亦由此发生新的变动和倾斜。

二、民初国民外交的"后盾"趋向

1911年10月10日，辛亥革命爆发，清政府在革命的浪潮中彻底覆亡。革命的巨大力量瓦解了清政府的专制统治，同时也在秩序重建的混乱中为列强入侵提供可乘之机。10月13日，俄国代理外交大臣尼拉托夫在给驻华公使廓索维兹的函电中称，俄国应该"利用中国南方革命运动给中国政府造成之困难"，进一步扩大俄国在蒙古地区的权益。[1]随后，俄国即大肆怂恿外蒙古"独立"。在俄蒙军队协商并布置妥当后，俄方指使活佛哲布尊丹巴将清政府驻库伦办事大臣三多驱逐出境。12月1日，在俄国的操纵下，哲布尊丹巴宣布外蒙古"独立"。16日，哲布尊丹巴即位"皇帝"，并且宣告成立"大蒙古帝国"。[2]

外蒙古独立的消息传来，国内舆论一片哗然。12月10日，《盛京

---

[1] 《代理外交大臣致驻北京公使廓索维慈电》（1911年10月13日），陈春华译：《俄国外交文书选译：关于蒙古问题（1911年7月—1916年8月）》，黑龙江教育出版社1991年版，第12、13页。

[2] 学界关于外蒙古独立问题的研究，主要有：李吉奎：《孙中山与外蒙问题》，《社会科学战线》1991年第1期；朱昭华：《袁世凯政府对外蒙古独立的因应》，《史学月刊》2009年第6期。

时报》的社论即发出蒙事可忧，外患迫在眉睫的警告，呼吁政府与国民速谋挽救之策。①24 日，该报刊载一篇题为《论国民外交之必要》的社论称：民国肇建，共和初创，当此国家边境告急的严峻形势下，国民应当提高参与外交的意识，须知国家外交事务，"国民与有力焉，故有国民外交之一名词。国民外交云者，凡在国民，皆具有普通国家观念、世界知识，其国在国际上之地位，及其国对于国际团体中离合亲怨之故，咸一一默喻而洞悉。"概言之，"其国之外交，实其国民精神之所结晶也"②。可以说，在外患日亟的紧急关头，国民外交已经处在酝酿和全面发起阶段。

12 月 29 日，孙中山当选为中华民国临时大总统。1912 年 1 月 1 日，孙中山在《临时大总统宣言书》中表示：中华民国将"合汉、满、蒙、回、藏诸地为一国，即合汉、满、蒙、回、藏诸族为一人"。而在外交上，必使"满清时代辱国之举措与排外之心理，务一洗而去之"。孙中山的宣言表达他维护国家民族团结、谋求中国统一的愿望和决心。在他看来，"外交本为一国最要重政策"③。尤其是新建立的民国临时政府，正面临严峻的外交考验，在此情形下，孙中山亲自委任被誉为"近代中国法学奠基人"的王宠惠为外交总长，以期能够在法理上与列强相抗衡。

在对待国家统一和领土完整问题上，中国各界民众的态度与孙中山领导的临时政府是一致的。首先在国内舆论界，天津《大公报》主笔邵天雷直接表示"蒙古为中国完全属地"，中华民国既为共和政体，则必须"合汉、满、蒙、藏、回五大民族为一国"。④《新闻报》则援引日本《大

---

① 《论蒙边之防备》，《盛京时报》1911 年 12 月 10 日。
② 《论国民外交之必要》，《盛京时报》1911 年 12 月 24 日。
③ 《孙中山全集》第 2 卷，中华书局 1982 年版，第 2、14 页。
④ 《呜呼蒙古休矣》，天津《大公报》1912 年 1 月 15 日。

阪每日新闻》的话指出：为维护国家统一，则必须"筹统一之法"，"为今之计宜先劝告蒙王取消独立，一面由临时政府与外交团协议，另筹合力对待之策"①。与此同时，《时报》《申报》等各大媒体亦纷纷谴责俄国乘人之危，从事分裂中国的罪恶行径。

国内舆论界大力宣扬国家统一和民族团结，相应地，这一时期全国还成立了众多以促进民族联合为宗旨的政党和团体，其中"汉蒙联合会"及"五大民族共和联合会"的成立，即是典型的例子。3月6日，在外交总长王宠惠、伍廷芳等人的发起和筹备下，汉蒙联合会在北京宣告成立。该会启事宣称"五大族联为一家"，而其《简章》更是直接宣扬"联合汉蒙志士"、"消除畛域"、在外交上谋"一致进行"等口号。②

汉蒙联合会成立后不久，国内各界人士掀起组建类似政团的热潮。3月14日，五大民族协和会发表成立宣言，称该会旨在联合汉、满、蒙、回、藏五大民族，为政府内政外交的"辅助机关"。③4月10日，五大民族共和联合会宣告成立。次月，五族国民合进会和中华民族大同会亦相继成立，两团体均以联合各族人民，维护共和政体以及促进国家统一为宗旨。④为扩大政团的规模和影响，五族国民合进会、中华民族大同会等团体先后合并到五大民族共和联合会。

如果说汉蒙联合会的规模和影响力还较为有限的话，那么由数个政团共同组合而成的五大民族共和联合会，则是一个规模庞大、具有广泛影响力的组织。首先，从该会的成员结构来看，不但包括汉、满、蒙、回、藏等全国各族人士，而且将军界、政界人士及社会名流召集进来：

---

① 《俄人占据蒙古论》，《新闻报》1912年1月23日。
② 《汉蒙联合会启》，《时报》1912年3月7日。
③ 《五大民族协和会宣言书》，《盛京时报》1912年3月14日。
④ 五族国民合进会编：《五族国民合进会启》，民国元年线装铅印本，第12页。藏于国家图书馆文津街分馆普通古籍阅览室。

孙中山、袁世凯、黄兴为联合会赞成人，陆建章、赵秉钧、段祺瑞、梁士诒、陈其美、那彦图等人为联合会理事，徐绍桢、程德全、段芝贵等人为联合会参事。其次，在外交上，联合会的章程明确提出"力求国民外交"的口号，并且宣称我国是多民族国家，各民族之间杂糅相处，"其利害关系各有不同，故本会对于外交上必力行国民政策，使我五族人民皆得完全平等之结果"。尤其是当此民国肇建，共和根基尚不牢固之时，俄国趁机操纵外蒙古"独立"，中国边疆危机一触即发，在此背景下，联合会在其章程中明确表示：维护国家统一和领土完整乃"政府与国民共负之天职也"①。

继外蒙古宣布"独立"后，1912 年 6 月，十三世达赖在英国的扶植下亦宣告"独立"。在英国的纵容和支持下，达赖命令藏军驱逐汉人，造成西藏的动乱局势。②为稳定西藏局势，中华民国临时政府在对待西藏"独立"的态度上，表现得十分坚决：不仅严正宣告西藏是中国领土，而且不惜以武力解决动乱。7 月，北京临时政府分别派出以四川都督尹昌衡率领的川军以及由云南都督蔡锷率领的滇军，两支队伍分头开入西藏，共同讨伐西藏叛军。

外蒙和西藏先后宣告"独立"，这激起国人的强烈抗议。在国内舆论界，《新闻报》的社论大声疾呼：蒙藏独立，国事告亟，国民与政府当上下一体，共图挽救。③天津《大公报》则认为"蒙藏之得失，关于中国之存亡"，"我国边事之败坏，未有甚于今日者也，外交之危险，亦未有过于今日者也"。为此，该报提出对于外蒙古，宜抚不宜剿，而"对

---

① 《五大民族共和联合会章程》，中国第二历史档案馆编：《中华民国史档案资料汇编》第三辑，政治（二），江苏古籍出版社 1991 年版，第 926 页。

② Government of India to the Marquess of Crewe, June 7,1912, *Confidential British Foreign Office Political Correspondence China Series, 1906–1919*, Reel 19, p.387.

③ 《蒙藏讠文》，《新闻报》1912 年 9 月 2 日。

于西藏，则宜剿而不宜抚"①。这一言论在某种意义上表明，国人赞同政府对西藏问题采取强硬态度。事实上，不仅是国内舆论界，包括学界、商界、工界等各界人士在内的广大国民都对民国政府表现出前所未有的认同感，对此"明德女子书院"的徐桂芳更是提出"女子·爱国"的口号，呼吁女界同胞作为国民一分子，支持政府外交，尽到"爱国之责任"②。

值得注意的是，国人对民国政府的认同，在某种意义上使"国民外交"的定义发生变动，即国民在外交中已不再处于"主体"地位，而站在对外交涉的"后盾"（或"后援"）位置。9月7日，《盛京时报》一篇题为《论今日外交界之危状》的社论指出：民国初肇，政府面临严峻的外交考验，"我国民则尤应振奋有为，祛除恶习，予以外交当局以可恃之后盾"③。如果说这篇社论旨在号召国民积极参与外交，为政府外交"后盾"的话，那么10日该报的另一篇社论则进一步强调政府以国民为"后盾"，两者共谋外交的重要意义，并称蒙藏问题是当前外交的重大问题，这一问题的解决与否将直接关系到共和基础能否得到巩固，因此政府当"藉国民之后盾，力谋所以解决之方"④。

国民外交为政府外交的"后盾"，这一崭新思想理念不仅反映在口头报端，而且直接表现在国民维护蒙藏主权和领土完整的坚决行动上。张光曦愤然声讨哲布尊丹巴"反对共和国宪，窃据库伦，擅与狡俄私立协约，扰害蒙古内外治安，酿成国际交涉"，遂率领北京政府陆军步兵独立团旧部人马，组成"征库将校决死团"，旨在"为政府后盾"，"固我主权，达我五族一家目的"⑤。

---

① 《抚蒙剿藏私议》，天津《大公报》1912年9月6日。
② 徐桂芳：《女子·爱国论》，《女铎报》第6期，1912年9月1日。
③ 《论今日外交界之危状》，《盛京时报》1912年9月7日。
④ 《箴国民篇》，《盛京时报》1912年9月10日。
⑤ 北京市档案馆藏：《征库将校决死团张光曦致袁大总统电》，档案号：J222-001-00005。

　　随着入藏作战的川、滇两支军队不断取得胜利，国人收复蒙藏主权的激情高涨，在此前提下，时人发出"国民之自命爱国者，则仍应如曩者之组织敢死决死队，以补军力之所不及"的号召。① 颇为巧合的是，就在该号召发出的第二天，《征藏义勇队通告全国军人》的函电及义勇队的《简章》便在《时报》上公布。② 与此同时，征蒙义勇队、征蒙敢死队、联合救蒙会、征蒙爱国志愿团等各类民众团体亦纷纷出现。③ 应当说明的是，从各界国民团体的章程和宣言来看，这些团体均是作为政府"后盾"（或"后援"）的姿态出现，这一方面表明国民通过组织团体参与外交的积极性的提高，同时强化了国民外交在对外交涉中的"后盾"地位。

　　诚然，国民外交兴起的背后是中国边疆危机的不断深化。1912 年7 月，俄日两国签订第三次密约，进一步确定俄国在内外蒙古地区的势力范围。④ 在此基础上，俄国又于 11 月 3 日与外蒙古签订《俄蒙协约》，协约规定俄国在蒙古享受各种权利，为此俄国将扶助蒙古自治、帮助蒙古练军，而蒙古不得私自与中国订立条约，中国军队亦不得进入蒙古地区。通过《俄蒙协约》及其他《专条》，俄国全面控制外蒙古的政治、经济、军事等各项权利。

　　《俄蒙协约》签订的消息传来，全国人心激愤，各政党和团体纷纷致电斥责俄国与外蒙古的非法行径。为促使民国政府在外蒙古问题上保

---

① 《用兵蒙藏论》，《盛京时报》1912 年 9 月 8 日。

② 《征藏义勇队通告全国军人》，《时报》1912 年 9 月 9 日。

③ 《大事纪闻》，《亚东丛报》第 1 期，1912 年 12 月 31 日。《湖南ニ於ケル政党結社調査書進達ノ件》，日本外交史料館所藏外務省記録，アジア歴史資料センター復製，Reel No.1–0935。

④ 《日露新協約》，日本外交史料館所藏外務省記録，アジア歴史資料センター復製，Reel No.1—0154。

持强硬态度和立场，"联合救蒙会"代表徐绍桢、景耀月、姚雨平等人拜见国务总理赵秉钧，要求政府将"对蒙方针"、"对俄方针"、"外交作用"等事项"即时宣布"。而徐绍桢等人在谒见总统袁世凯时，不仅强调"今外交事急，不能不主持国民与政府协力一致，对付外患"，而且重申政府在俄蒙交涉中"有国民为后盾之益"，表达对政府外交的坚决支持。①《新闻报》主笔王孝焕则以"澄观"为名，发表题为《蒙约发表后之民气》的社论，在对晚清与民国的外交进行对比后指出："满清时代外交事件，惟主于二三腐败之大臣，故着着失败，以无人民为后盾故也"；民国政府成立后，共和政体为全体国民所拥护，"人人知国家与国民相关之密切，故一旦遇丧失主权之事，人人有亡国之忧"，在爱国之心的感召下，国民组织各类团体，积极参与外交斗争，成为"政府外交"的坚强"后盾"。②

值得一提的是，随着民初政党的兴起，国人已经有意识地通过组织政党、制定政纲来实行国民外交，而在《俄蒙协约》的逼迫下，民初政党与国民外交之间表现出其独特的历史面相：一是国人认识到政党在国家外交事务中的有着重要作用。"一国之强盛与否在政府之行动，政府之行动实恃政党为后援"，因此各政党虽然其党纲各有不同，"而对外则无不一致"。二是为反对《俄蒙协约》，切实维护国家领土主权，各政党还出现联合的趋势。其中，由共和、民主、国民、统一四大政党组织的"四党联合会"，颇具影响力。"四党联合会"的成立为各政党协同合作、共同抵御外敌提供重要基础。而在维护国家主权和领土的行动上，四大政党的行动颇为积极，尤其是民主党，为表示对政府外交的支持，该党一改先前"攻击政府"的政策，转而为"政府之后

---

① 《纪事》，《独立周报》第 9 期，1912 年 11 月 17 日。

② 《蒙约发表后之民气》，《新闻报》1912 年 11 月 19 日。

盾"。三是在各界人士对中国边疆危机的强烈关注下,以王孝煃为代表的中国知识人士还注意到舆论与外交的重要关系,并提出"舆论为外交后盾之说"。对于政党、舆论与外交的三元互动关系,《新闻报》主笔王孝煃以"一粟"为名发文指出:"政府之外交以舆论为后盾,而政党实一国舆论之中心点也,故外交以舆论为后盾,易言之,即谓以政党为后盾亦无不可也。"显然,王孝煃在强调政党在外交中的重要作用时,亦希望"今之政党各造成有力之舆论,以为外交之资助",而民主、共和、国民、统一四大政党组成的"政党联合会"成为诠释和演绎这一方式的"试金石"。①

国民在对外交涉中为政府的后盾,这一口号在当时不仅为舆论界所倡导,梁启超等人亦对此表示赞同。1912 年底,梁启超主持《庸言》杂志编辑事务,当时正值《俄蒙协约》发表,全国舆论沸沸扬扬。纵观当时舆论,大致有两种倾向:一是将外交失败归于政府,甚至有"推翻而易置之"的言论;二是主张"国民对外当为一致行动",支持政府外交,为政府外交的后盾。鉴于这一情况,梁启超曾邀其好友林志钧撰写《俄蒙交涉始末》,呼吁国民作为"政治原动力",应当为政府外交之后盾,"使上有强固信用之政府,下有国民外交之能力,则于对重大问题,尚可运行无阻"。应当说,梁启超对林志钧的这一观点是表示认同的,这从该文前述部分的"今唯刚之言,皆吾心中所欲言"一句即可证明,而林氏以国民外交为政府外交"后盾"的观点,也为中国舆论界人士所大

---

① 《俄蒙协约与政党》,《新闻报》1912 年 11 月 20 日。值得一提的是,11 月 14 日,《新闻报》主笔王孝煃还以"无闷"为名,从政治学原理出发,对舆论之于国民外交的重要意义进行了阐述,称:"论政治学之原理,一国外交政策之原动力不在政府,而在人民。盖对外之行动专任外交官之手腕,而人民不获与闻,则不免冷淡待遇,而外交无后援之力。苟有国论以盾其后,则民气盛而外交易。"(参见《救蒙对俄之绝叫》,《新闻报》1912 年11 月 14 日)

力倡导，并且得到社会各界人士的广泛认同。①

　　中俄外蒙古交涉和中英西藏交涉仍未解决，而日本却又在中国东北地区酝酿起"第一次满蒙独立运动"。1912 年 1 月 30 日，川岛浪速在致日本参谋本部的函电中称，为扩大日本在满蒙地区的利益，主张策动满蒙"独立"，建立一个有组织的国家。为此准备"先于满洲发难，蒙古事自易为之"②。尽管川岛等人推行的满蒙独立运动，因中国南北议和后日本政府的干预而被迫停止，但川岛等人并未放弃在中国东北地区侵略的努力，8 月 25 日，川岛氏更是向日本外务省递呈《对华管见》，详细阐述运动满蒙地区"独立"的计划和步骤，并称此乃其"三十余年来专门研究之结果"，机不可失。③ 而在日俄两国签订第三次密约后，日本政府便以各种借口迫使北京临时政府签署条约，扩大其在满蒙地区的权益。

　　日本在中国满蒙地区的侵略行径激起国人的强烈反对，尤其是在中国南部地区以及菲律宾等华人聚集地，人们"因日人在满洲用强硬手段"，"均倡言排斥日货"。④1912 年 10 月，菲律宾华人组织"华侨救国社"，该社以文明抵制日货、援助政府外交为宗旨，社长为戴金华，主要成员有民国公会代表陈益三、福联益布商会代表黄金钧、和胜堂代表梁广文、群源会社代表邵广荣等人。随后，救国社对外公开发表《敬告同胞抵制日货书》，宣称：民国新建，共和初创，"日俄协约瓜分满蒙"，当此中国危亡之秋，身为"共和国民之资格"，"当先抵制日货"，以挽

---

① 唯刚：《俄蒙交涉始末》，《庸言》第 1 卷第 1 号，1912 年 12 月 1 日。

② 《川岛致参谋本部的电文》，《近代史资料》总 48 号，第 115 页。

③ 《对支管見》，《支那政見雑纂》第一卷，日本外交史料館所藏外務省記録，アジア歴史資料センター復製，Reel No.1—0081。

④ 李毓澍主编：《中日关系史料》（一般交涉），台北"中央研究院"近代史研究所 1975 年版，第 39 页。

回我国丧权失地局面。值得注意的是，救国社在倡议和发起抵制日货时，能够以"尽国民的本分"相号召，以巩固"共和"为目的，并且要求"其抵制必用文明"，认为"文明之抵制，较胜于黩武穷兵"，体现海外华人基于爱国热忱，通过发起文明抵制行动，来维护国家主权和领土的决心和勇气。救国社的倡议书发出后不久，"闻菲律宾三岛已实行抵制"，可见救国社的文明抵制日货之举得到海外华人的广泛赞同和支持。①

然而，救国社的行动却遭到中国驻菲律宾领事杨书雯的敌视。1912年12月11日，杨书雯在给北京临时政府外务部的函电中，诬指救国社成员"大都游手好闲之辈"，经常在各家商铺"强罚人钱，示威暗杀、殴打，种种行为，悖谬之至"，声称"现已密商美（国）巡警，严为防范"。然而，杨书雯的敌视并未能阻止华侨们的爱国行动。事实上，就在电文发出当天，救国社便散发《抵制日货传单》称："国之赖以保存者，专恃民气耳。盖民气实为国家之命脉，外交之利器。"为此，该社大力呼吁各地华人，为维护民国、巩固共和，实行全面地抵制日货行动。②

在此前提下，救国社与领事杨书雯之间的矛盾越积越深，而随着时间的推移，救国社逐渐陷入十分不利的境地：一方面，1913年2月，杨书雯与当时掌控菲律宾各岛的美国政府官员协商，拟"强请递解救国社社长戴金华、粤会馆总理陈钦文、国民党代表康春景、布商会总理黄金钧、民国公会总理陈益三"，即准备将救国社主要人物从菲律宾驱逐出境。③另一方面，在国内，北京临时政府外交次长"颜惠庆徇日公使伊集院之请，自担当发袁总统之电"，不仅要求华侨停止抵制，而且声

---

① 《中日关系史料》（一般交涉），第63—66页。
② 《中日关系史料》（一般交涉），第82、83页。
③ 《中日关系史料》（一般交涉），第121页。

称赞同杨书雯"将抵制日货之华人六名驱解出境"的意见。①

　　正当救国社受到领事杨书雯以及日、美等方面的逼迫之时，正在日本访问的孙中山出面加以调解。②孙中山一直非常重视团结海外华侨，早在民国临时政府成立之初，他就向海外华侨发电，号召海外华侨"各抒爱国保种之热诚，以促祖国文明之进步"③。救国社抵制日货运动之时，孙中山正大力倡导"亲日政策"，认为在民国新政府未被承认之时，实行"亲日政策，外交上之最妙着"④。因此对救国社抵制日货行动"发电劝止"。与此同时，孙中山还致电北京政府外交部，称救国社因"日俄协约瓜分满蒙，因拒俄风潮转而抵制日货"，国民爱国之心，诚属可嘉。而驻菲总领事杨书雯竟然请美国政府将抵制之人驱逐出境，此举"辱国实甚。请即电令取消，以维国体而卫侨民"⑤。随着孙中山居间调解的进行，各方的矛盾亦有所化解。一方面救国社在孙中山的劝导下，表示愿意取消抵制；另一方面北京政府袁世凯亦认为"外部令领事杨书雯请美官遣戴出境"之举，实属"办理过当，令设法转圜"⑥。

　　需要补充的是，救国社取消抵制日货还与中国对外关系变动的大背景有关。在中国边疆危机告急之时，国人在对外关系上普遍倡导亲日仇俄政策，同时还主张国人对俄日两国加以分别对待。11月24日，《独立周报》刊载题为《国民之外交常识》的时论，称赞俄蒙协约发表后，

---

① 《本报特电》，《香港华字日报》1913年3月17日。
② 1913年2月11日，孙中山辞去临时大总统后，曾以"个人资格"赴日本进行实业考察。其间，孙中山利用各种机会推动中日友好、宣扬亚洲和平，并在与日本各界人士进行广泛接触的基础上，同日本首相桂太郎发起"中日同盟会"（引自《北京电报》，《民立报》1913年2月20日。）
③ 《临时大总统致上海华侨联合会及海外华侨会馆团体电》，《临时公报》第1辑第3册，1913年3月13日。
④ 《在东京中国留学生欢迎会的演说》(1913年2月23日)，《孙中山全集》第3卷，第27页。
⑤ 《中日关系史料》（一般交涉），第134页。
⑥ 《本报特电》，《香港华字日报》1913年3月18日。

国人拒俄之声高涨，显示出国民外交的强大声势，同时文章提出在对待俄日两国的态度上，国人应当有所分别，即利用日俄两国"与中国利害最相反"之关系，对俄强硬，对日暂时保持和缓态度，从而使日本"出而助我"，迫使俄国"无人出而助之"①。从客观上来说，这篇署名为"斐青"的时论借日攻俄的观点不无可取之处，尤其是民国初建，国家社会基础尚不稳固，这种利用一切力量对付最主要的敌人的做法，显然更为合理。

三、国民外交宗旨的演变

从清末到民国初年，中国"国民外交"的宗旨似乎经历了从"主体"到"后盾"（或"后援"）的转变。然而，应当指出的是，"国民外交"宗旨从"主体"转向"后盾"，所反映的是国民对民国政府的认同，而并非是"国民外交"从对外交涉前台的退出。这一反映主要表现在两个方面：

一是国民通过发起直接的外交行动，反对列强对中国边疆的侵略。1912 年 11 月 3 日《俄蒙协约》签订后，国人鉴于"外交风云愈幻愈急，我以新造之邦，孤立四面楚歌之中"，遂组织救蒙会、敢死队、决死团等团体，加紧"联络全国军界"，"为外交后盾"②。而在这一时期成立的联合救蒙会，更是直接"具函俄政府，诘问理由"，并且严厉谴责俄国的侵略行径。③ 与此同时，为反对俄国对外蒙主权的侵犯，各界人士还发动一场声势较大的"抵制俄货"和"抵制俄币"运动。在抵制俄币运动中，各界人士纷纷将存在俄方银行的钱币取出，并倡议不用俄币，以

---

① 斐青：《国民之外交常识》，《独立周报》第 10 期，1912 年 11 月 24 日。
② 蒋翊武：《祝词：十四》，《军事月报》第 1 期，1912 年 11 月 15 日。
③ 《大事记》，《民誓》第 2 期，1912 年 12 月 30 日。

示抵制。这一倡议得到国内广大民众的热切响应，尤其是北京民众，行动极为踊跃。据统计，截至当年 12 月 6 日，在北京"持票至俄国银行兑现者，已达十二万元之多"①。此举对俄国政府造成相当大的触动，"驻京俄使除一面函请中国政府禁阻外，一面又在要求公使团开临时会议"，以图挽救。②显然，国民发起的直接的对外行动在当时颇具影响力。

二是国民虽然在外交中立于"后盾"位置，但却通过舆论等手段，加强对政府的监督。中俄外蒙古交涉的失败以及《俄蒙协约》的签订，激起国人的强烈不满，随着舆论界谴责之声的沸腾和高涨，直接引发民初政局的变动：1912 年 11 月 15 日，外交总长梁如浩"因俄蒙交涉失败，受舆论攻击，上书辞职"。随后袁世凯不得不改任陆征祥为外交总长。③显然，国民对政府的监督是颇为严厉的。对此，康有为甚至表示："我国民居监督政府之任，夫政府以保疆土为责任者也。"若政府在蒙藏问题上丧权失利，"则国民应尽监督政府之责"，"若政府违国民之命，易政府可也"④。可见，国人已经通过社会舆论的方式监督政府外交、实现国民外交，这一情况表明国民外交仍然在对外交涉中占据着一定的主动性。

从某种意义上来说，民国初年的"国民外交"强调国民对政府外交的监督，是国人政治思想进步和参与政治、外交的要求不断增强的必然结果。近代以来，在中国知识人士的宣传和引导下，国民的政治思想取

① 《时事日志》，《庸言》第 1 卷第 3 号，1913 年 1 月 1 日。
② 《各界对于抵制俄币之会议》，《盛京时报》1912 年 12 月 14 日。
③ 《外交总长之更迭》，《法政杂志》，第 2 卷第 6 号，1912 年 12 月 10 日。1912 年 11 月 16 日，即外交总长梁如浩被迫辞职的次日，在写给其子的信函中，梁氏亦自称因"外交工作多系处理棘手问题，解决难以尽如人意"，而被迫辞去外长职务（参见顾维钧：《顾维钧回忆录》（第一分册），中国社会科学院近代史研究所译，中华书局 1983 年版，第 117 页）。
④ 康有为：《蒙藏哀词》，姜义华、张荣华编校：《康有为全集》第 10 集，中国人民大学出版社 2007 年版，第 10、11 页。

得巨大进步。天津《大公报》主笔邵天雷在对比清末与民初国民政治观念之异同后认为，国民对民国新政府的认同直接促使国民"政治热"的发生，尤其是民国政府成立后，共和理念逐渐深入人心，"凡属国民，对于一国之政治，莫不有相连之关系，即莫不当有与闻之观念"，故国民"政治热之发生，自有其根本也，根本维何，爱国心是已"①。而在《论国民对于时局之喜惧》一文中，邵天雷则进一步强调国民政治思想和参政能力的提高对"国民外交"的重要意义，呼吁国人在关注中俄外蒙古问题和中英西藏问题的同时，"当兢兢于民智民德，以植自立之基，进而求政治常识，上以监督政府之行为，下以转移社会之风气"，通过提高国民政治思想和参政能力，实现更有效地监督政府和参与外交的目标。②

在论及民国政治与国民外交的二元关系时，戴季陶所撰写发表的《民国政治论》一文不容忽视。1913年2月10日，戴季陶在《民权报》撰文指出："中国旧日之政治，少数人之政治也，民国之精神，则破除少数人之特权，而行平民的政治也。故民国之内治政策，不可不有平民精神"与此相适应，民国新政府成立后，"今后之外交政策，不可不有国民的精神"③。

在民国初年政党兴盛的大背景下，国民通过组织政党参与国家政治和外交事务的要求亦不断增强。在此前提下，包括宪友会、辛亥俱乐部、国民协会、国民公党、五大民族共和联合会、平民党、进步党等在内的各大政党，均将"国民外交"直接写入党章或政纲，表现出国人借

---

① 《政治热之今昔观》，天津《大公报》1913年3月12日。
② 《论国民对于时局之喜惧》，天津《大公报》1913年5月20日。
③ 戴季陶：《民国政治论》，唐文权、桑兵编：《戴季陶集》，华中师范大学出版社1990年版，第604、605页。

助政党之力实行国民外交的意志和决心。而以国民党为代表的一些党派，更是将国民外交的思想和理念直接运用到对外交涉，从而对"国民外交"与"政党"、"政治"的三元关系进行生动地诠释和演绎。这一情况反映了国人参与外交要求的增强，折射出处于社会大变动背景下政党、政治与国民外交相互影响、互为因果的特殊面相。

诚然，在国内政党兴起的背后，各党派之间互相倾轧，在参议院和国会选举中争权夺利的现象层出不穷。1912 年 11 月 15 日，程德全在给北京政府的密电中，痛陈《俄蒙协约》之害，不但建议"政府对于人民宜担负责任，不以宜一去为了事，人民对于政府宜忠告、宜扶助"，而且要求政府消除党见，称"政府动摇，党争激烈，吾国之所忌，他国之所利也"①。然而，为取得执掌国家政权的地位，共和、民主、统一三党联合组成进步党，与国民党相对抗；与此同时，袁世凯等人更是对国民党实施分化瓦解、武力打压等手段，造成严重的民初政争局面。

国民党与进步党对抗得难解难分之际，作为在全国拥有四五十万党员的中国社会党领袖，江亢虎于 1913 年 1 月提交一份旨在"满蒙回藏之根本解决"的《筹边策》，包括划清界限、内政自治、外交中立、资本公有、同化外人与实行社会主义六项解决办法，为争取北京政府与社会各界的支持，江亢虎在该文《附启》中呼吁各界"或用团体名义，或用个人名义，或呈请政府国会采择，或以国民外交，纯自社会一方面进行"。然而，这份江氏自称"大处落墨，一劳永逸"的筹边方策，虽然得到在上海的英、俄、日本社会党人士的赞同，但却为一个根本行不通的主观社会主义计划，无法得到北京政府的支持。②

---

① 《南京来电》(1912 年 11 月 15 日)，《民国初期稀见文电辑录》第 1 册，全国图书馆文献缩微复制中心 2006 年版，第 254、255 页。
② 北京市档案馆藏：《江亢虎筹边策》(1913 年 1 月)，档案号：J222–001–00005。

国内政争不断的同时，国家外患也日益告急。首先是关于中俄外蒙古交涉，外交总长陆征祥与俄国公使谈判历时半年之久，至 1913 年 5 月 20 日，中俄双方达成六款条文，名义上承认中国在外蒙古的主权，但实际上却承认俄国在外蒙古的既得利益。这一带有屈辱性的协约立即遭到民国参议院的拒绝，陆征祥亦在中俄交涉失败声中宣告辞职。中英西藏交涉方面，1913 年 10 月 13 日，西藏地方代表、中、英三方人士召开西姆拉会议。会上，英方支持西藏"独立"的要求，中方则坚持西藏是中国领土的一部分，各方争执不下，虽后经多次商谈，但仍无结果。而关于中日满蒙交涉，川岛等人的"第一次满蒙独立运动"虽然被迫停止，但日本政府仍通过各种途径，逼迫北京政府签订各种条约，扩大其在满蒙的权益。

随着边疆危机逐渐向纵深发展，国内舆论界对北京政府的抱怨不断，同时亦对各派政党因政争而影响应对外患之举，予以严厉地批评。1913 年 3 月，《神州女报》一篇题为《国事慨言》的社论痛陈当此"蒙库风云攘攘数月"，"西藏、片马等地又接踵而至"之时，"政府年来终日所惶惶视作绝大问题者，惟以对付党争为务，他不及顾也"①。6 月 17 日，《论衡》题为《对外与对内》的社论，则就政府在《俄蒙协约》前后的态度作了评论，称协约签订前后，"我国上自政府，下至国民，实无人确言对外者，凡侈言对外者，其实际仍为对内。质言之，即借对外之名，攫得本身享受之若干利益，或假外人势力以发达其欲望，保持其地位而已"②。

1913 年 9 月 11 日，孙宝琦继任北京政府外交总长，在袁世凯的纵容下，孙宝琦绕开国会，于 11 月 5 日与俄国签订《中俄声明文件》，其后中俄双方又于 1915 年 6 月签订《中俄协约》，宣布双方"承认外蒙自

---

① 社英:《国事慨言》,《神州女报》第 1 号,1913 年 3 月。
② 智微:《对外与对内》,《论衡》第 3 号,1913 年 6 月 17 日。

治官府有办理一切内政并与各外国订立关于自治外蒙工商事宜国际条约及协约之专权"，进一步丧失中国在外蒙古的主权。① 对于北京政府在中俄外蒙古交涉中的屈辱态度，时在英国伦敦的周鲠生撰写《中俄交涉评》，痛彻地指出："俄蒙关系发现，全国激昂，征蒙之声不绝于耳，而当时政府专顾用兵南方，无暇计及边事，徒欲以外交上姑息之手段，为有名无实之解决。"北京政府将主要力量用于对内，而置边疆危急于不顾，这一态度显然引起国内舆论的强烈不满。为此周鲠生警告北京政府："吾闻二十世纪之外交，所谓国民外交。贵在恃国民舆论为外交之后盾，而不任二三官僚私相授受。"社会舆论的向背直接关系到政党的兴衰以及政局的变动，任何政党或政府不能无视国民舆论的监督作用，只有"恃国民舆论为外交之后盾"，方能在内外政策上取得成效，赢得广大国民的认同和支持。② 这是当时社会的重要准则，亦是中国"国民外交"在民初的重要内涵之一。

以上事实表明，近代中国"国民外交"的宗旨虽发生新的变化，即由清末的国民在外交中的"主体"地位，向民初的"后盾"（或"后援"）转变，但这并不意味着国民从对外交涉前台的退出。与此相反，在民国肇建，共和初创的新形势下，国民通过社会舆论的手段，对政府外交进行有力地监督，并且以组建政党的方式，对民初政党、政治与国民外交的多元互动关系进行生动的诠释和演绎。诚然，近代"国民外交"宗旨的变动，在某种意义上反映了国民对政府认同的前后变化，而随着时间的推移及民国政局的变动，中国"国民外交"的宗旨必然会被注入新的历史内涵。

---

① 北京市档案馆藏：《关于外交部与俄、蒙、捷、土耳其等国家建立友好条约之文件》，档案号：J181–017–01222。

② 鲠生：《中俄交涉评》，《甲寅杂志》第 1 卷第 10 号，1915 年 10 月 10 日。

第二节　政党、政治与国民外交

近代以来，各政党纷纷提倡 "国民外交"，并将其写入党章或政纲，这一情况反映了国人参与外交要求的增强，折射出处于社会大变动背景下政党、政治与国民外交之间相互影响、彼此制约的历史面相。对此，《清末到巴黎和会时期的国民外交》一文指出："巴黎和会及五四以后，政党介入群众运动或组织群众的情形比比皆是。在利用群众力量达成政党的政治、外交政策主张的时代背景下，由政党的所主导的'国民外交'运动，其活动内容与重心当然也与清末到巴黎和会时期的定义不同。"① 显然，作者以巴黎和会的召开为时间界线，将在此前后的国民外交截然两分，认为后者为政党所主导的国民外交，而前者却非如此。那么，近代中国政党与国民外交之间是否有联系？究竟有何联系？为解答这些问题，有必要对近代中国 "国民外交" 视域下政党成立的历史做一考察，以便理解在国家和社会处于大变动的背景下，政党、政治与国民外交的相互关系，并进而窥视中国近代政党与国民外交二者关系发展、演化的历史脉络。

一、政党与外交关系之议

早在戊戌时期，梁启超、严复等人对欧美等国的政党制度颇为称颂。他们热衷于学习和介绍西方宪政理论和政党体制，尤其是立宪派人士，积极利用报刊舆论、集会演说等方式，对之进行大力倡导。从当时的情况来看，国人对西方政党制度的借鉴和移植，大致经历了从宣传学

---

① 廖敏淑：《清末到巴黎和会时期的国民外交》，金光耀、王建朗主编：《北洋时期的中国外交》，复旦大学出版社 2006 年版，第 271 页。

习，到组织成立，以及最后分化组合的复杂过程。

清廷颁布预备立宪谕旨后，国人掀起宣传和学习西欧及日本政党制度的热潮。1907 年 10 月 7 日，政闻社机关报《政论》在日本东京创刊，该刊分别邀请日本自由党前总理板垣退助、立宪改进党总理大隈重信撰写序言。需要指出的是，在日本的政党史上，自由党和立宪改进党的成立开启了日本组建政党的历史先河。而在该报的序言中，大隈重信对政党做了较为完整的界定，认为凡一个政党，其成员即"欲得善良之政治、自由之政治者皆为吾同志"，其任务在于以"国民的运动"使"其国民之政治能趋于良"，其目的是"启发国民政治上之智识"。①

上述人士对政党制度的大力宣扬，进一步推动国人的追求热情。在此背景下，梁启超、马相伯、杨度等人亦提倡在中国组建政党。1907年 3 月，梁启超在写给杨度的信函中表示，经与蒋智由、徐佛苏、狄楚青、麦孟华等人商议，大家共同赞成在中国组织政党事宜。由于杨度身边"亦有多数同志同认政党为必要"，故提议大家联合起来，一起组建政党。次月，杨度在回信中就"政党成立之时期"和"政党组织之方法"等问题表达自己的看法，称"欲党成而有势力，则必社会上结党之观念大盛而后可"，从目前的情形来看，应当"以先谋开国会为结党之第一要事，斯其党势必能大张"②。徐敬熙在比较西欧及日本的政党与中国历代党派异同之后，认为"中国以前有类似之政党，无真正之政党"，中国要设立政党，应当"辨明政党与政体何以有相结不可解之故"，即必须"宪政党与宪政体同时并起"③。马相伯在政闻社大会上亦强调中国内政外交失败之原因在于"无政党以监督政府"，为此呼吁国人通过组织

---

① ［日］大隈重信：《政论序》，《政论》第 1 号，1907 年 10 月 7 日。
② 丁文江、赵丰田：《梁启超年谱长编》，上海人民出版社 1983 年版，第 393、397、398 页。
③ 徐敬熙：《政党论》，《中国新报》第 9 号，1908 年 1 月 12 日。

政党来实行"一极大之国民运动",最终实现国家利权挽回、"国民政治思想发达"的目标。①

随着社会各界要求开国会、行立宪的呼声的日益高涨,国人不断强调国会与政党的重要联系,认为欲行立宪必先开国会,然"国会之成立以何者为最重之要素乎?曰政党"。当前国民只有通过组织政党,发挥政党的监督作用,才能真正"实行其监督政府之权"②。显然,国人在宣扬西方政党制度的同时,亦自觉地将其与中国时局结合起来,由此开始对立宪、国会与政党之间的关系进行激烈探讨。与此相适应,1906 年雷奋、马相伯等人设立的宪政研究会、1907 年蒋智由等人组织的政闻社、1908 年张謇等人发起的宪政公会、谘议局研究会等团体俨然成为中国政党发起的先声。

诚然,在外患日亟的时局下,清政府丧权辱国的外交政策激起国民参与外交的强烈愿望。而在各地政党纷纷涌现的背景下,国人自觉地将"外交"纳入对政党相关问题的探讨,由此引发一场关于"政党"与"国民外交"关系问题的讨论。1908 年 4 月 9 日,天津《大公报》刊发社论,呼吁"国民诚能组织一极大之政党,要求开设国会,以贯其预备之初志,则不独内政之问题可以解决,即一切对外交涉之问题亦可由此解决"③。21 日,该报一篇题为《所谓国民的外交者何》的社论进一步强调国民参与国家政治和外交的重要意义,提出欲使"国民居监督之地位,握参政之实权",其重要途径是"提倡舆论、扶助舆论,使舆论得收政治上之效果"。可以说,舆论在国民参与政治和外交事务中的作用是至关重要的。一方面,欲"使舆论得收政治上之效果,则必使人民有干预外交之权"①。另一方面，国民对政治和外交事务的参与，可以提升舆论在社会上的影响力和渗透力。值得注意的是，国人在对舆论和政治、外交关系的探讨中，已经注意到"国民外交"的"国民"一词系指全体国民，即由"国民全体参议外交"。然而在当时，"此固事实上所不能，而亦国际上所难承认者也"②。那么，如何解决这一矛盾呢？国人在对这一问题的探索中，似乎从西欧和日本的政党制度中找到突破口。

1909 年 5 月 23 日，《盛京时报》的一篇社论指出："现今文明各国，凡号称立宪国家者，莫不有政党之组织。英国之保守、自由两大政党相峙角立，左右一国之政治。……日本为立宪政治后进之国，而政友会暨宪政本党之两大党派，隐然在议院占大势力。"显然，在时人看来，能否通过组织政党来监督政府、参与外交，成为解决全体国民参与外交问题的关键所在。而在清末收回利权运动的推动下，国人对政党与国民外交相关问题的探讨不仅停留在理论层面，还与事实联系起来。特别是清政府对外政策渐趋软弱，"今日路权之敷设许某国，明日以矿权之采掘许某国"等情况，更是迫使国人发出"欲享立宪政治之幸福也，非组织一大有力之政党，以代表国民之意见，而实行监督政府"和参与外交的强烈呼声。③

应当指出的是，国人对政党与国民外交关系问题的探讨，在某种意义上是借鉴日本的成功经验。1910 年 6 月 14 日，被誉为"中国第一个真正现代意义上的记者"的黄远庸在《新闻报》发表《论政党与中国存亡之关系》称：明治初年的日本，在政党的带领和大力推动下，"国民对于外交，则一意破废屈辱及不平等之条约而改正之"。中国当此利

---

① 《所谓的国民外交者何》，天津《大公报》1908 年 4 月 21 日。
② 《所谓的国民外交者何（续昨）》，天津《大公报》1908 年 4 月 22 日。
③ 《论政党与立宪政治之关系》，《盛京时报》1909 年 5 月 23 日。

权收回运动之时,"吾国民之勇气者是否有完全健固一致之政策,以为之原动力",全视乎政党之成立与否。可以说,政党问题已经成为关乎挽回国家利权的一个关键问题。为此,黄远庸提出:"最近二三年以内有无政党成立,愚见以为中国存亡之先决问题矣。"① 黄远庸颇有远见的言论,反映了国人要求组建政党,实现监督政府、参与外交的强烈愿望。在此背景下,国人亦从对政党的宣传引介阶段迈入组织成立的实施阶段。

二、政党主导下的国民外交

中国近代意义上的政党始于清末民初,政党的出现与国民政治思想的进步以及参与外交意识的不断提高有关,而探索近代中国政党、政治与国民外交的相互联系,其前提是厘清各政党建立的渊源脉络,把握其分化组合的变动趋势。为此,有必要对近代中国政党成立的历史过程,做一番考察。

1910年中国国会请愿运动高潮迭起,在各界要求行立宪、开国会的强烈呼声推动下,各地民众组织形形色色的政治团体,其中于是年8月成立的各省谘议局联合会,是一个由民选议员组成的、带有地方议会性质的民意机构。1910年8月12日至9月7日,联合会召开第一次会议,制定包括《陈请提议速开国会案》等议案。从议案内容来看,国人已将召开国会视为挽救国家危亡的关键,同时这也是当时众多政治团体所共同追求的目标。然而,随着国内外形势的急剧发展,清政府在内忧外患的时局下应对各方,根本无心顾及联合会等政团的诉求,许多要求召开国会的奏折一到清廷,往往留中不发,这无疑引起包括联合会在内的各

---

① 《论政党与中国存亡之关系》,《新闻报》1910年6月14日。

界民众的强烈不满，尤其是联合会的成员们，在 1911 年 5 月 12 日召开
第二次会议后，更是公开发表《直省谘议局议员联合会报告书》，直接
抨击清政府"外交政策不外延宕与退让两途"，对"国法不问、国权不问、
国民不问"，以致今日"吾人民之希望绝矣"。①

而对清政府的失望和不满，使得联合会经历一场重大转变，这一转
变的一个重要标志即是联合会改组为宪友会。1911 年 3 月，联合会代
表孙洪伊正式提出组党的建议。5 月 25 日，联合会召开大会，开始启
动组党事宜。29 日，宪友会的"政纲草案已成稿"②。值得一提的是，在
联合会改组的过程中，汤化龙等人向清政府中的开明人士及社会名流进
行游说，以争取他们对改组政党一事的赞同。经过一番努力，时任民
政部大臣的善耆表示："诸君子有政党之组织，此立宪国切不可缓之举，
尚须勉力，我急欲观其成也。"③ 可见，联合会的游说达到较好的效果，
而这也进一步促使联合会改组时机的成熟。

6 月 4 日，宪友会成立大会在北京湖广会馆召开。会议发起人包括
籍忠寅、陈黻宸、雷奋、黄远庸、徐佛苏、汤化龙、张国溶、李庆芳、
林长民、谭延闿等 70 人，选举江西省谘议局议长谢远涵为临时主席，
资政院议员李文熙、黄远庸为临时书记，雷奋、徐佛苏、孙洪伊为常务
干事，籍忠寅等为候补常务干事。会议还制定包括"讲求国民外交"等
在内的六条宗旨。④ 对此，临时主席谢远涵加以阐释称：今日国民"政
治思想已有萌芽，故必组织政党"，以使国民"参预政权"，实行国民

---

① 《直省谘议局议员联合会报告书》，《会员纪事录》，京师北洋刷印局刷印本，第 97—104
　　页。转引自耿云志：《辛亥革命前夕的各省谘议局联合会》，《福建论坛》(人文社会科学版)
　　2002 年第 2 期。
② 《联合会组织政党》，《新闻报》1911 年 6 月 1 日。
③ 《联合会游说当道之效果》，《新闻报》1911 年 6 月 5 日。
④ 《宪友会之政纲》，《顺天时报》1911 年 6 月 1 日。

外交。① 需要强调的是，此次会议的召开在中国"国民外交"历史上具有重要的意义，不但第一次明文规定政党的宗旨为讲求"国民外交"，而且开创近代中国国民以议员身份发起国民外交的历史先河。

十余天后，辛亥俱乐部在北京召开成立大会。该党最初是由资政院议员长福、罗杰、易宗夔、胡骏、黎尚雯等人发起组成，因其与资政院的特殊关系，被时人称为"资政院中之官僚党"，其政纲明文规定"体察内外情势，确定外交方针"等八项宗旨。② 值得注意的是，该党因在成立时间上与宪友会十分接近，而两党所制定的政纲和宗旨亦较为相似，这不但引起国人的高度关注，一些报刊舆论更是就政纲、宗旨和党员构成状况等方面，将两者做了较为细致的对比，并予以宣传和报道。《新闻报》认为"政党之团结恃有政纲"，政纲在政党的各组成要素中具有重要意义，为此该报在重点考察两党政纲的异同后指出，就外交政策而言，两党均不约而同地将"讲求国民外交"作为政纲的重要内容。③《时报》则在分析两党党员的构成情况后提出，辛亥俱乐部的成员具有浓厚的官方背景，堪称"纯官党"，而宪友会则"以谘议局联合会为中坚"，是大多数在野的立宪派势力的代表，因此有"纯粹民党"之称。④ 显然，两党的成员来源不同，而其领导者均具有议员背景，因此可以说，两党都是以资政院议员为主导、以讲求国民外交为政纲的政党。

应当指出的是，在清末特殊的时空背景下，无论是宪友会还是辛亥俱乐部都希望借助政党之力监督政府、参与国家政治和外交事务，然而清政府却并不容忍政党的出现。为压制国人创办政党的热情，清政府以

---

① 《宪友会成立纪事》，《新闻报》1911 年 6 月 10 日。

② 谢彬：《民国政党史》，学术研究会总会 1925 年发行，第 33 页。

③ 《两大政党之党纲》，《新闻报》1911 年 6 月 21 日。

④ 《中国政党小史》，《时报》1911 年 6 月 12 日。

"疑有匪人从中煽惑"为由,"随时派员侦察,劝谕解散","使政党之势力日消磨于不知不觉之中",因此国人不禁感叹道:清末中国实为"人才消乏、政党幼稚之时代耶!"①

进入民国,共和初创,全国各地的政党和团体如雨后春笋般大量涌现。尤其是在《中华民国临时约法》规定人民享有集会、结社和言论自由的背景下,国人纷纷提出参与国家政治和外交的要求。②而就国民外交的范畴而言,在这一时期成立的众多政党中,首先进入考察视野的是国民协会。

早在 1911 年 10 月 24 日,张嘉璈等人在上海谋划发起国民协会。同年 12 月,该党发布《国民协会宣言书》和《国民协会简章》,宣称"以谋中华民国之统一,促进共和政体之完成为目的"③。1912 年 1 月 21 日,该会在上海"江苏教育总会"开第一次全体大会,温宗尧、张嘉璈等人被推选为干事,并选举唐文治为名誉会长,温宗尧为总干事长,张嘉璈为总务部长,从而正式组建国民协会上海本部。温宗尧在就职宣言中表示,中国"外交界常以内力不竞以致未能置吾国于优胜之地",故今后"凡为国民者不可不具政治上之常识",为此他还提出"国民政治"的口号。④2 月 28 日,温宗尧以"日来诸事倥偬,摆布不开,自顾才绌任重,力所不胜"为由,声明辞职。⑤3 月 23 日,国民协会另举唐绍仪为总理(唐绍仪后来因被袁世凯任命为内阁总理,故改任名誉总理),杨士琦、袁树勋两人为协理,实际负责人仍是张嘉璈。

---

① 《论现政府对于政党之态度》,《新闻报》1911 年 7 月 3 日。
② 蔡鸿源主编:《民国法规集成》第 2 册,黄山书社 1999 年版,第 12 页。
③ 《国民协会简章》,上海社会科学院历史研究所编:《辛亥革命在上海资料选辑》,上海人民出版社 1981 年版,第 815 页。
④ 《国民协会干事总长温宗尧就职宣言》,《盛京时报》1912 年 2 月 14 日。
⑤ 《要电》,《时报》1912 年 2 月 28 日。

值得注意的是，国民协会在其《简章》中称："本会系永久团体，与他种暂时成立之团体不同，俟政府确定时，再行发表政纲，改组政党。"① 即该会从 1911 年底发起成立，一直到 1912 年 3、4 月间主要责任人发生变动时止，历时近半年却尚未制定或颁布正式党章或政纲。4 月 1 日，新当选的唐绍仪、杨士琦、袁树勋三人发表就职宣言，随后该党于 4 月 8 日正式公布《国民协会政见宣言》，称：

> 共和国之国民当具主持政治之能力，尤当备普通之常识。顾默察今日吾国之大势，窃以为教育之方针，尤宜注意于实业，盖匪是则不足以利民生而裕国力。此实业教育之宜注意者七也。
>
> 内政虽备，不能不修邦交。修睦邦交之责，政府与人民共之，而在共和政法之下，人民之责任愈巨。此国民外交之不可不讲求者八也。
>
> ……共和政治实为国民政治，使全体国民对于政治能人人尽其扶持匡救之责，则兹数大端之实行，亦已足措吾国于盛强。海内人士有表同情而赞成斯旨者乎？深望惠然不弃，共相讨论，俾本会之主义政纲有实行之一日，则又岂独同人等之私幸已哉？②

上述国民协会的宣言分别阐述该党对国民外交和国民政治的理解，即一方面认为，在共和政体之下，国民与政府同负外交责任，共同讲求"国民外交"，以维护国家尊严，"无损失主权之虑。"另一方面，该会将在实际行动中，发动和引导国民积极参与国家政治事务，努力提高国民政治能力，早日实现国民监督政府的目标。显然，讲求"国民外交"与

---

① 《国民协会简章》，《辛亥革命在上海资料选辑》，第 815 页。
② 《国民协会政见宣言》，《辛亥革命在上海资料选辑》，第 827 页。

宣扬"国民政治"是国民协会的重要宗旨，同时亦是该党所信奉的最高纲领。

与国民协会的发起成立不同，1912 年 3 月组建的国民公党是由中国共和研究会改组而来。早在 1911 年 11 月 17 日，中国共和研究会发布启事称：为实现共和政治，将"邀集吾国之绅商学界、报界同志诸公，与熟悉中西法律专家，公同研究"，并"拟设一《共和报》，以启民智"。①1912 年 3 月 14 日，中国共和研究会再次发布启事，宣称该会"改称国民公党，推举岑君春煊、伍君廷芳、程君德全为名誉总理，王君人文为总理，温君宗尧为协理"，国民公党由此正式成立。② 国民公党秉承中国共和研究会的宗旨，注重国家主权的维护，强调"平民政治"的实行，并且"提倡国民的外交。"③

颇为巧合的是，1912 年 3 月 14 日，即国民公党发布成立启事的当天，《五大民族协和会宣言书》在《盛京时报》上悉数公布。宣言书表示，当此民国新政府成立之际，应当联合汉、满、蒙、回、藏五大民族，"集群策群力，藉以为政府之辅助机关"④。次日公布的《五大民族协和会简章》更是明确提出"联络五大民族之感情，发扬国民之特权，鼓吹自由平等博爱之道德，协助共和事业之进行"等宗旨。⑤1912 年 4 月 10 日，五大民族共和联合会正式宣告成立。5 月，五族国民合进会和中华民族大同会亦相继成立，两会均将联合全国五大民族，共同维护共和政体等作为政党宗旨。由于均以五族共和、统一全国等为政党宗旨，五族国民合进会、中华民族大同会等政团相继并入五大民族共和联合会，

① 《中国共和研究会启》，《民立报》1911 年 11 月 17 日。
② 《中国共和研究会改名国民公党启事》，《辛亥革命在上海资料选辑》，第 788 页。
③ 《国民公党之政纲》，《民立报》1912 年 5 月 17 日。
④ 《五大民族协和会宣言书》，《盛京时报》1912 年 3 月 14 日。
⑤ 《五大民族协和会简章》，《盛京时报》1912 年 3 月 15 日。

从而使联合会的成员和规模得以迅速扩大。

需要强调的是,五大民族共和联合会制定相对完整的章程,并且对其政纲做了较为细致的说明。首先,章程《纲要》宣称以"扶助共和政体,化除汉、满、蒙、回、藏畛域"为宗旨,"力求国民外交"①。其次,章程《细则》对《纲要》的各项条款做了详细地阐述,其中对"力求国民外交"的陈述如下:

> 九、力求国民外交。外交政策以国民外交为最重要,盖当局者运少数之意见,未必达于完全,故必以一般国民为之后盾。更有进者,在政治学家之研究国民外交政策,盖有二义,一即外交之原动力,一为外交之着眼点。所谓着眼点者,以全体国民为主,如国家惟一种民族,则问题简单,如其民族复杂,则其利害关系各有不同,故本会对于外交上必力行国民政策,使我五族人民皆得完全平等之结果。②

分析上述关于"国民外交"的说法,以及所提到的研究国民外交政策的"政治学家",显然与日本政治学者小野冢喜平次有关。1903 年小野氏的著作《政治学大纲》由日本东京博文馆出版发行,在该著第四章第二节中,他首次提出:"对外政策须为国民的。对外政策,所以须为国民的者,厥有两义:其一在原动力,其二在着眼点。"③ 该书出版发行后,国人给予极大的关注,《时报》《北洋官报》《浙江潮》《大陆》《云南》

---

① 《五大民族共和联合会章程》,中国第二历史档案馆编:《中华民国史档案资料汇编》第三辑,政治(二),江苏古籍出版社 1991 年版,第 926 页。
② 《五大民族共和联合会章程》,《盛京时报》1912 年 8 月 9 日。
③ [日] 小野塚喜平次:《政治学大綱》,東京博文館 1903 年版,第 160—163 页。

《政论》等报刊分别对上述言论进行翻译和转载，蒋智由、温雄飞、周维翰等人在论及"国民外交"相关理论时，也不约而同地借用"外交政策之原动力在国民"、"外交政策之着眼点亦在国民"等说法。^①如此看来，五大民族共和联合会在阐释其"国民外交"理念时，借用日本政治学者小野氏的相关理论和说法，也不足为奇。

五大民族共和联合会一经成立，便引起中外各界的广泛关注，其中一个重要原因是该会将军界、政界人士及社会名流召集进来：孙中山、袁世凯、黄兴为联合会赞成人，陆建章、赵秉钧、段祺瑞、梁士诒、陈其美、那彦图等人为联合会理事，徐绍桢、程德全、段芝贵等人为联合会参事，而其普通成员更是广泛地分布在包括汉、满、蒙、回、藏等族人民在内的全国各地。[2]

不仅如此，联合会与这一时期成立的其他政党不同之处，还在于其不但制定了颇为详尽的章程和细则，而且规定各地分部、各支部成员的具体任务和分工。以国民外交相关工作为例，联合会的关东支部不仅在《五族共和联合会关东支部章程》中明确规定"力求国民外交"，还要求其关东奉天营分部"提倡国民外交，先按照国际法编成白话，刊布讲演"[3]。显然，联合会的这一举措为其政纲的有效实施起到促进作用。

随着各地政党的陆续成立，越来越多的人被吸纳到政党中。在此背景下，舆论界亦将"平民政治"视为当时社会的重要元素，对其进行广泛而深入地探讨。1912年3月10日，章士钊在《平民政治之真诠》中，借用法国历史学家托克维尔的"平民政治"理论，对该词做了初步

---

① 曾荣：《国民外交思想进入中国的历史考察》，《历史教学》（高校版）2010年第11期。
② 《五大民族共和联合会章程》，《盛京时报》1912年8月11日。
③ 《五族共和联合会关东支部章程》，《盛京时报》1913年5月1日；《五族共和联合会第一次通告》，《盛京时报》1913年4月3日。

定义。① 同年 12 月 1 日，《独立周报》一篇题为《论平民政治与暴民政治》的社论提出："平民政治一语，在吾国今日已成一种照例名词"，欲实现平民政治必须先"组织完全之立法机关"，而在民国初建之时，"同为五族之民，应共享共和之幸福"，则不得不摒弃"暴民政治"共谋"平民政治"。② 1913 年 2 月 10 日，戴季陶在《民权报》中表示："民国之精神，则破除少数人之特权，而行平民的政治也。故民国之内治政策，不可不有平民精神。"③ 28 日，《亚东丛报》的一篇社论在论述女子参政问题时，强调其与实现平民政治的重要意义，称"今之言女子参政权者，其立说固曰：国家者，国民之国家也。既为国民之国家，则女子既属国民之半数，必应负其半数国民之责任"，"故真欲平民政治之精神实现，必予女子以同等之参政权始"④。此外，吴贯因分别以《平民政治与众愚政治》和《政党政治与不党政治》为题，在《庸言》上对平民政治和政党政治等问题做了深入分析。⑤

可见，在民初政党成立的背景下，国人参政意识的提高直接推动"平民政治"的出现。与此相适应，五族共和联合会也谋划改组成中华平民党。1912 年 1 月 14 日，《中华平民党简章》对外公布，其中规定该党成立后，"即派干事与各国平民党人联为一气，并于各国重要地方设立《中华民生报》"，以加强与国外人士的联络和沟通。⑥ 次年，平民

---

① 章士钊：《平民政治之真诠》，《章士钊全集》第 2 卷，文汇出版社 2000 年版，第 82—84 页。
② 《论平民政治与暴民政治》，《独立周报》第 11 期，1912 年 12 月 1 日。
③ 戴季陶：《民国政治论》，唐文权、桑兵编：《戴季陶集》，华中师范大学出版社 1990 年版，第 604 页。
④ 《女权与国家之关系》，《亚东丛报》第 3 期，1913 年 2 月 28 日。
⑤ 吴贯因：《平民政治与众愚政治》，《庸言》第 1 卷第 11 号，1913 年 5 月 1 日；吴贯因：《政党政治与不党政治》，《庸言》第 1 卷第 11 号，1913 年 5 月 1 日。
⑥ 《中华平民党简章》（1912 年 1 月 14 日），中国第二历史档案馆编：《北洋军阀统治时期的党派》，档案出版社 1994 年版，第 42 页。

党制定的《暂行章程》将"注重国民外交"列入党纲。① 而在该党公布的《宣言书》中，则重点强调国民外交与国家政治、经济、军事等的重要联系，并称当此民国初建之际，"军国主义以济经济政策之穷，然经济政策为吾人立国之大方针，实为永久之性质，而国民外交又所以救济军国主义，而持世界之和平者也。中国欲求和平之幸福，舍此自然之顺序，是不可必得者"②。

诚然，在民初政党纷纷成立的背后，政党分化和重组的现象十分普遍，进步党的组织成立，即是其中一例。1913 年 5 月 29 日，进步党由三个保守派的大党：共和、统一、民主党联合而成，促成这一联合的主要人物是梁启超。早在 1913 年 2 月，梁启超为对抗国民党、赢得议会的多数席位而加入共和党，随后他便着手进行共和、统一、民主三党的"合党"事宜。③ 在梁启超的大力推动下，5 月 29 日进步党在北京召开成立大会，到会者约二千余人，大会推选黎元洪为理事长，梁启超、张謇、伍廷芳、那彦图、汤化龙等人为理事，冯国璋、周自齐、蔡锷、阎锡山、陆荣廷、唐继尧、汪大燮等人为名誉理事，林长民为政务部部长，张嘉璈为庶政科主任，黄远庸为交际科主任，丁世峄、孙洪伊分任常务部正副部长。④ 可以说，三党合并后的进步党，无论是党员数量还是政党规模都较之前更为庞大。至于外交事务，该党专门成立"外交科"和"交际科"，以"应世界大势，增进平和实利"，还将"关于国民外交

---

① 《平民党暂行章程》，《盛京时报》1913 年 5 月 31 日。
② 《五族共和联合会发起平民党宣言书》，《盛京时报》1913 年 5 月 31 日。
③ 1913 年 2 月 24 日，梁启超在写给长女梁思顺的信中道出了他主张"合党"的原因：国会"计议员以二百八十八人为半数，吾党（共和党）顷得二百五十人，民主党约三十人，统一党约五十人，其余则国民党也。三党提携已决，总算多数"（参见《致梁思顺》（1913 年 2 月 24 日），《梁启超全集》第 10 册，北京出版社 1999 年版，第 6124 页）。
④ 陈适吾：《进步党成立记》，《神州丛报》第 1 卷第 1 期，1913 年 8 月 1 日。

上之交际事项"明确列入"交际科所掌事务",表达进步党借助政党之力实行国民外交的良好愿望。①

与国民公党、进步党等将"国民外交"明确写入党纲不同,民初的一些政党虽未在其党纲中提及"国民外交"字眼,但却将"国民外交"的思想和理念运用于参与政治和外交的具体事务中,其中国民党即是一个典型的例子。国民党成立于1912年8月25日,其前身为中国同盟会。1905年中国同盟会由孙中山、黄兴等人的发起成立,同盟会宣言阐述"驱除鞑虏、恢复中华、创立民国、平均地权"的政治纲领。1910年底宋教仁到达上海,遂将《民立报》作为同盟会中部总会的舆论机关,此后,宋教仁、于右任、马君武、徐血儿、邵力子、章士钊等人均在《民立报》上发表社论,表达政治思想,进行革命宣传。② 值得一提的是,在近代中国内忧外患的形势下,该报曾发表大量有关"国民外交"的社论,对此叶楚伧回顾该报历史时亦称:"满清末叶,本报提倡国民外交之言论,翻阅即见"③。

1912年8月25日,同盟会与数个政党团体联合组成国民党。国民党成立后,不仅通过口头笔端宣传国民外交理念,还尝试将国民外交思想运用于外交实践。1913年前后,国民党总理孙中山曾多次表达"目前重大问题,莫如外交"的观点。④ 为促使美、日等国早日承认民国新政府,孙中山利用其担任"中美同盟会"名誉会长之机,亲自赴日,"与日本首相桂太郎发起中日同盟会"⑤。1913年3月6日,国民党广东支部召开全体大会,会议邀请梁士诒、胡惟德二人就外交形势及民国政府承

① 《党务报告》,《中华杂志》第1卷第2号,1914年5月1日。
② 杨谱笙:《中国同盟会中部总会史料》,《辛亥革命在上海资料选辑》,第1—24页。
③ 《本报最近宣言》,《民立报》1913年8月1日。
④ 《在北京迎宾馆答礼会的演说》(1912年9月5日),《孙中山全集》第2卷,第448页。
⑤ 王耿雄编:《孙中山史事详录》,天津人民出版社1986年版,第507、524页。

认问题发表演说，胡惟德在演说中称："凡办外交，虽理由极充足，仍须视其国家势力如何，人民程度如何，为外交后盾"。当前民国政府虽已成立，但"外国尚未正式承认，我国办理外交，颇难着手"，故希望国民充当政府外交的后盾，早日争取到各国的承认。[①]

诚然，民国肇建，国家基础尚不稳固，而各国列强的瓜分政策更是造成严重的边疆危机。其中，中俄外蒙古问题、中英疆藏问题、中日满蒙问题等，都成为民国政府所面临的极具挑战性的外交难题。对此，宋教仁在国民党欢迎大会上演说时，鼓励党员同志积极参与国家事务，发挥"政治之作用"，一方面，国民要大力"监督政府"，另一方面，国民应当作为"政府外交"的后盾，为解决边疆危机担当外交重任。他还呼吁国民作为"国家政治之主体"，积极推动国民外交的实行，并称"国民于此，当知此问题之重大，亟宜觉醒"，充分发挥国民外交的作用，坚决维护国家领土和主权。[②]

总之，从上述考察可以发现，近代中国国民对政党表现出极大的热忱，这一时期各地政党如雨后春笋般纷纷成立，越来越多的民众被吸纳到政党队伍之中，这在某种意义上反映了民初政党林立的历史状况，折射出国人参与政治、外交意识不断提高的历史面相。与此同时，包括宪友会、辛亥俱乐部、国民协会、国民公党、五大民族共和联合会、平民党、进步党等在内的各大政党，均将"国民外交"直接写入其党章或政纲，表达国人借助政党之力实行国民外交的意志和决心。而以国民党为代表的一些党派，更是将国民外交的思想和理念直接运用到对外交涉当中，从而对政党、政治与国民外交的相互关系作了新的诠释和演绎。

---

① 《国民党欢迎梁胡两君纪事》，《民谊》第 5 号，1913 年 3 月 15 日。

② 徐血儿：《宋教仁在国民党欢迎会演说辞》，罗家伦主编：《革命文献》第 41 辑，台北"中央文物供应社"1967 年版，第 272—276 页。

三、政党、政治与国民外交的复杂面相

研究和考察近代中国各政党主导国民外交的历史，是为了更好地理解在国家和社会处于大变动的背景下，政党、政治与国民外交的相互关系，进而管窥近代中国国民外交思想的新变化和新趋势。从当时的情况来看，有以下几个值得注意的历史面相。

第一，随着国人政治思想觉悟的不断提高，近代中国政党对国民参与政治和外交做出具体规定，即在政党与政治事务中强调"民主"之于国民外交的重要意义，这无疑与国外关于国民外交理论的"民主的外交"（Democratic Diplomacy）或"民治的外交"（Democratic Control of Foreign Policy）等观念较为契合。1912 年 2 月，国民协会总干事长温宗尧发表就职宣言时说："凡为国民者不可不具政治上之常识与抉择政策善恶是非之能力"，而欲使国民具备政治常识和参与外交的能力，达到国家"外交、教育、实业以及一切大政"振兴的目的，必有待各地政党的成立。[1]1913 年 5 月，邵元冲提出，政党为一国"政治上之原动力"，其对国民来说，"能运用政治上之势力，而促进政治智识之进步"至关重要，然而欲发挥政党在国家和社会中的作用，必须要考虑"政府之势力何若，国民之权能何若，外交界之对我何若"等问题。[2]

显然，面对民国肇建、国家和社会基础尚不稳固的状况，国人希冀借助政党之力谋取共和政体的成功。1913 年 5 月 29 日，黄远庸在《一年以来政局之真相》中指出，民国以来，"国之上下，咸苦于政争"，各政治势力"利用政党及议会以为傀儡"，主导国家政治和外交事务，此

---

[1]　《国民协会干事总长温宗尧就职宣言》，《盛京时报》1912 年 2 月 14 日。

[2]　中国国民党党史委员会：《邵元冲先生文集》上册，台北"中央文物供应社"1983 年版，第 21—34 页。

非民国特有，在欧美国家也普遍存在。①6 月 1 日，《新闻报》的一篇社论在谈及政党、政治与外交三者的关系时称："共和政治全恃政党之运用，欧美成例，理不容诬。政党有政见之殊，而以改良政治为职志"，以灌输国民政治常识和培养国民外交能力为前提，为此呼吁国民借助"政党之力，实行监督政府之手段"②。在进步党成立大会上，梁启超则重点阐述政党与政治的重要关系，其"政党最后之目的在政治之活动"一语，可谓是对政党与政治的关系做了简单而直白的诠释。③

　　显然，国民通过政党参与国家政治和外交事务，已经成为时人共识。与此同时，国人对"民主"的提倡亦蔚然成风，由此导致国民外交思想从此被赋予"民主"的特殊内涵。1912 年 11 月，王德钟在撰写《民誓发刊词》时称：民国成立后，"民主政体既以全国国民为主体，举数年来所丧失之主权而悉返之人民，所谓总统为人民雇佣的一种办事之公仆，所谓政府则人民组织的一种办事之机关"④。1913 年，上海商务印书馆翻译出版日本田中萃一郎的《欧美政党政治》一书，毕厚在"绪言"中表示："近日中国则更有共和政体之建设，盖立宪主义之大潮流澎湃奔逸，有不扫荡全世界之专制则不止之势耳。夫民主主义，因前后三次之革命，即风靡全世界。"而在《政党之性质》一章中，田中萃一郎强调政党、党争与民主政治的重要关系。⑤

　　可见，民主思想在当时已为社会各界人士所接受和提倡，而这恰好与国外关于国民外交理论的"民主的外交"（Democratic Diplomacy）

---

① 《一年以来政局之真相》（1913 年 3 月 15 日），黄远庸：《黄远生遗著》卷 1，台北文海出版社 1986 年版，第 79 页。

② 《劝进步党》，《新闻报》1913 年 6 月 1 日。

③ 《梁启超在进步党成立大会之演说》，《盛京时报》1913 年 6 月 5 日。

④ 大觉：《民誓发刊词》，《民誓》第 1 期，1912 年 11 月 30 日。

⑤ ［日］田中萃一郎：《欧美政党政治》，毕厚译，商务印书馆 1913 年版，第 1、4 页。

或"民治的外交"（Democratic Control of Foreign Policy）等观念相契合。
1915 年，美国著名政论家沃尔特·李普曼（Walter Lippmann）在其著
作 *The Stakes of Diplomacy*（New York: Henry Holt and Company, 1915.）
中提出"民主外交"（Democratic Diplomacy）一词。[①] 同年，英国政治
家亚瑟·鲍生贝（Arthur Ponsonby, M. P.）在其所著的 *Democracy and
Diplomacy: A Plea for Popular Control of Foreign Policy*（London Methuen
& Co., 1915.）一书中，进而提出"民治的外交"（Democratic Control of
Foreign Policy）一说。[②] 由此可见，美、英等国对民主政治的提倡，使
国民外交思想被赋予"民主"的新内涵，而国人在政党或政治事务中大
力倡导民主政治，亦成为这一趋势的重要推动者。

第二，民初政党成员大都具有议员或官方背景，由此开创近代中
国以国会议员或政府官方身份发起和主导国民外交的历史先河。一
些党员甚至在政府中身居要职，这无疑有助于政党影响力和传播力的
扩大。

如上所述，近代以来包括宪友会、辛亥俱乐部、国民协会、国民
公党、五大民族共和联合会、平民党、进步党等在内的各大政党，均
将"国民外交"直接写入党章或政纲；国民党则通过参与国家政治和外
交事务，生动地诠释和演绎"国民外交"思想。与此同时，民初的一
些政党往往通过参与国会来实现其政党理念。据统计，民国初年的 310
多个政党和团体经过分化、组合，至 1913 年前后已合并为四个大的政
党，即国民党、共和党、民主党、统一党。在 1913 年 3 月，参议院定
额的 274 名席位中，四大政党占据 209 席，在众议院定额的 596 名席位

---

① F. P. Keppel, "Review", *Political Science Quarterly*, vol.31, No.2（Jun 1916）:318–321.
② Lindsay Rogers. "Popular Control of Foreign Policy: A Review of Current Literatures." *The
Sewanee Review*, vol. 24, No.4（Oct 1916）: 507–517.

中，四大政党占到 565 席。四大政党所占参、众两院总席位约达 89%，政党对国会的控制以及由此而产生的议员掌控国家政治、外交事务的局面，由此可见一斑。[1]

不仅如此，国人还主张成立"政党内阁"，有人甚至喊出"中华民国非政党内阁不能救亡"的口号。[2]"政党内阁"的直接表现是党员在政府中身居要职。以进步党为例，该党成立后不久，适逢进步党党员熊希龄出任国务总理。[3]1913 年 9 月 11 日，熊希龄所组建的内阁名单公布，其中梁启超为司法总长，汪大燮为教育总长，周自齐为交通总长，张謇为工商总长兼农林总长，熊希龄自兼财政总长。对于这一内阁，"当时人称为'人才内阁'，是为进步党内阁，因阁员九人中先生（梁启超）和熊、汪、张、周均系进步党党员"[4]。进步党直接委任本党成员担任政府要职，这在某种意义上反映了国人借助政党参与国家政治和外交的强烈愿望。

第三，近代中国政党往往表现出维持时间短暂、分化组合频繁、党员跨党和"被"入党现象严重等特点，这直接影响到政党成员在参与国家政治和外交事务时的执行力。[5]近代中国政党普遍存在维持时间短暂、分化组合频繁的特点。如 1910 年 6 月先后成立的宪友会和辛亥俱乐部，大部分成员转入 1912 年 3 月 18 日成立的国民协进会。1912 年 1 月 23 日成立的国民协会于同年 10 月 27 日与共和建设讨论会、共和

---

[1]　徐辉琪：《论第一届国会选举》，《近代史研究》1988 年第 2 期。

[2]　岑楼：《中华民国非政党内阁不能救亡论》，《国民杂志》第 2 号，1913 年 5 月 15 日。

[3]　周秋光编：《熊希龄集》中册，湖南出版社 1996 年版，第 659 页。

[4]　丁文江、赵丰田：《梁启超年谱长编》，上海人民出版社 1983 年版，第 671 页。

[5]　1912 年 4 月 7 日，章太炎赴江苏南通，出席共和党分部召开的欢迎会，张謇鉴于"近日党之名目多，而随意结合者亦有所闻"的情况，遂在大会致辞中提出"政党非可随意结合，必须全体有指导监督之能力"的建议（参见汤志钧编：《章太炎年谱长编》上册（1868—1918 年），中华书局 1979 年版，第 400 页）。

统一会、民国新政社、共和促进会、共和俱进会等六政团共同组成民主党。①1912 年 3 月成立的国民公党也于两个月后并入国民党。而 1912 年 4 月 10 日成立的五大民族共和联合会在次年 6 月 29 日改组为平民党后，亦并入国民党。值得注意的是，各政党在频繁分化重组的过程中，常常对国民外交宗旨有所沿袭和继承，但政党的不稳定性也在一定程度上导致其在国家政治和外交事务中影响力的下降。

与此同时，近代中国各政党的党员"被"入党和跨党的现象十分严重。一些政党为了扩大本党的规模和影响力，往往将一些政府要员或社会名流列入会议名单，尤其是为了赢得在国会中的多数席位，一些人虽列名某党但却从来没有参与过该党的任何事务。不仅如此，在当时"一人而兼入数党者有之，一党而分析数派者有之，此方攻击彼方防御，此方把持彼方破坏"等现象屡见不鲜，从而大大削弱政党在社会上的影响力和渗透力。②

此外，各政党虽然将"国民外交"列入党章或政纲，一些政党甚至明确规定党员履行国民外交的责任和义务，但比较各政党关于国民外交的条文后发现，其对"国民外交"的理解和表述大多含混不清，一些政党干脆直接照搬国外的"国民外交"理论，这无疑会影响到政党在国家政治和外交事务中的影响力和实际执行力。

1911 年 6、7 月间，宋教仁在《民立报》连续刊发题为《近日各政党之政纲评》，对当时各大政党的政纲作了细致对比和深入评析。在宋教仁看来，"政党组织之要素不一，而其为最重要之一端，且为

---

① 共和统一会曾改组为共和统一党，该党一经成立，即"筹备党纲及改组政党进行之方法"（参见北京市档案馆藏：《京师警察厅关于国民共和统一民主四党开宪法讨论会情形的呈》，档案号：J181–016–00008）。

② 《论内争之足以召亡》，《新闻报》1912 年 5 月 18 日。

政党作用之最大武力者，则为政纲，未有政纲不善，而犹能存立活动于政治界者也。"为此，他首先以宪友会为例，对其政纲进行逐项评论。在论及宪友会宣称"讲求国民外交"时，宋教仁毫不客气地指出："盖国民外交一语，可下二种之解释：一国民自为外交上之主体，而与他国交涉之意；一政府为外交之主体，而外交政策及缔结条约，须从国民舆论之意。"然而，试观宪友会对"国民外交"的界定，显然是"漫然言国民外交，而不分别其以何者为主体，已失之模糊，乃所指之目的，又不谋所以实行之，则此政纲必不能成为国家之政策"。①无独有偶，五大民族共和联合会在阐述其国民外交理念时，甚至不顾中国国情的特殊性，直接照搬日本政治学者小野冢喜平次的国民外交理论。

诚然，政纲理念的混淆、党员责任与义务的模糊不清等情况，必然会导致政党在政治、外交事务中的影响力与执行力的下降。以五大民族共和联合会为例，尽管该党就国民外交相关事宜制定了较为详细的要求，规定各地分部、各支部成员的具体任务和分工。尤其是其关东支部，甚至在其支部章程里明确要求，为提倡国民外交，先按照国际法编成白话，刊布讲演等工作。然而，正如梁启超在进步党成立大会上所言："政治常识普及国人，而其普及方法则演说与出版特尚矣，为问此一年中有一党从事于此等事业者乎？吾敢断言其无也。"②梁氏所言虽然是对进步党成员的勉励之辞，但亦在某种意义上反映了各政党对政纲执行不力的情况，折射出近代中国社会大变动背景下，政党、政治与国民外交之间关系复杂多变的历史面相。

---

① 《近日各政党之政纲评》，陈旭麓主编：《宋教仁集》上册，中华书局 1981 年版，第 230、236、237 页。

② 《梁启超在进步党成立大会之演说》，《盛京时报》1913 年 6 月 5 日。

第三节　国民外交团体与列强承认民国政府交涉

在特定时期发生的各类历史事件常常互相交织在一起，相互影响，互为因果，且彼此制约，当研究者去审视他们的时候，往往需要用联系和发展的眼光予以全方位地考察，民初政府被承认的问题即是其中一例。在国家和社会处于大变动的时空背景下，新成立的民国政府能否得到各国列强的承认，不仅关系到国家内政外交政策的制定和实施，而且直接影响到国家的安全和社会的稳定。在此前提下，国内各政党、团体或民间人士纷纷组织各类外交团体，与包括美、英、法、日等国在内的各国人民进行广泛地沟通与联系，为促使民国政府早日得到各国承认奠定坚实基础。① 对民初各类国民外交团体的成立及其活动的考察，不仅可以拓宽民国政府被承认问题的研究视野，而且为窥视民初国民外交定义的内涵及其外在表现提供基础。

一、列强承认问题的提出

早在 1911 年 11 月 12 日，伍廷芳即向各国列强致电，要求"承认吾中华为共和国"。② 1912 年 1 月 1 日，孙中山发表《临时大总统宣言书》，宣告中华民国政府的正式成立。5 日，孙中山命令伍廷芳将《对外宣言书》通告各国，声称中华民国的成立完全是国民"公意"，"民国与世界

---

① 关于民初列强承认问题的论著，主要有：朱文原：《辛亥革命与列强态度》，台北正中书局 1981 年版；吴东之主编：《中国外交史：中华民国时期 1911—1949》，河南人民出版社 1990 年版；李铁军：《关于列强承认中华民国问题》，《辽宁师专学报》（社会科学版）2000 年第 1 期。

② 《致各友邦请承认中华共和国电》（1911 年 11 月 12 日），丁贤俊、喻作凤编：《伍廷芳集》上册，中华书局 1993 年版，第 367 页。

各国政府人民之交际，此后必益求辑睦。深望各国既表同意于先，更笃友谊于后"，"更深望吾国得列入公法所认国家团体之内，不徒享有种种之利益与特权，亦且与各国交相提契，勉进世界文明于无穷"①。由此向各国列强正式提出承认中华民国政府的问题。

承认问题提出后，孙中山一面任命张翼枢为中华民国临时政府驻法国政府全权代表，一面指示外交总长王宠惠向美国国务卿及英国外交大臣葛雷致电，要求"及早承认我国政府"②。与此同时，黄兴亦向日本友人井上馨致电，希望其运动日本政府"于民国成立之初，鼎力提倡，俾得速邀各国之承认"③。

然而，在当时各国列强并不准备承认，尤其是俄国，对中国领土怀有觊觎之心，早在 1911 年底便扶植外蒙古"独立"，并通过军事、财政和外交等手段，使外蒙古成为俄国的势力范围。在此前提下，俄国外交大臣沙查诺夫甚至向沙皇上奏称："现在当中国新政府正在组织之际，需要我国的承认及支持时，是这么一个有利的时机，我们不能放过这个机会"，应当借机巩固和扩大在中国的利益。④ 日本政府则认为，当此中华民国新政府成立之时，"在新制度下，各外国人仍继续保持其在中国所享有之一切权利、特权及豁免权，至为重要"⑤。为此日本向美、德等国提出，在承认中华民国问题上采取一致行动。日本此议得到俄、英等国的赞同，表示愿"就承认新政府之时间、方式

---

① 《对外宣言书》（1912 年 1 月 5 日），《孙中山全集》第 2 卷，第 10、11 页。
② 程道德等编：《中华民国外交史资料选编（一）》，北京大学出版社 1988 年版，第 7、8 页。
③ 《致井上馨书》（1912 年 1 月），薛君度、毛注青编：《黄兴未刊电稿》，湖南人民出版社 1983 年版，第 61 页。
④ 张蓉初译：《红档杂志有关中国交涉史料选译》，三联书店 1957 年版，第 365—368 页。
⑤ 《内田外务大臣致本野驻俄大使电》（1912 年 2 月 21 日），邹念之编译：《日本外交文书选译——关于辛亥革命》，中国社会科学出版社 1980 年版，第 397、398 页。

及条件问题上与日本同僚保持密切联系"①。事实上，当时俄、日、英、法、德等国均无意承认中华民国，而美国也持观望态度，迟迟不予承认。

随着各国承认中华民国的交涉逐渐向纵深发展，民国政局亦发生重大变化。1912年1月，"南北议和"最终达成由袁世凯组建新政府的结果。2月12日，清帝溥仪下诏退位，孙中山亦于次日递交辞呈，并推荐袁世凯继任中华民国临时大总统，在此背景下，袁世凯以"全权组织中华民国临时政府首领"的名义，再次向各国列强提出承认民国政府的照会。伴随着袁世凯上台后中国政局暂趋稳定，美国政府在承认民国政府问题上的态度逐渐显露出积极的征兆：2月初，美国政府发表声明，表示尊重中国主权，反对日本单独用武力干涉中国内政。29日，美国参、众两院通过一项决议，祝贺中华民国采用共和国制。

然而，正当承认民国政府问题因美国的积极态度而有所好转之时，却因该问题与民初善后借款问题的交织而出现波折。3月10日，袁世凯就任北京临时政府大总统，随即北京外交部向各国驻华外交代表致电，吁请各国承认民国政府。②两天后，美、英、德、法、日、俄组成的六国银行团决议给予北京临时政府六千万镑借款，但此项借款有附加条件，条件要求中国政府必须"以盐务收入为担保"，这引起国人的强烈不满。③梁启超在《盐政杂志》序言中称：民国初建，内政外交相互交织，"今则小借款既以盐政权为抵当，大借款又要求管理我盐政，如六国资本团之要挟、外交团之抗议"，然而国家"内政也，外交也，国

---

① 王建朗主编：《中华民国时期外交文献汇编（1911—1949）》第1册，第413页。

② 《外交部关于民国统一临时政府成立致各外交代表并万国保和会通电》（1912年3月11日），中国第二历史档案馆编：《中华民国史档案资料汇编》第三辑（外交），江苏古籍出版社1991年版，第26页。

③ 《中国政府善后借款合同》，《庸言》第1卷第13号，1913年6月1日。

计也，民生也，殆无不与盐有密切关系，受直接影响"①。在全国民众的反对声中，善后借款交涉最终归于失败，而借款交涉的失败直接引发民初政局的动荡。6 月 27 日唐绍仪内阁宣布解散，随后包括国务总理以及国务院各局处的重要行政职位都发生更迭，政局的动荡使得各国列强又放缓承认民国政府的步伐。

民国肇建，共和初创，新建立的政府迟迟未得到各国承认。在此背景下，中国知识人士以报刊媒体为依托，不仅积极地建言献策，而且鼓动国民为政府外交后盾，从而为促使承认问题的早日解决创造良好的舆论氛围。天津《大公报》一则援引自天津《日日新闻》的社论称，欲使承认问题早日解决，必先由我国"努力发扬共和之精神，实行法治之主义，以坚外人之信用，而杜外人之猜疑"，在此基础上，政府不必要求各国承认，而各国自会承认。②《新闻报》刊载署名"亦秅"的社论，认为承认问题虽然与外交有莫大关系，"然内政者外交之后盾也，我不自强而希望亲邻之宠我，非计之得也"，故这一问题解决的关键在于政府与国民上下一心，使内部政局趋于稳定，然后才能取信于外人。③《盛京时报》的社论则直接提出，外交问题政府应当"藉国民之后盾，力谋所以解决之方"的建议。④《时报》主笔陈冷亦鉴于承认问题与借款问题的复杂交织，发表题为《国民之外交力》的时评，呼吁"国民亦当自尽所能，以助政府一臂之力"。⑤ 显然，为促使各国早日承认民国政府，中国知识人士大力呼吁国民为政府外交的"后盾"，积极发动国民与政府同心协力、共谋应对，这一情况反映了国人对民国政府在某种程度上

---

① 《盐政杂志序》，《盐政杂志》第 1 期，1912 年。
② 《论各国不速正式承认民国之原因》，天津《大公报》1912 年 5 月 31 日。
③ 《论各国承认民国之关系》，《新闻报》1912 年 8 月 8 日。
④ 《箴国民篇》，《盛京时报》1912 年 9 月 10 日。
⑤ 《国民之外交力》，《时报》1912 年 9 月 30 日。

的认同和支持，同时还为国民外交团体的组织成立奠定基础。

为稳定国内政局、扭转各国承认民国政府步伐减缓的不利趋势，袁世凯一面指派外交总长陆征祥兼任国务总理，命其向各国再次提出承认民国政府的请求。同时，袁还发表《大总统令》，重申北京临时政府"将从前条约继续遵守"，希望各国"力赞共和"，及早承认民国政府。① 在此前提下，美国政府向英、法、日、俄等国表示，美国民意支持承认民国政府，美国政府不便违反民意。9 月 16 日，海牙平和会亦提出《关于承认中华民国问题公决五条》，声称中国如能实现"停止内战"等五项条件，则可以讨论承认中华民国问题。② 上述情况表明，随着民国政局渐趋稳定，各国列强不得不对承认民国政府问题重新予以审视，而包括美国在内的一些国家甚至表现出准备承认的姿态，在此背景下，一场囊括北京政府官员、国会议员及各政党成员的国民外交运动逐渐酝酿开来。

二、国民外交团体的成立

1912 年 6 月 29 日，陆征祥正式出任国务总理后，北京政局暂趋稳定。在此前提下，1912 年 8 月 26 日，孙中山在与陆征祥就外交问题进行谈话时，强调"巩固民国，不外整顿内政及联络外交"，而"联络外交一项，最要之问题，即系承认民国"③。孙中山此言表现了他对承认民国政府问题的关注和重视，在他看来，各国在承认问题上态度不一，其原因是受制于"一致进行，未有一国肯于先犯众怒，故于承认一事，皆

① 《临时大总统令》（1912 年 7 月 12 日），《政府公报》第 74 号，1912 年 7 月 13 日。
② 中华民国史事纪要编辑委员会编：《中华民国史事纪要》民国元年（七至十二月份），台北中华民国史料研究中心 1972 年印行，第 263 页。
③ 《在北京与陆征祥的谈话》（1912 年 8 月 26 日），《孙中山全集》第 2 卷，第 411 页。

迟迟不决"。为此，孙中山提出"目前重大问题，莫如外交"，而承认民国政府问题无疑是当前外交工作的重点。① 而为了摆脱各国在承认问题上受"一致进行"条约的束缚，打破承认问题中各国"迟迟不决"的局面，孙中山准备从对日外交入手，通过其与日本各界长期交往所取得的信任和支持，准备发动一场颇具声势的"联日"外交行动。②

1912 年底，正当孙中山准备赴日联络日本各界之际，日本议员观光团一行来到中国。观光团成员有伊东知也、伊滕英一、斋藤珪次、田中善立、野添宗三、岛田俊雄等十四人，均为日本众议院议员，其中斋藤珪次、岛田俊雄为该团干事。10 月 28 日观光团到达北京后，受到北京政府总统袁世凯、外交部及参、众两院的热情接待。③ 同时，国民、民主、共和、统一四党亦决定共同召开欢迎大会，"以联国民之外交"④。

11 月 11 日，观光团一行到达上海，以此为契机，孙中山联合国民、共和、民主三党人士，在上海召开欢迎大会。此次会议的召开具有重要意义：首先，欢迎会由孙中山亲自主持，中方与会者均具有政党背景，由此开启中国国民以政党成员的身份参与外交的历史。当天，中方与会者 100 余人，其中国民党列席会议的主要有温宗尧、陈其美、平刚、虞汝钧、庞青城等，共和党有解树强、汪彭年、汪东、张一鸥、徐隽等民

---

① 《孙先生迎宾馆答礼会记》，《民立报》1912 年 9 月 12 日。
② "联日"一词出现在孙中山致袁世凯的函电中。1913 年 1 月，孙中山向袁世凯力陈当前"联日不容或缓"的理由，并称欲解决民国承认问题，则"急宜联日"，为此自己"欲亲行一试"，准备动身赴日（参见《致袁世凯电》（1913 年 1 月），《孙中山全集》第 3 卷，第 10 页）。
③ 《日议员谒见大总统》，《正宗爱国报》1912 年 11 月 1 日；《外交部招待日本议员》，《正宗爱国报》1912 年 11 月 2 日。值得一提的是，在袁世凯拟定的接见日本来华议员观光团的所列事项中，其中一项内容为："中国国体初更，建设伊始，今日虽不能言统一，然地方秩序保能维持，贵国能在东亚提倡，令列强早日承认中华否？"由此可见，北京政府将日本议员观光团来华视为关涉列强承认民国政府问题的一个重要契机（引自《大总统预询日议员之事项》，《民主报》1912 年 10 月 21 日）。
④ 《大事记》，《民誓》第 1 期，1912 年 11 月 30 日。

主党有梁善济、梅光远、张嘉璈、陈焕章、林琼等，此外还有来自其他党派的张謇、汤化龙、陈贻范等人，上述人士均在各其政党中担当重要职位，而在众多与会人士中，"三党居主位者"。①

其次，日本观光团成员均为日本议会成员，由此开创中国国民同国外议员进行外交活动的先河。国民党党员平刚在致欢迎词时称，此次来华观光诸君为日本议员，"夫议员者，国民之代表也，观光者，修旧好也。今日本之议员团来观光我国，我知其为日本之国民欲与我国修旧好也"。显然，在国人看来，日本议员是日本全体国民的代表，议员来华从事外交活动，即两国"国民之外交"。②

此外，日本议员来华无疑会使"两国邦交益形亲密"，而时人更是将其视为加快各国承认民国政府的一个重要契机。日本议员斋藤在致答谢词时称，此次来华恰逢中国辛亥革命后大局方定之时，日本"众议院推举敝团来华观察"，今"见中国秩序早复"，深信民国政府有"建设能力"，并愿两国国民能促进邦交，发展友谊。欢迎会上中日两国人士"引巨觥为祝，合席和之，济济盈盈"，融洽的气氛使孙中山进一步坚定"亲日"外交的前途，认为距离承认民国政府问题解决之期将不远了。③为此，五天后孙中山致电袁世凯称："华日联盟，大有可望，假以半年至一年之时，当可办到。"④从时间上来推算，孙中山在函电中所指称的"半年至一年之时"，应当是在其1913年访日之后，由此可见，孙中山对此次赴日之行及其准备推行的"联日"政策充满信心和期待。

1913年2月11日，孙中山乘坐"山城丸"号轮船，自上海启程赴

---

① 王耿雄：《孙中山史事详录（1911—1913）》，天津人民出版社1986年版，第477、478页。
② 王耿雄：《孙中山史事详录（1911—1913）》，天津人民出版社1986年版，第477、478页。
③ 王耿雄：《孙中山史事详录（1911—1913）》，天津人民出版社1986年版，第477、478页。
④ 《致袁世凯劝不可承认俄蒙之约电》（1912年11月16日），中国国民党党史委员会：《国父全集》第3册（函电），台北"中央文物供应社"1973年版，第258页。

日本，随行人员有马君武、戴季陶等。值得一提的是，在临行前，孙中山曾致电北京临时政府总统袁世凯、国务总理陆征祥及各部官员，称其"此行欲以个人名义，联络两国感情"。同时，他还分别致电广东都督胡汉民以及北京交通部部长朱启钤，表明此行目的是为了增进"两国交谊"。① 事实上，早在 1912 年 5 月 2 日蔡锷就致电袁世凯，建议"派中外仰望之员为礼聘大使，能先得一、二国承认，则其余亦易赞成。如孙中山先生肯一行，则万为适当"②。同时，在当时舆论界看来，孙中山此番赴日的一个重要目的是"运动列国早日承认民国政府"③。而孙中山等人于 13 日抵达日本后，亦在各种场合勉励中日两国人士能够加强团结、互相提携、增进互信，并宣称"中日两国关系之加强与亲善，为维持亚洲和平不可见缺的条件"④。

　　从孙中山赴日后的行程来看，在短短一个多月的时间里，孙氏与日本政界、军界、工商界、教育界、新闻界等人士进行广泛的接触和交往。2 月 15 日，在出席"东亚同文会"举办的欢迎宴会上，孙中山力陈中日两国结盟的必要性，呼吁两国国民"为东亚之大局计"互相提携。⑤ 17 日，孙中山还与日本首相桂太郎畅谈中国革命，桂太郎表达了其对中国革命的同情和支持，为加强两国之间的信任，促进两国国民的交往，"桂太郎发起中日同盟会，约两星期内开成立大会"⑥。在与日

---

① 《致袁世凯等电》(1913 年 2 月 4 日)，《孙中山全集》第 3 卷，第 10 页；《致胡汉民电》(1913 年 2 月 4 日)，《孙中山全集》第 3 卷，第 11 页；《致朱启钤电》(1913 年 2 月 4 日)，《孙中山全集》第 3 卷，第 11 页。

② 《致袁世凯电》(1912 年 5 月 2 日)，毛注青等编：《蔡锷集》，湖南人民出版社 1983 年版，第 230 页。

③ 《孙中山出洋考查消息》，《盛京时报》1913 年 1 月 1 日。

④ 《涩泽荣一日记》(1913 年 2 月 15 日)，转引自王耿雄：《孙中山史事详录 (1911—1913)》，第 523 页。

⑤ 《在日本东亚同文会欢迎会的演说》(1913 年 2 月 15 日)，《孙中山全集》第 3 卷，第 14 页。

⑥ 《北京电报》，《民立报》1913 年 2 月 20 日。

本各界交往的同时，孙中山还尽可能地利用一切机会，督促日本早日承认民国政府。2 月 19 日，在其出席日本大冈众议院举办的欢迎宴会上，孙中山说：中日"两国之外交，不宜依随世界列国之共同行动"，尤其是在承认民国政府问题上，日本应当摆脱与各国"一致行动"条约的束缚，率先承认民国政府，"以保障东亚之利益"①。

不仅如此，孙中山还于 2 月下旬主持召开二十多个团体的联合大会，大会推举日本首相桂太郎为临时主席，表决通过三项决议：（一）确保中国领土及东亚和平；（二）日本政府从速宣布承认民国政府；（三）增进中日两国国民的感情和友谊。② 此外，孙中山还非常重视中国留日学生这一重要群体，通过演说和谈话等方式，孙中山勉励留日学生"注重外交"，并称当前"亲日政策，外交上之最妙着，其责任当以学生诸君负之"③。

尽管孙中山的赴日之行因宋教仁遇刺案的发生而匆匆结束，但其所倡导的"联日"外交却在当时产生较为广泛的影响。在国内，自 1913 年 3 月起，李大钊撰写的《敬告国民注重中日外交意见书》在《庸言》《震旦》《盛京时报》等报刊上陆续发表，李大钊在《意见书》中大力呼吁国民组建外交团体，"以作政府之后盾"，具体的实行办法是：先在中国北京和日本东京分别建立"中日国民协会总会"，然后在中国内地和日本国内广泛设立"中日国民协会分会"，协会以"联合中日两国，保全亚东大局，维持世界平和为惟一宗旨"，"互相鼓励中日同盟之舆论，互相研究中日同盟之方法"，并通过开展各类国民外交活动，使中日两国国民先建立"经济的同盟"，再成立"政治的同盟"，最后达到"军事的

① 《孙中山先生日本游记》，《民谊》第 6 号，1913 年 4 月 15 日。
② 王耿雄：《孙中山史事详录（1911—1913）》，第 538 页。
③ 《在东京中国留学生欢迎会的演说》（1913 年 2 月 23 日），《孙中山全集》第 3 卷，第 27 页。

同盟"。值得一提的是,《意见书》在呼吁国民"全国一致,拥护政府之外交方针"时,还强调国民对政府外交的监督,为此提出"以国民的外交监督政府的外交"的建议。①

颇为巧合的是,正当国内各大报刊竞相转载李大钊《意见书》之时,统一党代表王赓、国民党代表吴景濂等人联合在京日人,共同制定《中日国民协会章程》,章程规定:该会"以联络中日感情、图谋互相亲睦为宗旨",拟于北京和日本东京分别设立本部,"由中日两方面共同举行成立大会,以完成两国国民亲交"②。3 月 28 日,"日华国民会"成立大会在日本东京召开,会议由日本犬养毅、寺尾亨等人主持,中国驻日大使汪大燮及留日学生等人亦列席会议。会上两国人士以"同文同种之国,理应提携"相号召,呼吁中日两国国民"和衷协同,不在口头,而在实行",互相协助,共谋和平。③ 在会议制定的《日华国民会规约》中,规定其"目的是加强日华两国国民联合,维持东亚大局的永远和平,并增进两国国民的福祉"④。4 月 20 日,中日国民协会在北京召开成立大会。⑤随后,吉林等地亦成立"中日国民协会",而"为了增进中日两国亲交",日华国民会与中日国民协会积极联络,并且决定"联络为一团",以扩大国民外交团体的影响和声势。⑥

可见,在孙中山"联日"外交的影响下,各类国民外交团体纷纷涌

---

① 李大钊:《敬告国民注重中日外交意见书》,《庸言》第 1 卷第 8 号,1913 年 3 月 16 日;《李大钊之中日联合政策》,《盛京时报》1913 年 3 月 25 日;李大钊:《敬告国民中日外交意见书》,《震旦》第 2 期,1913 年 3 月。

② 《中日国民协会之成立》,《盛京时报》1913 年 3 月 14 日。

③ 《中日亲交之现象》,《时报》1913 年 4 月 9 日。

④ 《日華国民会規約》,日本外交史料館所藏外務省記録,アジア歴史資料センター復製,No.21。

⑤ 《中日国民协会开成立大会》,《盛京时报》1913 年 4 月 23 日。

⑥ 《在支、中日協会》,日本外交史料館所藏外務省記録,アジア歴史資料センター復製,Reel No.1—0296。

现。值得注意的是，这些团体成员的来源十分广泛，既有来自教育、实业界，也有来自新闻界，其中"中日记者俱乐部"的成立，颇值得关注。该团体成立后不久，便"建议日本政府从速承认中华民国"，隶属该团体的日本《朝日新闻》特派员还通过大力宣传和鼓动，以"运动各国之承认中华民国"①。而在中国，沈佩贞亦发起"中日女界协会"，以促进中日两国国民"同心协力，共谋亚东幸福"②。

在中日外交取得积极进展的同时，各国列强在承认民国政府问题上的态度开始发生变化，尤其是随着俄、日、英、法、德、美六国在善后借款问题上分歧的不断扩大，各国在承认问题上的"一致"态度已无法维持，其中美国政府在这一问题上的积极态度尤为明显。1912年底，美国政府在旧金山博览会召开前夕，向中国参会者行"观兵式"，并为中华民国国旗鸣礼炮二十一响，此举被当时的舆论称为："实为承认民国之成立"。与此同时，有媒体甚至推测此为"承认之先导"，显示出"美国有率先承认之意"③。在此前提下，"联美"外交遂成为当时社会的一股暗流，逐渐席卷社会各阶层民众。④

1913年1月4日，"中美国民同盟会"召开成立大会，会议发起人金鼎勋被推举为临时主席，美国传教士丁义华（Edward Waite Thwing）以发起人身份演说，称中美两国同为"共和国"，应当"结为同盟国"，

---

① 《中日国民联合之经过》（1913年3月15日），黄远庸：《黄远生遗著》卷3，台北文海出版社1986年版，第82、83页。
② 《纪事》，《神州女报》第2号，1913年4月。
③ 《美国与承认问题》，《新闻报》1912年11月6日。
④ 1913年初，《神州女报》纪事栏称："联美之说已提倡数载，迄未见实行，良为憾事，近国人有中美英睦谊会之创，亦联络中美感情之一助。"2月26日，在袁世凯的授意下，外交总长陆征祥访问美国驻华大使嘉乐恒，两人"谈及联盟之事，两方均甚同意，深盼盟约早日成立"。可见，当时"联美"之说，确有其事（参见《纪事》，《神州女报》第1号，1913年3月）。

使两国国民"联络感情，共保世界和平"。① 值得注意的是，会议推举孙中山及美国前总统罗斯福为名誉会长，会长人选更是包括吴景濂、金鼎勋、丁义华、丁韪良在内的中美两国知名人士。② 与此同时，为了扩大团体的影响力，会议还决定在中国北京和美国华盛顿分别设立总事务所，在两国各地方设立分会，可以说，中美国民同盟会的范围所及，遍及中美两国，无怪乎时人称其为"中美国民交际以来第一盛会也"③。

中美国民同盟会成立后不久，伍廷芳联合英国传教士李提摩太、美国传教士丁义华等人，在上海发起"中美英睦谊会"。中美英睦谊会的成立得到海内外各界人士的大力支持，在国内，该会先后接到四川、湖北、厦门、江西等处英美人士来电，称"愿在各该处设立支会，极力协助"。在海外，以新加坡爪哇群岛为首的各界华侨尤为热心，不仅"函请新加坡总督竭力相助"，还积极运动南洋各岛华侨组织成立在各地的支部。④ 值得注意的是，这一时期先后成立的中美国民同盟会与中英美睦谊会，均以增进中外友好、促进世界和平为宗旨，这得到社会各界人士的广泛支持和赞誉，当时的新闻界甚至称其为"中英美之国民外交"，并表示：

> 夫国民外交之谓，补政府外交所不及，而藉以规正政府外交之谬误者也。国与国有冲突，国与国有猜疑，是皆政府之作用，而不能谓为国民之公意也。世每以政府外交之方针、一二政治野心家之计划，即谓为一国之国家外交，其言殊不中肯，故予乃以政府外交

---

① 《中美国民同盟会开成立会纪略》，《盛京时报》1913 年 1 月 10 日。
② 《纪事》，《独立周报》第 2 年第 2 期，1913 年 1 月 19 日。
③ 《中美国民同盟会成立》，罗家伦主编：《革命文献》第 41 辑，台北"中央文物供应社"1967 年版，第 155 页。
④ 《中美英睦谊会》，《时报》1913 年 3 月 23 日。

目之，似为有当。惟记者此言非反对世界国家中所谓政府者，乃欲
促进国民外交，使代表一国之精神，而不欲以政府外交扰乱世界之
和平，而失国民对于国家真正之作用也。……故在此国家界限未能
消灭之时代，欲维持世界之平和、人类之幸福，与其以政府外交代
表国家，不如以国民外交代表国家之为愈也。自有国民外交出，而
国民对于国家，及甲国家对于乙国家之真精神乃始发现，而政府外
交乃将退处于一隅，受国民外交之规正，故国民外交除补助政府外，
尤当以规正政府为必要也。①

显然，上述《民国汇报》转引自《民权报》的社论，在强调国民外
交为政府外交的"补助"之时，亦对"政府外交"与"国家外交"的相
互关系问题重新予以审视，即认为政府外交既然代表全体国民的"公
意"，则应当接受国民外交的监督和"规正"。就此而言，中美国民同盟
会与中美英睦谊会的成立，为实践这一理论提供重要基础。两会成立
后，"中美交谊之厚，不论为政府方面及国民方面，均中国人民所公认，
而亦美国人民所公认者也。"② 简言之，中美国民外交的发展促使国民外
交团体的出现，而各类国民外交团体的成立也必定有助于增进两国国民
的交往和友谊。

中日、中美国民间的外交活动开展得如火如荼，与此同时，1912
年12月成立的"华法联进会"亦在总干事韩汝甲的带领下发起积极的
外交行动。早在1912年9月，韩汝甲上书北京临时政府总统袁世凯、
副总统黎元洪，称承认问题与民国前途关系重大，提议目前"对外政策

---

① 《中英美之国民外交》，《民国汇报》第1卷第1期，1913年1月20日；《中英美之国民外交》，
《民权报》1913年1月7日。

② 《中英美之国民外交》，《民国汇报》第1卷第1期，1913年1月20日。

最要先联数国"，为此拟先与法国人士组织"华法联进会"，"以促法政府之速认我国"①。

值得注意的是，华法联进会的《宣言书》开篇即提倡国民外交，称："国于二十世纪，其内政不以世界的政策为进行标，其外交不以国民的交际为出发点，势必不能竞立于国际大舞台。"②为强加中法两国交往，增进法国乃至整个欧洲国家对中国的认识和了解，华法联进会遂组织和发动"全欧联华议员团"赴中国参观。从华法联进会所拟定的《全欧联华议员团之规约》来看，该会为来华参观的欧洲议员团的行程及活动等做了非常精心的安排，一方面该会联合中国各省议会、各大政党，准备在各地举办欢迎会和宴会，同时还"公请北京政府及各省都督正式接待"，以示我国对欧洲各国议员来华的欢迎和重视。另一方面，华法联进会特别重视对此次议员团来华的宣传和报道。《规约》要求：（一）将各国议员代表、各国联华党到华后的所有演说，用英、德、法三种文字翻译，然后"遍登各报"。（二）各国议员如欲将其参观感想在欧洲各报发表，其稿件交给华法联进会后，由该会"电达巴黎"，再由巴黎用电话报告英、德、奥地利、比利时等国的各大媒体，至于荷兰、意大利、西班牙、葡萄牙、瑞士等国，"则用快信传递，以期统一而便普及"。（三）如果议员团成员对此次赴华之行有所著述，亦由华法联进会"先为印出，再按其文字寄往各该国报馆宣布"。（四）在巴黎、伦敦、柏林、维也纳等地"各设专局，办理通信事件"，同时在意大利、西班牙、葡萄牙、荷兰、瑞士、南北美等国"设通信员一人，或托一报馆担任通信，以广声气"③。

① 《华法联进会总干事韩汝甲上袁大总统黎副总统及参议院书》，《时报》1912年9月19日。
② 《华法联进会宣言书》，上海经世文社辑：《民国经世文编》第5册，北京图书馆出版社2006年版，第2677、2678页。
③ 《全欧联华议员团之规约》，《时报》1913年3月29日。

值得注意的是，华法联进会对舆论的重视，与该会对国民外交思想的独到理解有关，韩汝甲在联进会召开的大会上称："此联华党与各国舆论界中关系最大，缘各国舆论主持公道，最有力量，立法机关以舆论为主，新闻一纸鼓动全国，此党可以联络舆论，对于吾国为极公平之批评，收效甚大。"汤化龙则认为："国民外交可以辅助政府外交，国家以国民为主体，国民以舆论为根本，故外交方针，舆论实左右之。"可见，此次欧洲议员团赴华之行在某种意义上诠释和演绎了舆论在国民外交中的重要作用和意义，同时国人对舆论的重视亦使华法联进会在国际上声名大噪，难怪时任众议院议长的汤化龙，在欢迎会上喊出中国国民"与欧西人士交际之发展，实以此会为嚆矢"的口号。[①]

而为确保接待工作的顺利进行，4月13日，华法联进会还联络各政党、各团体以及其他各界人士三百余人召开预备大会，韩汝甲以联进会总干事身份在会上呼吁"此系国民外交，与国家外交不同，特请各政党、各团体以及各界诸君莅会指示一切，以期全体一致进行"。各界与会人士亦积极响应号召，宣称"此次全欧议员团来华，既系国民外交，各党自应合力赞助"，借此机会促其早日承认民国政府。[②]

综上可见，在1913年前后，围绕各国承认民国政府交涉，孙中山等人发起"联日"外交，在此基础上推动"中日同盟会"和"中日国民协会"等团体的成立；"中美国民同盟会"与"中英美睦谊会"的相继成立则为"联美"、"联英"外交的开展提供了有力保障；"华法联进会"发动欧洲各国议员来华之举，无疑有利于增进欧洲各国对中国的认识和了解；而在此前后成立的"中英国民同盟会"、"华和人士联合会"、"中德协会"等国民外交团体，则进一步促进了中外友好交往，并为承认问

① 《华法联进会欢迎韩汝甲君大会详志》，《震旦》第4期，1913年5月。
② 《华法联进会开会志盛》，《震旦》第3期，1913年4月。

题的早日解决奠定基础。①

随着国民外交团体各项活动的成功开展，各国对华关系开始发生积极的变化。尤其是各国在善后借款问题上分歧的扩大，美国新任总统威尔逊宣布退出银行团后，各国在承认问题上"一致进行"的束缚亦被打破，自此美国政府在承认问题上的态度表现得更为积极。1913 年 1 月 2 日，美国参议员培根向国会提出"立即承认民国政府"的议案。②4 月 2 日，美国政府发出通告，称将在中国召开国会、成立正式政府后，便立即承认中华民国政府。③8 日，北京临时政府召开第一届国会，成立参众两院，并依《国会组织法》及《议员选举法》选出参议院议员 274 名，众议院议员 596 名。当天巴西首先发布承认中华民国政府的通告，次日秘鲁也宣布承认民国政府，5 月 2 日美国和墨西哥发表承认声明，5 月 4 日古巴也宣布承认中华民国政府。④

虽然日本、英国、法国等国暂时未宣布承认，但随着 10 月 6 日袁世凯正式当选为总统，宣告北京正式政府成立后，日、英、俄、法、德、意大利、西班牙、葡萄牙、丹麦、瑞典、比利时、匈牙利等十三国同时宣布承认中华民国。⑤ 至此，各国列强承认中华民国交涉胜利结束。

---

① 《说近日之国民外交》，《时报》1913 年 4 月 25 日。

② Memorandum on the Recognition of the "Republican Government of China", Paper Relating to the Foreign Relations of the United States, Jan 2, 1913, p.88.

③ The Secretary of State to the Chinese Minister, Paper Relating to the Foreign Relations of the United States, April 2,1913, p.108.

④ 《承认问题之各方面》，《宪法新闻》第 2 期，1913 年 4 月 20 日。《美利坚古巴墨西哥三国先后承认中华民国记略》，《上海公报》第 10 期，1913 年 5 月 16 日；王建朗主编：《中华民国时期外交文献汇编（1911—1949）》第 1 册，第 429、430 页。

⑤ Inaugural Address of the President, Yuan Shih K'ai, Paper Relating to the Foreign Relations of the United States, October 10,1913, p.82.

三、国民外交团体的活动及影响

由此可见，民初各国承认民国政府问题的提出，再次将国民推到外交的前台，成为促成这一问题早日解决的重要力量。循着民初国民外交思想的演化路径，中国知识人士在承认民国政府问题提出之时，即将国民外交置于政府外交的"后盾"地位，并通过发动和引导社会各阶层人士组织各类国民外交团体，开展各类国民外交活动，从而对国民外交在国家外交中的作用进行生动地诠释和演绎。显然，从国民外交团体的成员结构、活动范围、目的、对象等来看，这一时期的国民外交表现出以下几个值得关注的方面：

首先，这一时期的国民外交团体大多由政府官员或政党首脑主导，其宗旨和目的往往以辅助政府外交为主。1912 年底，华法联进会的成立即是其中的典型事例，该会将时任国务总理的赵秉钧列为会长，同时推举外交总长陆征祥为副会长，而为了扩大在国际上的影响力，凡"袁大总统、黎副总统屡次函电，该会皆译示各国"。政府官员列席该会并担任要职，自然为该会开展各类活动大开方便之门。一方面，在接待经费上，北京临时政府参议院通过立案，决定拨付二万元，作为欧洲各国议员团来华的旅费。不仅如此，驻意大利代表吴宗濂还"请驻欧各使馆联名电请加费，谓二万金决不够用"，从而为经费问题的解决铺平道路。另一方面，在行程安排上，北京临时政府要求各省都督亲自出面，全程负责接待工作，同时"外交部又行文于各使馆，属其暗为照料"。①

诚然，政府官员在国民外交团体中担当要职，这使得国民外交团体的宗旨和外交倾向在一定程度上为政府所主导。以中美英睦谊会为例，

---

① 《对于全欧议员观光团来华之质疑》，《时报》1913 年 9 月 5 日。

该会发起人伍廷芳曾"将发起宗旨及美英两国名人赞书之热诚电达袁总统"，袁世凯在接到函电后，立即回复称："此会实为政府外交之助，嘱为努力进行"。① 无独有偶，华法联进会在制定和发布的《组织各国议员联华党欧洲议员团宣言书》中，亦明确表示："自国际交涉言之，政府为主，人民为辅。"② 同时这一时期成立的中美国民同盟会、中日国民协会、中德协会等团体，以积极的国民外交行动，发动和引导"国民联络感情，为承认之导线"，做"政府之后盾"。③ 可见，政府官员主导国民外交团体及其活动，这在某种意义上强化了国民在外交中的"辅助"作用，使得国民外交成为政府外交的坚强"后盾"。

与此同时，政党亦在国民外交团体的活动中担当重要角色。为促使日本率先承认民国政府，以孙中山为首的国民党人积极推动"联日"外交，不仅孙中山本人远赴日本，广泛联络日本各界人士，而且该党吴景濂等人还联合日本来华人士，发起成立"中日国民协会"。值得注意的是，从当时国内各党派的言论来看，均表现出团结一致、共同对外的态度和立场。如华法联进会总干事韩汝甲，为促使各国早日承认民国政府，曾邀集汤化龙、张继、王赓、吴景濂、胡秉柯、王正廷、伍朝枢等各政党要员，提出"各该党议员发起议员团体，与各国联华党联络进行"的要求，此项倡议得到各党人士的"一致赞成"。④ 而在迎接全欧议员团来华的预备会上，各政党代表更是表示"民国成立，对内有党，对外无党，此次全欧议员团来华，即系国民外交，各党自应合力赞助"⑤。显然，各政党通过直接参与国民外交团体的活动，一方面扩大了本党在国

① 《伍廷芳缔交联美》，《大共和日报》1913年1月7日。
② 《华法联进会组织各国议员联华党欧洲议员团宣言书》，《震旦》第4期，1913年5月。
③ 辟非：《承认声中之民国观》，《国是》第1期，1913年5月20日。
④ 《韩汝甲与两党之谈片》，《时报》1913年5月29日。
⑤ 《华法联进会开会志盛》，《时报》1913年4月25日。

家政治、外交事务中的影响力；另一方面各党派因承认问题而宣布"对内有党、对外无党"的口号，这在某种意义反映了国民对民国政府的认同和支持。

其次，国人通过组建各类国民外交团体，与各国议员进行广泛地联系和交往，这进一步凸显议员外交在国民外交中的地位和作用。仅1913年前后，先后来华的各国议员有日本众议院议员、日本贵族院议员、欧洲各国议员团等，这些议员来华后均受到中国国民外交团体的热情接待。在时人看来，议员为该国国民的代表，与各国议员的交往即是与该国国民的交往，而"欲与各国国家联合，不如与各国人民联合，与各国人民联合，又不如先与各国人民代表联合，议员者即人民之代表，政府之监督"①。基于这一认识，国人发起成立中日国民同盟会、中美国民同盟会、华法联进会等团体，与国外议员进行广泛地沟通和联络。

在国民外交团体的努力下，各国议员积极推动该国政府承认民国政府，从而使各国承认民国政府的交涉取得重大进展。1913年4月，即中华民国第一届国会召开前夕，"美国议员培根氏因中美国民同盟会函致美国议院要求承认，乃提出为议案"，此举为美国政府正式承认民国政府奠定基础。与此同时，日本国民党议员伊东氏，亦在议院召开时，向日本首相提出质问，要求"早日承认民国，并陈说利害，美日苟首先承认，则列国必相继承认"②。

值得一提的是，在日本参、众两院议员相继来华之际，中华民国第一届国会亦于1913年4月18日召开，北京政府参、众两院正式成立。当天下午，华法联进会总干事与参、众两院齐聚一堂，共商接待欧洲各国议员来华事宜。新当选的众议院议长汤化龙宣称："议员团不日来华

---

① 《华法联进会组织各国议员联华党欧洲议员团宣言书》，《震旦》第 4 期，1913 年 5 月。
② 梁之柱：《党争与民国大局之影响》，《国民杂志》第 1 号，1913 年 4 月 15 日。

观光，将来信用增加一分，即承认可以促进一步"，"此国家与国家、国民与国民交接日密，感情日深"，我国"以后与欧西人士交际之发展，实以此会为嚆矢"。同时，参议院议长张继亦演说中外议员联合，"各国国家知彼知己"，共促"世界和平"。① 可见，自中国国会成立之日起，参、众两院便与国民外交团体进行密切地联络和沟通。在参、众两院议长的号召下，众多议员直接参与国民外交团体的活动，这不仅促进国民外交团体活动的成功开展，而且进一步强化了"国民外交可以辅助政府外交"的思想和理念。

此外，从这一时期成立的国民外交团体直接以国家命名，而从团体成员结构来看，往往一个团体的成员来自两个或数个国家，并且其支部广泛地分布在各自国家的多个地区，从而开启中国国民与国外双边或多边进行直接外交的模式。

总之，围绕承认民国政府问题，这一时期成立的国民外交团体虽然宗旨各异，但均以加强中外国民的联系和交往，促进中外友谊及维护世界和平为目的，这一方面反映了国民对中华民国新政府的认同和支持，同时亦将中国国民外交纳入由政府官员或政党首领主导的轨道。

诚然，国人通过组建各类国民外交团体，与各国议员进行广泛地联系和交往，这进一步凸显议员外交在国家外交中的地位和作用。与此相适应，中国知识人士在承认民国政府问题提出之时，亦循着民初国民外交思想的演化路径，将国民外交置于政府外交的"后盾"地位，并通过发动和引导社会各阶层人士组织国民外交团体，以及开展各类国民外交活动，使国民外交在国家外交中的"后盾"地位进一步强化，从而使这一时期的国民外交思想表现出新的特点和内涵。

---

① 《华法联进会欢迎韩汝甲君大会详志》，《震旦》第 4 期，1913 年 5 月。

第五章
重心转移与对内趋向

第一节　从"利权"到"主权"

民国初年，中华民国政府经历政局更迭和政党纷争的混乱，至1914年，北京政府暂时由袁世凯的北洋军阀集团所掌控。与此同时，当时的国际形势正发生着广泛而深刻的变化。尤其是1914年8月英国向德国宣战，第一次世界大战的全面爆发，使各国在华力量对比出现新的变动。在此前提下，日本和英国结为同盟，并决定对在中国青岛的德国租界区开展军事行动。[①] 当时，北京政府外交部虽然宣布局外中立，但随着日本对德宣战的开始，也不得不将山东龙口、莱州和胶州湾附近地区划为各交战国行军区。

"一战"所造成的国际格局的变动以及给东亚局势带来的巨大冲击，深刻地影响了中外关系的走向，中日关系由此上升到一个历史性高度。随着中日"二十一条"交涉的开始，中国国民外交在中日关系错综复杂

---

① 《支那問題に関する日英協議》，日本外交史料館所藏外務省記録，アジア歴史資料センター復製，Reel No.1—0085。

的变动中表现出新的变化和趋势。①

一、"二十一条"交涉与国民外交重心转移

1914 年 8 月 23 日，日本宣布对德开战，并随即展开针对驻山东青岛德军的军事行动。随着日本军事行动的不断推进，至 11 月 7 日，日军已经攻陷青岛，并且夺取德国在胶州湾的租借地。此后，尽管北京政府外交部一再要求日军于战事结束后撤兵，但是日方却百般拖延，拒不撤兵，从而激起中国民众的强烈抗议。

显然，日英同盟的结成以及日本在山东青岛军事行动的开展，进一步显露日本攘夺在华利权的野心。在当时，日本舆论界甚至公然叫嚣扩大其在华利益。日本《中央公论》说："欧战于日本最利，而战事愈久则所利愈大。"日本《外交时报》更是认为欧战是日本扩大其在华利权"千载一时之好机"，而日德两国在青岛开战为这一时机的成熟奠定基础。

对于当时的局势，陈少白断定：日德开战将直接威胁到中国主权和领土完整，"为中国存亡之关键"②。1915 年 3 月，时念高小一年级、年仅十五岁的程广居，以《论日本之攻青岛》为题严厉指出，日本在我国青岛"蹂躏财产，践踏殆遍，举国惶惶，惊悸无措"，"国权之坠，至此而极，国耻之大，莫此为甚"。日本野心如此之大，将来恐怕"不但青

---

① 关于"二十一条"相关问题研究的论著颇为丰富，尤其是近年随着各类外交档案的公开，这一领域的研究也逐渐深入，当前学界较具代表性的论著有：罗志田：《乱世潜流：民族主义与民国政治》，上海古籍出版社 2001 年版；苏全有：《袁世凯与二十一条新论》，《船山学刊》2005 年第 4 期；陈廷湘：《民众情绪变化与抗议二十一条运动》，《社会科学研究》2005 年第 4 期；李永春：《"二十一条"交涉期间的政府外交与社会舆论》，《求索》2007 年第 9 期；曹俊：《袁世凯与中日"二十一条"交涉》，安徽大学硕士学位论文，2007 年，未刊；左双文、陈伟：《朦胧的、不确定的救国理念——"二十一条"交涉期间新式知识精英的初步反应》，《南京大学学报》（哲学·人文科学·社会科学版）2007 年第 3 期。

② 少白：《论日德开战与中国之关系》，《雅言》第 1 年第 10 期，1914 年 8 月 25 日。

岛无偿我之日，且恐愈扩其并吞东亚之心"①。

在中日关系日趋紧张的时局下，中国知识人士借助报刊舆论，大力呼吁国人起来维护国家主权和领土完整。《新闻报》一篇署名"阿戆"的评论称，我国"受战乱之影响，则人民之言语动作莫不与国家之荣誉有关"，日德在我国青岛开战，直接损害了我国主权，威胁到人民生命和财产安全，全体国民必须具有"国家观念"，从言论上和行动上起来维护国家主权。② 天津《大公报》主笔杨天骥撰文指出，我国国民自拒俄运动，至抵制美约运动，均能够积极参与外交斗争，今为共和国民，更应当振起"民气"，要求日方撤兵，收回我国青岛主权。③ 与此同时，《时报》一篇题为《论办理外交之方针》的社论也提出，欲使日方从青岛撤兵，收回国家"主权"，则政府与国民必须力图"振作"，共同"办理外交"。④

然而，正当举国上下声讨日军拒不撤兵之时，日本政府却准备提出其酝酿已久的侵略计划，即对华"二十一条"。1915 年 1 月 18 日，日本驻华公使日置益向北京政府外交部正式递交"二十一条"。⑤ 从初次提出的条约内容来看，日本不但企图侵略包括中国南满和内蒙古东部在内的主权和利益，而且提出日本在中国内地有领土"租借权或所有权"、矿山"开采权"、"布教之权"等要求。⑥ 显然，这是一个全面侵略我国领土和主权的不平等条约，它的提出必将遭到全体中国人民的反对和严厉谴责。

---

① 程广居：《论日本之攻青岛》，《中华学生界》第 1 卷第 3 期，1915 年 3 月 25 日。
② 《新评一》，《新闻报》1914 年 11 月 29 日。
③ 《正嫉国主义》，天津《大公报》1914 年 12 月 1 日。
④ 《论办理外交之方针》，《时报》1915 年 1 月 14 日。
⑤ Minister Reinsch to the Secretary of State, Paper Relating to the Foreign Relations of the United States, January 23,1915, p.794.
⑥ 《廿一箇条要求ノ内容》，日本外交史料館所藏外務省記録，アジア歴史資料センター復製，2–0015。

　　由于"二十一条"的内容涉及中国政治、经济、军事、教育等各个方面，日本政府为胁迫北京政府早日同意，而不致因条约侵略性质引起各国列强的反对，故要求北京政府严守秘密。然而，由于日本侵华野心早已为中国舆论界所窥破，出于维护国家主权和利益的考虑，中国知识人士就此发起一场批评政府"秘密外交"的舆论风潮。2月2日，《新闻报》的时评首先发难，指责北京政府任凭"日本要索问题愈形吃紧，惟要索之真相，我政府方力守秘密，并甘为日政府代守秘密，对国民然，对他国公使亦然"。为此要求北京政府将中日交涉内容"明白宣布"，切勿因"外交秘密四字断送四万万人之中国"[1]。天津《大公报》主笔邵天雷则从维护国家"主权"的角度撰文指出：政府一面强调"外交当守秘密"，一面将国人的担忧和指责斥为"谣言"和"误会"，然而日方所作所为无不侵犯我国主权，因此强烈要求北京政府持强硬态度，使日方于"外交事项，必无损我主权之虞"[2]。

　　应当指出的是，国人对北京政府"秘密外交"的批评，其目的在于以舆论监督政府，并充当政府外交的后援，故中国舆论界在批评北京政府秘密外交政策的同时，还详细阐述国民外交在中日交涉中的作用与意义。2月5日，《新闻报》一篇题为《论外交秘密之非计》的社论，从实行"国民外交"的角度出发，呼吁政府放弃"秘密外交"政策，并称："一国之外交，欲求制胜，必以国力舆情为后盾。吾国实力既弱，而民情之翕然一致，尚可为政府后援"，中日交涉日益紧迫，政府应当"利用国民之爱国热诚，为折冲樽俎之助"，使国民与政府一道，"举国一致，捍御外侮，此皆基于国民外交之旨"[3]。

---

① 《新评一》，《新闻报》1915年2月2日。

② 《谣言欤误会欤》，天津《大公报》1915年2月7日。

③ 《论外交秘密之非计》，《新闻报》1915年2月5日。

18 日，时为日本东京通讯社新闻记者的邵飘萍，亦在《时报》刊发社论，称外交政策有"秘密的外交与公开的外交"、"政府的外交与国民的外交"以及"统一的外交与不统一的外交"之分，当前我国要处理好几类外交的相互关系，就必须认识到：其一，就中日交涉而言，日本为"主动之国"，对中国"挟有机谋变诈之野心，图攫取其不正当之利益"；我国则为"被动之国"，在中日交涉中力求维护国家主权和利益。"野心国之外交当主秘密，保守国之外交利于公开"，故当前我国在中日交涉中应舍弃"秘密的外交"，而采取"公开的外交"。其二，既然实行"公开的外交"，则政府与国民必须齐心协力，共同参与外交，为此必须使我国"自政府的外交进而为国民的外交"，此乃"外交进步之特征也"。其三，我国在中日交涉中处于劣势，日本在交涉中位于强势，在此情形下，全体国民对内对外必须"以一致为原则"。尤其是我国各党派、各阶层民众，必须以"统一的外交"政策，一致对外。① 显然，中国舆论界对政府"秘密外交"的批评和指责，反映了其对国家主权的关注和重视，同时这进一步促使国人对政府外交和国民外交关系的重新思考，并在对这一问题的探讨中，将政府置于舆论的监督范围，从而为维护国家主权和利益起到积极作用。

值得注意的是，中日"二十一条"交涉主要是围绕中国主权的相关问题展开的。在日方的强大压力下，自 2 月 2 日起，北京政府被迫与日方进行秘密会谈，至 4 月 26 日，在短短两个多月时间里，双方会谈达25 次之多。中国会谈代表为外交总长陆征祥、次长曹汝霖、秘书施履本，日方代表为驻华公使日置益、参赞小幡酉吉、高尾亨等人。② 2 月 2

---

① 《中日外交之种种》，《时报》1915 年 2 月 18 日。
② 《大正四年日支交涉ニ関スル公文書》，日本外交史料館所藏外務省記録，アジア歴史資料センター復製，Reel No. 調—0011。

日，即在双方代表的初次晤谈中，中方代表宣称日本"二十一条"关涉中国主权，要求"逐条讨论"，双方在会谈中争执不下，第一次会谈并未取得任何进展。[1]5日，双方代表举行第二次会谈。在此次会谈中，中方代表就"土地所有权"、"警察权"、"行政权"、铁路"建造权"等涉及中国主权和利益的各项条款做了坚决的抗拒，尤其是关于第五号，外交总长坚持"全部不能商议"，态度十分坚决。[2]有关此次会谈中方代表在"主权"问题上绝不让步的情形，从以下北京政府外交总长陆征祥与日本驻华公使日置益的会谈记录中可见一斑：

　　总长云：第四号，本国政府碍难允商，……

　　日置云：仍请发表。

　　总长云：第五号中于本国主权有关系之事件甚多，不能商议，……

　　日置云：请逐条发表意见。

　　总长云：第二条土地所有权，为中国之领土关系。第三条警察权，系一种之行政权，为中国之内政关系。第四条军械，为一国重要之物，且事实上中国距贵国最近，将来必须购买之时，如果价廉物美，自然向贵国采办。第五条铁路事，多系借款办理，无以建造权许与外国之理。第六条军港船厂，关系最大。第七条布教之事，民国以来人民有信教之自由，贵国教士来华布教，自亦欢迎。然无规定之必要。……

---

① 《第一次会议问答》（1915 年 2 月 2 日），黄纪莲编：《中日"二十一条"交涉史料全编》（1915—1923），安徽大学出版社 2001 年版，第 43 页（以下简称《史料全编》）。

② 《所謂第五號問題ノ經過》，日本外交史料館所藏外務省記録，アジア歴史資料センター復製，Reel No. 調—0011。

　　日置云：然则第五号之全部不能商议乎？

　　总长云：全部不能商议。①

　　事实上，关于中日"二十一条"交涉，尽管日方要求北京政府"保守秘密"，并且以如果中方将秘密泄露出去，"日本当断然采取行动"相威胁，但是袁世凯显然已经"洞悉日本帝国的扩张政策"，故在应对中日交涉时的态度颇为审慎：一方面袁世凯立即让外交总长孙宝琦辞职，重新起用陆征祥为外交总长，以"便于与驻京日本公使进行谈判"。另一方面，袁世凯的北京政府希望得到外国的"外交支援"，特别是美国的支援。为此，在袁世凯和外交总长的授意下，顾维钧等人和英美公使"保持接触"，并且负责向国内外新闻界宣传中日会谈的进展情况，以便取得国际社会和舆论界对中国的同情与支持。②

　　随着中日会谈的展开以及"二十一条"内容不断在外国报纸上出现，日本对中国主权和领土的侵略意图逐渐被揭发出来。③在此情形下，中国知识人士借助报刊媒体展开激烈议论，表现了对国家主权的强烈关注。2月1日，《时报》向社会各界发出警报，称日本此次对中国的要求条款十分霸道，"不惟利权剥夺净尽，即主权亦无余"，显然日本此举严重"损害中国主权"，如果北京政府同意其要求，恐将沦为日本的"附属国"。④3日，《新闻报》署名"率痴"的社论，则在综合分析舆论界披露的日方要求条款后指出，日本所提要求涉及在我国的"矿业采掘权"、"自由发展权"、"敷设铁路权"、"教育权"、"投资权"等，纵观条约全

---

①　《第二次会议问答》(1915年2月5日)，《史料全编》，第56—58页。

②　《顾维钧回忆录》(第一分册)，中华书局1983年版，第121—123页。

③　季啸风、沈友益编：《中华民国史料外编——前日本末次研究所情报资料》第1册，广西师范大学出版社1997年版，第736—741页。

④　《专电》，《时报》1915年2月2日。

部内容，无一款不是对我国"根本主权"的要索和侵犯，为此强烈要求政府将中日交涉内容予以"披露"，并将日方所提要求全部拒绝，以维护"我国主权"①。7日，《时报》题为《国民之决心》的社论直接指出，日本所提要求"有损于我独立之国体主权"，称"国体与主权者，国家之所以立也。国体一伤，主权一失，则国家已失其独立"，因此认为中日交涉问题是关系到"国家存亡之问题"，呼吁国民积极参与对外交涉，监督政府外交，为政府外交的"后盾"。②

　　与此同时，包括国内商人、学生、海外华侨等各界人士在内的广大民众加入到反对日本无理要求、维护国家主权的行列。2月6日，广州商务总会、粤商维持公安会等团体联名向北京政府外交部致电，称日本所提要求，"显系倚恃强权，实行侵略政策。"事关国家存亡，国人无不表示强烈愤慨，请求政府"严词拒绝，并将条件及交涉情形明白宣布"，以便"商民协筹对待，用救危亡。"③3月17日，怡朗中华总商会以"三千华侨"名义上书北京政府外交部，痛斥日本"无理要求，直欲攫取我土地，奴隶我人民"，声称"国权所在"，全体华侨将为维护国家主权"万死不屈"。④

　　由上述可见，在日本"二十一条"的逼迫下，国人对国家"主权"表现出前所未有的关切和重视。在此前提下，包括领土权、行政权、警察权、布教权等在内的各类有关"主权"的词汇在全国各地报刊中大量出现。在此影响下，中国国民外交的重心亦从收回"利权"，转移到对

① 《论对付日本新交涉》，《新闻报》1915年2月3日。

② 《国民之决心》，《时报》1915年2月7日。

③ 《收广州商务总会等电》（1915年2月6日），李毓澍主编：《中日关系史料》（"二十一条"交涉），台北"中央研究院"近代史研究所1975年版，第32页。

④ 《收怡朗中华总商会暨华侨电》（1915年3月17日），《民国外交档案文献汇览》第1册，全国图书馆文献缩微复制中心2005年版，第40、41页。

国家 "主权" 的争取和维护上来。1915 年 3 月 23 日,《时报》一篇题为《主权与利权》的社论,从国家学原理的角度,对主权和利力的作用和地位做了分析,该文指出:

> 主权者,国家所以构成者也。苟无主权,则虽有人民,非其国家之人民,虽有土地非其土地,而国家之资格亦且弗存,故虽谓主权为构成国家唯一之要素也,可也。若利权则非其伦矣,虽举一国之利权,概弗为诸国家,而悉为诸国家统治之人民,要于国家无丝毫之损。唯主权为构成国家唯一之要素,唯利权可概弗为国家,而悉为诸国家统治之人民。①

显然,这篇署名 "挈瓶" 的社论认为,国家 "主权" 关涉到内政、外交、财政、交通、教育、实业等各个方面,在国家各项事业中具有举足轻重的地位,是 "构成国家唯一之要素"。相比较而言,"利权" 所牵涉的范围则小得多。因此,可以说 "利权较轻于主权","主权所在,利权即存在"②。不仅如此,在次日的续文中,作者还结合当时中日交涉所造成的严峻外交局势,对维护国家主权的重要意义做了进一步阐述:"今日外交上之传闻,其所谓凡要索之损及主权者,执政者必能毅然拒绝之。殆指军事上、警察上,暨财政、交通、教育各部之教练及顾问言

---

① 《主权与利权》(上),《时报》1915 年 3 月 23 日。
② 这位署名 "挈瓶" 的作者的真名和背景目前尚无从考证。据查,该笔名最早出现在该报 2 月 5 日的一篇题为《辛甲之际之悲观》的社论上。从《时报》的办报历史来看,1913 年底和次年初,该报曾连续发布 "主笔房规则另行组织,访员人等亦已从新添订,若内若外,一律整顿" 的告示,此后《时报》的主笔发生较大更动,其明显的变化是该报署名的改变,而以 "挈瓶" 为笔名的政论文,在此后则大量出现(参见丁守和主编:《辛亥革命时期期刊介绍》第 4 集,人民出版社 1986 年版,第 257、258 页)。

之欤？夫曰军事，曰警察，以暨财政、交通、教育诸政治事业，固所谓无一非主权所实现，即无一非主权所分寄者矣。凡为独立之国家，决无率以援诸他人者也"①。

随着中日"二十一条"交涉逐渐向纵深发展，国人愈加重视对国家主权的争取与维护，在对外交涉中甘当政府外交的后盾，表现出一致对外的勇气和决心，这无疑对中国国民外交的思想和行动产生重要影响。一方面，国人出于对国家主权和领土安全的担忧，不断对北京政府的"秘密外交"政策进行批评，尤其是中国知识人士，借助报刊舆论的力量，对政府外交进行监视和督促。值得注意的是，各界媒体在宣传中，常常将国民置于外交的监督地位，呼吁广大民众积极参与外交，为政府外交的后盾。另一方面，国人对国家主权的关注和重视，进一步强化了"主权"在国民外交行动中的地位，包括商人、学生以及海外华侨在内的各地民众，均从维护国家"主权"的角度立言，向北京政府外交部纷致电函，呼吁政府与国民共谋外交，表现出国民在参与外交时一致对外的趋势以及维护国家"主权"的坚强决心。

总之，中国"国民外交"的重心从"利权"向"主权"的转移，揭示了国人对国际外交形势的敏锐洞察力，折射出在中日外交日趋紧张的情况下，国民外交思想和内涵的新变化和新趋势。诚然，中外关系的走向总是随着时势的演进而处于动态的发展阶段，在中日关系日益占据中外关系主导地位之时，国民外交与政府外交的互动，在某种意义上寓示国家与社会的二元互动关系，这一情况伴随着中日国民外交团体"相抵抗"局面的出现而愈加凸出。

---

① 《主权与利权》（下），《时报》1915 年 3 月 24 日。

二、中日国民外交团体 "相抵抗" 局面

如前所述，"一战" 爆发前后，国际外交格局发生重大变化。其中，中日外交在中外关系中的地位逐渐上升，成为中外关系的重点，日益在国家外交中占据主导地位。在日本，早在 20 世纪初，以东亚同文会为首的日本国内政治团体大倡 "支那保全论"，近卫笃麿、荒尾精、根津一等人还大力呼吁中日两国国民 "友好亲善"，并为结成 "日清同盟" 而开展诸多活动。①

诚然，日本 "支那保全论" 的提出与欧美各国列强入侵中国，以及日本国内人士对整个东亚时局的认识有关。正如日本大隈重信所说，中日甲午一战后，"支那之积弱乃大暴露于天下"，"支那之脆弱乃远出于世人预料之外"，于是欧美列强趁机入侵中国，在中国各省划分势力范围，"瓜分支那" 之势愈演愈烈。这引起日本国内人士的警觉，于是在日本有人提出，"日支之重大关系仍然存在"，尤其是两国通商日益频繁，中国一旦被列强瓜分，则日本亦将 "受极大之危害，即不偕亡，亦蒙祸不浅"，因此日本必须确立其 "在支那之发言权，而保全支那以开发其文明者，几为天赋日本之使命"。显然，日本 "支那保全论" 的提出在某种意义上是为了避免中国遭到欧美列强瓜分，使 "他人夺之不可"，而在提出这一口号的同时，日本还以 "天赋之使命" 自居，强调其在东亚格局中的主导地位。

如果说在晚清，日本国内人士认为两国在 "中日提携" 的口号下 "通力合作"，经过一番大力改造，不仅可以使中国免去瓜分之祸，而且东亚人民将足以 "匹敌白民之人口，必能成东西对峙之大文明"。那么

---

① 東亜文化研究所編：《東亜同文会史》，東京霞山会 1989 年版，第 48、49 页。

到了民国初年，日本国内一些人士已经对中国彻底失望，以大隈重信为代表的日本政界甚至认为，"支那革命之失败"已无法挽回，民国政府完全没有掌控全国的能力，"此不惟袁政府则然也，即孙黄代之亦必如是"。此外，民国肇建，中国国民"不纳租税，或强力反抗"政府的现象层出不穷，这一现象"虽千万年后，岂可移风而易俗乎？此支那国运之所以日蹙也"。可以说，大隈重信对中日外交的这种态度在日本具有一定代表性，这不仅是因为其"每一言出，辄足震动全国"，能够在日本国内产生广泛影响，而且反映了日本民众在中日外交上由持"中日亲善"的缓和论调进而为"根本解决支那问题"的强硬态度。①

1913 年 9 月，日本黑龙会、亚细亚会等十二个团体联合组成"对支联合会"，在黑龙会头山满、内田良平等人的影响下，"对支联合会"在外交上主张日本对华采取强硬态度。② 次年 10 月 29 日，黑龙会向日本外务省递交《解决中国问题意见书》（即《黑龙会备忘录》），详细阐述日本应当趁欧战之机"立即行动"，"迅速解决中国问题"的理由和步骤。其所提出的《防御同盟秘密条款》更是一个从政治、经济、军事、教育、文化等各方面损害"中国的主权和领土完整"的侵略纲领。③ 随后，为督促日本政府对华实行强硬政策，以及接受黑龙会的外交主张，1914 年 11 月 27 日，对支联合会在日本精养轩主持召开"对华问题意见交换会"，与会者就督促政府对华持强硬态度达成一致意见。④

---

① ［日］大隈重信：《对华外交之根本方针》，《雅言》第 5 期，1914 年 2 月 25 日；《对支外交之根本方针》，《神州丛报》第 1 卷第 2 册，1914 年 4 月 1 日。

② 《对支根本政策ニ関スル意見書》，日本外交史料馆所藏外務省記録，アジア歴史資料センター復製，Reel No.1—0084。

③ 《对支問題解决意見》，日本外交史料馆所藏外務省記録，アジア歴史資料センター復製，Reel No.1—0081。

④ ［日］近藤秀树编：《宫崎滔天年谱稿》，禹昌夏译，《辛亥革命史丛刊》编辑组编：《辛亥革命史丛刊》第 1 辑，中华书局 1980 年版，第 163 页。

12 月 6 日，黑龙会的内田良平、寺尾亨、副岛义一等人，与政友会的小川平吉、户水宽人，以及日本国民党的柏原文太郎、伊东等人组成以日本大陆浪人为核心的"国民外交同盟会"。该会宣言公开表示："欧洲战争乃帝国解决对支问题不可失之好机会"，为此本会将致力于督促日本政府，通过向现任内阁施压，在对华关系上采取更为严厉的"外交方针"，以"根本解决支那问题"。① 日本国民外交同盟会成立的次日，该会成员田锅安之助、内田良平、伊东、小川平吉等七人赴日本外务省，在访询外相加藤高明时，向其陈述同盟会的意见，并且提交该会决议书，以督促外务省对华持强硬态度。9 日，国民外交同盟会还举办演说会，日本法学博士鹈泽总明、副岛义一、寺尾亨、户水宽等人相继演说对华意见，会场"听众约一千五百名"，各演说者"颇为热心"，"听众为之动容"②。

日本国民外交同盟会的言论及行动，引起中国知识人士的高度警觉，国人不但将该会的言论及活动详细报道，而且急切呼吁中国国民外交团体与之"相抵抗"。12 月 25 日，张仲良以"水心"为笔名，译载题为《国民的外交》的社论，称时下日本政友会大倡"国民的外交"，其总裁原敬氏公然指责日本外交"失策"，以此向日本政府施压，使其重视"国民的外交"。同时，该会要求日本外务省将对华外交计划"公之国民"，彼此"以诚相见，政府与国民为一致之行动，以举国民外交之实"③。这篇译自东京《万朝报》的社论在某种意义上表明，日本政友会已经联合各地国民外交团体，从舆论和行动上向日本政府施压，使其

---

① 《日本外交同盟会之宣言》，《新闻报》1915 年 1 月 3 日；《对支问题意见交换会演说笔记》，日本外交史料馆所藏外务省记录，アジア歴史資料センター復製，Reel No.1—0081。
② 《国民外交同盟会记事》，日本外交史料馆所藏外务省记录，アジア歴史資料センター復製，Reel No.1—0081。
③ 《国民的外交》，《盛京时报》1914 年 12 月 25 日。

向中国采取更为强硬的外交方针和政策。

与此同时，在日本工作的中国记者邵飘萍，凭着新闻工作者所特有的敏锐感和洞察力，对日本国民外交的动向做了深入地分析。加之他身在日本，故对日本政界与外交界在对华政策上咄咄逼人气势的感受也更为真切。12 月 25 日，即《盛京时报》刊载张仲良上述译文的当天，邵飘萍以《日本政界之战机益迫》为题，对日本政友会、对支联合会、国民外交同盟会等组织或团体的动向，以及各国民外交团体发动日本国内民众，"举国一致督励政府"，使日本政府在对华问题上采取更为强硬的行动等情况做了深入报道。① 而从当时中国舆论界报道的内容及论调来看，显然国人对中日关系的前途及走向抱有一定的忧虑感。

随着事态的急剧发展，国人的担忧很快成为事实。在日本政友会、国民外交同盟会等的"督励"下，日本社会各界纷纷赞同和支持"对支问题根本解决"的办法。在此情形下，日本外务省重新调整其外交方略，于 1915 年 1 月 8 日向北京政府正式提出对华"二十一条"。从"二十一条"要求原案内容来看，所提出的各项要求几乎涵盖日本黑龙会《防御同盟秘密条款》的全部内容，显然，日本外务大臣加藤高明② 在草拟对华交涉方案时，综合考虑和吸收了日本元老、财团、官僚以及国民团体等的各种意见，如此看来，"二十一条"堪称"容纳多方意见集大成之作"，而这也从另一个侧面反映日本国民外交同盟会等团体在"对华舆论之形成或政府之对华方针"上产生的重要影响。③

---

① 《日本政界之战机益迫》，《时报》1914 年 12 月 25 日。

② 加藤高明于 1913 年 1 月 29 日被桂太郎内阁任命为外务大臣（参见《任外务大臣、特命全权大使、男爵加藤高明》，日本外交史料馆所藏外务省记录，アジア历史资料センター复製，No.87）。

③ 林明德：《民初日本对华政策之探讨（1911—1915）》，民初时期文献编辑小组：《中华民国建国文献：民初时期文献》第二辑，台北"国史馆"2001 年版，第 322—325 页。

日本政界和外交界的巨大变动对中国国民造成强烈刺激。在国人看来，日本"政治上唯一之问题，即为外交问题，易言之，即对华问题也"。而在日本举国上下要求"对华问题根本的解决"的紧张氛围中，日本对支联合会、国民外交同盟会等团体不断斥责日本政府"对华外交之拙劣"，其外交政策"违反国民的外交之意义"，表面上这是"反对政府、监督政府，其实际则最足为政府外交之后盾"。毫无疑问，日本国民外交团体此举有利于"激励国民，定举国一致之外交政策，实行国民的外交"。因此，日本国民外交团体已经给中日关系造成十分紧张的局面。在此情形下，中国知识人士大声呼吁北京政府与国民采取措施，共同"对付"日本的国民外交。①

在"二十一条"要求提出后不久，日本国民外交同盟会继续展开行动。据《时报》来自日本东方通信社的电稿称，日本国民外交同盟会于1月31日召开大会，公开"评论政府对中国外交问题"，声称将进一步促使政府"根本的解决对中国问题"②。事实上，在国民外交同盟会等团体的不断督促下，日本外务省的对华政策变得更为强硬，不仅在"二十一条"问题上丝毫不让步，而且通过秘密谈判等方式，千方百计地逼迫北京政府外交部早日签约。然而，日本舆论界及国民外交同盟会等团体并不表示满意，"谓交涉内容于中日关系根本问题毫无接触，并抵其当局之政策为苟且，而力主所谓根本解决"③。

日本国民外交团体的言论和行动引起在日华人的高度警觉。尤其是日本"对支联合会"、"国民外交同盟会"等团体不断"以国民的外交鼓吹全国，其对我中国亦尝自诩其国民的外交"，这使身在日本的中国记

---

① 《日本全国视线之集中》，《学生杂志》第2卷第1号，1915年1月20日。
② 《译电》，《时报》1915年2月2日。
③ 《新评一》，《新闻报》1915年2月8日。

者邵飘萍非常焦急，在 2 月 4 日发往国内的电稿中，他特意在标题下加注"全国国民注意"的字样，强烈呼吁国人发起中国"国民的外交，以与他国之国民的外交相抵抗"①。

　　诚然，日本国民外交团体的言论和行动对国人造成相当大的刺激，正当日本国民外交对中日关系造成强烈冲击之时，身在日本的中国留学生们已经开始行动起来。2 月 11 日，中国留日学生举行集会，到会者三千余人，大会推举沈定一为留日学生总会干事长，陈仁、周鳌山为副干事长，李大钊被选为文牍干事。② 在会上，留日学生们彼此呼吁："无论平时属何党籍，抱何政见，此次顿息内部之反对运动，一致对外。"同时，为发动全国民众起来维护国家主权，督促北京政府拒绝"二十一条"，留学生们还决定分别召开各省留日同乡会、成立专门机构以及公举代表回国"联络各团体"等事宜。③

　　由于海外媒体率先将"二十一条"的内容和中日交涉情况予以部分公开，身在日本的中国留学生们自然对此"多有所闻"，因而倍感焦虑。为促使国人与政府反对日本要求、维护国家主权和领土完整，留日学生大会还制定详细的实施办法：（一）致电北京政府，请其力拒日方要求，并将条件内容全部公布；（二）印发各种宣传物，以发动国内民众；（三）向国外友邦宣传中国国民的坚决反对态度；（四）派遣代表回国，组织国民外交机关，并联合海内外人士召开国民大会；（五）发起和筹备留学生全体回国事宜。④ 从留日学生大会制定的应对方案来看，他们不但注意广泛联络海内外人士，而且通过舆论宣传的力量，发动国内各界民

①　《中日外交之种种》，《时报》1915 年 2 月 18 日。
②　朱文通等整理：《李大钊全集》第 2 卷，河北教育出版社 1999 年版，第 297 页。
③　《气焰万丈之留东我国民奋起》，《时报》1915 年 2 月 21 日。
④　《中日交涉中之留日学生大会》，《时报》1915 年 2 月 21 日。

众，促使大家齐心协力，一致对外。

值得注意的是，在留学生制定的各项应对办法中，首先付诸实施的是派遣学生代表回国事宜。经过共同商讨，大家决定全体留日学生以省为单位，分别举定一人为代表，先期归国。2 月 26 日，首批学生代表回国后，受到"国民对日同志会"的热情接待，在为留学生代表举办的欢迎会上，大家共聚一堂，"研求外交上辅助之法"①。与此同时，归国学生代表还发布《启事》，呼吁国民"发扬民气，以为外交后盾"②。在留日学生的带动下，包括驻沪商帮联合会、中华国民请愿会、国民救亡会、外交后援会等上海各类团体亦纷纷行动起来，形成反对日本"二十一条"的中国国民外交联合阵营。在此背景下，驻沪商帮联合会致电北京政府外交部，称"二十一条"的提出实为日本之"侵略主义"，"主权所在"，全国一致，誓不承认。同时，该会强烈要求政府将"二十一条"内容及中日谈判情形"明白宣布"，并称将联合各地民众开会，"以谋所以为政府后盾"③。

而在上海"国民对日同志会"的带动下，闽粤等省"对日同志会已纷纷发起"。对此，云南《滇声报》也做出响应，宣称"此次日本强横压迫，非徒政府单力可以抵制之"，为此呼吁云南各界志士"提起国民之决心"，设立云南对日同志会，"筹备对付日人之方"，以"为政府之后盾"④。可见，在中日外交日益恶化的形势下，中国国民通过组织各类团体，反对日本"二十一条"，坚决维护国家主权和利益，从而在一定程度上形成与日本国民外交团体"相抵抗"的局面。

---

① 《欢迎留日学生代表》，《时报》1915 年 2 月 26 日。
② 《留日学生代表启事》，《时报》1915 年 2 月 27 日。
③ 《中日交涉声中之国民》，《时报》1915 年 3 月 2 日。
④ 《对日同志会已纷纷发起矣爱国者曷起而从之》，中国第二历史档案馆编：《中华民国史档案资料汇编》第三辑，民众运动，江苏古籍出版社 1991 年版，第 294、295 页。

在留日学生代表回国运动之时，其他留日学生也在积极地酝酿留日全体学生罢学归国事宜。3月3日，北京政府外交部和教育部收到函电，称因中日交涉事，日本留学生组织各省同乡会，其中"湘粤学生持议颇急，有全体罢归之说"，吁请政府当局注意防范。① 教育总长汤化龙收到函电后，认为事态较为严重，为阻止留日学生罢学归国风潮，遂拟定《训诫留日学生之通告》，称我国留日学生"以中日交涉困难，深惧国体主权有所损失，开会讨论并闻有预备全体回国之议"，然而国家大事当由政府做主，学生们切不可因"一时之感情"而影响中日关系大局。② 随后，袁世凯还电令驻日公使陆宗舆将中国留日学生总会予以解散，以禁止留日学生开会。③ 此外，天津《大公报》的消息称：北京政府大总统袁世凯向上海镇守使及道尹发出密电，称上海的国民救亡会、国民对日同志会、国民请愿会等团体，因中日交涉而举办各类集会和活动，此"虽属爱国热心，然究与外交前途多所妨碍，应即查核取缔"④。

然而，留日学生的罢学归国风潮不但没有因北京政府的劝告和阻拦而停止，反而愈演愈烈。据《学生杂志》于1915年5月20日公布的统计数据，当时在日本各类学校留学的总人数为4500名，分别涵盖广东、湖南、浙江、陕西、江苏、江西、湖北、四川、福建、云南、直隶、黑龙江、甘肃等全国十三个省区。⑤ 另据李喜所在《中国留学生与五四运动》中提到，1915年因反对"二十一条"归国的留日学生数量达4000人。⑥

---

① 《收江西巡按使电》（1915年3月3日），《民国外交档案文献汇览》第1册，第10页。
② 《教育部训诫留日学生之通告》，《时报》1915年3月6日。
③ 《解散留学生总会之失国体》，《时报》1915年3月8日。
④ 《要闻》，天津《大公报》1915年3月9日。
⑤ 《中国留日学生总数》，《学生杂志》第2卷第5号，1915年5月20日。
⑥ 李喜所：《中国留学生与五四运动》（上），《神州学人》1999年第5期。另外，美国学者周策纵亦在《五四运动史》一书中提到，1915年前后归国的留日学生"大约为数4千或以上"（参见［美］周策纵：《五四运动史》，陈永明等译，岳麓书社1999年版，第39页）。

从这一数据来看,留日学生所宣称的"全体"罢学归国计划的确得到贯彻执行,这在某种意义反映了中国留日学生反对日本侵略的勇气,以及为维护国家主权和领土完整的坚强决心。

应当指出的是,中国留日学生的罢学归国,国民对日同志会等团体维护中国主权的强烈呼声,虽然对中日两国政府造成一定的触动,但却没能遏止住日本国民外交团体的进一步行动。3月29日,日本国民外交同盟会召开会议,决定派代表赴外务省,面见外交官员,要求日本政府迅速将对华问题根本解决,为此会议制定三项议案:(一)日本坚持对华要求条件不退让;(二)须向中国限期要求允诺;(三)中日交涉不准第三国干预。[①]4月6日,国民外交同盟会代表来到日本外务省,准备上陈"关于对华外交之意见",日本外务大臣加藤高明"特令政务局长接见,以聆该代表之意见"[②]。21日,国民外交同盟会再次开会,决议"督励政府,对于中日交涉事宜须维持强硬之态度"[③]。至4月底,日本国民议会、对支外交同盟会等团体"相续开始运动,此等团体之运动皆以支持外交政策为目的"。与此同时,日本舆论界人士亦掀起强大的舆论攻势,使得"舆论攻击政府对支持外交软弱之声日盛"[④]。显然,日本国民外交团体及舆论界的目的,是督促日本外务省对华持强硬态度,以迫使北京政府早日接受"二十一条"。

日本国民外交团体的激烈言行引起中国国民的强烈不满。4月1日,大阪中华商务总会致电北京政府外交部,将矛头直指日本国民党领袖犬养毅等人,称其煽动日本国民外交团体向日本政府施压,严重影响中日

---

① 《国民外交同盟会之议决案》,《盛京时报》1915年3月31日。
② 《中日交涉要电》,《时报》1915年4月8日。
③ 《国民外交同盟会之决心》,《盛京时报》1915年4月23日。
④ 《东方通信社电》,《新闻报》1915年4月29日。

两国国民的感情。此次日本要求足使我国"丧主权失国体"，因此"我国今日宜政府民众一致进行，断不可再生冲突，政府为国民代表，坚持不屈，国民为政府后盾，对抗示威"①。10 日，中华民国爱国同志会发布《为中日交涉泣告全国同胞意见书》，呼吁在日本强大的外交和舆论攻势下，"全国国民勃然兴起，以立于政府之后，政府得所援助，乃不受恫喝，不甘屈辱，以当外交之冲，以制外交之胜"。②

这一时期，中国知识人士也不断在报刊媒体上撰文，呼唤国人齐心协力，一致对外。5 月 4 日，《时报》一篇署名"挈瓶"的社论称，日本国民外交同盟会向其政府施压，"宣言甚望当局断然贯彻当初之要求"，以根本解决对华问题，显然日本所提要求完全侵犯"中国之独立及主权"，全体国民应当与政府一道，"断然拒绝日本之要求"③。6 日，包天笑亦在该报刊发题为《敬告国民》的社论，大力呼吁国内各党派消除党见，以坚决的行动，维护国家主权和领土完整。④ 值得一提的是，在该文的标题的下方，包天笑特意加上"一致对外"的字句，此举在某种意义上反映了中国知识人士所觉察到的时局危机感以及挽救国家存亡的紧迫性。

应当承认的是，尽管中国国民强烈谴责日本无视中国主权的行径，但日本舆论界和国民外交团体仍不断向日本政府施压，并且产生一定的影响，这一影响的直接表现便是日方在中日"二十一条"谈判中态度

---

① 《收大阪中华商务总会函》（1915 年 4 月 1 日），《中日关系史料》（二十一条交涉），第 194、195 页。

② 《中华民国爱国同志会为中日交涉泣告全国同胞意见书》（1915 年 4 月 10 日），中国第二历史档案馆编：《中华民国史档案资料汇编》第三辑（民众运动），江苏古籍出版社 1991 年版，第 299—302 页。

③ 《对于新提案之概言》（下），《时报》1915 年 5 月 4 日。

④ 《敬告国民》，《时报》1915 年 5 月 6 日。

的日趋强硬。1915 年 5 月 4 日，日本召开内阁和元老大臣会议，决定对华发出最后通牒。7 日，驻华大使日置益向北京政府外交部递交最后通牒，限四十八小时内答复。①8 日，袁世凯就"二十一条"问题，召集黎元洪、徐世昌及各部总长等人开会，会议最后决定接受日本通牒要求。② 次日，外交总长陆征祥、次长曹汝霖向日本使馆送交复文，对日本最后通牒要求各款，全部接受。③

随着北京政府最终屈辱地接受日本"二十一条"的最后通牒，中国各阶层民众的愤怒情绪迅速激化，中日国民外交"相抵抗"的局面随之出现新的变化，一场影响广泛而深远的反日运动也开始在全国范围内蔓延开来。

三、反日运动前后的国民外交

早在 1915 年初，日军在山东青岛拒不撤兵，导致中日关系日益紧张。当时，中国知识人士已经注意到日本舆论界对其政府的影响，认为日本之所以拒不撤兵且对我国态度日趋强硬，在某种意义上是日本政府"借重舆论"的结果，即日本政府以舆论为"外交之后援"，为此呼吁中国舆论界积极关注中日外交态势，同时我国外交当局也应当重视舆论的后援作用。④

随着日本向北京政府正式提出"二十一条"，两国间的外交谈判也

---

① Japan's Ultimatum to China, Paper Relating to the Foreign Relations of the United States, May 7, 1915, p.194.

② Reply of the Chinese Government to the Ultimatum of the Japanese Government, Paper Relating to the Foreign Relations of the United States, May 8,1915, p.196.

③ 程道德等编：《中华民国外交史资料选编（一）》，北京大学出版社 1988 年版，第 205、206 页。

④ 《新评一》，《新闻报》1915 年 1 月 13 日。

于 2 月 2 日拉开序幕。与此相应地，中国民众反对日本侵略的爱国运动
首先表现为对日本舆论的攻击。在中国舆论界对北京政府秘密外交的
强烈批评声中，袁世凯一改以往的秘密外交政策，"将日本方面的要求
一一列成二十一条，婉转地泄露给驻北京的英美和其他国家的代表，以
及有权威的新闻记者"，以寻求英美等国以及国际舆论的同情与支持。①

　　由于北京政府采取了上述应对措施，"二十一条"的内容及其侵略
性质"不仅在外交使团的官员中开始秘密谈论，而且在北京的报纸上也
公开进行议论了"②。在此情形下，包括中国政界、军界、商界、教育界
等在内的广大民众纷纷致电北京政府。从各界函电的内容来看，大都提
倡国民为政府"后援"（或"后盾"），政府与国民一致对外，坚决反对
日本"二十一条"，以维护我国主权和领土完整。2 月 6 日，广州商务
总会在致电北京政府外交部时称，"二十一条"严重侵犯我国主权，日
方此举"显系倚恃强权，实行侵略政策"，中日交涉事关国家存亡，全
体国民愿为政府后援，坚决拒绝日方要求。③9 日，中国出口公会陆维
镛等人在函电中，怒斥"日人无理要求"，称如果接受此要求则中国必
蹈朝鲜覆辙，为此呼吁国民"如有能为政府后盾者，虽牺牲生命亦不
足惜"④。

　　固然，在反对日本"二十一条"的爱国行动中，中国舆论界的推动
作用不容忽视，而在当时舆论界有着重要影响力的《时报》，亦成为发
起反日舆论浪潮的先驱。2 月 18 日，该报题为《论国民应全体一致以
对外》的社论，严厉批评日本"政府之行为与夫国民之议论"，不顾我

---

① 天津市政协编译委员会译：《重光葵外交回忆录》，知识出版社 1982 年版，第 17 页。
② ［美］保罗·S. 芮恩施：《一个美国外交官使华记——1913—1919 年美国驻华公使回忆
录》，李抱宏、盛震溯译，游燮庭校，商务印书馆 1982 年版，第 105 页。
③ 《外交部收广州商务总会等电》（1915 年 2 月 6 日），《史料全编》，第 267 页。
④ 《收出口公会陆维镛等电》（1915 年 2 月 9 日），《中日关系史料》（二十一条交涉），第 34 页。

国国民的正义呼声，不但"力抵我元首之未尝亲日"，而且诬指"我国民之极端排日"，因此，为反对日本对我国主权的侵犯，"全国上下淬厉其敌忾之精神，发挥其一致之能力"，"国民诚能竞起，以为我政府、我元首之后盾"，则民气可扬，国家主权可保。① 值得一提的是，在反对日本对中国主权侵犯的爱国行动中，舆论界人士并非孤立地发起攻击，而是与政界、军界、教育界等各界人士互相联络、共同应对。2 月 25 日，黄兴、陈炯明、柏文蔚、钮永建、李烈钧等人联名致电《时报》馆，请其将全体国民一致对外的心声转达北京《亚细亚》《国民公报》等国内各大报馆，并称"团体之力，厚于分子"，"曰存曰亡，惟视民气"，当此"外交受迫"之时，应当联合各界人士，彼此结成团体，共同反对"二十一条"。②

随着中日"二十一条"交涉日益向纵深发展，中国国民反日情绪亦不断激化，至 3 月初，广东开始有人发起提倡国货、排斥日货的运动。③ 与此同时，旅美华人因愤于日本对中国的无理要求，亦实行"同盟抵制"④。而随着日本政府及国民外交团体在对华态度上的日趋强硬，中日两国之间的矛盾也变得更为尖锐，在此背景下，一场席卷国内外的中国民众抵制日货的行动一触即发，包括上海、汉口、广东、香港以及美国旧金山等地，"凡我国人结有团体之处，莫不有对外一致之运动"，各地爱国民众纷纷"提倡国产"，坚决抵制日货。⑤

值得一提的是，在国民抵制日货的行动中，广大爱国人士纷纷喊出

---

① 《论国民应全体一致以对外》，《时报》1915 年 2 月 18 日。

② 《与黄兴等致〈时报〉等电》(1915 年 2 月 25 日)，周元高等编：《李烈钧集》上册，中华书局 1996 年版，第 177—180 页。

③ 《中日交涉要电》，《时报》1915 年 3 月 2 日。

④ 《旅美华侨抵制日商》，《新闻报》1915 年 3 月 5 日。

⑤ 《日人对于排斥日货之冷话》，《时报》1915 年 3 月 12 日。

为政府外交"后援"或"后盾"的口号，表现出对民国政府的认同和支持。
3月6日，旧金山中华会馆在致北京政府外交部的函电中称，海外华侨
一致"为国后援"，坚决反对日本所提要求。①9日，《时报》一篇题为《告
国民》的社论，则从声援政府外交的角度，呼吁各地报馆作为国家"民
意机关"的代表，宜"以国民全体之名义"，"表示对外之意志，一致以
为政府后援"。②

在中国各界人士的抵制行动中，日本销往中国的货物受到严重影
响。3月中旬，日本大阪新闻称，受中国民众抵制日货运动影响，日
本商品贸易额"显然减少"，其中棉丝品的影响尤甚。而随着各地"排
斥日本人及日本货之檄文"的广为散发，各地亦开始出现不用日币的
现象。③

应当指出的是，随着中日交涉的继续进行，中国民众的反日行动出
现一些新的动向，即在反对"二十一条"的抵制日货运动中，国民表现
出以往少有的理智和谨慎。在广东，各界民众虽然提倡国货，但是"鲜
有主张排斥日货"者。耐人寻味的是，国人有愿意为国输捐者、有提倡
整顿国内经济和改良土货者，但却"反对排货方法"。根据当时的舆论
分析，国人在抵制日货的态度上之所以发生如此大的变化，一方面与
广东当局的出示禁止有关，另一方面也更为重要的是，国人担心过激
的行动"恐使中央为难，并使日本益有所藉口"。国人在中日交涉日趋
紧张之时，认为"外交关系之外，中日两国人民间固犹有个人之交谊
在也"④。一味地排斥日货只会增加两国人民的恶感，造成更为紧张的外

---

① 《收旧金山中华会馆电》（1915年3月6日），《民国外交档案文献汇览》第1册，第17页。
② 《告国民》，《时报》1915年3月9日。
③ 《日本报之排斥日货谈》，《时报》1915年3月15日。
④ 《纪广东排斥日货事》，《时报》1915年3月15日。

交气氛，从而使处于外交弱势的中国谈判代表陷入更为不利的境地。

诚然，从 3 月份起，包括国民对日同志会、归国留日学生以及各地商会团体等仍然不断发起和倡议抵制日货运动，然而正如陈廷湘所指出的，"二十一条"提出后，国民抵制日货运动的发展过程，"显示出在短时的轰轰烈烈之后快速低落的形态"，一些非常严重的事件都"未向全国蔓延，影响有限"①。事实上，盲目地、过激地反日行动在当时并不是政府所希望看到的，同时胡适等一些知识人士也反对过激的言行。在《致留美学界公开信》中胡适认为："在这种紧要的关头，冲动是毫无用处的。情感冲动，慷慨激昂的爱国呼号，和充满情绪的建议条陈，未尝有助于国家的危险。"②

显然，国人在抵制日货中的理智与谨慎态度，从一个侧面反映了民初国民对政府的认同和支持，在这一救国理念的启发下，国人的爱国激情并非表现为激烈地抵制日货行动，而是通过广泛联络和发动各界民众，全体国民加强团体、消除党见，为政府外交后援，一致对外。在此前提下，一场轰轰烈烈的救国储金运动开始酝酿。

4 月 3 日，上海建立"救国储金临时通讯处"。8 日，通讯处改名"中华救国储金团总事务所"。两天后，虞洽卿被推举为正干事，贝润生、马佐臣被举为副干事。在总事务所的积极发动下，上海各界民众发扬爱国热情，踊跃输捐。据统计，在 1915 年 4 月至 9 月间上海所举办的 128 天的捐款活动中，事务所共收到救国储金金额 739996 元，平均

---

① 陈廷湘：《民众情绪变化与抗议二十一条运动》，《社会科学研究》2005 年第 4 期。另注：陈文将这一动向的原因大致归结为：一是号召民众奋起斗争的观念对寻常百姓的鼓动作用有限；二是激发民众情绪激越化的因素单一；三是文化人反对采取过激行动；四是商界倾向采取平稳的运动方式。

② 《致留美学界公开信》(1915 年 3 月 19 日)，耿云志、欧阳哲生编：《胡适书信集》上，北京大学出版社 1996 年版，第 55 页。

每天收到 5781 元。① 与此同时，湖南、湖北、广东、浙江、山东等地的救国储金运动亦进行得如火如荼。可见，在日本"二十一条"的逼迫下，国民救国储金运动与抵制日货运动虽然表现形式不同，但都是为了团结和发动广大民众，为政府外交的后援，国民与政府齐心协力，共同反对日本对中国主权的侵犯。

1915 年 5 月 9 日，北京政府外交总长陆征祥、次长曹汝霖向日本使馆送交最后通牒复文，接受通牒中的条款，随即中国民众的情绪迅速激化。全国教育联合会宣布将这一天定为"国耻纪念日"，章士钊亦于当天写下题为《时局痛言》的社论，痛陈日本所提要求"在在与家国存亡有关"，北京政府接受此无理要求堪称"奇辱"。应当指出的是，虽然章士钊将这一天视为"国耻纪念日"，认为北京政府在国家主权遭到侵犯的问题上难辞其咎，但是仍然希望国民有"爱国之心"，援助政府"外交当局"。② 无独有偶，5 月 9 日上海国民大会致电北京政府外交部，尽管宣称：对于日本最后通牒条款，上海国民大会"五万余人表决，死不承认"，但仍然表示国民"愿毁家捐躯，后援政府"③。6 月 25 日，张咏梅在《为救国储金敬告女同胞》一文中，虽批评北京政府接受日本最后通牒之举，是"开亡国惨祸之端而引狼入室之导火线"，但仍然呼吁"爱国同胞"奋起救国，并且将救国储金运动视为"唯一救亡方法"，唤起"爱国女同胞"踊跃输捐，以示女子对国家"积极的贡献"④。

事实上，在北京政府接受"二十一条"最后通牒后，尽管国内抵制日货运动已经渐入低潮，而且此时的救国储金运动所收金额已远不如以

---

① 罗志田：《乱世潜流：民族主义与民国政治》，上海古籍出版社 2001 年版，第 68 页。
② 《时局痛言》，《甲寅杂志》第 1 卷第 5 号，1915 年 5 月 10 日。
③ 《收上海国民大会电》（1915 年 5 月 9 日），《中日关系史料》（二十一条交涉），第 296 页。
④ 张咏梅：《为救国储金敬告女同胞》，《中华妇女界》第 1 卷第 6 期，1915 年 6 月 25 日。

前，但国人并非立即将对外的矛头指向北京政府，与此相反，中国知识人士仍在努力探寻挽救国家主权的方案。[1] 有学者指出，在中国当时无法抵御日本帝国主义压迫的前提下，李大钊、蔡元培、胡适、陈独秀等一大批开启中国思想革命新时代的核心人物，未能提出切实可行的救国良方，他们所表现出来的救国理念是"朦胧的、不确定的"[2]。基于对时局的这一认识，国人所表现出来的对内倾向尚不明显，甚至仍然以援助政府外交的姿态出现，这在某种意义上反映了国民对民国政府的认同和支持。

第二节 "由无后援而进于有后援"

民初北京政府政治纷争与外交风潮不断，在此背景下，新成立的政党难免分化瓦解。围绕欧战问题[3]（包括对德抗议、对德绝交和对德宣战问题），各政党从其政治利益出发，以国民外交为口号，通过发起成

---

① 应当指出的是，国内抵制日货运动的逐渐平息在一定程度上与日本的严厉压制有关。1915 年 6 月 21 日，奉天日本"在留民"召开大会，商讨应对"中日交涉问题解决以来，中国各地突发的排斥日货事宜"，并制定了包括"严禁排斥日货"在内的四条应对办法，要求奉天当局予以执行（参见《奉天在留民大会决议日货排斥ノ厳禁外三件》，日本外交史料館所藏外务省記録，アジア歴史資料センター復製，No.3）。

② 左双文、陈伟：《朦胧的、不确定的救国理念——"二十一条"交涉期间新式知识精英的初步反应》，《南京大学学报》（哲学·人文科学·社会科学版）2007 年第 3 期。

③ 学界关于中国参战问题的研究，主要有：章伯锋：《试论一九一七年所谓"参战问题"的实质》，《史学月刊》1965 年第 3 期；杨德才：《段祺瑞与中国参战新探》，《学术月刊》1993 年第 4 期；刘振岚：《梁启超与第一次世界大战期间的参战问题》，《首都师范大学学报》（社会科学版）1999 年第 6 期；王建朗：《北京政府参战问题再考察》，《近代史研究》2005 年第 4 期；吴彤：《1917 年各派政治势力对中国参战的态度》，《中共郑州市委党校学报》2008 年第 4 期；鹿锡俊：《国民政府对欧战及结盟问题的应对》，《历史研究》2008 年第 5 期；徐瑛：《梁启超与欧战》，湖南师范大学硕士学位论文，2009 年，未刊；唐启华：《被"废除不平等条约"遮蔽的北洋修约史》，社会科学文献出版社 2010 年版。

立国民外交后援会、国民外交研究会、外交商榷会、外交后盾会等国民外交团体，在外交舞台上展开激烈的争论与角逐。诚然，这场关于欧战问题的争论和角逐，表面上是各类国民外交团体的对抗与较量，其背后却是各政治派别乃至北京政府权力中枢的复杂矛盾与冲突。

以往研究主要强调各党派之间的政争、权争及派系争斗，缺乏对其通过向国民外交团体渗透来影响时局的考量。而通过对欧战问题前后国民外交团体的政治诉求、外交主张及人员状况等的考察，似可发现以下两个重要问题：一是欧战问题牵涉国家主权，"国民外交"一改清末政府外交对立面的姿态，使政府外交"由无后援而进于有后援"；另一方面，政府外交与国民外交相互交织与纠葛，进一步加剧政治纷争与派系冲突，这反映了民初政治、外交乱象丛生背后，各派势力相互渗透、互相影响的历史面相。

一、对德抗议前后的国内外形势

民国初年，国家根基尚不稳固，政治与外交纷争风起云涌。在此背景下，新成立的政党难免很快分化瓦解。其中，国民党于1914年7月改组为中华革命党后，至1916年大致分为三派：以孙中山为首的民友社、以唐绍仪为首的益友社，以及以岑春煊为首的政学会。进步党亦在1916年8月以后分裂成三个政治团体：以梁启超为首的宪法研究同志会、以汤化龙为首的宪法研究会，以及以孙洪伊为首的韬园。而梁、汤两派基于共同政治考量，不久合并为宪法研究会，即后来的研究系。毋庸置疑，民初政党的频繁重组反映各派政治势力的此消彼长，影响所及，包括国教维持会、宪法讨论会、尚友会、友仁社、静庐、平社等在内的各类政治团体纷纷涌现，政团势力逐渐成为民初政局的重要掌控者。

欧战爆发后，北京政府虽宣告中立，但由于欧战双方在中国均有特殊利益，尤其是德国，在山东青岛拥有租借地及驻军，这使得中国不可避免地在欧战问题上发生纠结。1914 年年底，日本军队向山东青岛的德国驻军发起攻击，随即逐出德国军队并且拒不撤兵。伴随着中日"二十一条"交涉的开始，以及北京政府被迫接受日本提出的最后通牒，各国列强在中国的利益格局发生重大的变化：各国在华均势格局被打破，中日关系由此上升到一个新的历史高度。在此情形下，至 1916 年前后，北京政府萌发加入欧战的想法。

应当指出的是，北京政府在欧战问题上的立场，与日、美两国对中国加入欧战的态度有着重要联系。日本虽然一开始坚决反对中国加入欧战，但由于德国实施潜水艇战争，仅 1916 年 12 月上旬就击沉包括日、美、英、法等国的船只共 79 艘，对各国海上安全造成的巨大威胁。[1]随后，美国政府于 1917 年 2 月 1 日宣布对德绝交，美德关系全面恶化。在此情形下，日本政府态度亦发生转变，决定与美国一道，支持中国加入欧战。[2]

在美国政府宣布对德绝交的当天，美驻华大使芮恩施约见北京政府总统黎元洪以及国务总理段祺瑞，称"美国已经采取行动，并邀请中国采取同样的步骤"[3]。虽然章太炎与谭人凤联名致电大总统黎元洪，斥责其"欲借参战之名，向外借款"，认为倘若中国对德绝交，则于我国"有百害而无一利"，但北京政府最终仍接受美方劝告，决定在对德问题上

---

① 《驻德使馆星期报告》（1917 年 1 月 6 日），《驻外各使馆星期报告（附驻外文牍）》第 1 册，全国图书馆文献缩微复制中心 2004 年版，第 43～52 页。

② 《德国外交部就无限制潜艇战争致中国驻德公使照会》（1917 年 1 月 31 日），程道德等编：《中华民国外交史资料选编（一）》，北京大学出版社 1988 年版，第 275 页。

③ ［美］保罗·S.芮恩施：《一个美国外交官使华记——1913—1919 年美国驻华公使回忆录》，李抱宏、盛震溯译，游燮庭校，商务印书馆 1982 年版，第 189 页。

持强硬立场。①1917 年 2 月 9 日，北京政府外交部就德国潜艇政策向德驻华公使提出严重抗议，当天，外交部还照会美驻华公使，表示愿与美国政府采取一致行动。② 而在北京政府对德国提出抗议后，协约国方面的英、法、俄、美等国便积极推动中国对德国绝交。③ 日本政府也在这一问题上持赞成态度，从而使中德绝交问题正式提上议事日程。④

当时，欧战风云已弥漫全国，然而关于对德绝交问题，包括北京政府在内的中国各界人士的反应却并不一致：以北京政府国务总理段祺瑞为首的北洋军阀实力派主张对德绝交，隶属段内阁成员的司法总长张耀曾、农商总长谷钟秀等人支持这一主张；由进步党分裂出来的"研究系"，在梁启超、汤化龙等人的带领下力主对德绝交；大总统黎元洪在这一问题上暂时持中立态度，并不明确反对绝交；国民党方面，孙中山、马君武等人坚决反对绝交，而由国民党分化后形成的"政学会"，在李根源、周善培、杨永泰等人的主张下，支持对德绝交；此外，学界、报界、商界等在对德绝交问题上意见不一。

可见，在对德国抗议案提出后，中国政界、军界、外交界人士围绕对德绝交问题各持己见，尽管各方意见纷呈、莫衷一是，但随着时间的

---

① 汤志钧：《章太炎年谱长编》，中华书局 1979 年版，第 552 页。另注：章、谭两人在电函中指责黎元洪欲借美款一事并诬指。据美国驻华大使芮恩施日记载：1916 年 12 月 8 日，芮氏拜访了大总统黎元洪，两人讨论了美国的借款政策，谈话中，黎元洪不时抱怨美国对华投资"步子走得很慢"（参见《一个美国外交官使华记——1913—1919 年美国驻华公使回忆录》，第 185 页）。

② 《外交总长致驻京德国公使照会》《外交总长致驻京美国公使照会》(1917 年 2 月 9 日)，《外交文牍》第 1 册，全国图书馆文献缩微复制中心 2004 年版，第 188、189 页。

③ The Ambassador in Great Britain to the Secretary of State, Paper Relating to the Foreign Relations of the United States, February 11,1917, P41. Sir C.Greene to Mr. Balfour, February 9,1917, *Confidential British Foreign Office Political Correspondence China Series, 1906–1919*, Reel 73, p.163.

④ 《日本赞助中国加入协商国》，张黎辉等编：《北洋军阀史料》（黎元洪卷），第 13 辑，天津古籍出版社 1996 年版，第 85 页。

推移，逐渐形成赞成与反对的两个对立阵营。而各界人士在对德绝交问题上立场和态度的分歧，则直接表现为各类国民外交团体的对立与冲突。

二、对德绝交声中的国民外交团体

1917 年 2 月 11 日，即北京政府提出对德抗议案两天之后，国内就有各政团联合组织国民外交团体的传闻。[1] 其中，政学会更是宣扬中国外交失败之因是政府外交 "无后援"，为 "使政府外交上由无后援而进于有后援"，该会倡议并组织国民外交后援会。[2]12 日，政学会、宪法研究会、宪政讨论会、国教维持会、丙辰俱乐部等团体在北京众议院宪法起草委员会会所开会，与会人员包括陈铭鉴、彭允彝、蓝公武、朱念祖、黄赞元、李肇甫、邹鲁等，会议推举李述膺为临时主席，与会者纷纷赞成在对德绝交问题上 "为政府外交之后援"，一致同意发起成立国民外交后援会。[3] 关于此次会议的参会人员情况，详见表 5–1 所示：

表 5–1：1917 年 2 月 12 日，各政团参加国民外交后援会第一次会议情况表

政团名称	参会人员名单
政学会	刘彦、王侃、王肇甫、韩玉辰
益友社	李述膺、邹鲁、曹玉德、赵世钰、彭允彝
宪法研究会	张树森、陈铭鉴、李兆年、高登鲤、陈士髦、蓝公武
宪政讨论会	孙润宇、朱兆莘、林绳武、克希克图
平社	黄攻素、黄序、周泽、饶应铭、余绍琴、王汝圻、徐兰墅、黄云鹏、程铎、廖希贤、杨肇昌、向乃祺、解树强、黄汝鉴、姚守先
大同俱乐部	康士铎、李芳、胡璧成
丙辰俱乐部	张知竞、白逾桓、杨时杰、谢持

[1] 《对德抗议后之各方面》，《晨钟报》1917 年 2 月 11 日。
[2] 《外交后援会》，《中华新报》1917 年 2 月 11 日。
[3] 《各政团与外交问题》，《时报》1917 年 2 月 14 日。

续表

政团名称	参会人员名单
国教维持会	王敬芳
衡社	李景濂、方镇东
韬园	王乃昌
正社	陈善

资料来源:《纪国民外交后援会》,《新闻报》1917 年 2 月 16 日;《国民外交后援会之成立》,《时事新报》1917 年 2 月 17 日。

2 月 13 日,国民外交后援会召开第二次会议。大会推举陈铭鉴为临时主席,并且决定该会"以讨论外交、为政府后援为宗旨"[1]。值得注意的是,国民外交后援会的发起人大多为国会议员,其中作为该会发起者之一的政学会,为增加后援会的势力以及扩大后援会在社会上的影响力,提议今后该会成员不限定为议员,"凡社会中坚、有势力分子均行罗致实行一致,为国民的外交之先声",这一号召得到与会人士的一致赞同。[2]

国民外交后援会的积极筹备引起中国舆论界人士的广泛关注。2 月 11 日,朱剑锋在《晨钟报》发表署名"秋水"的时评,呼吁国人在政府向德国提出抗议后,全体国民"为举国一致的表示,以为政府之后援,而博与国之同情"[3]。《新闻报》总编李浩然认为,"国民外交后援会"的发起筹备表明,中国各政团能够彼此"消除党见,尽泯猜嫌,以期拥护政府,同心对外",故对其"期望既厚"[4]。《益世报》的时评亦称,对该会的成立"深有望焉",并说在北京政府提出抗议后,国民外交后援会

---

[1]　《国民外交后援会之进行》,《晨钟报》1917 年 2 月 14 日。

[2]　《外交之新风云》,《时报》1917 年 2 月 15 日。

[3]　《举国一致》,《晨钟报》1917 年 2 月 11 日。

[4]　《外交后援会》,《新闻报》1917 年 2 月 13 日。

此种举动"诚为在野政治家应尽之责任"①。《时报》主笔戈公振则直接以《外交后援会》为题撰文称：当前中国军事实力有限，外交事宜有赖于国民支持，为此呼吁国人组织国民外交团体，彼此"屏除私见，以共助政府之进行而致国家于苞桑之固也"②。

由此可见，各政团通过发起筹备国民外交后援会，表现出支持政府外交，共同为政府外交后援的倾向。同时，舆论界也大力号召各政治派别加强团结，一致对外。然而，正当国民外交后援会紧张筹备之时，一些国会议员又发起成立"外交商榷会"。对于该会的成立，舆论界视其为国民外交后援会的对立物，《晨钟报》的社论甚至揣测其目的在于"利用中德问题推翻内阁"，深恐商榷会与后援会相互对抗，并由此引发新的"党争"。③上海《民国日报》亦刊发时评，称国民外交后援会、外交商榷会等团体，均由国会议员发起或领导，应该"赞助政府，策进外交"，彼此团结起来，"一致对外"。④

不可否认的是，外交商榷会等团体的出现确实引起人们的惶恐情绪，尤其是正在发起筹备国民外交后援会的各政团，尽管对外交商榷会的宗旨不甚了解，但已经对其予以高度关注。在 2 月 15 日召开的国民外交后援会筹备会议上，与会各政团推举宪政讨论会的孙润宇为临时主席，大家重点就如何处理同外交商榷会的关系问题进行热烈讨论。在邹鲁的提议下，大家共同推举丙辰俱乐部的张知竞、民彝社的郑江灏、平社的向乃祺三人前往外交商榷会进行"接洽"。⑤

事实上，外交商榷会并非专为反对政府抑或对抗国民外交后援会而

---

① 《时评二》，《益世报》1917 年 2 月 16 日。
② 《外交后援会》，《时报》1917 年 2 月 19 日。
③ 《竟有外交商榷会出现》，《晨钟报》1917 年 2 月 15 日。
④ 《一致对外》，上海《民国日报》1917 年 2 月 18 日。
⑤ 《筹备中之国民外交后援会》，《晨钟报》1917 年 2 月 16 日。

成立。2 月 16 日，在外交商榷会成立大会上，马君武首先发言并予以
澄清说："外间误会，以为商榷会系反对政府，其实不然。"本会所强调
的是，关于对德绝交以及加入欧战问题，"议院对于政府举动应有详细
之讨论，不能任意盲从"①。而在外交商榷会的《发起词》中，更是明确
提出该会以"匡助政府，指导国民"为宗旨。② 然而，不可否认的是，
外交商榷会的马君武、黄攻素、唐宝锷、叶夏声、温世霖、刘成禺等人
并不主张对德绝交及加入欧战。黄攻素更是认为中国为中立国，将来
"可以中立国领袖资格出任调停，以此资格加入讲和会议"，故无须在对
德问题上持强硬态度。③

　　基于这一认识，在外交商榷会成立会上，前来与该会进行接洽的国
民外交后援会成员张知竞等人，提出外交与商榷两团体相互合作、共同
对外的建议时，该会以两团体意见不一，"不能与后援会一致"为由，
予以拒绝。④ 随后，马君武、唐宝锷等人还以外交商榷会名义，访问大
总统黎元洪以及国务总理段祺瑞，不仅向两人"力陈利害"，声色俱下，
而且一面向北京政府提交"万言书"，一面向全国发出通电，以"唤起
国人"，阻止北京政府对德绝交案的实施。⑤ 应当指出的是，国民外交
后援会与外交商榷会的无法联合，不仅反映了社会各界对外交问题的不
同看法，更折射出当时国内各政治派别之间复杂的关系。

　　当对德绝交问题日益向纵深发展之际，部分知识界人士则从维护
国家主权和利益的角度出发，力促国民外交团体为政府外交的后援，
大家齐心协力，一致对外。2 月 17 日，李大钊撰文指出："吾国民今

① 《外交商榷会成立会纪略》，黄攻素：《外交危言》，泰东图书局 1918 年版，第 28 页。
② 《外交商榷会发起之文章》，《中华新报》1917 年 2 月 17 日。
③ 《外交商榷会成立会纪略》，黄攻素：《外交危言》，泰东图书局 1918 年版，第 29 页。
④ 《外交后援商榷两会合并不成》，《晨钟报》1917 年 2 月 20 日。
⑤ 史华：《张勋藏札》，《近代史资料》总 35 号，第 24、25 页。

日所当尽力以为政府助者,即在研究外交之情实,以为政府之辅导。"为此呼吁国民外交后援会、外交商榷会等团体,"多思所以自贡,而为政府之后援。"①19 日,《时报》主笔陈冷以"景寒"为名,发表题为《主权》的时评,声称"主权之可贵",呼吁各国"尊重中国主权",并且要求北京政府,关于对德问题,"自今以往,无论此事发展至何地步,而主权之当重,实主持国政诸公之责任也"②。包天笑鉴于各政团"以各党政见之不同,于是有种种之结社"的状况,遂以《敬告外交各团体》为题,力劝国民外交后援会、外交商榷会等团体"不宜过于分歧",而应当联结起来,"合一大群",共同为政府外交的后援。③20 日,《盛京时报》更是直接刊载题为《告外交商榷会》的社论,指责外交商榷会的目的"非以对外,乃以对内,盖欲藉外交为名,攻击段(祺瑞)总理",极力要求该会在国家外交危迫之时,"以国家为前提,俾外交有后盾"④。

在国民外交后援会与外交商榷会接洽"终无成效"后,组成国民外交后援会的各政团再度集会。会议推举蓝公武为主席,向乃祺报告"与外交商榷会接洽情形",在确定外交、商榷两会联合无望后,众人当场决定于 2 月 25 日召开国民外交后援会成立大会。⑤诚然,各政团虽然放弃了与外交商榷会联合的努力,但仍然通过舆论宣传等手段,呼吁各国民外交团体援助政府,一致对外。而作为国民外交后援会主要发起者

---

① 李大钊:《外交研究会》(1917 年 2 月 17 日),《李大钊全集》第 1 卷,河北教育出版社 1999 年版,第 491 页。

② 景寒:《主权》,《时报》1917 年 2 月 19 日。

③ 《敬告外交各团体》,《时报》1917 年 2 月 19 日。

④ 《告外交商榷会》,《盛京时报》1917 年 2 月 20 日。

⑤ 《外交后援会筹备员会》,季啸风、沈友益编:《中华民国史史料外编——前日本末次研究所情报资料》第 1 册,广西师范大学出版社 1997 年版,第 127 页。

的政学会，还借助其机关报《中华新报》，刊发题为《国民外交》的社论，勉励国人"今因抗议而发生对外之种种团体，吾以为国民外交发达之途径也"，呼吁外交后援会、外交商榷会等团体，当此"中德国交决裂，或加入战团，含有若干之危险"之时，彼此消除"政争"，共同为政府外交的后援，一致对外。①

如果说在这之前各政团尚未就对德问题表达明确的态度的话，那么在25日召开国民外交后援会成立大会后，各政团以后援会为依托，通过演说、宣言和函电等方式，详细阐述对这一问题的见解和看法。2月25日，参加国民外交后援会成立大会的政学会、益友社、尚友会等政治团体一致同意，将该会宗旨确定为"研究外交、匡助政府"，并且写入国民外交后援会《简章》草案。② 固然，在北京政府对德提出抗议后，中德关系正一步步走向决裂，加之美、日等协约国的支持，北京政府在对德绝交问题上的态度更为坚定。在此情形下，国民外交后援会大力宣扬支持政府和充当政府外交后援的宗旨，实际上是表达各政团支持对德绝交的态度和立场。

在外交日迫的时局下，国民外交后援会支持政府外交，抗议德国无视中立国主权，坚决维护中国主权与利益，其正义言行赢得社会各界的广泛赞誉。对此，上海商团首先起来响应，不但宣称对德绝交问题关系到国家主权和利益，而且于2月下旬发起成立"上海外交后援会"筹备处。在筹备处会议上，顾霖周号召众人以北京的国民外交后援会为先例，在对德绝交问题上，"国民应先筹善策，作政府之后盾"③。25日，武汉各民众团体亦在汉口商务总会召开各团体联合会，"决定仿照上海

① 《国民外交》，《中华新报》1917年2月20日。
② 《国民外交后援会之进行观》，《晨钟报》1917年2月26日。
③ 《组织外交后援会之提议》，《时报》1917年2月19日。

办法，组织外交后援会"①。

与此同时，以梁启超、汤化龙为首的研究系，也在对德绝交问题上支持国民外交后援会的立场。2 月 20 日，研究系的机关报《晨钟报》刊发一篇题为《自主的外交》的社论，宣称中国作为主权国家，应当实行 "自主的外交"，即在对德外交上第一步为 "向德抗议"，第二步则 "与德断绝国交"，第三步当 "与德宣告开战"，全体国民团结一致，共同对外，"此即自主的外交也"②。

不仅如此，在 3 月 3 日举行的北京国民外交后援会成立大会上，汤化龙亲自担任该会主席。同时，梁启超亲临会议现场并发表演说。在演说中，梁启超首先阐释该会的名称，说 "本会命名国民外交后援会，其实（国民外交）与（外交后援会）均可联缀成文，深望顾名思义，进行不怠也"；其次，梁启超认为该会能使国民 "唤起责任心"，"对于全国、对于世界，使知国人自觉心之表现"，这在国民外交运动中具有重要的意义。③蔡元培在大会演说中也大力支持对德绝交，称中国不能仅图 "中立苟安"，否则 "其危险将不可胜言"，从当前国际形势来看，我国 "有不得不加入（欧战）之势"④。可以说，3 月 3 日召开的国民外交后援会成立会，是一次各政治团体发起全面支持对德绝交的动员大会。其中，国内政界、军界、学界、报界等社会知名人士纷纷参与或支持该会，这一情况从表 5-2 的国民外交后援会职员名单中可见一斑：

---

① 《汉上亦有外交后援会》，《盛京时报》1917 年 2 月 28 日。
② 《自主的外交》，《晨钟报》1917 年 2 月 20 日。
③ 《国民外交后援会成立纪事》，《时事新报》1917 年 3 月 6 日。
④ 《在外交后援会的演说》（1917 年 3 月 3 日），蔡元培著，中国蔡元培研究会编：《蔡元培全集》第 1 卷，浙江教育出版社 1997 年版，第 46、47 页。另注：《蔡元培全集》中这则收录自天津《大公报》材料，其标题下方所注时间是 "1917 年 3 月 5 日"。然而，蔡元培在国民外交后援会发表演说的时间是 1917 年 3 月 3 日，显然编者误将《大公报》刊发这则消息的时间（即 3 月 5 日）当成了演说时间。

表 5-2：1917 年 3 月 3 日，国民外交后援会成立大会上推举的职员名单

政团名称	职员名单
政学会	刘彦
友仁社	刘志詹、韩胪云、马良弼、谢鹏翰
宪法研究会	陈士髦、宋梓、查长华、蒋凤梧、孟昭汉、刘纬、葛庄、张烈、范熙壬
宪法讨论会	孙润宇、黄赞元、于实轩、夏廷寅、张国溶、司徒颖、恩华
平社	王绍鏊、廖希贤、饶应铭、黄序鹓、黄云鹏、钱应清
静庐	陶逊、吴文瀚、萧承弼、君鸿庆
渊庐	林鸿超、傅鸿铨、阮毓崧、叶成玉
国教维持会	陈景南、孙光庭、王谢家、陈焕章
尚友会	刘振生、刘恩格、莫德惠、曾有翼
潜园	仇玉艇、富元、赵连祺、张琴、王泽攽、沈河清
正社	陈善
学界	王润泽、耿光祖、孙熙泽
政界	张超荣、赵世亿
军界	许资时、赵静轩
报界	邵飘萍、张炽章、孙光圻、程小苏、周绍亚、陈匪石、刘道铿

资料来源：《国民外交后援会成立》，《政法学会杂志》第 2 期，1917 年 4 月 1 日。

应当指出的是，这一时期成立的国民外交团体不仅有国民外交后援会和外交商榷会，而且有外交后盾会。从外交后盾会所发布的《宣言》内容来看，该会虽然强调国民在国家外交中的重要地位，声称"政府外交不能离中国人民而自为外交"，但认为在对德绝交问题上，只要北京政府向国会提交对德绝交案，并且"经国会之同意"，则全体国民应当"后盾外交，协助政府，不为过量之举，不为偏激之谈"①。

显然，包括国民外交后援会、外交商榷会、外交后盾会等在内的国

---

① 《中华民国外交后盾会第一次宣言》，《益世报》1917 年 2 月 27 日。

民外交团体在对德绝交问题上，希望北京政府尊重和重视国民的意愿，将对德绝交案提交国会表决。与此同时，以陈独秀等人为代表的中国知识人士亦认为，"此次对德外交问题乃国家存亡问题"，呼吁国民群起讨论，"以促进政府积极之进行"①。此外，上海国民外交后援会亦发表声明，称该会宣言中"所谓后援政府者，盖恐政府对外能力薄弱，故于外交政策未定之先，征求多数人之意见，以为之援助，并非俟对外政策已定为始，为此虚张声势之集合也"。故该会决定将其名称改为"国民外交研究会"，以示区别。②

在国内各界人士的呼吁下，北京政府将对德绝交案提交国会。3月10日、11日，北京政府参、众两院先后表决通过对德绝交案。③14日，大总统黎元洪发出通告，宣称"自今日始与德国断绝现有之外交关系"，从而正式宣告中德外交关系的断绝。④

北京政府提交的对德绝交案得到国会的表决通过后，各界舆论纷纷呼吁国民外交团体支持政府，为政府外交后援。11日，即众议院表决通过对德绝交案的当天，《晨钟报》发表题为《一致》的社论，称赞北京政府提交对德绝交案之举是"尊重国会，树立宪政治之佳模，符国民外交之原则"，呼吁全体国民齐心协力，"举国一致"，共同为政府外交的后援。⑤时报主笔包天笑亦刊发时论，称关于对德绝交问题，国人无

① 陈独秀：《对德外交》，《新青年》第3卷第1号，1917年3月1日。
② 《改组外交研究会之声明》，《时报》1917年3月8日。
③ 关于对德绝交案，1917年3月10日、11日，参议院以158票赞成27票反对通过表决，众议院以331票赞成87票反对获得通过。值得一提的是，在促使对德绝交案表决通过的诸多原因中，由进步党脱胎而出的研究系起到了一定的推动作用，对此当时有媒体甚至认为，"促使绝交决定的是梁启超"（参见颜惠庆：《颜惠庆日记》第1卷，上海市档案馆译，中国档案出版社1996年版，第524、525页）。
④ 《黎元洪发表对德绝交布告》（1917年3月14日），中国第二历史档案馆编：《中华民国史档案资料汇编》第三辑（政治（二）），江苏古籍出版社1991年版，第1163、1164页。
⑤ 《一致》，《晨钟报》1917年3月11日。

论赞成与反对，"既授权于国会"，在对德绝交案得到表决通过后，则国民必须"与政府一致"，执行对德绝交方案。① 此外，吴颂皋也于 13 日发表题为《国民与外交》的社论，大力呼吁国民支持政府外交，"举国一致，对于政府督促匡赞"②。14 日，《盛京时报》亦刊发《为断交案通过后告国民》，要求"今后之国民，务须全体一致，以政府之外交方针为标的，共同翼赞"，为其后援。③

由此可见，对于国会表决通过的对德绝交案，包括国内舆论界在内的广大民众表示认可和支持，同时舆论界的大力呼吁还对国内外各界人士及民众团体产生重要影响。其中，外交商榷会宣布自行"取消"的消息，引起人们的广泛关注。该会于 16 日发表通告，称"对德绝交案"既经国会表决通过，此案即具有合法性，则各界民众应当"全国一致"，支持政府外交政策，为政府外交后援，故决定将外交商榷会"即日取消"④。外交商榷会自行取消的消息传出后，包括《时报》《大公报》《盛京时报》《晨钟报》在内的各大报纸均对其进行报道，从而引起社会各界的广泛关注。

与此同时，北京政府宣布对德绝交后，知识阶层纷纷提出支持政府外交政策的口号。4 月 15 日，谢乃壬在《新国民》发表社论，大力倡导"爱国论"，称"爱国家即所以爱我，欲爱我不可不爱国家"，全体国民应当有爱国的"自觉"，在内外政策上为政府后援，共同维护国家主权和利益。⑤15 日当天，《南洋华侨杂志》一篇署名"粤刍"的社论，呼吁海外华侨作为"国民一份子"，当人人具有"爱国心"，故在

---

① 《今后之国民》，《时报》1917 年 3 月 12 日。

② 《国民与外交》，天津《大公报》1917 年 3 月 13 日。

③ 《为断交案通过后告国民》，《盛京时报》1917 年 3 月 14 日。

④ 《外交商榷会之取消》，《时报》1917 年 3 月 17 日。

⑤ 谢乃壬：《新国民之自觉》，《新国民》第 1 卷第 2 号，1917 年 4 月 15 日。

对德外交问题上，应当支持北京政府，为政府外交的后援。①国人宣扬爱国以及支持政府的呼声，与之前各界人士在对德绝交问题上莫衷一是的态度形成强烈反差，而这从一个侧面反映出国民在外交中"后援"地位的增强。

值得注意的是，上述署名"粤刍"的社论在提及北京政府对德绝交案时，还推断中国不久"或将一卷而入于交战旋涡"②。显然时人已经注意到：在中德外交关系断绝后，对德宣战问题又将成为社会各界关注和议论的热点。而随着国际外交格局的风云突变，中国国民外交与政府外交的联系和特点必将产生新的变化。

三、国民外交后援会与对德宣战之争

在国会就对德绝交案进行表决的前后，国内各派政治势力曾陷入有关对德宣战问题的争论。以国务总理段祺瑞为首的国务院势力主张立即向德国宣战，而社会各界反对宣战者亦不乏其人。1917 年 3 月 9 日，孙中山致电北京政府参、众两院，详细阐述中国不能向德国宣战的理由，认为宣战会造成两大危险，"其一为排外之盲动也，一为回教徒之离叛"③。康有为在致函国务总理段祺瑞时，逐一列出中国不可对德宣战的八项理由，说当前"无论若何，必无加入战团之理"，而应当"严守中立，恢复德交"④。尽管孙中山的理由并不具有多大的现实意义，而康有为的八项理由也没有很强的说服力，但是随着参、众两院反对宣战势力的逐渐增强，从而在国内形成赞成和反对宣战的两股尖锐对抗的

---

① 粤刍：《华侨爱国心薄弱之面面观》，《南洋华侨杂志》第 1 年第 2 期，1917 年 4 月 15 日。

② 粤刍：《华侨爱国心薄弱之面面观》，《南洋华侨杂志》第 1 年第 2 期，1917 年 4 月 15 日。

③ 《致北京参议院众议院电》（1917 年 3 月 9 日），《孙中山全集》第 4 卷，第 18 页。

④ 《覆段祺瑞书》，姜义华、张荣华编校：《康有为全集》第 10 集，北中国人民大学出版社 2007 年版，第 377、378 页。

力量。①

在国民外交团体方面，上海国民外交后援会改名为国民外交研究会后，于3月11日召开全体大会，大会推举周震勋为主席，共同商讨对德宣战事宜。经众商议，一致认为中国在"财政上、军事上绝无此种实力"，故对于加入协约国一事，大家"一致皆不主张加入"。同时，为阻止政府和国会向德国宣战，当天会议还制定三项决议：（一）通电政府和国会，反对加入协约国；（二）致函各团体，请一致反对宣战；（三）分别派员向国会及政府请愿，坚决反对加入欧战。②

与此同时，北京的国民外交后援会也积极行动起来。鉴于各派政治势力因对德宣战问题而形成相互对抗的局面，16日国民外交后援会以黄云鹏、朱念祖、曹玉德、黄赞元四人为代表，就当前外交形势以及政府对德外交方针等问题，赴北京政府国务院，访询国务总理段祺瑞。针对上述问题，段氏答称其对德宣战决心已定，并且"各省督军及各方面于政府前定方针刻已渐趋一致，不久当即有一种决定"③。

事实上，各省督军虽在名义上隶属于段祺瑞的北洋军阀集团，但因担心赴欧参战，于自身实力有损，故并不主张政府对德宣战。与此同时，大总统黎元洪在美国的支持下，也反对向德国宣战。④ 不仅如此，黎元洪为了争取更多的支持，还于4月中旬约见时称"民党领袖"的吴景濂，表现出一种"注重国民外交"的姿态。⑤ 然而，拥有强大军事实

---

① Minister Reinsch to the Secretary of State, Paper Relating to the Foreign Relations of the United States, March 26,1917, p.46.

② 《外交研究会之成立》，《时报》1917年3月14日。

③ 《外交后援会代表访询段总理》，天津《大公报》1917年3月29日。

④ Minister Reinsch to the Secretary of State, Paper Relating to the Foreign Relations of the United States, March 26,1917, p.46.

⑤ 《大总统注重国民外交之训谕》，《益世报》1917年4月14日。

力的段祺瑞并不甘示弱，他于 4 月 19 日通电各省督军来京会议，在其协商和劝说下，各省督军态度发生根本转变，"一致决定拥护段氏的参战政策"①。随着时局的发展，支持段祺瑞向德国宣战的力量不断增强。

应当指出的是，在黎元洪与段祺瑞之间的裂痕不断扩大的背后，是总统府势力与国务院势力的激烈对抗与较量。在此情形下，国民外交后援会为慎重起见，再次派出黄云鹏等人，走访北京政府外交部。外交总长伍廷芳接见后援会代表时，表示不主张加入协约国。颇令人惊讶的是，当黄云鹏一行访询外交次长高而谦时，高氏却答称"绝对主张加入协约（国）"②。在对德外交问题上，同在北京政府外交部任职的外交总长与次长，两人的观点截然相反，这一情况在某种意义上表明：面对复杂的外交形势，北京政府外交部、甚至整个北京政府权力中枢已经处于分裂和对立的状态，由此折射出国内各派政治势力之间存在着尖锐的矛盾与冲突。

如果说在国会通过对德绝交案时，全国上下曾一度表现出一致对外的态势，那么在对德宣战问题提出后，国内各派政治势力之间重新陷入相互争执、互相对抗的境地。在此前提下，国民外交后援会作为当时中国最具影响力的国民外交团体，必须加强内部团结、提出明确的外交方略、详细规划好人员分工。为此，4 月 19 日，国民外交后援会召开第二次职员大会。会议重点研究当时的外交形势，制定支持政府加入协约

---

① 《一个美国外交官使华记——1913—1919 年美国驻华公使回忆录》，第 201 页。另注：据曾任北京政府陆军部处长的曾毓隽回忆，虽然曾任陆军部次长的徐树铮认为德国"科学进步，无战败之理，屡次上书段祺瑞主张不可参战"，并且暗中与安徽督军倪嗣冲、湖北督军王占元联络，"嘱其电请中央维持中立"，但在各省督军来京会商后，倪、王二人均支持段祺瑞参战的意见（参见曾毓隽：《黎段矛盾与府院冲突》，杜春和等编：《北洋军阀史料选辑》上册，中国社会科学出版社 1981 年版，第 264 页）。

② 《专电》，《新闻报》1917 年 4 月 17 日。

国以及对德宣战的外交方略。为使后援会的各项工作落实到人，会议推举黄赞元为主席，分别成立文牍科、会计科、庶务科，并专门设立临时特别调查科，以探察和掌握北京政府的外交动向。国民外交后援会各部门人员配置及其分工，详见表 5-3 所示：

表 5-3：1917 年 4 月 19 日，国民外交后援会第二次职员大会分工情况表

部门名称	职员
文牍科	黄云鹏、李庆芳、程莹度、周绍亚、刘志詹、孙光庭
会计科	朱念祖、叶成玉、萧正弼、苏毓芳
庶务科	黄赞元、王泽赦、莫德惠、李兆年
临时特别调查科	朱念祖、黄云鹏、蓝公武、曹德玉、黄赞元

资料来源：《国民外交后援会举定职员》，长沙《大公报》1917 年 4 月 20 日。

然而，就在国民外交后援会制定支持对德宣战方针之时，国内各界人士却纷纷提出反对向德国宣战的建议。时在日本帝国大学研习法科的陈启修，以《对德外交之公平批评》为题撰文指出，中德外交关系到国家主权和利益，为此他深入分析中国对德宣战的利弊，通过详细对比后认为，中国参战"利少而不确实，害多而洞若观火"。[1]4 月 30 日，在英国爱丁堡大学攻读政法的周鲠生，从法理学的角度撰文称，中国政府在对德绝交之后"非必宣战"，"绝交为一事，宣战又别为一事，只于对德绝交而不宣战，并不得谓为无意义也"[2]。

与此同时，湖北外交研究社陈杰、汪震东、傅岱云等人还向北京政府总统府、国务院、参众两院，以及全国总商会、外交商侨会等发出通电，坚决反对向德国宣战。[3] 电文还斥责北京政府加入欧战之举，是

① 陈启修：《对德外交之公正批评》，《学艺》第 1 号，1917 年 4 月。
② 鲠生：《法理上之中德绝交观》，《太平洋》第 1 卷第 5 号，1917 年 7 月 15 日。
③ 《对德问题之各方面》，《政法学会杂志》第 3 期，1917 年 5 月 1 日。

"以国家为孤注徇他人之欲壑为不忠,不知力争上流事事落人后尘为不智,送死绝粮残民以逞为不仁,明知不能交战而宣战为不勇,无故助众欺寡乘人之危为不义,拂逆舆情秘密武断为不法"[1]。尽管湖北外交研究社上述对国内主战势力不忠、不智、不仁、不勇、不义、不法的批评,未免过于苛责,但随着对德宣战问题逐渐向纵深发展,包括全国商会联合会、北京国际协会等团体纷纷"反对加入",国内反战呼声由此日益高涨。[2]

鉴于国内不断高涨的反战声浪,国民外交后援会虽仍支持对德宣战,但却不得不对其宗旨做了新的调整和解释。5月4日,国民外交后援会向各省议会、商会广致函电,详述中国必须加入欧战的理由,"以求同意而收全国一致之效"[3]。6日,后援会在北京中央公园召开大会,与会者达六千余人。会议推举中华大学校长孙熙泽为临时主席,国会议员朱念祖在大会报告中称,"本会宗旨第一条之匡助二字,即含有监督政府之意,决非一意盲从"。随后,国际政务评议员张嘉森、福建督军李厚基、众议院议长汤化龙以及国会议员黄云鹏、刘彦、孙润宇等人相继演说。其中,众议院议长汤化龙在演说时,详述"主张宣战"的各项理由,其"措词沉痛,引证确凿,极能激起国民外交之观感"[4]。

值得注意的是,此次大会发言者大多为国会议员,唯独福建督军李厚基身份较为特殊,作为受国务总理段祺瑞邀请来京的军界人士,他的发言无疑引起与会者的高度关注。而李厚基在演说中,也坦言自己之前并不主张参战,到京后方知"非从速宣战不可"。尽管李氏宣称其支持

---

① 《湖北外交研究社反对加入战团电》,《益世报》1917年4月27日。

② 《全国商会联合会关于加入问题之通告》,《北京日报》1917年4月11日。

③ 《外交后援会通电加入之理由》,《盛京时报》1917年5月8日。

④ 《昨日中央公园之外交后援会》,《晨钟报》1917年5月7日。

宣战的前提是于"外交上情形瞭然于胸"①。但不可否认的是，他的参战态度在一定程度上受到段祺瑞的影响，而这也从一个侧面反映出，段氏对军界的拉拢使得支持对德宣战的力量进一步增强。

随着黎、段两方在参战问题上的矛盾日益激化，5月间，北京政府发生"府院之争"。②在这场总统府与国务院的斗争中，各政治势力的矛盾与冲突已经完全激化。为迫使国会通过对德宣战案，在5月8日众议院讨论对德宣战案时，段祺瑞指使所谓的"公民团"，向国会"请愿宣战，并散传单。遇议员之反对者，即群殴辱，以致众议院不能开会"，在此情形下，国会停止开会，内阁成员相继辞职。③5月19日众议院恢复会议。但在当时，"朝野上下已经形成极其强烈的反对对德宣战的舆论"，国会议员陈黻宸等人"首劾段祺瑞"，并将对德宣战案"目为病国病民，反对甚力"④。23日，黎元洪在美国的支持下宣布免去段祺瑞国务总理的职务。⑤28日，众议院议长汤化龙辞职，改选吴景濂为议长。当天，黎元洪向吴景濂道贺时说，"彼此可望合作"，吴氏答称"今与总统约，总统抱尽总统应尽之责任，予抱尽议长应尽之责任"⑥。一时间，黎元洪的总统府势力似乎取得优势地位。

然而，段祺瑞以各省督军为后盾，拒不辞职。在其策动下，从27

---

① 《外交后援会演说会之真相》，长沙《大公报》1917年5月12日。

② 关于府院之争，已有学者做了专题研究，详见：汪朝光：《北京政治的常态和异态——关于黎元洪与段祺瑞府院之争的研究》，《近代史研究》2007年第3期；王雷：《非常状态下的决断——民初府院之争的新解读》，《江西社会科学》2009年第5期。

③ 《雷震春、张镇芳函》（1917年5月11日），史华：《张勋藏札》，《近代史资料》总35号，第49、50页。

④ 陈德溥编：《陈黻宸集》下册，中华书局1995年版，第1217页。

⑤ Minister Reinsch to the Secretary of State, Paper Relating to the Foreign Relations of the United States, May 23, 1917, p.47.

⑥ 吴叔班笔记，张树勇整理：《吴景濂口述自传辑要》，《天津文史资料选辑》第42辑，政协天津文史资料研究委员会1988年版，第70页。

日起北京八省都督相继宣告独立，随后张勋上演复辟一幕，黎元洪被迫下野，总统府势力退出北京政坛，段祺瑞在打倒张勋的辫子军后，重新回任国务总理，执掌北京政坛，府院之争从而以国务院势力的全面胜出而告终。在此前提下，对德宣战案再度被提上议事日程。8月14日，北京政府正式宣布对德宣战，称："自中华民国六年八月十四日上午十时起，对德国、奥国宣告立于战争地位。"①随后，北京政府外交部发往各协约国的照会得到美、英、日等国的支持和欢迎。至此，一场席卷全国的对德宣战之争终于落下帷幕。

纵观此次对德交涉案的全过程，在历时近一年的时间里，各派政治势力主要围绕对德抗议、对德绝交以及对德宣战三大问题，进行激烈的争论与角逐。在对德抗议案提出的前后，尽管总统府与国务院之间的矛盾尚未激化，但各政派的对立和冲突已现端倪。而随着国际形势的急剧变化，在美日等国支持中国加入协约国后，包括政学会、研究系等在内的各大政派就对德绝交问题，以组织国民外交团体的方式，形成尖锐对立的两股力量：北京的国民外交后援会以及不久后成立的上海国民外交后援会，两者均以支持对德绝交的姿态出现；与后援会针锋相对的是外交商榷会，在马君武、黄攻素等人的发动和倡议下，国内反对与德国绝交的呼声日益高涨。

诚然，无论是国民外交后援会还是外交商榷会，两者均以支持政府、为政府外交后援的姿态出现。尤其是在国会通过对德绝交案后，外交商榷会自动退出论争舞台，上海国民外交后援会亦改组为国民外交研究社，社会各界一度表现出齐心协力、一致对外的态势。而为了表达国民一致为政府"后援"的意愿和决心，时人甚至喊出"只有国民外交，

---

① 《大总统布告》（1917年8月14日），《政府公报》第567号，1917年8月14日。

不许政党外交"的口号。① 随着对德外交问题逐渐向纵深发展，特别是对德宣战案提出后，国内外形势发生重大变化：在国内，反战和要求参战两股势力的较量，主要表现为以黎元洪为首的总统府和以国务总理段祺瑞为首的国务院势力之间的矛盾和冲突，伴随着双方矛盾的日益激化，最终演化成一场影响到北京政府权力中枢的"府院之争"。在这场激烈的交锋中，北京国民外交后援会仍然以支持政府外交、为政府外交后援的面貌出现。尽管在各界反战声中，后援会对其宗旨重新做了解释和说明，但其支持对德宣战的立场，使其难免沦为国务院段祺瑞主战派的附庸。②

总之，在这场关于对德外交的激烈较量中，各政派通过成立国民外交团体，高举为政府外交后援的旗号，形成针锋相对的两个对立阵营，表现出特定时局下中国国民外交的复杂历史面相：一方面，从这一时期成立的国民外交团体的成员情况来看，其主要负责人均隶属于府院两个政治势力的一方，且大都具有国会议员身份，在他们的操控和运作下，各类国民外交团体的此消彼长所反映的是北京政府权力中枢的总统府与国务院之间的相互对抗和激烈冲突。另一方面，从表现形式来看，各类国民外交团体的互相较量背后还蕴藏了政学会、研究系等各大政治派别，以及进步党、国民党等政党力量之间复杂的矛盾与冲突。

---

① 《一致》，《晨钟报》1917 年 3 月 11 日。

② 以国民外交后援会重要成员之一的研究系为例，据李书源先生的研究称：研究系由进步党递嬗而来，它"在国会上拥段"，在政治上比进步党更为堕落，包括研究系在内的阶级右翼及其政党日益成为北洋军阀的"附庸"（参见李书源：《研究系述略》，《吉林大学社会科学学报》1991 年第 3 期）。此外，1917 年"府院之争"进入白热化阶段之际，"西北国民外交后援会"于 5 月 13 日在甘肃省兰州市组织成立。尽管该会宣称"谨尊中央方略，共负责任，誓竭全力助我政府"，但由于其承袭北京国民外交后援会的宗旨，"赞成宣战"。从某种意义上说，这一举措显然使其成为段祺瑞主战派的支持者（参见《西北国民外交后援会成立》，《晨钟报》1917 年 5 月 22 日）。

第三节　对内趋向与国民外交协会的出现

正如钱基博在《国民外交常识》一书中所言，在欧战行将告终之际，中国外交的首要"善后方策"，是"我国民宜监督政府，力持公开外交"[①]。此语可谓是道出了巴黎和会召开前夕中国国民外交的新动向，从一个侧面揭示出中国近代第一个全国性的国民外交团体——国民外交协会发起成立的历史动因。但是，时任江苏省无锡县图书馆馆长的钱基博，于1919年间撰写出版该书之时，难免以一种"后来者"的视角，来反观欧战结束前后的这段历史，其中或多或少地掺杂了主观色彩。

如果说国民外交思想的天秤，同时包括对外与对内两个砝码，那么这两个砝码的分量，在不同的时空背景下并非等同。而要深入考察国民外交的对外和对内趋向、把握近代中国国民外交的历史走向，则必须从历史事实出发，以时间为径，对国民外交协会这座近代中国国民外交史上的"里程碑"，所成立的时空背景和历史动因首先进行客观地探讨。

一、"对外"与"对内"的考量

1918年前后，欧战的硝烟虽未散去，但是国际局势已经发生重大变化。与此同时，这一变化对远东时局产生重要影响。尤其是1917年11月，俄国十月革命的胜利及其退出欧战，使得日本可以借机扩大在中国满蒙地区的势力，而日本实现这一目标的重要途径，便是谋划和迫

[①]　钱基博：《国民外交常识》，商务印书馆1919年版，第68页。

使中国缔结"中日军事协定"。①1918 年 2 月 5 日，日本参谋本部次长田中义一会见中国驻日公使章宗祥，要求中国为应对欧战新局势而配合日本采取"共同行动"②。对于日方建议，北京政府内部起初意见不一，但在主战派段祺瑞的赞同下，中日双方进行了一系列交涉和磋商，并且于 3 月 25 日就共同防敌问题进行换文，换文内容包括中日两国在海、陆军方面协同合作的办法及条件。随后两国政府分别派员，就具体条款进行商议，从而为达成最后协定作好铺垫。

在日方的要求下，中日双方商议"共同防敌条款"是在秘密状态下进行的。然而，由于国内外媒体对交涉内容及经过的曝光，到 1918 年 4 月，全国上下展开对中日交涉的激烈议论。4 月 12 日，《晨报》刊载题为《生死关头之中日交涉》的新闻，推断此次中日交涉内容是丧权辱国的"二十一条"第五项，呼吁"国人速醒"，共同反对中日交涉。由于中日谈判在秘密状况下进行，所有消息主要从《泰晤士报》等外国报纸得来，为此该文批评北京政府外交当局是"为人守秘密"，而于"国民外交四字固未曾有丝毫影响于脑筋"③。16 日，《益世报》社长刘俊卿也以《政府其速猛省》为题，告诫北京政府不要在条约上签字，否则我国"军警、外交之权失，而中国亡矣"，强烈要求政府外交当局拒绝日方共同出兵的要求，并且立即停止中日磋商。④ 当天，《晨报》再度刊发社论，敦促北京政府停止中日交涉，呼吁外交部以国家主权为重，"宜稍明国民外交之意义，不可徒为人守秘密"，而应将交涉内容及日方要

---

① 《日支陆军共同防敌军事协定实施ニ要スル详细ノ协定ニ关スル件》，日本外交史料馆所藏外务省记录，アジア历史资料センター复制，No.57。

② 《中日军事协定共同防敌案》（1918 年 2 月 6 日），《外交文牍》第 2 册，全国图书馆文献缩微复制中心 2004 年版，第 1、2 页。

③ 《生死关头之中日交涉》，《晨报》1918 年 4 月 12 日。

④ 《政府其速猛省》，《益世报》1918 年 4 月 16 日。

求条款公之于众。① 与此同时,《中华新报》主笔汪馥泉更是以《外交罪言》为题,严厉指责北京政府与日本交涉是"断送国脉"之举,急切呼吁外交当局"以国民实力为后援",而不要"以秘密对付为能事者也"②。19日,《益世报》一篇署名"梦幻"的评论,严厉斥责以段祺瑞为首的北京政府,将"我国所有财政权、外交权、军警权、路矿权、教育实业权,已于秘密中断送殆尽",大力号召"全国上下乘此亡国条约尚未签押之际,联合团体,拼死力争。"③ 可见,在中日交涉消息初步曝光后,国内舆论界一方面告诫北京政府以国家主权为重,立即停止对日谈判;另一方面则大力呼吁国民反对政府秘密外交政策,督促政府将中日交涉过程及日方要求条款全部公开。

在国内舆论界的推动下,全国商会联合会等团体纷纷响应。4月中旬,全国商会联合会、顺直省议会、直隶商会联合会共同致电北京政府,声称当前"中日新交涉案,报纸喧传,人言啧啧,其中真相不得而知",故强烈要求政府将中日交涉内容从速宣布。④

毫无疑问,民国初年,时人将国会视为对下代表国民意愿、对上监督政府的重要机构。然而,民初第一届国会于1913年底失败后,因政局动荡而一直未能重建。诚然,民初第二届国会的筹备工作在1917年段祺瑞组阁后即开始进行,但由于种种原因,直到1918年3月6日,北京政府才颁布国会选举日期令。因此,在国人反对中日共同出兵交涉之时,全国各省正在进行选民统计工作,离第二届国会正式成立之日为时尚早。在此情形下,4月20日《益世报》刊发题为《今后之国民外交》

---

① 《中日交涉大事件》,《晨报》1918年4月16日。

② 《外交罪言》,《中华新报》1918年4月16日。

③ 梦幻:《民国一线生机》,《益世报》1918年4月19日。

④ 《全国商会联合会等质问中日交涉电》,《益世报》1918年4月19日。

的评论，称国会为代表民意的机关，"即为监督政府机关，国会存则监督之权在国会，国会亡则监督之权在人民，人民不能直接监督，省会、商会皆为代表民意之正式机关，则以法理而言，亦可代行国会职权，以尽监督之责"。故在当时国会尚未恢复之时，全国商会联合会、顺直省议会、直隶总商会这种质问政府、监督政府外交的行为是"国民代表应尽之天职"，而全国商会、学会等团体则是今后国民表达外交意愿、发动国民外交运动的重要力量。① 因此，从某种意义上说，国人对北京政府秘密外交政策的批评，为国民外交对内"监督"功能的产生和萌发起到一定的促进作用。

如前所述，中日关于"共同防敌"的谈判一直在秘密状态下进行。自 3 月 25 日中日换文之日起至 4 月底，北京政府仍未就谈判内容做出任何表态。然而，随着国内外舆论对中日谈判条款内容的不断揭发，全国上下由此掀起一股谴责北京政府"秘密外交"的巨大声浪。4 月 22 日，《晨报》的社论从实行"国民外交"的角度立言，称"方今为国民外交时代，凡国际交涉皆须得国民最后之同意"，绝非政府数人可以"率尔擅行"。就当前外交局势而言，我国欲实行国民外交，则绝对"不容外交秘密存在"，全体国民应当督促政府，"将此事件真相与政府所怀抱方针明示中外，以释国人之疑惑"②。与此同时，中华学界联合会也加入到反对中日秘密谈判的行列。在联合会主任程芾碧、汪馥泉等人的带领下，该会与上海商界、工界等团体进行密切沟通，各界团体就"反对中日密约"取得一致意见。在发给上海各界团体的函电中，中华学界联合会痛斥北京政府与日本缔结秘密条件，声称此约"名为中日共同防御，实无异举全国之海陆军授与外人"。为此呼吁上海

① 《今后之国民外交》，《益世报》1918 年 4 月 20 日。
② 《国民对于中日交涉之疑问》，《晨报》1918 年 4 月 22 日。

工、商、学等各界人士,"明国民外交之意义",共同反对中日密约。[①]
《时报》主笔包天笑则认为,民国肇建以来,国会被解散,约法被蹂躏,
外交屡屡失败,其根本原因在于我国没有"强有力之国民",故而提出
今后我国欲实行国民外交、有效监督政府外交,则必须先培养"强有
力之国民"[②]。

需要强调的是,在各界人士对政府秘密外交的批评中,《新闻报》
主笔李浩然连续刊发的时评,其论调无疑是非常尖锐且富有针对性的。
这些时评的主要内容包括:

其一,要求外交总长陆征祥出面,担当应尽之责。中日关于共同出
兵问题的交涉开始后,中方首席谈判代表并非为外交总长陆征祥,而是
时任北京政府参战督办事务参谋处处长的靳云鹏。对此李浩然认为,陆
氏身为北京政府外交总长,于关系中国主权利益的外交大事,当"尽外
交总长之责",不但要将中日交涉内容"及早宣布",而且要对此案"酌
夺利害",与各方"审慎磋商"[③]。

其二,敦促北京政府外交当局以国家主权为重,拒绝日方无理要
求。在段祺瑞的北洋军事实力派掌权后,此次交涉最初并非由外交部经
手,而是由以靳云鹏、曲同丰等人组成的"军事委员会"全权办理。当
中日代表几经磋商,各项条款内容"大体已定"后,外交部方允许接管
此事。对此,李浩然提出:外交部不应承认靳云鹏的军事委员会所议定
的条款,"国民为外部争权限者甚力,外交当局其毋负国民而甘为武人
之奴役也"[④]。

---

① 《上海各界反对中日密约之函电》,《益世报》1918 年 4 月 23 日。
② 包天笑:《强有力之国民》,《时报》1918 年 4 月 24 日。
③ 《勖外交总长》,《新闻报》1918 年 4 月 22 日。
④ 《外交当局之责任》,《新闻报》1918 年 4 月 27 日。

其三，强烈谴责北京政府的秘密外交政策，并且呼吁国人监督政府外交。在国内外媒体的不断揭露下，中日交涉的内容和经过情形逐渐为国人所知晓，愤怒的民众强烈要求将日方要求及谈判内容全部公开，然而北京政府抱定秘密外交政策，对交涉内容"闷而不宣"。对此，李浩然在《外交之秘密》中说："国民所以要求宣布条件者，非为博与闻外交之虚名，实欲详察利害，作政府后盾"，然而北京政府置国民要求于不顾，以"军事委员会"操纵此案，其"违法侵权之罪，已无可辞"[①]。为唤起全体国民监督政府外交，在题为《对外欤对内欤》的时评中，李浩然严厉责问政府外交当局，"所谓外交者，果以对外为主体？抑以对内为主体也？"[②]

显然，在当时，北京政府的秘密外交政策已经与广大民众要求实行公开外交，政府与国民共同维护国家主权的愿望大相径庭，两者的矛盾日益尖锐。在此前提下，如何对政府外交实行有效监督，不断增强国民外交的对内监督功能，成为当时十分紧迫的任务。

二、"对内监督"功能的强化

随着中日交涉日益向纵深发展，到 1918 年 5 月，中国国民反对中日交涉的行动出现新的动向，即：如果说在这之前，中国国民外交行动主要表现为舆论界的声诉和抗议，那么从 5 月初开始，中日交涉则直接引发一场声势浩大的留日学生罢学归国风潮。

留日学生归国风潮的最初发起地是东京第一高等学校（时人称之为"东京一高"），主要发起者为该校留学生王希天等人。[③] 早在 1918 年初，

---

① 李浩然：《外交之秘密》，《新闻报》1918 年 5 月 3 日。
② 李浩然：《对外欤对内欤》，《新闻报》1918 年 5 月 6 日。
③ 吉林省档案馆编：《王希天档案史料选编》，长春出版社 1996 年版，第 2 页。

王希天就与周恩来等人进行密切往来。^① 中日交涉开始后，在两人的积极联络和大力推动下，广大留日学生逐渐加入反对中日交涉的队伍中来。1918 年 5 月 5 日，留日学生召开全体会议，决定发起成立"中华民国救国团"，该团体由留日学生组成，以"一致对外、决不干涉内政"为宗旨。会议还为组织留日学生罢学归国作出具体安排和部署。^②7 日，王希天率先归国，周恩来等人"送之至横滨"，从而正式拉开留日学生罢学归国风潮的序幕。^③

值得注意的是，留日学生在发起罢学归国运动之时，对外声称以监督政府外交为主要目的，而决不干涉内政。"东京一高"学生在布告中称：为督促政府外交当局拒绝日方要求，以往诸如电报、宣言、集会等办法"实无大效"，当前"惟有一致归国，协力鼓吹国民全体反对，并共筹种种积极办法，誓不达到政府拒绝要求条件之目的不止"^④。与此同时，留日学生救国团也公开宣称，专门致力于监督政府，而"不涉及内政"^⑤。

对于留日学生的上述言论和举动，《时报》主笔戈公振认为，留日学生之所以倡议全体归国，其直接原因是政府不将对外交涉情形"开诚布公、一切宣示"，以致留日学生均表"疑虑"，其根本原因则是北京政府无"国会"的监督。"使今日而国会存在，则代表有人，又何劳留日学生之辍业"，以全体罢学归国的巨大牺牲来警示政府。^⑥ 梁家义也发

---

① 据周恩来在《旅日日记》中称：1918 年间，周恩来访王希天 5 次，王希天访周恩来 3 次；周恩来致信王希天 3 次，王希天致信周恩来 7 次（参见周恩来：《旅日日记》，《周恩来早期文集》上卷（1912.10—1924.6），中央文献出版社 1998 年版，第 306—408 页）。

② 《旅日日记》（1918 年 5 月 5 日），《周恩来早期文集》上卷（1912.10—1924.6），第 359—361 页。

③ 《旅日日记》（1918 年 5 月 7 日），《周恩来早期文集》上卷（1912.10—1924.6），第 361 页。

④ 《留日学生议决全体归国之现状》，《益世报》1918 年 5 月 11 日。

⑤ 《留日学生议决救国团之组织法》，《益世报》1918 年 5 月 14 日。

⑥ 《留日学生回国》，《时报》1918 年 5 月 13 日。

表题为《时局解决问题》的社论，适时地提出"对内之万不容缓"的口号，称当前外交日益紧急之时，欲使政府与国民"一致对外"，则一方面政府各党派、各政团"急宜止息争讧"，另一方面在第二届国会尚未成立之际，全体国民宜加强对政府外交的监视和督促。[①]

5 月 16 日，中日双方共同签署《中日陆军共同防敌军事协定》。[②] 19 日，双方又签署《中日海军共同防敌军事协定》。[③] 协定签订的消息随即在中日两国传出，从而引发中国各阶层民众的强烈反对。由留日学生发起成立的"中华民国救国团"，在《警告全国四万万同胞书》中将矛头直指北京政府，称中华民国为全体国民之"公产"，非政府之"私产"，维护国家主权和利益是全体国民的"天职"，为"忠告政府，俾政府中人一致猛省"，国民"一方面当发挥公意，造成强有力之舆论，为外交后盾，一方面蠲弃嫌隙，举国一致，合力对外"。应当指出的是，留日学生救国团虽然告诫国人，不可"默默以听政府之任意断送国家及人民生命财产"，同时也警告政府，如果"政府不听我民之劝告，须各出能力，另筹对待方法"。但该团体仍然呼吁国民作为政府"外交后盾"，通过舆论等手段，监督政府外交，使"内外一致"，共同反对中日出兵协定。[④]

5 月 20 日，留日学生在《救国团宣言书》中亦宣称学生对于"政治非所敢闻"，而专门致力于发动国民"一致对外"，以及敦促"政府严拒要求，国民为之后盾，惩日人之妄"[⑤]。这一情况再次反映了留日学生

---

① 梁家义：《时局解决问题》，《微言》第 1 期，1918 年 5 月 16 日。
② 《日支陸軍共同防敵軍事協定調節》，日本外交史料館所藏外務省記録，アジア歴史資料センター復製，No.54。
③ 《日支海軍軍事協約調印ノ件》，日本外交史料館所藏外務省記録，アジア歴史資料センター復製，No.54。
④ 《国民救国团警告全国四万万同胞书》，《益世报》1918 年 5 月 19 日。
⑤ 《中华民国留日学生救国团宣言书》（1918 年 5 月 20 日），薛衔天等编：《中苏国家关系史资料汇编（1917—1924）》，中国社会科学出版社 1993 年版，第 45、46 页。

批评北京政府，但对其合法性予以认同，以及宣扬以政府外交为主体，但同时强调国民外交的对内监督作用的历史状况。

留日学生罢学归国运动正在如火如荼地进行着，北京学界反对《中日共同防敌军事协定》的行动也轰轰烈烈地开始了。从 5 月 20 日至 24 日，北京大学、北京工业专门学校、北京高等师范学校以及北京法政专门学校的学生两千余人，"齐集总统府请愿挽救外交之事，其态度之诚挚，秩序之整齐，均足代表吾国民之朝气"，而于"精神上影响于全国民者，实将垂之于永久"①。与此同时，上海各学校学生通过向北京政府发送函电，以及与归国留日学生接洽和沟通等方式，共同反对中日协定。此外，全国商会联合会亦上书北京政府总统冯国璋，称"若不经国会同意，无论与何国缔结条约，不发生何等效力"。为此要求政府拒绝批准中日秘密条约，"以维国法而保主权"②。

随着留日学生罢学归国运动的持续开展，至 1918 年 5 月底，回国者已达三千余人，此外还有一千多人也准备归国。③ 这一大规模的行动无疑给北京政府当局造成相当大的触动，尽管北京政府教育部数次发出布告，要求留日学生返回原校，同时国务总理段祺瑞、留日学生监督江翊云等人也与留日学生代表面谈，劝说学生早日返校，但都遭到学生们的拒绝。④

随着时局的发展，到 6 月 19 日，《大中华报》首先刊登《中日共同防敌军事协定》的全文后，各界民众无不对协定的丧权辱国表示强烈谴

---

① 《北京学界为反对〈中日共同防敌军事协定〉赴总统府请愿》（1918 年 5 月 20—24 日），《中苏国家关系史资料汇编（1917—1924）》，第 46、47 页。
② 《全国商会呈大总统文》，《时报》1918 年 5 月 30 日。
③ 《留日学生最近归国之人数》，长沙《大公报》1918 年 6 月 7 日。《留学界风潮未已》，《学生杂志》第 5 卷第 7 号，1918 年 7 月 5 日。
④ 《教育部催促留学生返校之布告》，《时报》1918 年 6 月 8 日。

责。中华留日学生救国团发布《泣告全国父老昆弟书》，深切呼吁国人一面督促政府取消协定，"一面组织救国团，合筹抵制方策"。① 随后，为唤醒国人起来挽救国家危亡，留日学生救国团还发布《救国团丛刊》。在该刊第二辑中，留日学生以"独吞中国论"为标题，全文翻译日本黑龙会代表内田良平的《解决中国问题意见书》，以揭露其吞并中国的计划和野心。② 7 月 14 日，归国的广东籍留日学生联合广东各校学生及社会人士，组织召开国民大会。会上各界人士踊跃发言，大家的情绪颇为激动，而会议的宣言更是直接表示："人民为外交之后盾，外交视人民为转移，大凡国亡，不亡于政府，实亡于人民"，此次政府与日方签订协约，其原因在于人民对政府监督不力，国家兴亡，在此一举，愿全体国民急起而图之。③ 8 月 3 日，邵飘萍亦刊发社论，指出政府与日本签订丧权辱国的协定，一方面是由于政府对外交不加以研究，另一方面则在于国民"对于外交问题亦盲从而依附之"，国民与政府"两者皆失监督指导之道，蹈内政外交不分之弊"。因此他还提出"全国人所当一致监视政府之方针，以勿使轶出范围之外"的建议。④

综上可见，围绕中日共同出兵交涉，包括国内学界、商界、舆论界等在内的广大民众掀起反对协定的热潮。诚然，各界人士对政府秘密外交的批评十分尖锐，留日学生大规模的罢学归国行动更是造成北京政府当局的巨大触动，但不可否认的是，国人始终宣称以政府外交为主体，以国民外交为后盾。而与以往所不同的是，时人更加强调国民外交在对外交涉中的对内监督作用。这一动向和趋势随着一战结束后巴黎和会的

① 《中华留日学生救国团泣告全国父老昆弟书》，《益世报》1918 年 6 月 20 日。
② 《排日問題一件／2 救国団叢刊第 2 輯》，日本外交史料館所藏外務省記録，アジア歴史資料センター復製，Reel No.1—0063。
③ 《粤省开拒约国民大会之状况》，《益世报》1918 年 7 月 25 日。
④ 《出兵问题与国防问题》，《益世报》1918 年 8 月 3 日。

召开而表现得更为突出，并且最终推动中国近代第一个全国性的国民外交团体——国民外交协会的出现。

三、国民外交协会的出现及意义

1918 年底，国内外形势发生重大变化：在国内，是年 10 月 10 日，徐世昌"与前代办总统冯国璋交接"，就任北京政府总统，主战派段祺瑞被免去国务总理职务，由钱能训重新组阁。① 随后，在美国的劝说下，北京政府与南方军政府之间启动"和议"事宜。② 尤其是在 10 月 23 日，熊希龄、张謇、蔡元培等人发起组织"和平期成会"后，中国政局南北对峙的紧张局势得到初步缓解。③ 在国际上，随着 1918 年 11 月 11 日德国被迫签订停战协定，持续近四年多的欧战以同盟国的战败而宣告结束，旨在解决战后和平问题的巴黎和会即将召开。④

在国内外形势趋于好转之际，中国知识人士也敏锐地观察到外交动向，大力呼吁国人积极参与外交。11 月 17 日，《时报》的社论说，在欧战结束后，国际局势日趋明朗，此为"可喜"之事，然而我国"国民对于外交漠然不甚注意，一听政府措置"，此又为"可忧"之事。⑤ 戈公振在该报撰写时评称，巴黎和会是我国能否收回所失利权的"一大关

---

① 徐世昌：《韬养斋日记》，天津市社会科学院存稿，戊午年九月初六日条，未刊。

② The Minister in China（Reinsch）to the Acting Secretary of State, Paper Relating to the Foreign Relations of the United States, January 11,1919, p.294.

③ 《致京省通电》（1918 年 10 月 23 日），熊希龄：《熊希龄先生遗稿》电稿四，上海书店出版社 1998 年版，第 3299、3300 页。

④ 关于巴黎和会召开前后中国外交的研究，中国社会科学院近代史研究所邓野所著《巴黎和会与北京政府的内外博弈》、台湾外交史学者唐启华所撰《巴黎和会与中国外交》一书分别从政治与外交角度对"国民外交"与民族主义思潮关系作了考察（参见邓野：《巴黎和会与北京政府的内外博弈》，社会科学文献出版社 2014 年版；唐启华：《巴黎和会与中国外交》，社会科学文献出版社 2014 年版）。

⑤ 《可喜可忧之外交》，《时报》1918 年 11 月 17 日。

键"，虽然此事"有政府之主持，然所关甚巨，国民岂能置之不问？"①
商遽则在《欧战后学生之觉悟》一文中，号召广大学生在巴黎和会召开
之际，担当挽回国家利权的重任，并勉励学生，"其责任之重，重于千
钧，时期之急，急于燃眉，地位之苦，苦于尝胆"②。留日学生救国团更
是直接提出，当此巴黎和会召开前夕，国人应当"群起共相讨议，造成
舆论，以供当局之采择，而备外人考察，或联络团体，选举代表赴欧陈
诉于平和大会，以收国民运动之效"③。

与此同时，以梁启超、汤化龙、汪大燮、林长民、张君劢等为代表
的研究系，因在新国会选举中仅得二十余席，败给由段祺瑞扶植的安福
系，建立一个"研究系国会"的政治愿望遂遭受重创。④研究系在政治
上失势后，欲借欧战后的外交之机，重新建立其在国内政坛上的影响
力。为此，梁启超到北京与徐世昌商谈数次，准备"以私人名义赴欧
观察"⑤。1918 年 12 月 18 日，徐世昌决定设立外交委员会，以研究和制
定北京政府的外交政策。委员会成员包括汪大燮、孙宝琦、熊希龄、林
长民、张国淦、周自齐、王宠惠等人。其中，汪大燮任委员长，林长民
任事务主任，两人为外交委员会日常工作的实际主持者。显然，这是一
个由研究系所掌握的机构。⑥

在国内各界纷纷提出参与外交要求的推动下，全国各大媒体、各界
人士谈论"国民外交"的现象亦屡见不鲜。12 月 12 日，《益世报》刊
载题为《今后之国民外交》的社论，称"外交之所凭藉者民气耳，有民

---

① 《和议研究会》，《时报》1918 年 11 月 26 日。
② 商遽：《欧战后学生之觉悟》，《学生杂志》第 5 卷第 12 号，1918 年 12 月 5 日。
③ 《救国团之通电》，《时报》1918 年 12 月 7 日。
④ 谢彬：《民国政党史》，学术研究会总会 1925 年发行，第 78 页。
⑤ 《梁任公将赴欧洲》，长沙《大公报》1918 年 11 月 23 日。
⑥ 李新：《中华民国史》第二编，第二卷（1916—1920），中华书局 1987 年版，第 389 页。

气为之后盾,则政府之气壮,既不至受外人挟制,外人亦不敢遽肆欺凌",故在巴黎和会即将召开之际,全体国民当发起"国民外交",通过"联合团体,万众一心,再接再厉,以为政府奥援"①。12月24日,在国民外交后援会的演讲大会上,蔡元培认为巴黎和会"关系国际外交异常重大",不仅打破过去严守秘密外交政策的状况,而且为实行国民外交提供重要基础,堪称"外交革命"②。需要强调的是,蔡元培在当天的演讲中指出:巴黎和会召开前夕,各国国民对于外交"已不知开若干次会议,而中国无闻",当前"各国均标榜国民外交,此后外交无秘密之必要,无论何国国民均须注意"③。为此呼吁国民应当就参与和会、实行国民外交等事宜,详加研究,共同商讨。31日,邵力子亦在《民国七年之上海》一文中,称赞"国民对外交及公益,皆有长足之进步",尤其是在欧战结束后,国内各团体"皆能表示国民外交之成绩",大家关心时局,积极参与对外交涉。④

值得注意的是,时人在谈论"国民外交"时,不但呼吁国民为政府外交后盾,而且强调国民外交对政府外交的监视和督促。《中华新报》主笔汪馥泉撰写题为《国民外交》的社论,称巴黎和会即将召开,各国国民"无不树立团体,畅发舆论,同心努力,作外交之后援",然而我国国民却无任何举动,为此呼吁国民结成团体,"对外固为国民之外交",对内监督政府外交,此即"国民外交之道也"⑤。梁启超亦在"国

---

① 《今后之国民外交》,《益世报》1918年12月12日。
② 《在外交后援会的演说》(1918年12月24日),高平叔:《蔡元培全集》第3卷,中华书局1984年版,第488页。
③ 《日昨之外交演讲会》,天津《大公报》1918年12月24日。《外交讲演会再志》,天津《大公报》1918年12月24日。
④ 傅学文编:《邵力子文集》上册,中华书局1985年版,第75页。
⑤ 《国民外交》,《中华新报》1918年12月23日。

际税法平等会"的招待会上，称赞该会成员是中国"实业界之有力人物"；提出"现世界之新潮流是曰国民外交"；认为"所谓国民外交者，非多数国民自办外交之谓也，乃一国外交方针，必以国民之利害为前提"；勉励大家"当此国民外交时代"，一面积极参与外交，"为国民外交之先河"，一面"督促政府"，"审察内外形势"，借巴黎和会召开之机，收回我国关税自主权。① 杨昌济则在《国民》杂志撰文指出："今日大多数之国民，毫无智识，无思想，故无舆论，无清议，无组织政治之能，无监督官僚之势。"巴黎和会为中国挽回已失利权之良机，广大学生有"独立之思想"，应当以实际行动，"唤起国民之自觉"，积极参与外交，监督政府外交，一举收回我国所丧失的利权。②

1919 年 1 月 18 日，巴黎和会正式开幕。中国派出以外交总长陆征祥为首的代表团参会，代表团的其他成员包括驻法公使胡惟德、驻美公使顾维钧、驻英公使施肇基、驻比利时公使魏宸组以及南方军政府代表王正廷。③ 北京政府指派代表团的任务是：（一）收回战前德国在山东省的一切利益，不得将这些利益让日本继承；（二）取消"民四条约"的全部或部分内容；（三）取消外国人在中国的领事裁判权、协定关税权等特殊权益；（四）断绝德、奥等同盟国在华经济利益。

然而，日本政府却强行要求中国代表，非经日本同意，所有主张不能在和会提出，尤其是中日密约，坚决不许中国在和会召开期间公布。④ 显然，日本政府欲借巴黎和会之机，强行继承德国在山东的各项权益。⑤ 在此情形下，国内各界人士纷纷提出自由表达外交主张的要

① 《公宴梁任公纪略》，《时报》1918 年 12 月 28 日。
② 杨昌济：《告学生》，《国民》第 1 卷，第 1 号，1919 年 1 月 10 日。
③ 《顾维钧回忆录》（第一分册），中华书局 1983 年版，第 173 页。
④ 天津市政协编译委员会译：《重光葵外交回忆录》，知识出版社 1982 年版，第 24 页。
⑤ 颜惠庆：《颜惠庆日记》第 1 卷，上海市档案馆译，中国档案出版社 1996 年版，第 818 页。

求。2月5日,熊希龄密电南方议和代表唐绍仪以及北方议和代表朱桂莘,称巴黎和会中国代表虽有挽回主权重任,但是北京政府恐"无能力对付日本,或致受胁承诺",为此呼吁南北双方"目前将内政暂缓商议,速以此次外交为第一问题,赶开临时紧急会议,联电政府",要求立即收回山东权益。"政府若不见听,即通电欧美各国否认,以救国危。"①当天,唐绍仪亦致电北京政府总统徐世昌,吁请严厉拒绝日本无理要求,要求北京政府将中日密约公布全国,并称"总统对于此事不能置若罔闻,以违人民之意",否则"人民因之应行表示其对于总统之态度",予以坚决地反对。此外,全国和平联合会、商业公会、出口公会、各省议会、教育会等均致电北京政府或巴黎和会中国代表,呼吁对日本无理要求"严词拒绝,以保主权"。②

诚然,在巴黎和会召开之初,全国各界人士均为拒绝日本无理要求、收回山东主权、挽回国家利权等奔走呼号、函电飞驰,但是对于"国民宜如何厚其舆论之力以为后盾,我政府宜如何利赖之、信任之,使得专力肆意自由发言,勿失此千载一时之会",仅凭个别在野人士大声疾呼,抑或由数个团体发几通电报等举措,似乎难以办到。③

为切实监督政府外交,以及值巴黎和会召开之际,"伸张民意于国际间",2月11日,熊希龄以在野人士身份致电张謇,建议"联络全国各界合组国民外交协会"④。在熊氏多方联络下,2月16日,北京的国民外交后援会、和平期成会、京师商会、政治学社、国际研究社、兰社、战后外交研究会等团体联合成立中国近代第一个全国性的国民外交团

---

① 《致上海唐总代表南京朱总代表等电》(1919年2月5日),《熊希龄先生遗稿》电稿四,第3492、3493页。
② 《国民对于外交之声援》,《晨报》1919年2月7日。
③ 《祸吾国者谁乎》,《益世报》1919年2月8日。
④ 《致南通张季直电》(1919年2月11日),《熊希龄先生遗稿》电稿四,第3052页。

体——国民外交协会。在当天的成立大会上，大家推举熊希龄、张謇、林长民、王宠惠、严修、范源濂、庄蕴宽 7 人为理事，并公布协会的宣言称：

> 中国向无外交政策，亦无所谓国民外交作用，每度交涉发生，政府临事仓皇，不知如何应付，国民放弃天职，袖手而莫谁，何以与人之有外交政策？与解国民外交作用者？较盖不等坛坫周旋，我国早立于失败之困境矣。数十年来，失败重复失败，驯至今日，国势凌夷，儳焉不可终日，吾人追原祸始，误于政府之无外交政策者半，误于国民不解国民外交作用者亦半，假令政府而有外交政策，国民亦解国民外交作用，上下一心，犹恐弗及刓我尔者俱无有乎？今者巴黎和会开幕，世界各国外交将随大势更变，我国参与此和会之光荣，其在国际之地位，当然与昔不同，我国民遵照美总统威尔逊氏，民族自主、自决之宣言，际兹千载一时之机，亦当然得表示公正之民意，策励政府而助援之，俾我专使在和会席上得自由发言，不受他方牵制，俾我国与各国同立于平等地位，并希我亲善诸友邦助我，解除一切不平等之条约，庶得稍图自由发展，有所贡献于全世界，以我地众物博，其贡献于世界者，宁复有涯？此非特中国之幸，抑亦全世界之福也。同人不敏，爰设斯会，一方表示公正民意，一方力为政府后援，有志之士，曷兴乎来云云。①

从上述国民外交协会宣言的内容来看，该团体主要具有以下三个特点：一是宣扬中国为主权国家，中华民族拥有民族"自主"和"自决"权，

---

① 《国民外交协会成立会纪事》，《晨报》1919 年 2 月 17 日。

应具有巴黎和会与会各国相等的地位；二是呼吁国民理解国民外交的意义，发挥国民外交的作用，监督和敦促政府，使其在对外交涉中采取更为积极的方针和策略；三是通过广泛吸纳社会各界人士入会，扩大国民外交协会的组织规模和社会影响力。对此，国民外交协会《简章》还明确规定："凡中华民国人民年满二十以上者，经会员二人以上之介绍得为本会会员。"①

国民外交协会一经成立，便立即投入国民外交运动中去。17 日，该会联合北京总商会、国际联盟同志会等团体，致电美国总统威尔逊，"表示国民对于国际联盟之热望及声援，并希望全国一致发电赞助"②。21 日，国民外交协会通电全国各省议会、农工商会、教育会及各报馆，宣布该会对外主张：（一）促进国际联盟之实行；（二）撤废势力范围并制定实行方法；（三）废除一切不平等条约、合同及其他国际文件；（四）定期撤去领事裁判权；（五）力争关税自由；（六）取消庚子赔款余额；（七）收回租借。③

与当时国内众多团体所不同的是，国民外交协会不但发布详细的宣言、制定明确的对外主张，而且将上述主张"制成议案"，以备将来请愿国会和政府，使这些对外主张在巴黎和会上得到实行。④21 日，为向广大民众宣传国民外交协会的宗旨和对外主张，该会在北京中央公园召开演讲大会。会上蔡元培、梁秋水、林长民、梁士诒等人相继发言，演说实行"国民外交"的意义和作用。⑤蔡元培在作题为《自他均利的外

---

① 国民外交协会：《国民外交协会简章》，民国八年油印本，第 11 页，藏于国家图书馆文津街分馆普通古籍阅览室。
② 《国内专电》，《时报》1919 年 2 月 17 日。
③ 《国民外交协会声明主张通电》，《益世报》1919 年 2 月 23 日。
④ 《北京国民外交协会发表对外主张电》，长沙《大公报》1919 年 2 月 24 日。
⑤ 《国民外交协会讲演会纪事》，《晨报》1919 年 2 月 24 日。

交》的演说时称：过去"我国外交之所以失败，由一切委诸少数当局之手，常以秘密行之"，故自今以后，全体国民应当联合团体，以强有力的国民外交声势，一方面作为政府"外交当局之后援"，另一方面要监督和敦促政府，在巴黎和会中采取积极的外交政策，"此即国民外交协会之所由发起，而今日到会诸君所不可不注意者也"①。

不仅如此，为促使北京政府将中日密约早日公布，以及催促中国代表将山东问题提交巴黎和会讨论，国民外交协会还指派梁秋水等人为代表，赴北京政府总统府，拟面谒总统徐世昌。梁秋水向代为接见的总统府秘书长吴笈孙说，"山东问题实为此次外交一大关键"，英美等国欲将山东权益转让日本，我国"最要之对待方法，惟有请政府电训专使，勿予署名"，同时政府还应当将中日密约内容尽早公布。在国民外交协会代表的强烈要求下，总统府秘书长吴笈孙答称：总统徐世昌收回山东利权的态度"极坚决"，并将"电训专使，极力坚持"②。随后国民外交协会代表拜见代理外交总长陈箓，向其详细了解巴黎和会召开以来的外交动向，不仅要求政府外交必须"以民意为根据"，严厉拒绝日本无理要求，而且宣称国民于重要外交问题，监督政府，赞助政府，"实为人民之天职"③。在各方的催促下，北京政府总统徐世昌在与外交部商议后，决定自 3 月 14 日起，将中日密约向全国公布。④ 毋庸置疑，中日密约

---

① 《自他均利的外交——在国民外交协会讲演会上的演说》（1919 年 2 月 21 日），高平叔：《蔡元培全集》第 3 卷，中华书局 1984 年版，第 559 页。另注：《蔡元培全集》这则收录自北京《晨报》的材料，其标题下方所注时间是"1919 年 3 月 13 日"。然而，蔡元培在国民外交协会发表演说的时间是 1919 年 2 月 21 日，显然编者误将《晨报》刊发这则消息的时间（即 3 月 13 日）当成了演说时间，故有误。

② 《国民外交协会代表与府秘书长谈话》，《晨报》1919 年 3 月 5 日。

③ 《日本新要求之经过》，《学生杂志》第 6 卷第 3 号，1919 年 3 月 5 日。

④ 《为中日密约提出欧会请力与主持》（1919 年 3 月 10 日），《(民国) 南北议和会议卷宗集成》，全国图书馆文献缩微复制中心 2004 年版，第 2916—2924 页。

的公布，一方面是对日本企图以威逼、利诱的手段侵占山东青岛权益的严重打击，另一方面亦是国人通过国民外交影响政府外交的重要成果。

值得一提的是，尽管协会代表通过访谒总统府和外交部，初步了解到和会召开后的外交动向，但由于远隔重洋，国民外交协会无法及时了解巴黎和会的具体情况。为更加及时地掌握巴黎和会情况，以便迅速做出反应和行动。3月14日，国民外交协会在各大报刊及北京各学校发布将于30日召开第二次演讲大会的通告。① 4月8日，国民外交协会理事张謇、熊希龄、林长民等人，还利用其与研究系的特殊关系，致电正在欧洲考察的梁启超，邀请其作为国民外交协会的代表，将巴黎和会各国外交动向及时电告协会。②

对于国民外交协会的邀请，梁启超表示欣然接受。随着巴黎和会各国磋商的持续进行，中国代表日益被置于不利境地。4月16日，英、法、美、日、意大利五国开会讨论山东问题，中国代表被排斥在外，未能参会。由于日本在山东问题上的强硬态度，美国总统威尔逊为避免和会破产，决定牺牲中国利益，满足日本要求。③ 梁启超察觉到这一动向后，立即函电国民外交协会，称"对德国事，闻将以青岛直接交还，因日使力争，结果英、法为所动"，山东问题的形势十分严峻，"请警告政府及国民严责各全权，万勿署名，以示决心"④。国民外交协会接到梁启超的上述电报后，于5月3日紧急召开全体大会，决定阻止代表在山东问题上签字，并议决办法四项：（一）于5月7日在北京中央公园开国民大会；

---

① 《国民外交协会启事》，《北京大学日刊》第3分册第344期，1919年3月28日。
② 《请允为国民外交协会代表并主持巴黎和会事与张謇等致梁启超函》（1919年4月8日），周秋光编：《熊希龄集》第7册，湖南人民出版社2008年版，第157页。
③ 《外交報告筆記》，日本外交史料館所藏外務省記録，アジア歴史資料センター復製，No.1。
④ 丁文江、赵丰田：《梁启超年谱长编》，上海人民出版社1983年版，第880页。

(二）声明不承认二十一条，以及英、法等国将山东权益让与日本的决议；（三）若我国对外主张不能在和会上得到实现，则请政府立即撤回专使；（四）向英、美、法、意大利使馆致电，陈述国人的对外意见。①

1919 年 5 月 4 日，巴黎和会中国外交失败的消息传到国内，北京学生群情激愤，终于引发一场规模空前的五四爱国运动。国民外交协会随即成为这一运动的参与者和推动者，该会通过广泛发动和引导国人参与外交、反对政府外交，使得中国"国民外交"对内转向的趋势日益明显。而 5 月 7 日，在国民外交协会的召集下，北京大学、清华学校等各校学生齐集中央公园，共同商讨应对之策。② 会上，国民外交协会理事熊希龄极力呼吁国人对政府"非严重鞭策不可"，表现出对北京政府外交失败的强烈抗议和不满。③

诚然，五四爱国运动的爆发在某种意义上推动国民"外交觉悟"，广大国民深切体会到，凡是政府对外交涉事宜，未经国民同意，"国民誓不承认而必力起抗拒"。④ 与此同时，在国民外交协会的引导下，各界民众对北京政府的抗议和反对，使得中国国民外交行动目标由最初的对外而转向对内。对此，张庭英在《国际联盟与中国今后之外交后援》中指出，巴黎和会中国代表之所以拒绝签字，其原因是国民一致反对，政府"外交借重于国民"，然后才能拒签和约。这充分表明，今后"外交之得失，其关键不在政府之能力若何，而在国民之能力若何"⑤。《盛京

---

① 《国民外交协会议决案》，天津《大公报》1919 年 5 月 4 日；《北京国民外交协会为青岛问题定五七召开国民大会电》（1919 年 5 月 3 日），中国第二历史档案馆编：《中华民国史档案资料汇编》第三辑（民众运动），江苏古籍出版社 1991 年版，第 336 页。
② 《七日国民大会最后一幕》，《国民公报》1919 年 5 月 9 日。
③ 《国耻纪念日之国民大会》，《晨报》1919 年 5 月 8 日。
④ 达人：《国民运动之价值》，《爱国》第 2 号，1919 年。
⑤ 张庭英：《国际联盟与中国今后之外交后援》，《北京大学月刊》第 5 期，1919 年。

时报》一篇题为《对外与对内》的社论，也对国民外交发生这一转向的动因做了初步分析，认为"中国之危险，不在对外之不振，而在对内之不能统一，不在民气之不足用，而在政治家之缺乏道德"①。《世界大势》也刊载题为《国民外交为今日之新趋势》的社论，提出"外交仅赖政府之时代已为过去之事实，今后之外交乃须国民之自觉"，监视和督促政府，使其以国家利益为重，采取积极的对外政策。②

国民外交的对内转向给北京政府当局造成一定的震动。在曹汝霖、章宗祥、陆宗舆三人相继被罢免后，1919 年 6 月 13 日，国务总理钱能训被迫离职，国务院面临再度组阁的问题。至于国民外交协会，在五四运动前后，通过大力发动和引导各界人士，反对政府外交、阻止代表签字，成为国民外交对内转向的重要推动者。

应当指出的是，五四运动前后，中国国民外交由对外转向对内，其背后有着深刻的党争和政争因素。尤其是以梁启超等人为首的研究系，在政治失利后欲借外交之机，重新建立其在国内政坛的地位。在北京高等师范学校的演讲会上，梁氏以《外交欤内政欤》为题坦言，五四前后的国民外交运动，"与其说是纯外交的，毋宁说是半内政的，因为他进行路向，含督责政府的意味很多"③。而在钱能训内阁遭到弹劾后，北京政府内部皖系与研究系之间的矛盾也随即激化。皖系指责林长民、熊希龄等人煽动五四运动，造成政府内部"党争"的局面。对此，熊希龄致函总统府秘书长吴笈孙，为自己申辩道：国民外交协会的组织成立，最初由汪大燮提出，然后禀告总统徐世昌，并得到徐的同意。该会的发起成立，"均非弟之主动，弟不过因人成事而已。当时弟等之意，重在与

---

① 《对外与对内》，《盛京时报》1919 年 5 月 13 日。

② 《国民外交为今日之新趋势》，《世界大势》第 10 号，1919 年。

③ 《外交欤内政欤》(1921 年)，《梁启超全集》第 11 卷，北京出版社 1999 年版，第 3401 页。

政府一致，为政府之后盾"，不料"五月四日之变，出诸意外"，国民外交发生对内转向，抗议和反对政府外交，造成国内政局的动荡。① 尽管熊氏此函意在为自己申辩，但不可否认的是，国民外交协会的出现及其活动，促使中国"国民外交"对内转向的发生，不但深刻地影响其后国民外交的历史走向，而且在民国外交史上具有十分重要的意义。

---

① 《复吴秘书长函》（1919 年），《熊希龄先生遗稿》电稿五，第 4573、4574 页。

结　语

　　近代中国处于一个大的历史变动时期。在此背景下，中国"国民外交"的出现虽然受到日本"国民外交"的重要影响，但两者的内涵与外延均有着较大差异。众所周知，中国近代许多新词汇的出现，大体经过日本学者的条理和再认识，"国民外交"一词亦是其中之一。19 世纪末，日本有贺长雄将本意为国家外交的"National Diplomacy"一词重新加以阐释后，形成关于"国民外交"的理论系统。当这一理论成果在日本《外交时报》上刊行后，立即引起中国留日学生以及戊戌后流亡海外的梁启超等人的极大关注，他们在接受有贺氏的国民外交理论的同时，还将这一理论在国内各大刊物转载，从而引入中国"国民外交"的最初源流。

　　在日本国民外交思想不断被引入的同时，中国知识人士也在"国民"思想的不断萌发和鼓动下，对戊戌及庚子前后知识阶层与下层民众相分离的现象进行深刻反思，并由此开始对下层民众参与外交斗争进行宣传与鼓动。伴随着列强侵略的加剧，中国内忧外患的时局不断恶化，迫在眉睫的瓜分危局更是激发了国民参与外交的愿望和决心，拒俄运动和拒法运动随之爆发。诚然，国民参与外交的行动往往需要相应的理论为基础，尤其是在中等阶层与下层民众相结合的初期，更是亟须一种全新的思想理念为指导，日本"国民外交"理论的适时引入，则正好顺应了中国国民参与外交的需求。

然而，日本"国民外交"理论这一帝国主义时代下的产物，一旦进入中国并为国人所运用时，却产生一种"跨文化"的不适应性。概言之，日本的"国民外交"强调国民在国家外交中的重要作用，这虽然迎合了中国国民参与外交的需求，因此很快为国人所接受和吸收，但是由于中日两国国情不同，导致国人对这一概念的解释与日本方面有着较大的差异，这些差异首先表现在两国国民对政府统治地位的认同与否上。

值得注意的是，近代国人在参与外交斗争时，尽管一开始并不直接否认清政府的合法地位，但随着清政府对外丧权辱国、对内强行镇压政策的实施，国人的不满情绪愈发明显，特别是拒俄运动被清政府无情剿杀后，一些激进人士甚至直接否认清政府的合法地位，呼吁国民"决然斩绝倚赖旧政府之心，以建设新政府为国民独一无二之目的"①。在这一思想的感召下，日本国民外交中"国民为政府外交后援"等释意显然与国人参与外交的现实需要相冲突，从而促使国人对"国民外交"思想做出新的解释和改造，"使政府的外交变而为国民的外交"、"舍国家的外交"而为"国民的外交"等崭新口号便应运而生。1909 年，《民呼日报》的一篇社论对国人不认同晚清政府外交地位的现象，作了措辞严厉的论析，文章称述："国民为外交之主体，故对付困难之外交，莫不以民气为唯一之后盾。宇内诸邦，所不遵此轨道者，惟吾国耳。其对于国民也，始之以欺饰，中之以秘密，终之以压制，不举全国国民之生计尽纳诸外人之囊中，则巍然民上之贵官，未为能尽其责任也。"如此则"国

---

① 《新政府之建设》，《江苏》第 5 期，1903 年 8 月 23 日。

家设官分职，何为而必设外交之机关?"①

　　进入民国，南京临时政府所倡导的共和政治得到民众的广泛支持，相应的，国人对民国新政府表现出极大的认同感。以民国元年《劝告国民爱国说》一书的广为刊行为例，这一类似宣传册的书籍向国人大声呼吁："人人有国家思想，人人有爱国热忱"，国民积极援助政府外交，为政府外交的后盾，如此方能彻底改变晚清以来中国外交的被动局面。②如果说这一宣传册有民国政府官方运作的嫌疑，那么这一时期包括《时报》《新闻报》《大公报》《爱国》等在内的一大批报纸期刊，均不约而同的发出以政府外交为主体、国民外交为后盾的呼吁。与此同时，民国初年还相继成立救国社、爱国同志会、国民外交后援会、国民外交协会等团体，从而对国民外交援助和促进政府外交的思想理念进行生动的诠释和演绎。

　　诚然，一定的社会现象背后总是蕴含着复杂的内在动因，而这些历史动因之间常常相互影响，并且可能带来一系列地反应。从清末到民初，正如国民对待政府外交的前后态度几乎是截然两分一样，国民参与外交的重心亦经历了由争取利权到维护国家主权的巨大转变。

　　如前所述，清末国民参与外交行动与收回利权运动发生纠葛，使得这一时期中国国民外交的重心主要体现在对利权的争取方面。在 1905 年的抵制美货运动中，中国知识阶层和趋新士绅充当引导者的角色，他们有意识地向下层民众灌输"合大群"、"结团体"等思想；而中国绅商阶层则以商会为依托，俨然成为抵制美货运动的中坚。由于各国列强在中国大肆扩张殖民资本，不仅给中国路矿等利权造成巨大的掠夺性灾

---

① 《论外部对外对内之谬妄》，《民呼日报》1909 年 6 月 23 日。
② 《劝告国民爱国说》，民国元年线装铅印本，第 3 页，藏于国家图书馆文津街分馆普通古籍阅览室。

难，而且严重地损害中国绅商阶层的利益。因此，在抵制美货运动中，各地绅商纷纷提出"保利权"的口号，这一口号一经提出便立即产生广泛影响。伴随着国人文明排外行动的不断开展，到 1905 年底上海会审公堂案发生时，商务总会、广肇公所、沪学会等上海绅、商、学界团体已经连为一体，从而为在案件交涉中"争权势"，对外发起强大的舆论攻势。

国人争取权势的努力在某种意义上反映了国民权力意识的进一步萌发，而在权力意识的鼓动下，时人还将收回利权运动与立宪运动结合起来。正如耿云志在《收回利权运动、立宪运动与辛亥革命》中所说："人民权力意识的觉醒是立宪运动与收回利权运动的内在根据，也是两个历史运动同步相联的深层原因。"[1] 显然，国人在参与外交的过程中，已经尝试通过立宪来实现其政治和外交诉求。尤其是中国知识人士，经过 1906 年南昌教案国民野蛮排外血的教训，进一步认识到国民在外交中之所以陷入被动和不利的局面，其根本原因是清政府对外政策的屈辱以及国民缺乏外交常识。于是在立宪"大有关系于外交"的口号下，中国知识人士借助报刊舆论手段，一方面开始大量译介西方宪政理论和国际法常识，另一方面还对"立宪"与国民参与外交相关问题进行广泛而深入地议论。

在内忧外患的时局下，中国知识人士已经在救亡运动中逐渐认识到，国民不但要顽强地反抗西方列强的侵略，而且要不断地吸取来自西方的先进文明，既要克服本民族反帝思想中负面的心理障碍，又要充分吸收西方宪政思想，从而以更加积极的心态迎接外来文明、应对外来侵略。如果说 1907 年前后的江浙铁路风潮是一次收回利权运动，那么期

① 耿云志：《收回利权运动、立宪运动与辛亥革命》，《近代史研究》1992 年第 2 期。

间所发生的关于立宪与国民参与外交问题的热烈议论，使得这场运动又带有非常浓厚的立宪色彩。从当时的情形来看，国人之所以要求立宪，其理由是实行立宪制度后，国民能够通过国会参与国家政治和外交事务。伴随着清廷宣布预备立宪，在国内政坛上出现立宪派这样一股政治势力后，诸如政闻社、立宪公会等团体纷纷成立，梁启超、蒋智由、马相伯、张謇等立宪派人士则试图通过请求开国会、设议院等方式，监督清政府的内政和外交，以防止清政府进一步出卖国家利权。在此基础上，时人正式提出"立宪的国民之外交"，宣告"国民的外交之时代"的到来。

与此同时，国民外交与预备立宪、谘议局和资政院的筹设以及国会问题等的交织，衍生出近代中国国民以议员身份参与外交的特殊历史面相。如果说晚清以来中国外交丧权失利的局面，激起国人对西方宪政的向往，那么清末谘议局和资政院的筹设及运作，则反映了时人通过议员直接参与外交的良好愿望。然而，立宪派所创设的政闻社等组织被清廷无情地查禁，国民的国会情愿运动也遭到清廷的严酷镇压，在清廷"皇族内阁"成立后，国人的宪政愿景亦随之破灭。

应当指出的是，尽管资政院和各省谘议局随着清王朝的倒台而消亡，但清末的立宪运动却使国民的宪政思想得到极大的熏陶，并且为民初国会的召开打下良好的思想基础。1913 年 4 月 8 日，民国第一届国会在北京正式召开。尽管这次国会的选举和实际运作中存在种种弊端，但不可否认的是，它的成立宣告近代中国议会政治的正式确立。因此，可以说清末资政院和各省谘议局的开设，在深化晚清预备立宪与开创民初国会政治之间，起到承前启后的作用。而以此为契机，各政党、团体纷纷尝试通过国会参与国家政治和外交事务，从而开启中国国民以国会议员身份参与外交的历史先河。

诚然，民国临时政府成立后，依然面临着十分严峻的外交危机。由于民国肇建，共和初创，国家社会根基尚不稳固，尤其是在各国列强的干预下，中俄外蒙古问题、中日满蒙问题、中英疆藏问题等，都萦绕着北京政府外交部，成为摆在民初政府面前的极具挑战性的外交难题。在此背景下，国民参与国家政治和外交事务的要求进一步增强。1914 年 8 月欧战爆发后，国际外交格局发生重大变化，中日关系在中外关系中的地位，由此上升到一个历史性高度，并且在此后很长一段时期内，深刻地影响着中国外交的走向。然而，中日外交地位的上升，最初并非表现为两国国民友好关系的加强，相反却出现中日国民外交团体"相抵制"的局面，尤其是中日"二十一条"交涉启动后，中日国民外交的矛盾和冲突已经上升到国家与社会的层面，由此展现出中国国民外交在面对国家主权和领土危机时激烈抗争的历史场景。

更为重要的是，随着中日国民外交激烈对抗的加剧，中国国民外交的重心也再次发生转移，即由争取利权向维护国家主权转变。在日本"二十一条"的逼迫下，国人对国家"主权"表现出前所未有的关切和重视。而在中国舆论界的大力推动下，包括领土权、行政权、警察权、布教权等在内的各类有关"主权"的词汇在全国各地报刊中大量出现。对于"主权"和"利权"的区别，时人认为国家"主权"关涉内政、外交、财政、交通、教育、实业等各个方面，在国家各项事业中具有举足轻重的地位，是"构成国家唯一之要素"。相比较而言，"利权"所牵涉的范围则小得多。因此，可以说"利权较轻于主权"，"主权所在，利权即存在"①。与此同时，国人对维护国家主权的关注与重视，进一步促使国民在对外交涉中担当政府外交的后盾，从而对中国国民外交的思想和

---

① 《主权与利权》（上），《时报》1915 年 3 月 23 日；《主权与利权》（下），《时报》1915 年 3 月 24 日。

行动产生深刻影响。

伴随着民初政局的频繁更动以及国内各政党和团体的纷纷组建,各派政治势力之间为争夺北京政府权力中枢而展开激烈角逐,这一方面使得官方人士介入国民外交趋势的加剧,同时亦进一步强化了中国国民外交的对内"监督"功能。

民国初年,包括国民协会、国民公党、五大民族共和联合会、平民党、进步党等在内的各大政党,均将"国民外交"直接写入党章或政纲,表达国人借助政党之力实行国民外交的意志和决心。而以国民党为代表的一些党派,更是将国民外交的思想和理念直接运用到对外交涉,从而对政党、政治与国民外交的相互关系进行生动地诠释和演绎。这一情况反映了国人参与外交要求的增强,折射出处于社会大变动背景下政党、政治与国民外交相互影响、互相牵制的特殊面相。

国民外交与政党、政治的交织和纠葛,衍生出两个值得关注的历史面相:一方面,民初民主政治思想的萌发,直接推动中国政治民主化和外交民主化的进程,中国国民外交思想由此被赋予"民主"的内涵,而这与西方国民外交理论的"民主的外交"(Democratic Diplomacy)或"民治的外交"(Democratic Control of Foreign Policy)等观念十分契合。另一方面,民初政党成员大都具有议员或官方背景,由此开创近代中国政党以议员或官方身份发起和主导国民外交的先河。以 1913 年前后的各国承认民国政府交涉为例,围绕承认问题,孙中山等人发起"联日"外交,在此基础上推动"中日同盟会"和"中日国民协会"等团体的成立;"中美国民同盟会"与"中英美睦谊会"的相继成立亦为"联美"、"联英"外交的开展提供组织保障。此外,"华法联进会"发动欧洲各国议员来华之举,无疑有利于增进各国对中国的认识和了解;而在此前后成立的"中英国民同盟会"、"华和人士联合会"、"中德协会"等国民外交团体,则进一步促进中外友好交往，为承认问题的早日解决奠定基础。这一系列的事实生动地展现出国民外交与政党之间的互动关系，诠释和演绎了国民外交对政府外交的促进和影响。

毋庸置疑，民初政党兴盛的背后是各政党之间"党争"与"政争"的层出不穷，这不仅使得民初中国政局乱象丛生，而且造成国内各国民外交团体相互对抗的局面，这一情况在对德外交中表现得尤为突出。由于民初各政党的频繁重组，各派政治势力显现出此消彼长的趋势。在此趋势下，各类政治团体纷纷成立，并逐渐成为民初政局的重要操纵者。围绕民初对德外交问题，包括政学会、益友社、宪法讨论会等在内的各大政团，通过成立国民外交团体，高举为政府外交后援的旗号，形成针锋相对的两个对立阵营，表现出特定时局下中国国民外交的复杂历史面相：一方面，从这一时期成立的国民外交团体的成员情况来看，其主要负责人均隶属于府院两个政治势力的一方，且大都具有国会议员身份，在他们的操控和运作下，各类国民外交团体的此消彼长所反映的是北京政府权力中枢的总统府与国务院之间的相互对抗和激烈冲突。另一方面，从表现形式来看，各类国民外交团体的互相较量的背后还蕴藏了政学会、研究系等各大政治派别，以及进步党、国民党等政党力量之间复杂的矛盾与冲突。

显然，在中国国民外交发展演化的过程中，"国民外交"已经成为各政党用来涉足政坛、掌控北京政府权力中枢的手段和工具。特别是以梁启超为首的研究系，因在新国会选举中仅得二十余席，败给由段祺瑞扶植的安福系，建立一个"研究系国会"的政治愿望遭受重创。研究系在政治上失势后，欲借欧战后的外交之机，重新建立其在国内政坛上的影响力。诚然，研究系重回国内政坛的努力虽未取得太多成效，但却使民初以来的国民外交后盾地位进一步发生"对内"转向。在北京高等师范学校的演讲会上，梁启超曾以《外交欤内政欤》为题坦言：五四前后的国民外交运动，"与其说是纯外交的，毋宁说是半内政的，因为他进行路向，含督责政府的意味很多"①。而以1919年2月16日成立的中国近代第一个全国性的国民外交团体——国民外交协会为标志，发动和引导国民外交运动从此成为各政治势力在国内政治舞台上相互角逐的重要手段。

　　近代中国"国民外交"一词虽然经历了从国民参与外交到"国民外交"的过程，但这一过程并非是以某个时间或某一事件为分水岭式的截然两分局面，而是反复出现在近代中国的各大历史事件当中。相应地，中国国民外交的基本内涵，即是在这种反复和层层递进中不断演化、叠加和形成。"解释一词即是作一部文化史"②，上述现象再次印证"国民外交"一词的内涵在近代依时流变的事实，其中所承载的是纷繁而复杂的历史事实，所展现出来的则是一部生动而丰富的中国近代文化历史。

---

① 《外交欤内政欤》，梁启超：《饮冰室合集·文集之三十七》，中华书局1989年版，第52页。
② 桑兵：《近代知识与制度转型栏目解说：解释一词即是作一部文化史》，《学术研究》2009年第12期。

参考文献

一、近代报刊

《爱国》

《半星期报》

《北京大学日刊》

《北京大学月刊》

《北京日报》《北洋官报》

《晨钟报》(《晨报》)

长沙《大公报》

天津《大公报》

《大共和日报》《大陆》

《东方杂志》

《独立周报》

《俄事警闻》

《法政杂志》

《广益丛报》

《国风报》

《国民》

《国民报》

《国民公报》

《国民日日报汇编》

《国民杂志》

《国是》

《湖北学生界》

《汇报》

《甲寅杂志》

《江苏》

《京报》

《经济丛编》

《警钟日报》

《军事月报》

《临时公报》

《岭东日报》

《鹭江报》

《论衡》

《民报》

《民国汇报》

上海《民国日报》

《民呼日报》

《民立报》

《民权报》

《民誓》

《民谊》

《民主报》

《南风报》

《南浔通俗报》

《南洋华侨杂志》

《南洋七日报》

《南洋总汇新报》

《女铎报》

《女子世界》

《清议报》

《商务官报》

《申报》

《神州丛报》

《神州女报》

《神州日报》

《神州学人》

《盛京时报》

《时报》

《时事新报》

《时务报》

《世界大势》

《蜀报》

《顺天时报》

《苏报》

《上海公报》

《外交报》

《万国公报》

《微言》

《宪法新闻》

《宪政杂志》

《香港华字日报》

《新国民杂志》

《新民丛报》

《新青年》

《新闻报》

《学生杂志》

《学艺》

《雅言》

《亚东丛报》

《亚东时报》

《盐政杂志》

《译书汇编》

《益世报》

《庸言》

《游学译编》

《有所谓报》

《牖报》

《预备立宪公会报》

《粤西》

《云南》

《浙江潮》

《振华五日大事记》

《震旦》

《政法学报》

《政法学会杂志》

《政法杂志》

《政府公报》

《政论》

《政艺通报》

《正宗爱国报》

《知新报》

《直说》

《中国白话报》

《中国日报》

《中国新报》

《中华妇女界》

《中华新报》

《中华学生界》

《中华杂志》

《中外日报》

二、档案资料

北京市档案馆藏：《关于外交部与俄、蒙、捷、土耳其等国家建立友好条约之文件》，档案号：J181–017–01222。

北京市档案馆藏：《江亢虎筹边策》（1913 年 1 月），档案号：J222–001–

00005。

北京市档案馆藏:《京师警察厅关于国民共和统一民主四党开宪法讨论会情形的呈》,档案号:J181–016–00008。

北京市档案馆藏:《征库将校决死团张光曦致袁大总统电》,档案号:J222–001–00005。

《劝告国民爱国说》,民国元年线装铅印本,藏于国家图书馆文津街分馆普通古籍阅览室。

五族国民合进会编:《五族国民合进会启》,民国元年线装铅印本,藏于国家图书馆文津街分馆普通古籍阅览室。

四川督署审查科编:《四川督署会议厅宣统二年审查谘议局议案汇编》,宣统三年线装铅印本,第18页,藏于国家图书馆文津街分馆普通古籍阅览室。

外交协会:《国民外交协会简章》,民国八年油印本,藏于国家图书馆文津街分馆普通古籍阅览室。

汪大燮撰:《苏杭甬路案说帖》,光绪三十三年线装铅印本,藏于国家图书馆文津街分馆普通古籍阅览室。

《苏杭甬铁路档》,光绪三十四年线装铅印本,藏于国家图书馆文津街分馆普通古籍阅览室。

《中美外交档案1801—1906》(*Diplomatic Instructions of the Dept. of State 1801–1906*),藏于国家图书馆总馆南区缩微阅览室。

《国外政府解密资料1906—1919》(*Confidential British Foreign Office Political Correspondence China Series 1906–1919*),藏于国家图书馆总馆南区缩微阅览室。

《资政院第一次常年会议录》,宣统三年线装铅印本,藏于国家图书馆文津街分馆普通古籍阅览室。

广东谘议局编:《广东谘议局第一次会议报告书》,粤东编译公司铅印本宣统元年。

广东谘议局编:《广东谘议局第一期会议速记录》,广东法政学堂印刷所铅印本宣统二年。

《大日本帝国宪法》,日本外交史料馆所藏外务省记录,アジア歴史資料センター復製,Reel No.1。

《大正四年日支交涉ニ関スル公文書》,日本外交史料馆所藏外务省记录,アジア歴史資料センター復製,Reel No. 調一0011。

《第二辰丸差押処分ニ関スル》,日本外交史料馆所藏外务省记录,アジア歴史資料センター復製,Reel No.48。

《第二辰丸抑留ニ関スル日清交渉一件》，日本外交史料館所藏外務省記録，アジア歴史資料センター復製，Reel No.1—0068。

《対支根本政策ニ関スル意見書》，日本外交史料館所藏外務省記録，アジア歴史資料センター復製，Reel No.1—0084。

《対支管見》，《支那政見雑纂》第一巻，日本外交史料館所藏外務省記録，アジア歴史資料センター復製，Reel No.1—0081。

《対支問題解決意見》，日本外交史料館所藏外務省記録，アジア歴史資料センター復製，Reel No.1—0081。

《対支問題意見交換会演説筆記》，日本外交史料館所藏外務省記録，アジア歴史資料センター復製，Reel No.1—0081。

《奉天在留民大会決議日貨排斥ノ厳禁外三件》，日本外交史料館所藏外務省記録，アジア歴史資料センター復製，No.3。

《各国対外政策関係雑纂／支那ノ部》，日本外交史料館所藏外務省記録，アジア歴史資料センター復製，Reel No.1—0109。

《国民外交同盟会記事》，日本外交史料館所藏外務省記録，アジア歴史資料センター復製，Reel No.1—0081。

《湖南ニ於ケル政党結社調査書進達ノ件》，日本外交史料館所藏外務省記録，アジア歴史資料センター復製，Reel No.1–0935。

《廿一箇条要求ノ内容》，日本外交史料館所藏外務省記録，アジア歴史資料センター復製，2–0015。

《排日問題一件／2 救国団叢刊第 2 輯》，日本外交史料館所藏外務省記録，アジア歴史資料センター復製，Reel No.1—0063。

《任外務大臣、特命全権大使、男爵加藤高明》，日本外交史料館所藏外務省記録，アジア歴史資料センター復製，No.87。

《日華国民会規約》，日本外交史料館所藏外務省記録，アジア歴史資料センター復製，No.21。

《日露協約》，日本外交史料館所藏外務省記録，アジア歴史資料センター復製，No.90。

《日露新協約》，日本外交史料館所藏外務省記録，アジア歴史資料センター復製，Reel No.1—0154。

《日支海軍軍事協約調印ノ件》，日本外交史料館所藏外務省記録，アジア歴史資料センター復製，No.54。

《日支陸軍共同防敵軍事協定調節》，日本外交史料館所藏外務省記録，アジア歴史資料センター復製，No.54。

《日支陸軍共同防敵軍事協定実施ニ要スル詳細ノ協定ニ関スル件》，日本外交史料館所藏外務省記録，アジア歴史資料センター復製，No.57。

《所謂第五號問題ノ經過》，日本外交史料館所藏外務省記録，アジア歴史資料センター復製，Reel No. 調—0011。

《外交報告筆記》，日本外交史料館所藏外務省記録，アジア歴史資料センター復製，No.1。

《在支、中日協会》，日本外交史料館所藏外務省記録，アジア歴史資料センター復製，Reel No.1—0296。

《支那問題に関する日英協議》，日本外交史料館所藏外務省記録，アジア歴史資料センター復製，Reel No.1—0085。

Anti-american Agitation and Action Thereon, July 13, 1905, *Dispatches from United States Consuls in Amoy 1844–1906*, No 38.

Government of India to the Earl of Crewe, January 4,1911, *Confidential British Foreign Office Political Correspondence China Series, 1906–1919*, Reel 68.

Government of India to the Marquess of Crewe, June 7,1912, *Confidential British Foreign Office Political Correspondence China Series, 1906–1919*, Reel 19.

Inaugural Address of the President, Yuan Shih K'ai, Paper Relating to the Foreign Relations of the United States, October 10,1913.

Japan's Ultimatum to China, Paper Relating to the Foreign Relations of the United States, May 7,1915.

Memorandum on the Recognition of the "Republican Government of China.", Paper Relating to the Foreign Relations of the United States, Jan 2,1913.

Message of the President, Paper Relating to the Foreign Relations of the United States, December 7,1896.

Minister Reinsch to the Secretary of State, Paper Relating to the Foreign Relations of the United States, March 26,1917.

Minister Reinsch to the Secretary of State, Paper Relating to the Foreign Relations of the United States, January 23,1915.

Minister Reinsch to the Secretary of State, Paper Relating to the Foreign Relations of the United States, May 23,1917.

Reply of the Chinese Government to the Ultimatum of the Japanese Government, Paper Relating to the Foreign Relations of the United States, May 8,1915.

Sir C.Greene to Mr. Balfour, February 9,1917, *Confidential British Foreign Office Political Correspondence China Series, 1906–1919*, Reel 73.

The Minister in China （Reinsch）to the Acting Secretary of State, Paper Relating to the Foreign Relations of the United States, January 11,1919.

The Secretary of State to the Chinese Minister, Paper Relating to the Foreign Relations of the United States, April 2,1913.

The Ambassador in Great Britain to the Secretary of State, Paper Relating to the Foreign Relations of the United States, February 11,1917.

三、论文资料（按编著者姓名音序排列）

别琳：《20 世纪 80 年代以来 "民初政党政治史" 研究述评》，《西南师范大学学报》（人文社会科学版）2006 年第 2 期。

曹俊：《袁世凯与中日 "二十一条" 交涉》，安徽大学硕士学位论文，2007 年，未刊。

陈奇：《刘师培与暗杀王之春案》，《贵州社会科学》2005 年第 1 期。

陈廷湘：《民众情绪变化与抗议二十一条运动》，《社会科学研究》2005 年第 4 期。

陈晓东：《沪杭甬铁路风潮中浙路公司的维权斗争》，《苏州大学学报》（哲学社会科学版）2008 年第 5 期。

陈正权：《突发事件与政府外交：1908 年 "二辰丸案" 的思考》，《吉林广播电视大学学报》2010 年第 6 期。

褚晓琦：《袁树勋与大闹会审公堂案》，《史林》2006 年第 6 期。

崔树菊：《〈中俄密约〉和〈日俄协约〉》，《历史教学》1984 年第 12 期。

崔志海：《日俄战争时期的上海外交》，《史林》2005 年第 2 期。

方平：《拒俄运动与清末上海 "文明排外" 的社会动员》，《历史教学问题》2009 年第 4 期。

方平：《权势争夺与 "文明排外" ——1905 年哄闹公堂案论析》，《华东师范大学学报》（哲学社会科学版）2009 年第 5 期。

高放、韦庆远、刘文源：《清末资政院第一次常年会》，《社会科学战线》1982 年第 4 期。

高放、韦庆远、刘文源：《西方代议制度在中国的最早实验——试论清末的资政院和谘议局》，《天津师范学院学报》1981 年第 5 期。

耿云志：《收回利权运动、立宪运动与辛亥革命》，《近代史研究》1992 年第 2 期。

耿云志：《辛亥革命前夕的各省谘议局联合会》，《福建论坛》2002 年第 2 期。

顾莹惠：《论 20 世纪初的中国国民外交》，《武汉大学学报》（人文科学版）2002 年第 4 期。

关晓红：《种瓜得豆：清季外官改制的舆论及方案选择》，《近代史研究》2007 年第 6 期。

关晓红：《清季外官改制的"地方"困扰》，《近代史研究》2010 年第 5 期。

郭秋香：《国民外交协会之始末——兼论五四时期的国民外交运动》，复旦大学硕士学位论文，2005 年，未刊。

韩永适：《清末四川谘议局述论》，四川师范大学硕士学位论文，2009 年，未刊。

胡进：《江浙绅商与铁路风潮（1905—1908）》，苏州大学硕士学位论文，2008 年，未刊。

黄鸿钊：《清末澳门的勘界谈判》，《南京社会科学》1999 年第 12 期。

黄年青：《清政府在周生有案中的态度》，《南昌教育学院学报》2010 年第 5 期。

黄铁琮：《1907—1908 年间江浙人民反对苏杭甬铁路借款的斗争》，《史学集刊》1957 年第 1 期。

黄文：《晚清沪杭甬铁路对英借款刍议》，《牡丹江师范学院学报》（哲社版）2007 年第 4 期。

吉文灿：《从国民外交运动述评"五四"运动》，《苏州丝绸工学院学报》1999 年第 4 期。

贾中福：《20 世纪 20 年代前后的国民外交论析》，《东岳论丛》2010 年第 8 期。

贾中福：《近代国民外交视角下的 1905 年抵制美货运动》，《贵州社会科学》2005 年第 4 期。

贾中福：《清末民初的国民外交思想论析》，《学术探索》2004 年第 12 期。

姜波：《梁启超与民国初年的政党政治》，《江苏社会科学》1992 年第 1 期。

金希教：《抵制美货运动时期中国民众的"近代性"》，《历史研究》1997 年第 4 期。

金跃东译，邓云鹏校：《一九〇五年大闹公堂案史料》，《档案与历史》1988

年第 1 期。

孔祥吉、〔日〕村田雄二郎：《京师白云观与晚清外交》，《社会科学研究》2009 年第 2 期。

李吉奎：《孙中山与外蒙问题》，《社会科学战线》1991 年第 1 期。

李萍：《1906 年的南昌教案》，《南昌大学学报》1985 年第 2 期。

李书源：《研究系述略》，《吉林大学社会科学学报》1991 年第 3 期。

李铁军：《关于列强承认中华民国问题》，《辽宁师专学报》（社会科学版）2000 年第 1 期。

李喜所：《中国留日学生与拒俄运动》，《天津师范大学学报》（社会科学版）1981 年第 2 期。

李学智：《北京临时参议院议员人数及变动情况考》，《近代史研究》1998 年第 4 期。

李永昌：《王之春使俄与清政府的联俄政策》，《社会科学辑刊》1996 年第 4 期。

李永春：《"二十一条"交涉期间的政府外交与社会舆论》，《求索》2007 年第 9 期。

李育民：《"排外"观念与近代民族主义的兴起》，《史林》2013 年第 1 期。

廖敏淑：《巴黎和会与中国外交》，台湾中兴大学硕士学位论文，1998 年，未刊。

刘宝东：《国民外交与五四运动》，《中共党史资料》2009 年第 4 期。

刘宝东：《五四运动前后李大钊的国民外交观》，《理论视野》2009 年第 9 期。

刘蕾：《"南昌教案"主要报刊资料汇编及研究》，江西师范大学硕士学位论文，2009 年，未刊。

刘文军：《试论广东谘议局》，暨南大学硕士学位论文，2006 年，未刊。

刘振岚：《梁启超与第一次世界大战期间的参战问题》，《首都师范大学学报》（社会科学版）1999 年第 6 期。

罗庆华：《略论清末资政院议员》，《历史研究》1992 年第 6 期。

马长林：《1905 年大闹会审公堂案始末》，《档案春秋》2007 年第 4 期。

马建标：《北洋时期的外交官、公众与外交》，复旦大学硕士学位论文，2005 年，未刊。

马建标：《民族主义旗号下的多方政争：华盛顿会议期间的国民外交运动》，《历史研究》2012 年第 5 期。

马陵合：《江浙铁路风潮中代表入京问题考评》，《浙江教育学院学报》2008 年第 1 期。

马陵合：《文明排外与赎路情结》，《安徽师范大学学报》（人文社会科学版）2003 年第 3 期。

马自毅：《1906 年"南昌教案"研究》，《中华文史论丛》2008 年第 2 期。

慕亚平：《试论周鲠生的国民外交理论》，《法学评论》1990 年第 5 期。

彭明：《"五四"前后的研究系》，《历史教学》1964 年第 1 期。

齐凯君：《浅析宣统元年中葡澳门勘界谈判失败的原因——从国际法的角度》，《陕西教育》（高教版）2008 年第 10 期。

邱捷：《辛亥革命时期的粤商自治会》，《近代史研究》1982 年第 3 期。

桑兵：《黄金十年与新政革命——评介〈中国，1898—1912：新政革命与日本〉》，《燕京学报》新 4 期，1998 年。

桑兵：《拒俄运动与中等社会的自觉》，《近代史研究》2004 年第 4 期。

桑兵：《晚清民国的知识与制度体系转型》，《中山大学学报》（社会科学版）2004 年第 6 期。

桑兵：《傅斯年"史料只是史料学"再析》，《近代史研究》2007 年第 5 期。

桑兵：《晚近的史料边际与史学的整体性——兼论相关史料的编辑出版》，《历史研究》2008 年第 4 期。

桑兵：《近代知识与制度转型栏目解说：解释一词即是作一部文化史》，《学术研究》2009 年第 12 期。

桑兵：《近代知识与制度转型栏目解说：华洋变形的不同世界》，《学术研究》2011 年第 3 期。

沈卫华：《1912—1927 年湖南国民外交运动研究》，湖南师范大学硕士学位论文，2009 年，未刊。

苏全有、申彦玲：《袁世凯与苏杭甬风波》，《重庆交通大学学报》（社会科学版）2009 年第 6 期。

苏全有、姚翠翠：《万福华暗杀王之春真相》，《兰台世界》2009 年第 15 期。

苏全有：《袁世凯与二十一条新论》，《船山学刊》2005 年第 4 期。

汪朝光：《北京政治的常态和异态——关于黎元洪与段祺瑞府院之争的研究》，《近代史研究》2007 年第 3 期。

王建朗：《北京政府参战问题再考察》，《近代史研究》2005 年第 4 期。

王雷：《非常状态下的决断——民初府院之争的新解读》，《江西社会科学》2009 年第 5 期。

王立新：《试论美国对中国 1905 年抵制美货运动的反应和政策》，《世界历史》1999 年第 4 期。

王立新:《中国近代民族主义的兴起与抵制美货运动》,《历史研究》2000 年第 1 期。

吴叔班笔记,张树勇整理:《吴景濂口述自传辑要》,《天津文史资料选辑》第 42 辑,政协天津文史资料研究委员会 1988 年。

吴彤:《1917 年各派政治势力对中国参战的态度》,《中共郑州市委党校学报》2008 年第 4 期。

吴新宇:《汤寿潜与保路运动》,《浙江档案》2001 年第 10 期。

熊斌:《北洋时期"国民外交"的困境及自我调适》,《社会科学家》2008 年第 4 期。

熊秋良:《民主的颓变——民国第二届国会选举研究》,《贵州社会科学》2008 年第 5 期。

熊月之:《大闹会审公堂案解读》,纪念关絅之诞辰 120 周年学术研讨会编:《关絅之先生诞辰一百二十周年纪念文集》,1999 年,未刊。

徐辉琪:《论第一届国会选举》,《近代史研究》1988 年第 2 期。

徐建平:《清末东三省谘议局与地方公署关系初探》,《历史教学》2000 年第 8 期。

徐瑛:《梁启超与欧战》,湖南师范大学硕士学位论文,2009 年,未刊。

许凤林:《论五四运动对"国民外交"的影响》,《巢湖学院学报》2002 年第 2 期。

许冠亭:《"五四"前后国民外交协会活动述论》,《江海学刊》2007 年第 4 期。

许冠亭:《关于"国民外交协会"的三件档案形成时间考》,《民国档案》2006 年第 1 期。

许冠亭:《论中国商会在 20 世纪早期的国民外交活动》,《南京社会科学》2009 年第 12 期。

许冠亭:《商会在官、民、洋三元互动中的角色和作用——以 1905 年中美工约交涉及抵制美货运动为例》,《史学月刊》2007 年第 12 期。

许广智:《论清末民初英、俄帝国主义一手炮制的"西藏独立"阴谋》,《西藏研究》2009 年第 5 期。

严昌洪:《"国民"之发现——1903 年上海国民公会再认识》,《近代史研究》2001 年第 5 期。

杨昌泰:《英军入侵云南与清末片马事件》,《衡阳师专学报》(社会科学)1992 年第 1 期。

杨德才:《段祺瑞与中国参战新探》,《学术月刊》1993 年第 4 期。

杨娟:《绅商阶层与苏杭甬铁路风潮评述(1905—1910)》,华中师范大学硕士学位论文，2008 年，未刊。

杨天石：《一九〇一至一九〇五年的拒俄运动》，《社会科学战线》1978 年第 4 期。

杨雄威：《"独其一死可塞责"——江召棠之死与清末南昌教案》，《史林》2009 年第 6 期。

杨雄威：《南昌教案与上海中西报战》，《历史研究》2009 年第 2 期。

［日］伊藤信哉：《20 世纪前半の日本の外交論壇と〈外交時報〉》，《松山大学論集》第 20 卷第 1 号，2008 年 4 月。

易丙兰：《巴黎和会时期研究系的国民外交活动研究》，《大连大学学报》2008 年第 2 期。

印少云：《北洋政府时期国民外交运动研究》，苏州大学博士论文，2004 年。

印少云：《近代中国的政府外交与"国民外交"》，《学术研究》2004 年第 3 期。

印少云：《近代中国国民意识的生成与国民外交》，《学术论坛》2005 年第 6 期。

印少云：《民初国民外交运动的对内转向分析》，《江汉论坛》2006 年第 11 期。

应俊豪：《公众舆论与北洋外交——以巴黎和会山东问题为中心的研究》，台湾政治大学历史系，2001 年。

于伯铭、冯士钵：《清末的谘议局》，《社会科学战线》1983 年第 1 期。

虞和平：《五四运动与商人外交》，《近代史研究》2002 年第 2 期。

越之：《关于邹容参加拒法集会问题》，《史林》1986 年第 1 期。

曾业英、徐辉琪：《民初政党概述（一）》，《贵州社会科学》1982 年第 1 期。

曾业英：《民国初年的政党政治》，《文史知识》2001 年第 9 期。

张海伦：《经济低度发展对抵制日货的制约——以 1908 年抵制日货为例》，《黑龙江史志》2009 年第 16 期。

张俊霞：《论 20 世纪初年的国民思潮》，《近代史研究》1993 年第 1 期。

张秋雯：《光绪三十二年的南昌教案》，中华文化复兴运动推动委员会编：《中国近代现代史论集》第 4 编，台北商务印书馆 1985 年版。

张松祥：《资政院述论》，湖南师范大学硕士学位论文，2003 年，未刊。

张永：《国会解散与进步党的分裂瓦解》，《安徽史学》2005 年第 6 期。

张子建：《关于"片马事件"的研究》，《云南民族大学学报》（哲学社会科学版）2008 年第 5 期。

章伯锋：《试论一九一七年所谓"参战问题"的实质》，《史学月刊》1965 年第 3 期。

章育良：《〈申报〉与大闹会审公堂案》，《广东社会科学》2008 年第 1 期。

郑跃涛:《清末顺直谘议局研究》,河北大学硕士学位论文,2005 年,未刊。

郑云山:《辛亥前夕的国民性问题探讨》,《近代史研究》1992 年第 1 期。

郑跃涛、魏颖:《试述研究系与北洋政府的外交委员会(1918—1919)》,《乐山师范学院学报》2005 年第 3 期。

周斌:《清末民初"国民外交"一词的形成及其含义论述》,《安徽史学》2008 年第 5 期。

周鲠生:《外交的民主化》,《国立武汉大学社会科学季刊》1930 年,第 1 卷第 3 号。

周其厚:《晚清国民参政意识论略》,《史学月刊》1997 年第 1 期。

朱蓉蓉:《孙中山国民外交活动述评》,《学术交流》2007 年第 5 期。

朱英:《清末商会与抵制美货运动》,《华中师范大学学报》(人文社会科学版)1985 年第 6 期。

朱昭华:《清末片马事件的发生及其影响》,《史学月刊》2005 年第 12 期。

朱昭华:《袁世凯政府对外蒙古独立的因应》,《史学月刊》2009 年第 6 期。

左双文、陈伟:《朦胧的、不确定的救国理念——"二十一条"交涉期间新式知识精英的初步反应》,《南京大学学报》(哲学·人文科学·社会科学版)2007 年第 3 期。

[日]国弘正雄:《定着する国民外交——時代を先取りする先見性を(世界の焦点)》,《世界週報》第 58 号,1977 年 9 月 27 日。

[日]笠原十九司:《ワシントン会議と国民外交運動——中国全国国民外交大会に関する研究ノート》,《宇都宮大学教育学部紀要》第 29 号,1979 年 12 月。

[日]近藤春雄:《おとぼけ国民外交》,《国連月刊》第 42 号,1963 年 7 月。

[日]三宅和助:《国民外交の時代——日本外交の新たな針路》,《経団連月報》第 39 卷第 10 号,1991 年 10 月。

[日]田村幸策:《公開外交と国民外交》,《東洋経済新報》第 2468 号,1951 年 4 月。

[日]箱田惠子:《外交制度改革与驻外公馆——以日俄战争后的人事制度改革为中心》,《第三届近代中外关系史国际学术研讨会论文集》2010 年 8 月,未刊。

[日]信夫淳平:《有賀博士の七回忌に際して》,《國際法外交雜誌》第 20 卷第 6 号,1921 年。

[日]有賀長雄:《國民外交と官僚外交》,《外交時報》第 139 号,明治四十二年 6 月。

[日]有賀長雄:《外交秘密論》,《外交時報》第 2 号,明治三十一年 3 月。

Christopher W. Bishopb, "Citizen Diplomacy", *Foreign Policy*, No.135（Mar-Apr, 2003）:92.

F. P. Keppel. "Review", *Political Science Quarterly*, vol.31, no2 （Jun 1916）:318–321.

James Marshall, "International Affairs: Citizen Diplomacy", *The American Political Science Review*, Vol 43, No.1 （Feb, 1949）:83–90.

Lindsay Rogers, "Popular Control of Foreign Policy: A Review of Current Literatures", *The Sewanee Review*, vol. 24, no.4 （Oct 1916）: 507–517.

Timo,Antero K., "National Diplomacy for Human Rights: A Study of US Exercise of Power in Indonesia, 1974–1979", *Human Rights Quarterly*, Vol.16, No.2 （May, 1994）:415–431.

四、著作资料（按编著者姓名音序排列）

［美］保罗·S.芮恩施：《一个美国外交官使华记——1913—1919 年美国驻华公使回忆录》，李抱宏、盛震溯译，游燮庭校，商务印书馆 1982 年版。

［英］比几斯渴脱：《英国国会史》，［日］镰田节堂译，翰墨林编译印书局编译，刘守刚点校，中国政法大学出版社 2003 年版。

［英］勃莱士：《国际关系论》，钟建宏译，商务印书馆 1923 年版。

蔡鸿源主编：《民国法规集成》，黄山书社 1999 年版。

蔡元培著，中国蔡元培研究会编：《蔡元培全集》，浙江教育出版社 1997 年版。

常书林：《外交 ABC》，世界书局 1928 年版。

陈宝琛等纂：《清实录·德宗景皇帝实录》，中华书局 1987 年影印本。

陈春华译：《俄国外交文书选译：关于蒙古问题(1911 年 7 月—1916 年 8 月)》，黑龙江教育出版社 1991 年版。

陈德溥编：《陈黻宸集》，中华书局 1995 年版。

陈汉才：《康门弟子述略》，广东高等教育出版社 1991 年版。

陈立廷：《国民外交》（公民教育小丛书第 7 种），青年协会书局 1927 年印行。

陈天华著：《陈天华集》，刘晴波、彭国兴编校，湖南人民出版社 1958 年版。

陈旭麓主编：《宋教仁集》，中华书局 1981 年版。

陈耀东：《国民外交常识》，新月书店 1928 年版。

程道德等编:《中华民国外交史资料选编》,北京大学出版社 1988 年版。

邓野:《巴黎和会与北京政府的内外博弈》,社会科学文献出版社 2014 年版。

丁守和主编:《辛亥革命时期期刊介绍》,人民出版社 1983 年版。

丁文江、赵丰田:《梁启超年谱长编》,上海人民出版社 1983 年版。

丁贤俊、喻作凤编:《伍廷芳集》,中华书局 1993 年版。

杜春和等编:《北洋军阀史料选辑》,中国社会科学出版社 1981 年版。

方平:《晚清上海的公共领域:1895—1911》,上海人民出版社 2007 年版。

冯自由:《革命逸史》,中华书局 1981 年版。

傅学文编:《邵力子文集》,中华书局 1985 年版。

高平叔:《蔡元培年谱长编》,人民教育出版社 1996 年版。

高平叔:《蔡元培全集》,中华书局 1984 年版。

耿云志、欧阳哲生编:《胡适书信集》,北京大学出版社 1996 年版。

故宫博物院编:《清光绪朝中日交涉史料》,台北文海出版社 1963 年版。

故宫博物院明清档案部编:《清末筹备立宪档案史料》上、下册,中华书局 1979 年版。

顾维钧:《顾维钧回忆录》,中国社会科学院近代史研究所译,中华书局 1983 年版。

顾莹惠主编:《东吴民间外交研究论丛》第 1 辑,吉林人民出版社 2008 年版。

关赓麟:《交通史路政编》,交通部铁道部交通史编撰委员会 1935 年版。

广东省哲学社会科学研究所历史研究室编:《朱执信集》,中华书局 1979 年版。

广西师范大学出版社编:《中美往来照会集:1846—1931》,广西师范大学出版社 2006 年版。

广西师范大学出版社组织整理,程焕文审订:《美国政府解密档案(中国关系):美国驻广州领事馆领事报告(1790—1906)》,广西师范大学出版社 2008 年版。

国家图书馆分馆编:《清代边疆史料抄稿本汇编》,线装书局 2003 年版。

海关总署《中外旧约章大全》编纂委员会编:《中外旧约章大全》,中国海关出版社 2004 年版。

侯宜杰:《二十世纪初中国政治改革风潮——清末立宪运动史》,人民出版社 1993 年版。

侯中军:《企业、外交与近代化:近代中国的准条约》,中国社会科学出版社 2016 年版。

胡滨译：《英国蓝皮书有关辛亥革命资料选译》，中华书局 1984 年版。

黄宝实：《中国历代行人考》（续编），台北中华书局 1970 年版。

黄福庆著：《清末留日学生》，台北"中央研究院"近代史研究所 1975 年版。

黄攻素：《外交危言》，上海泰东图书局 1918 年版。

黄纪莲编：《中日"二十一条"交涉史料全编》（1915—1923），安徽大学出版社 2001 年版。

黄浚：《花随人圣安摭忆》，上海古籍书店出版社 1983 年版。

黄远庸：《黄远生遗著》，台北文海出版社 1986 年版。

黄遵宪著，吴振清等点校：《日本国志》，天津人民出版社 2005 年版。

吉林省档案馆编：《王希天档案史料选编》，长春出版社 1996 年版。

纪念关絅之诞辰 120 周年学术研讨会编：《关絅之先生诞辰一百二十周年纪念文集》，1999 年。

季啸风、沈友益编：《中华民国史史料外编——前日本末次研究所情报资料》，广西师范大学出版社 1997 年版。

贾中福：《中美商人团体与近代国民外交（1905—1927）》，中国社会科学出版社 2008 年版。

姜义华、张荣华编校：《康有为全集》，中国人民大学出版社 2007 年版。

《教育界之风潮》卷 2，1903 年石印本。

金光耀、王建朗主编：《北洋时期的中国外交》，复旦大学出版社 2006 年版。

康有为著，蒋贵麟主编：《康南海先生遗著汇刊》，台北宏业书局有限公司 1987 年版。

劳祖德整理：《郑孝胥日记》，中华书局 1993 年版。

李孝悌：《清末的下层社会启蒙运动：1901—1911》，河北教育出版社 2001 年版。

李新：《中华民国史》第二编，第二卷（1916—1920），中华书局 1987 年版。

李毓澍主编：《中日关系史料》，台北"中央研究院"近代史研究所 1975 年版。

李毓澍：《外蒙古撤治问题》，台北"中央研究院"近代史研究所 1976 年版。

梁景和：《清末国民意识与参政意识研究》，湖南教育出版社 1999 年版。

梁启超：《梁启超全集》，北京出版社 1999 年版。

梁启超：《饮冰室合集》，中华书局 1989 年版。

廖梅：《汪康年：从民权论到文化保守主义》，上海古籍出版社 2001 年版。

廖敏淑：《清末到巴黎和会时期的国民外交》，金光耀、王建朗主编：《北洋时期的中国外交》，复旦大学出版社 2006 年版。

林家有等编:《孙中山全集续编》(5 册),中华书局 2017 年版。

林伟功主编:《林白水文集》,福州市新闻出版局 2006 年版。

刘达人:《外交科学概论》,中华书局 1937 年版。

柳亚子:《磨剑室文录》,上海人民出版社 1993 年版。

罗家伦主编:《革命文献》第 41 辑,台北中央文物供应社 1967 年版。

罗家伦主编:《江浙铁路风潮》,中国国民党中央委员会党史史料编纂委员会 1968 年版。

罗家伦主编:《中华民国史料丛编·苏报案纪事》,台北"中央文物应供社"1968 年版。

罗志田:《乱世潜流:民族主义与民国政治》,上海古籍出版社 2001 年版。

[澳]骆惠敏编:《清末民初政情内幕——〈泰晤士报〉驻北京记者,袁世凯政治顾问乔·厄·莫理循书信集》上卷(1895—1912),刘桂梁等译,知识出版社 1986 年版。

马鸿谟编:《民呼、民吁、民立报选辑(1909.5—1910.12)》,河南人民出版社 1982 年版。

马以君:《苏曼殊文集》,花城出版社 1991 年版。

毛注青等编:《蔡锷集》,湖南人民出版社 1983 年版。

《美国华工禁约纪事》,上海平等社 1905 年版。

宓汝成:《中国近代铁路史资料》,中华书局 1963 年版。

民初时期文献编辑小组:《中华民国建国文献:民初时期文献》,"国史馆"2001 年版。

《(民国)南北议和会议卷宗集成》,全国图书馆文献缩微复制中心 2004 年版。

《民国初期稀见文电辑录》,全国图书馆文献缩微复制中心 2006 年版。

《民国外交档案文献汇览》,全国图书馆文献缩微复制中心 2005 年版。

南洋公学译书院初译,商务印书馆编译所补译校订,何佳馨点校:《新译日本法规大全》,商务印书馆 2007 年版。

欧榘甲:《新广东》,日本横滨新民丛报社 1902 年版。

欧阳哲生主编:《傅斯年全集》,湖南教育出版社 2003 年版。

葡萄牙外交部档案馆等编:《葡萄牙外交部藏葡国驻广州总领事馆档案》,广东教育出版社 2009 年版。

钱基博:《国民外交常识》,商务印书馆 1919 年版。

《清代孤本外交档案续编》,全国图书馆文献缩微复制中心 2005 年版。

《清末时事采新汇选》,北京图书馆出版社 2003 年版。

〔美〕任达：《新政革命与日本：中国，1898—1912》，李仲贤译，江苏人民出版社1998年版。

日本国民同盟会编纂：《国民同盟会始末》，袁毓麟译，上海通志学社1903年版。

桑兵：《清末新知识界的社团与活动》，生活·读书·新知三联书店1995年版。

桑兵：《清代稿钞本》，广东人民出版社2007年版。

桑兵：《晚清学堂学生与社会变迁》，广西师范大学出版社2007年版。

上海经世文社辑：《民国经世文编》，北京图书馆出版社2006年版。

上海社会科学院历史研究所编：《辛亥革命在上海资料选辑》，上海人民出版社1981年版。

上海市档案馆编：《工部局董事会会议录》，上海古籍出版社2001年版。

上海市档案馆编：《上海档案史料研究》，上海三联书店2007年版。

上海市图书馆编：《汪康年师友书札》，上海古籍出版社1986年版。

尚小明：《留日学生与清末新政》，江西教育出版社2003年版。

沈潜、唐文权：《宗仰上人集》，华中师范大学出版社1999年版。

沈晓敏：《处常与求变：清末民初的浙江谘议局和省议会》，生活·读书·新知三联书店2005年版。

盛宣怀：《愚斋存稿》，沈云龙主编：《近代中国史料丛刊续编》第13辑，台北文海出版社1975年版。

苏绍炳编：《山钟集》，1906年油印本。

孙宝瑄：《忘山庐日记》，上海古籍出版社1983年版。

孙中山著，广东省社会科学院历史研究室等编：《孙中山全集》，中华书局1982年版。

汤志钧编：《康有为政论选》，中华书局1981年版。

汤志钧编：《章太炎年谱长编》，中华书局1979年版。

唐启华：《巴黎和会与中国外交》，社会科学文献出版社2014年版。

唐文权、桑兵编：《戴季陶集》，华中师范大学出版社1990年版。

天津市档案馆等编：《天津商会档案汇编（1903—1911)》，人民出版社1989年版。

天津市政协编译委员会译：《重光葵外交回忆录》，知识出版社1982年版。

〔日〕田中萃一郎：《欧美政党政治》，毕厚译，商务印书馆1913年版。

《外交文牍》，全国图书馆文献缩微复制中心2004年版。

外交学会编:《外交大辞典》,中华书局 1937 年版。

汪康年:《汪穰卿笔记》,沈云龙主编:《近代中国史料丛刊》(41),台北文海出版社 1969 年版。

汪荣宝:《新尔雅》,上海文明书局 1903 年版。

王耿雄编:《孙中山史事详录》,天津人民出版社 1986 年版。

王建朗主编:《中华民国时期外交文献汇编(1911—1949)》(24 册),中华书局 2015 年版。

王建朗主编:《民国时期外交史料汇编》(140 册),国家图书馆出版社 2014 年版。

王立诚:《中国近代外交制度史》,甘肃人民出版社 1991 年版。

王韬:《韬园文录外编》,上海书店出版社 2002 年版。

王铁崖编:《中外旧约章汇编》,生活·读书·新知三联书店 1982 年版。

王彦威辑,王亮编:《清季外交史料》,外交史料编纂处 1935 年版。

王芸生:《六十年来中国与日本》,生活·读书·新知三联书店 1980 年版。

隗瀛涛、赵清主编:《四川辛亥革命史料》,四川人民出版社 1981 年版。

吴东之主编:《中国外交史:中华民国时期 1911–1949》,河南人民出版社 1990 年版。

吴剑杰主编:《湖北谘议局文献资料汇编》,武汉大学出版社 1991 年版。

吴伦霓、王尔敏:《清季外交因应函电资料》,香港中文大学中国文化研究所 1993 年版。

夏东元:《盛宣怀年谱长编》,上海交通大学出版社 2004 年版。

谢彬:《民国政党史》,学术研究会总会 1925 年发行。

谢兴尧整理:《荣庆日记》,西北大学出版社 1986 年版。

《辛亥革命史丛刊》编辑组编:《辛亥革命史丛刊》,中华书局 1980 年版。

熊希龄:《熊希龄先生遗稿》,上海书店出版社 1998 年版。

徐鼎新、钱小明:《上海总商会史(1902—1929)》,上海社会科学院出版社 1992 年版。

徐世昌:《韬养斋日记》,天津市社会科学院存稿,未刊。

许全胜:《沈曾植年谱长编》,中华书局 2007 年版。

薛福成:《出使英法义比四国日记》,岳麓书社 1985 年版。

薛君度、毛注青编:《黄兴未刊电稿》,湖南人民出版社 1983 年版。

薛衔天等编:《中苏国家关系史资料汇编(1917—1924)》,中国社会科学出版社 1993 年版。

严中平等编：《中国近代经济史统计资料选辑》，中国社会科学出版社 2012 年版。

颜惠庆著，上海市档案馆译：《颜惠庆日记》，中国档案出版社 1996 年版。

杨度著，刘晴波主编：《杨度集》，湖南人民出版社 1986 年版。

杨鹏程编：《湖南咨议局文献汇编》，湖南人民出版社 2010 年版。

杨天石、王学庄编：《拒俄运动：1901—1905》，中国社会科学出版社 1979 年版。

杨振先：《外交学原理》，商务印书馆 1936 年版。

姚佐缓等编：《中国近代史文献必备书目（1840—1919）》，中华书局 1996 年版。

印少云：《清末民初的国民外交运动研究》，吉林人民出版社 2004 年版。

袁荣法编：《湘潭袁氏家集·补遗》，沈云龙主编：《近代中国史料丛刊续编》第 21 辑，台北文海出版社影印本 1975 年版。

苑书义等编：《张之洞全集》，河北人民出版社 1998 年版。

恽毓鼎著，史晓风整理：《恽毓鼎澄斋日记》，浙江古籍出版社 2004 年版。

张存武：《光绪卅一年中美工约风潮》，台北"中央研究院"近代史研究所专刊 1982 年版。

张謇著：《张謇全集》，江苏古籍出版社 1994 年版。

张黎辉等编：《北洋军阀史料》，天津古籍出版社 1996 年版。

张朋园：《梁启超与清季革命》，台北"中央研究院"近代史研究所 1981 年版。

张朋园：《立宪派与辛亥革命》，台北"中央研究院"近代史研究所 1983 年版。

张朋园：《梁启超与民国政治》，台北"中央研究院"近代史研究所 2006 年版。

张朋园：《中国民主政治的困境 1909—1949：晚清以来历届议会选举述论》，台北联经出版事业股份有限公司 2007 年版。

张人凤：《智民之师：张元济》，山东画报出版社 2001 年版。

张蓉初译：《红档杂志有关中国交涉史料选译》，三联书店 1957 年版。

张守中编：《张人骏家书日记》，中国文史出版社 1993 年版。

张树年、张人凤编：《张元济书札》（增订本），商务印书馆 1997 年版。

张树年主编：《张元济年谱》，商务印书馆 1991 年版。

张玉法：《清季的革命团体》，台北"中央研究院"近代史研究所 1982 年版。

张玉法：《清季的立宪团体》，台北"中央研究院"近代史研究所 1985 年版。

张玉法：《民国初年的政党》，台北"中央研究院"近代史研究所 1985 年版。

张元济：《张元济全集》，商务印书馆 2007 年版。

章含之、白吉庵编:《章士钊全集》,文汇出版社 2000 年版。

章开沅等编:《辛亥革命史资料新编》,湖北人民出版社 2006 年版。

浙江省辛亥革命研究会、浙江省图书馆编:《辛亥革命浙江史料选辑》,浙江人民出版社 1981 年版。

郑观应著,王贻梁评注:《盛世危言》,中州古籍出版社 1998 年版。

《中国抵制禁约记》,上海民任社 1905 年版。

中国第二历史档案馆编:《北洋军阀统治时期的党派》,档案出版社 1994 年版。

中国第二历史档案馆编:《中华民国史档案资料汇编》第三辑,民众运动,江苏古籍出版社 1991 年版。

中国第二历史档案馆编:《中华民国史档案资料汇编》第三辑,外交,江苏古籍出版社 1991 年版。

中国第二历史档案馆编:《中华民国史档案资料汇编》第三辑,政治(二),江苏古籍出版社 1991 年版。

中国第一历史档案馆编:《光绪宣统两朝上谕档》,广西师范大学出版社 1996 年版。

中国第一历史档案馆编:《清代军机处电报档汇编》,中国人民大学出版社 2005 年版。

中国第一历史档案馆、海峡两岸出版交流中心编:《清宫辛亥革命档案汇编》,九州出版社 2014 年版。

中国国民党党史委员会:《国父全集》,台北"中央文物供应社"1973 年版。

中国国民党党史委员会:《邵元冲先生文集》,台北"中央文物供应社"1983 年版。

中国人民政治协商会议全国委员会文史资料研究委员会编:《文史资料选辑》第 19 辑,中国文史出版社 1986 年版。

中国人民政治协商会议云南省委员会文史资料委员会编:《云南文史资料选辑》第 3 辑,云南省文史资料研究委员会,1963 年。

中国社会科学院近代史研究所近代史资料编辑部编:《近代史资料》。

中国史学会主编:《辛亥革命》,人民出版社 2000 年版。

《中国政府致美驻华使馆文件》,中山大学历史系电子阅览室藏,未刊。

中华民国史事纪要编辑委员会编:《中华民国史事纪要》,中华民国史料研究中心 1972 年版。

周斌:《舆论、运动与外交——20 世纪 20 年代民间外交研究》,学苑出版社

2010 年版。

　　[美] 周策纵：《五四运动史》，陈永明等译，岳麓书社 1999 年版。

　　周恩来：《周恩来早期文集》，中央文献出版社 1998 年版。

　　周鲠生：《国际公法之新发展》，商务印书馆 1934 年版。

　　周秋光编：《熊希龄集》，湖南出版社 1996 年版。

　　周天度：《蔡元培传》，人民出版社 1984 年版。

　　周元高等编：《李烈钧集》，中华书局 1996 年版。

　　朱金甫主编：《清末教案》，中华书局 1998 年版。

　　朱寿朋编，张静庐等校点：《光绪朝东华录》，中华书局 1984 年版。

　　朱维铮主编：《马相伯集》，复旦大学出版社 1996 年版。

　　朱文通等整理：《李大钊全集》，河北教育出版社 1999 年版。

　　朱文原：《辛亥革命与列强态度》，台北正中书局 1981 年版。

　　《驻外各使馆星期报告（附驻外文牍）》，全国图书馆文献缩微复制中心 2004
年版。

　　邹念之编译：《日本外交文书选译——关于辛亥革命》，中国社会科学出版社
1980 年版。

　　E.H. ノーマン：《日本における近代国家の成立》，大窪愿二译，岩波书店
1953 年版。

　　G. フィッシャー：《異文化を越えて：国民外交と行動科学》，東京 ELEC
出版部 1977 年版。

　　[日] 川島真：《中国近代外交の形成》，名古屋大学出版会 2004 年版。

　　[日] 川越修：《社会国家の生成：20 世紀社会とナチブム》，岩波書店 2004
年版。

　　[日] 東亜文化研究所編：《東亜同文会史》，東京霞山会 1989 年版。

　　日本参謀本部編：《明治卅七八年日露戦史》，東京偕行社大正三年版。

　　日本歴史学研究会編：《近代日本の形成》，岩波書店 1955 年版。

　　[日] 西村真次：《官僚外交と民衆外交》，《國民の日本史》，早稲田大学出
版部昭和六年版。

　　[日] 小寺謙吉：《國民的外交》，東京廣文館 1921 年版。

　　[日] 小野塚喜平次：《政治学大綱》，東京博文館 1903 年版。

　　[日] 信夫淳平：《外政監督と外交機関》，日本評論社 1926 年版。

　　[日] 有賀長雄：《國法学》，東京専門學校出版部 1901 年版。

　　[日] 有賀長雄：《近時外交史》，東京専門学校出版部 1898 年版。

［日］有賀長雄：《戰時國際公法》，東京早稻田大学出版部 1904 年版。

Arthur Ponsonby, M. P., *Democracy and diplomacy: a plea for popular control of foreign policy*, London Methuen & Co., 1915. P Xiii,198.

Henry M. Wriston, *Diplomacy in a democracy*, New York: Harper and Brothers, 1956.

James Bryce, *International Relations: Eight Lectures Delivered in the United States in August, 1921*, New York: Macmillan Company,1922.

Satow, Ernest Mason, *A Guide to Diplomatic Practice*, London: Longmans, Green and Co. 1957.

Walter Lippmann, *The Stakes of Diplomacy*, New York: Henry Holt and Company, 1915. P Vii, 235.

后　记

　　拙著是在我的博士论文基础上修订而成。十多年前，我怀揣着诸多梦想，辞别古城潇湘，远赴羊城求学。抵达广州次日，我便迫不及待来到向往已久的中山大学历史系，成为永芳堂的一名"旁听生"。春去春又来，花谢花又开，何其有幸，我竟得以如愿忝列桑兵先生门墙，从此得以窥探学术殿堂之宏富，领略先生学问之高深。

　　回首望望，诸多往事，历历在目。曾记得，康乐园里，春踏校园之芳草，夏观东湖之碧荷，秋临珠江之晴波，冬沐牌坊之暖阳。更难忘，师恩深重，如山似海。在博士导师桑兵先生的指导下，我以《近代"国民外交"的渊源流变》作为论文选题，由此开启了夜以继日的学术求索。从查找资料、梳理文献，到撰写初稿、修改完善，砥砺琢磨，终日津津……一步一步走来，也曾蹉跌困惑，也曾吃够苦头，但在旁人乃至同门师友看来，我能三年如期毕业，实为大幸！事实上，作为一名跨专业者，我的史学功底相当薄弱，加之天生愚钝，所以自入学起就感到一种前所未有的压力。甚幸先生始终对我不弃，自入学后，循循善诱、谆谆教导，使我每每感怀于先生知识之渊博、思维之缜密、胸怀之宽广。毕业后，我虽远赴北京工作，但先生时常耳提面命，勉励我潜心修订，争取早日出版。师母关晓红教授也对我的工作和生活关怀备至。若无二位恩师教导、点化，以我一介愚夫，何以能遂夙愿。

时光如白驹过隙，一晃而过。从中大博士毕业至今，已整整十年！十年来，拙著的部分内容曾以单篇论文形式，在《史学月刊》《学术研究》《历史档案》《历史教学》《中山大学学报》《江苏社会科学》《广东社会科学》《近代中国》《澳门理工学报》《近代中外关系史研究》等学术期刊发表，部分论文被《中国社会科学文摘》、人大报刊复印资料全文转载，感谢上述刊物给予本研究的宝贵支持。书稿相关内容也曾以会议论文形式参加第五、六届近代中外关系史国际学术研讨会、纪念辛亥革命105周年国际学术研讨会、纪念孙中山先生诞辰150周年国际学术研讨会、第四届青年史学家论坛等，感谢与会专家学者的宝贵指导。

尽管拙著不是我的第一部专著，但却是本人真正意义上的学术起点。在曲曲折折的学术之旅上，我有幸得到许多师友的提携。感谢中山大学历史系邱捷教授、吴义雄教授、赵立彬教授、曹天忠教授、孙宏云教授、程美宝教授、安东强教授、陈喆教授、於梅舫教授、李欣荣教授、张文苑老师等，他们在我的博士论文撰写、答辩过程中给予了大量关心和指导。感谢我的硕士导师左双文教授，以及华南师范大学历史文化学院谢放教授、宋德华教授、刘曼容教授，他们引领我走进史学研究的大门，使我得以初窥史学殿堂的瑰丽。感谢中国社会科学院近代史研究所王建朗所长、侯中军研究员，中央党校王海光教授、张太原教授、王军敏教授，北京大学历史系王奇生教授，复旦大学历史系金光耀教授、马建标教授，华南师范大学马克思主义学院陈金龙教授，中山大学马克思主义学院沈成飞教授，广东省社会科学院张金超研究员、台湾政治大学唐启华教授、廖敏淑教授、日本京都大学人文科学研究所狭间直树教授、东京大学村田雄二郎教授，以及中大历史系的同门和同级师友，他们或进行指导，或提供资料，或给予各种帮助。感谢广东外语外贸大学的领导、老师和同事，他们给与了大量关心、指导和帮助。感谢我的父母家人，他们对我始终如一关爱。感谢人民出版社曹春老师，她为成果的出版付出了大量心血。

师长与亲友们的诸多关爱，虽万言亦难表程门立雪之敬、桃李报春之情，唯有在今后的工作中奋力拼搏、勇往直前，争取以优异的业绩来回报予我厚爱的人们。

责任编辑：曹　春　郭　娜

封面设计：汪　莹

图书在版编目（CIP）数据

近代中国"国民外交"的渊源流变／曾荣 著 . —北京：人民出版社，
　2021.8

ISBN 978－7－01－023386－4

I.①近…　II.①曾…　III.①外交史－研究－中国－近代　IV.① D829

中国版本图书馆 CIP 数据核字（2021）第 075467 号

近代中国"国民外交"的渊源流变
JINDAI ZHONGGUO GUOMIN WAIJIAO DE YUANYUAN LIUBIAN

曾　荣　著

人民出版社 出版发行

（100706　北京市东城区隆福寺街 99 号）

北京汇林印务有限公司印刷　新华书店经销

2021 年 8 月第 1 版　2021 年 8 月北京第 1 次印刷

开本：787 毫米 ×1092 毫米 1/16　印张：27

字数：350 千字

ISBN 978－7－01－023386－4　定价：128.00 元

邮购地址 100706　北京市东城区隆福寺街 99 号

人民东方图书销售中心　电话（010）65250042　65289539